教练员必备的
运动心理学实践指南
（修订版）

[美] 戴蒙·伯顿（Damon Burton） 托马斯·D.雷德克（Thomas D. Raedeke） 著

陈柳 译 马钰 审校

人 民 邮 电 出 版 社

北 京

图书在版编目（CIP）数据

教练员必备的运动心理学实践指南 / （美）戴蒙·伯顿（Damon Burton），（美）托马斯·D. 雷德克（Thomas D. Raedeke）著；陈柳译. -- 2版（修订本）. -- 北京：人民邮电出版社，2022.8
ISBN 978-7-115-58289-8

Ⅰ. ①教… Ⅱ. ①戴… ②托… ③陈… Ⅲ. ①教练员－体育心理学－指南 Ⅳ. ①G804.87-62

中国版本图书馆CIP数据核字(2022)第048107号

免责声明

　　本书内容旨在为大众提供有用的信息。所有材料（包括文本、图形和图像）仅供参考，不能用于对特定疾病或症状的医疗诊断、建议或治疗。所有读者在针对任何一般性或特定的健康问题开始某项锻炼之前，均应向专业的医疗保健机构或医生进行咨询。作者和出版商都已尽可能确保本书技术上的准确性以及合理性，且并不特别推崇任何治疗方法、方案、建议或本书中的其他信息，并特别声明，不会承担由于使用本出版物中的材料而遭受的任何损伤所直接或间接产生的与个人或团体相关的一切责任、损失或风险。

内 容 提 要

　　随着体育运动的不断发展，越来越多的教练和运动员意识到：相较于身体素质和运动技能的训练，心理训练对于提升运动表现具有同样重要的作用。本书以作者近 50 年的教学、科研和咨询经验及成果为基础，结合大量真实案例，阐述了心理训练的执教和实施方式。本书不仅讲述了教练应该如何培养和健全执教哲学，与运动员进行有效沟通，还详细讲解了帮助运动员掌握心理训练工具，培养必要心理技能的方法和过程。同时，本书介绍了关于制订科学心理技能训练计划与训练课程的内容。本书适用于教练阅读和学习，旨在帮助教练通过科学的心理训练有效增强运动员心理坚韧性，达到最佳运动表现水平。

◆ 著　　[美] 戴蒙·伯顿（Damon Burton）
　　　　　[美] 托马斯·D. 雷德克（Thomas D. Raedeke）
　译　　　陈　柳
　责任编辑　刘日红
　责任印制　马振武
◆ 人民邮电出版社出版发行　　北京市丰台区成寿寺路 11 号
　邮编　100164　电子邮件　315@ptpress.com.cn
　网址　https://www.ptpress.com.cn
　北京虎彩文化传播有限公司印刷
◆ 开本：700×1000　1/16
　印张：21.5　　　　　　　　2022 年 8 月第 2 版
　字数：460 千字　　　　　　2024 年 12 月北京第 7 次印刷
　著作权合同登记号　图字：01-2015-8639 号

定价：148.00 元
读者服务热线：(010)81055296　印装质量热线：(010)81055316
反盗版热线：(010)81055315
广告经营许可证：京东市监广登字 20170147 号

感谢我的父母娜达（Nada）和唐（Don）。感谢他们将我培养成一名热爱运动、渴求知识和乐于助人的人。

感谢我的导师雷纳·马腾斯（Rainer Martens）。感谢他培养了我对运动心理学的热情，改善了我的执教方式、协助方式和写作技能，同时帮助我理解了运动和生活的"前景"。

感谢我的学生和同事，谢谢他们教会我这么多东西，与他们的友谊充实了我的人生。

同时还要感谢我的三个儿子——德鲁（Drew）、弗雷泽（Frazer）和普赖斯（Price）——他们带给我很多快乐，同时还为我提供了非常积极的运动体验源泉。

——戴蒙·伯顿（Damon Burton）

谨以此书，纪念我英年早逝的兄弟加里（Gary）。

——托马斯·D.雷德克（Thomas D. Raedeke）

目 录

ASEP银牌级别系列课程前言

美国运动教育项目组（American Sport Education Program，ASEP）银牌级别（Silver Level）系列课程是一系列的实践著作。这一系列课程为教练和学生提供了增强运动表现的专业方法。本课程的目标对象是教练及以教练、体育教师为职业目标的大学生。

对于教授大学课程的教师而言，ASEP银牌级别系列课程是一个有别于正式著作的不错选择。在目前的大多数大学课程中，学生必须完成侧重于研究和理论的基础课程。这些课程一般包括运动生理学、力学、运动机能学、运动心理学等。大多数大学生希望找到可以将课堂所学内容直接应用到球场或者比赛场地的方式。ASEP银牌级别系列课程解决了这个问题：简化基础运动科学知识并应用于帮助学生提升运动表现。ASEP银牌级别系列课程的主要目的是向学生介绍这些运动科学知识的应用方式。本书的信息和示例都非常人性化，可以被非常轻松地应用到体育场景中。

ASEP银牌级别系列课程包括以下内容。

面向教练的运动力学——阐述表现技巧背后的力学概念，目的是让教练和学生通过观察、分析、发展和改正运动技术力学来获得更好的竞技表现。

面向教练的运动生理学——阐述针对运动生理的应用方式，目的是让教练和学生学会评估、了解、加强和完善自己在运动参与过程中的表现，同时提升竞技能力。

面向教练的运动心理学——关于动机、沟通、压力管理、心理意象和其他前沿话题的实践探讨，目的是促进教练与运动员之间的关系，同时帮助教练提升运动员的竞技能力。

面向教练的运动技巧简介——介绍运动技巧教学的实践方法，帮助教练从实践中了解运动员的学习和表现水平、个体差异及其对技能习得的影响，以及创造实现最佳运动技巧发展和表现的学习环境所需的重要因素。

本书包含以下大量人性化的教学要素，非常适合学生和教练使用。

- 每章都有学习目标介绍。
- 重要的概念和规则在特定运动中的应用会举例说明。
- 每章的小结会复习本章的学习目标，并按照内容和顺序回顾本章所涉及的知识要点。
- 在大多数章的最后会列出本章向学生和教练介绍的关键术语。这些术语是必学术语。
- 教练和学生可以利用每一章最后的复习题回顾、检查自身对内容的理解程度。本书在附录A中提供了这些复习题的参考答案。
- 部分复习题后有被称为"实践活动"的真实应用场景。这些场景为读者提供了要解决的问题，要求读者阐述书中所探讨的概念如何在真实场景中应用。本书在附录B中提供了演示示例。

- 参考文献列出了文中所参考文献的来源。

本书是人体运动出版社（Human Kinetics）所开发的在线银牌级别系列课程的基础课程。教练和学生可以通过ASEP的在线教育中心进一步了解运动科学实践和应用学习的知识。

前　言

教练们逐渐意识到，运动心理学及教练自身在帮助运动员学习如何掌握比赛心理方面越来越重要。本书的目的在于帮助教练了解运动员的运动心理及运动员在练习和比赛的过程中行动、思考和感觉的方式。更重要的是，本书还提供了一些重要的信息。教练可以使用这些信息帮助运动员掌握必要的心理训练工具和技术，增强运动员的心理坚韧性，从而使其在运动中有良好表现，拥有美好生活。面向教练的运动心理学是ASEP银牌级别系列课程中的一门课程。ASEP银牌级别系列课程是面向有志成为资深教练者的课程。通过这些课程，教练可以深入地了解运动科学，从而提升自身执教的水平。

本书以清晰明了且通俗易懂的路线图阐述了心理训练的执教和实施方式。教练们通过此书可以更好地掌握运动心理学。本书分为4个部分。第1部分分3章，内容包括基本的心理训练指导。第1章概括了培养执教哲学的重要性，同时阐述了构建和调整个人理念的方法。具备良好的沟通技巧是教练成功执教的关键。第2章阐述了沟通过程及有效沟通的方式。第3章介绍了心理技能训练、心理训练的重要性，以及使用心理训练技术系统培养心理技能的过程。

第2部分中的4章内容阐述了帮助运动员掌握重要心理训练工具的方法及使用这些工具规划心理训练课程的方式。第4章描述了目标的重要性，明确了操作方式，概括了有效的目标类型，同时介绍了在课程中设置有效目标的重要步骤。第5章介绍了意象的概念、帮助运动员培养意象技巧的方法，以及有效使用意象的蓝本。第6章阐述了关于放松和激励的内容，描述了帮助运动员掌握在必要的时候进行放松或自我激励的方法。第7章是第2部分的最后一章。这章阐述了什么是自我对话及运用自我对话的方式，介绍了消极思维的危害，同时展示了重构思维模式和应对消极思维的方法。

第3部分分5章，目的在于对运动员培养必要心理技能的过程进行指导，增加训练乐趣，帮助其改善生活和运动技能。第8章阐述了动机的重要性及在顺境和逆境中持续构建内部动机的方法。第9章是关于能量管理的内容，主要阐述了唤醒的概念、唤醒对运动表现的影响，以及运动员控制自身唤醒程度的方法。第10章阐述了运动员必须面对的关于注意的挑战，同时通过培养运动员注意技能的系统课程帮助运动员学会专注、排除干扰和持续保持专注。第11章概括了运动员紧张的原因和帮助运动员培养压力管理技能的方法。第12章阐述了关于自信的重要心理技能、自信对运动表现的影响，以及系统增强运动员自信心的方法。

本书的第4部分是"融合心理训练工具和技能"。这个部分分2章，演示了将心理训练工具和技能合并运用到心理计划和训练课程的方法，从而最大限度提高运动员的心理坚韧性，帮助运动员达到最佳表现水平。第13章阐述了将心理训练工具和技能整合到心理计划的方法，从而有利于运动员实现和保持最佳心态并获得最佳表现。第14章概括了有利于读者成功构建和实施心理技能训练课程的总体规划和系统策略。

本书的内容通俗易懂且易于掌握。本书前面3个部分的每一章都包含了关于比赛心理部分重要的基本内容，同时阐述了教练开发基本心理训练工具或技能的方法。读者可以通过学习目标列表预习每一章的主题，使用重点词和关键术语做总结。复习题可以用来检查自身对每章内容的理解程度及有效应用信息的能力。本书的结尾附有完整的参考文献，以帮助教练成功教授面向运动员的心理训练课程。

致 谢

　　本书是雷纳·马腾斯（Rainer Martens）经典著作*Coaches Guide to Sport Psychology*的修订版。在此，我们真诚地感谢雷纳对于本书不遗余力的付出。感谢他所开发的心理技能方法及大量开创性的训练工具和技巧。在他的努力之下，教练和运动员能够在训练中理解和使用这些经过验证的方法。衷心希望本书能够续写前书的辉煌，成为教练学习心理训练知识和技巧的有用资源，进而促使教练、运动员，以及运动队其他成员一起参与心理技能训练（mental skills training，MST）课程。

第1部分

基础概念

第1部分共3章，目的在于帮助读者掌握健全心理训练的基本指导内容。第1章是关于执教哲学的内容，可帮助读者理解执教哲学以及定期使用执教哲学指导执教的重要性。此外，这章还阐述了培养和调整个人执教哲学的过程。第2章阐述了沟通的重要性。有效沟通是教练成功执教的必要前提。这章有助于读者理解基本的沟通方式，培养良好的沟通技巧，同时掌握使用这些技巧有效执教的方法和时机。第3章介绍了心理技能训练，阐述了心理训练的重要性，提供了实施心理训练的工具、技能和计划的系统模式，同时还概述了实施心理技能训练计划的指导方针。

第1章

执教哲学

阅读完本章内容后，你应该能够：

- 阐述培养健全执教哲学的重要性；
- 理解培养执教哲学的过程；
- 理解竞争以及利用竞争形成有效执教哲学的方式；
- 描述利用竞争来激励运动员、提高运动员的表现水平、培养运动员形成积极的性格特质以及指导运动员进行合作的方法。

与大多数教练一样，我 [戴蒙·伯顿（Damon Burton）] 的执教生涯也存在些许遗憾，其中包括几场与胜利失之交臂的大型比赛，以及一些原本可以被培养为优秀运动员的运动员。但最大的遗憾是，我的几次过激反应或者说是措辞破坏了我与一名运动员之间的关系。我认为，这是令人感到特别沮丧的事情，因为与运动员之间的良好关系是我在执教过程中最重要的收获。在我感到最遗憾的那件事情中，主角是一名叫作兰迪（Randy）的天才运动员。这名运动员具备成为优秀控球后卫的潜能。但是他非常叛逆，从着装方式到练习和打法等方面，他总想用与众不同的方式来彰显自己的独立性。兰迪总是扮演捣乱者的角色，因为他坚持以自己的方式做事。在诸如篮球等体育运动中，团队合作是至关重要的。因此，如何转变他的这种态度便成为我必须解决的问题。尽管如此，他非常受队友的喜爱，而且他的天赋是对球队十分重要的有利条件。

有一天在练习时，我对兰迪完全失去了耐心。这是糟糕的一天，我没有在开始练习前处理好个人问题。虽然之前对兰迪完成了几次陪练，但是首先因为他出错，所以我们无法跑到正确的位置防守，接着他还出现了误传，这时我完全失控了。我冲兰迪发了大概半分钟的火。我记不起我前面到底说了什么，但是我最后说道："一切都必须以你为中心，都必须按照你的主张来做。如果主力球员将自身凌驾于球队之上，那么主力球员就只是为自己而比赛，球队就无法发挥作用。什么时候你才能不再如此自私、以自我为中心？你是时候将球队放在第一位了。"

从兰迪的反应里，我立刻意识到我说得太过了。训练结束后，我将他拉到一旁并向他道歉。我发自内心地想修复我们之间的关系，但是一切都太晚了。执教是一项创造并利用关系来帮助运动员成长的方式，但是，这种关系非常脆弱。关系一旦被破坏，往往无法再回到原来的状态。我们为何要做这些以后会让自己后悔的事情，或者其中到底有多少情有可原的地方，这都不重要。我们都会有感到糟糕或者不顺心的时刻。这种关系一旦被破坏，往往是不可弥补的。更重要的是，我对这名运动员的人生产生影响的能力遭到了无法挽回的破坏。

在不冷静的情况下，教练应该怎样做才能避免做事或说话时降低自身的可信度呢？我们认为，答案是培养和实施经过精心设计的执教哲学。本章可帮助你培养出满足运动员需求和竞争环境要求的执教哲学。

培养积极的执教哲学

在像教练这样实践性特别强的工作中，谈哲学显得有些不切实际。但是，我们越深入地学习哲学，就越能理解其中的道理。对于竞争和生活，没有任何事物能够比完备的哲学更实用。哲学能够解释生活中发生的事情，同时指导我们的生活方式。

在我们看来，培养执教哲学意味着追求个人智慧。哲学有助于回答诸如事物定义、意义以及方式等基本问题。哲学是一系列指示我们看待生活经历、方式的信念，是一种认知人以及与他人保持关系的方式。最重要的是，哲学反映了我们生活中的价值观。培养执教和生活哲学的关键在于学会认知自我，以及确定自身竞争目标的顺序。在下面的两小节中，将讨论为何要培养执教哲学，同时将阐述如何培养执教哲学。

为何要培养执教哲学

执教哲学如何让我们成为更好的教练？执教哲学是一系列指导行为的信念和规则。在进行选择时，执教哲学能够让教练忠于自己的价值观。在每次面对艰难的抉择时，因为决定必须符合规则，所以执教哲学可以让教练快速且轻松地做出决定。

在培养执教哲学的过程中，必须将自己所做的事情按重要性进行排序。生活和竞争都充满了选择。有时候可以非常轻松地做出选择，如大声呼喊或者跑动到防守位置；但是，有时候却非常难以做出选择，如是否要惩罚不遵守训练规则的运动员，是采用作弊的方式赢得比赛还是遵守规则输掉比赛。我们在培养执教哲学的过程中应确定什么才是重要的，从而做出正确的决定。

大多数人认为，当我们花时间彻底、放松、细心且全面地思考问题时，可以比在情绪激动时做出更好的决定。因此，相对于情绪驱动的下意识反应，逻辑性更能让我们根据事实和合理的理由做出系统性的决定。在训练和比赛中，快节奏的反应往往导致我们无法做出经过深思熟虑的决策。这就是需要占用运动时间来培养执教哲学的原因。只有这样，我们才能在需要时瞬间做出自己能够接受且稍后也感觉良好的决定。

好的执教哲学并不能为我们可能遇到的每一个问题提供具体的答案。好的执教哲学提供了一系列规则来指导我们制订决策，同时减少处理相关问题的不确定性。这些问题包括训练规则、球队纪律、运动员或者球队之间的冲突、行为准则、非赛季训练课程、运动员对于比赛的看法、长期或短期目标、成功和失败，以及其他有关竞争的问题。投入时间培养和保持执教哲学有助于我们提高专注度、减小压力、有目的地进一步发挥自己的能力、找到更多的乐趣等，从而实现更好的执教效果。

如何培养执教哲学

这是一个持续的过程，而非一次性的过程。这个过程要求我们不断地反思并进行系统性的更新。培养执教哲学应该是一个持续进行的工作。个人哲学必须与个人经历、态度、价值观和信念相匹配，同时还必须符合社会规范。如果个人哲学与社会价值观发生冲突，那么毫无疑问会招致麻烦。仅仅通过阅读本书、采用某位令人钦佩的教练的哲学，或者使用其他单一的资源，都无法形成个人的执教哲学。个人的执教哲学必须来自个人生活的各种经历。同时，我们只有拥抱和培养哲学，哲学才能发挥作用。教练必须不断地培养和完善执教哲学，才能为运动员提供积极的竞争经验。培养执教哲学要求我们培养清晰的自我意识，同时根据相应价值观明确执教目标的顺序。

培养自我意识

要理解个人的执教哲学，就必须了解自己。**自我意识**将提高教练和运动员学习和执行本书所探讨的各种技能的速度和成功率。此外，个人所培养的哲学将为其在应用这些心理技能时提供方向指引。我们都具备人生观，同时也具备一定的个人哲学。个人的哲学可能是完善的，也可能不够完善。我们可能能够认知个人的人生观，也可能处于不能认知的水平。即使具备了完善的个人哲学，也要记住这是在过程当中形成的。个人哲学会在个人的职业生涯中不断被修正。

推荐使用以下两种方法来提高与个人哲学相关的自我意识。第一，考虑自身的价值观，同时定期反思自己的想法和行动。在执教的过程中，我们能够真实地坚持自我信念和价值观吗？哪些因素会让我们的行动与信念始终保持一致或者与计划发生背离呢？在面对主要竞争对手、比赛结果至关重要、在人群面前比赛或者想给很多人留下印象的情况下，我们可能仍然无法忠于自己的信念和价值观。一旦意识到自己存在这些倾向，就必须通过学习有效的策略来解决这些问题。

第二，听取所信任的人的反馈意见，有利于更好地了解比赛期间，自己对各种行为的理解是否与他人的理解一致。有时，我们的判断会被当时的情绪或者个人的盲点蒙蔽。朋友可以作为我们情感的镜子：他们可以提供打破防守的准确反馈，同时鼓励我们建设性地纠正个人缺点。这两种方法有利于我们确定什么是真正重要的，同时教会我们在执教时仍然忠于自己的价值观的策略。

确定执教目标顺序

培养个人执教哲学的第二步是确定执教目标顺序，同时形成清晰的目标实现策略。在 *Coaches Guide to Sport Psychology* （1987）一书中，雷纳·马腾斯（Rainer Martens）明确了两个广义的执教目标：帮助运动员赢得

比赛，同时从生理、心理和社会层面上帮助和培养运动员。对于执教哲学，我们所做的任何决定都没有这里所强调的目标重要。这两个目标构成了执教哲学的基础。

努力赢得比赛是运动的一个重要目标，事实上，这也是运动的基础。那么，为了实现获胜的目标，你愿意付出什么代价呢？你愿意拿运动员的健康或者对手的健康冒险吗？你觉得个人发展比朋友和家人更重要吗？怎样恰当地看待获胜呢？这些都是重要且让人为难的问题，但是我们在执教的每一天中都必须面对这样的问题。对于如何确定获胜和培养个人能力的优先顺序，著名的蝴蝶球投手菲尔·尼克罗（Phil Niekro）的看法非常有意思。尼克罗在30岁出头时成了投手。成功为何姗姗来迟？尼克罗表示，在职业生涯早期，他长期受制于自我意识的影响。他总是担心自己投球的方式、转身的位置，尤其是能否赢得比赛。在他32岁时，发生了一件有趣的事情：尼克罗不再担心输赢，开始尽自己最大的努力投球。随着他有远见地改变了事情的优先顺序，成功随之而来（Martens，1987）。

重新确定获胜优先级的挑战——为何教练和运动员都重视获胜？或许，他们屈服于来自媒体、父母、发烧友俱乐部，甚至是自身的压力。有些教练与运动员可以做到志同道合，而有些教练会模仿以获胜为导向的专业教练的执教方式。相对于运动员的长期培养目标，大多数人仍然只是简单地根据输赢和短期获胜目标来评价成功与否。教练和运动员很可能都以获胜为中心，因为他们将自身的价值与输赢联系在一起：获胜是最重要的，而失败会对自身价值产生威胁，任何

人都必须不惜任何代价避免失败。部分竞争者将自身价值与获胜和失败联系到一起，他们的目标就是以自我为中心：他们不关心能够为他人做什么，而是关心别人能为他们做什么。教练采用以获胜为目的的执教方式是出于这些原因吗？执教是为了追求个人满足吗？个人的价值与输赢必须关联在一起吗？或者，在了解尼克罗多年的专业棒球经历后，你领悟到了什么吗？

雷纳·马腾斯提出了"运动员第一，获胜第二！"的观点来指导教练们接受更加恰当的执教哲学。这种以运动员为中心的哲学赋予了执教人员最高的优先权，而以获胜为中心的哲学则强调了比赛结果至高无上。我们在此提出适用于比赛和生活的且更加广泛的观点："优秀的个人是成功的基石！"这个观点强调了：对教练和运动员来说，优先级最高的是努力地学习和提升自身能力，而获胜是自身能力提升的自然产物。在力求完善的过程中，我们会意识到前进的道路是曲折的，会多次面临成功和失败。根据这个指导方针，评估自己目前的执教哲学，接着决定是否对其进行修改。

"优秀的个人是成功的基石！"中所包含的哲学意味着我们在做任何决定时，首先要做的且最重要的是：尽可能全面地培养运动员的技术并推动个人成长。要想运动员成为**优秀个人**必须增加个人获胜的机会，同时还必须将获胜放在仅次于最大限度地发展运动员的身体、心理和社会关系的位置来看待。获胜和优秀这两个目标事实上是连续的统一体。以优秀为中心的极端竞争者总是只考虑实现个人的最佳发展，而对获胜漠不关心。另一个极端是，以获胜为中心的竞争者对于发展的关心局限于发展对获胜会产生多大的影响。以优秀为中心的教练会将运动看作一种有利于运动员学习和发展技能的方式，而以获胜为中心的教练会将发展看作获胜的一种先决条件。

以优秀为中心和以获胜为中心的哲学的连续统一体如图1.1所示。博比·奈特（Bobby Knight）在连续统一体的哪个位置呢？将他放在你认为他应该处在的位置。约翰·伍登（John Wooden）在哪个位置呢？将他的名字的首字母放在恰当的位置。迈克尔·乔丹（Michael Jordan）或者于尔根·克林斯曼（Jürgen Klinsmann）呢？将他们的名字的首字母也放在恰当的位置。在图中确定熟悉的教练或运动员的位置。现在，你可以将自己放在哪个位置呢？确定后将你的名字的首字母放到恰当的位置。接着，将C放到你认为助理教练或监管员会将你放到的位置，同时将A放到运动员们会将你放到的位置。稍微花几分钟时间考虑一下位置的摆放。你想看到位置的变化吗？

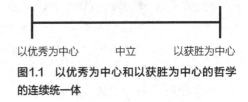

以优秀为中心　　　　中立　　　　以获胜为中心

图1.1　以优秀为中心和以获胜为中心的哲学的连续统一体

考虑采用哪种执教哲学时，我们可以借鉴美国加利福尼亚大学洛杉矶分校（University of California Los Angeles, UCLA）传奇篮球教练约翰·伍登的执教哲学。伍登教练认为学习和发展的重要性在获胜之上。该哲学是他运动和执教生涯的智慧结晶。但是，伍登教练一开始并没有采用在职业生涯结束时他所信奉的执教哲学，同时我们也不可能期待立刻获得所有问题的答案。因此，我们必须保持思想开放，审视自己的信仰，不断地自我评估，同时学习诸如约翰·伍登等知名教练的经验。

真正的竞争者——我们认为，优秀的教练才是**真正的竞争者**，他们能够恰当地安排竞争目标。真正的竞争者会意识到，努力获胜比实际上获胜更重要，而且他们清楚地认识到，实现目标就意味着提高获胜的概率。同时，他们还意识到，追求优秀是一个曲折的过程，一连串的波折会考验他们的韧性和决心。真正的竞争者将成功看作一个过程，而非目的地。将美国堪萨斯州最糟糕

约翰·伍登的竞争哲学

约翰·伍登是一名毫无争议的大师级教练。在他的指导下，UCLA 布鲁因斯（Bruins）棕熊队在 12 年里获得了 10 次美国全国大学体育协会（National Collegiate Athletic Association，NCAA）男子篮球比赛冠军，同时连续赢得 88 场比赛，其中包括连续赢得 38 场 NCAA 锦标赛。众多大学的全美最佳选手和美国职业篮球联赛（National Basketball Association，NBA）明星球员都参加了这些比赛。伍登成为执教偶像的原因不仅在于其取得了惊人的成功，同时还在于其获胜的方式。伍登的成功金字塔（见图 1.2）阐述了他从追求优秀的角度定义成功的竞争哲学。

毫无疑问，伍登认为发展比获胜更重要。他认可准备的重要性，同时将成功作为一个过程来看待。他以前带过的运动员说，他从来不讨论获胜，只探讨尽最大的能力进行比赛的方式。伍登的成功金字塔由 14 块竞争真谛巨石组成。在他看来，培养天才必须要努力工作和坚持不懈。这些折射他的信念的巨石包括勤奋、友谊、忠诚、合作、热情、自我控制、警觉性、主动性、专心、调节、技能、团队精神、镇静和自信。伍登认为自己是一个乐观主义者。这种乐观的思想是以恰当的准备和关注细节为基础的。他享受竞争，而且认为竞争可以带给人们美好的结果。伍登觉得，面对对手时，对手可以激发自己深藏的潜力，使自己尽最大的努力参与比赛，因此比赛是一个充满趣味且令人满足的过程。只有杰出的对手才能激发个人最大的潜力。

伍登承认他犯过很多错误，但从来没有失败过。他认为，只要运动员尽最大的努力比赛，那么他就不是失败者。同时，他还认为犯错是获胜的先决条件，因此他总是反复强调美国普渡大学的佩吉·兰伯特（Piggy Lambert）教练的口号："犯错最多的团队最有可能获胜。"事实上，行动者会犯错，而且是在行动的过程中犯错，但是也在行动中获胜。从来不犯错的运动员也可能从来没有为获得胜利而努力，而这可能是最大的错误。

伍登的竞争哲学的重点在于团队比赛。他希望每名运动员都尽自己最大的能力展示个人才能。同时，他希望运动员可以为了团队的利益融入团队中。

"成功是一种内心的宁静，是自我满足的结果。这种结果源自清楚自己想努力成为最好的自己。"

——约翰·伍登

竞争真谛
"在要求有最佳的表现时，实现最佳的表现。每一天都达到最佳表现。"

信仰　信心

镇静
"做自己，不管事情好坏都不要放弃。"

自信
"充分的自信是最强大的力量。自信源于自我争取，而不是施舍。"

调节
"能力能够让你到达巅峰，但是性格成就自我——精神、道德和身体。"

技能
"学习前人所学的内容，这是很重要的。"

团队精神
"团队之星就是团队本身。'我们'可以取代'我'。"

自我控制
"控制组织从控制自己开始。注意纪律。"

警觉性
"不断地察觉和观察。总是致力于寻找提升自我和团队的方式。"

主动性
"主动做决定！不敢表现往往是最大的失败。"

专心
"坚持到底。在受挫时再次尝试，越努力，越聪明。坚持不懈。"

勤奋
"成功总是与努力为伴。没有欺骗，也没有捷径。"

友谊
"努力组建一支充满友情和尊敬的球队，形成战友之情。"

忠诚
"忠于自己，忠于自己所带领的团队。"

合作
"最关心做什么是正确的，而非谁是正确的。"

热情
"活力和享受、动力和奉献精神将刺激和极大地鼓舞其他人。"

成功金字塔

图1.2　约翰·伍登的成功金字塔

的大学球队教成最佳球队的教练比尔·斯奈德（Bill Snyder）强调：成功并不是获胜，而是提升运动员、学生的能力。斯奈德会根据比赛热情、生活技能发展、毕业等级、未来职业成功的可能性以及性格发展等方面来评估运动员能否成功（Shoop & Scott，1999）。这是一个其他教练可以仿效的模式。

真正的竞争者还清楚地认识到，双方在公平环境下竞争才是最佳的竞争方式。因此，他们会秉承运动精神，同时严格按照规则进行比赛。理想的比赛是**竞争**双方激情澎湃地进行比赛。追求全面的优秀意味着，真正的竞争者懂得竞争的合作属性以及最大限度相互鞭策的需要。我们希望，执教哲学与成为真正的竞争者的原则保持一致。

从原则到实践

"优秀的个人是成功的基石！"不仅是一种简单直白的哲学，而且是一种大多数教练都认同的哲学。但是，很少有教练会始终如一地将这种哲学付诸实践，因为大多数教练都会过分强调获胜的重要性。记住，哲学并不是口口相传的原则，而是生活的意义所在。在面对是优先考虑获胜还是发展这个问题时，很多教练认为可以兼顾两者进行执教，同时还指出通过让运动员获得自信和取得更多的丰厚奖励，优先考虑获胜有利于运动员的发展。但是，有时候我们必须在两者之间做出选择。考虑以下两个现实生活中的例子，你会怎么做呢？

在篮球锦标赛的半决赛前，一支人们非常喜欢的球队的一名明星运动员受到一个毫无根据的技术犯规判罚。球队的规则是，任何被判技术犯规的运动员都必须坐在赛场外面。教练是否会遵循自己的哲学，同时让该运动员坐在赛场外面的凳子上？他会这样做的。即使教练清楚运动员并没有犯规，但是他仍然会采用这种会大大降低球队获胜概率的方式，让运动员在剩下的时间里坐在场外。幸运的是，其他几名运动员发挥得不错，完全弥补了这方面的损失，最后球队获胜了。坐在凳子上的运动员稍后向编辑写了一封信。信中阐述了他从这次经历中学到的宝贵经验，同时还表达了他对教练的诚信的敬仰之情。

另一个例子是，在美国最大的3对3篮球锦标赛的冠军争夺赛中，教练发现自己的球队遇上了劲敌。他选择采用充满争议的策略——让运动员在对手每次向距离为15英尺（约4.6米）的篮筐投篮时故意犯规。这个策略是非常可行的。因为在锦标赛规则中，没有运动员犯规必须离场的规定。同时，因为对方球队的罚球技术很糟糕，他们在获得犯规罚球的情况下也无法占到好处。在最后30秒中，对方球队在6次罚球5次失误的情况下，犯规的球队以1分险胜。为了赢得这场重要比赛，教练采用了一种教导运动员们获胜比诚信的竞争更重要的策略。这个决定将对这些年轻运动员的长期性格发展造成负面影响。

对这些情形做出的反应很可能都基于自我的执教哲学，特别是关于获胜和发展的价值观。这些都是艰难的决定，但竞争是一个通过多种方式挑战运动员性格和技能的过程。大多数竞争者都会认真遵循"优秀的个人是成功的基石！"的哲学。基于4 000多名教练参加的150多个执教教育培训班，我们的经验是，大多数教练都将发展排在获胜的前面。问题是，实现这个哲学，必须保持言行一致。获胜是可以快速且明确界定的——比赛结束时，成功或失败就见分晓了，而且获胜的奖励是丰厚且吸引人的。相反，实现将运动员培养成一名生理上、心理上和对社会的贡献上更好的运动员的目标既无法立竿见影，也没有捷径可走。

通过这种将运动员的发展放在首位且结构良好的执教哲学，当面对不公正的对待、遭受痛苦的失败或对运动员感到沮丧时，就可以更轻松地在激烈的斗争中保持自我价值观。良好的人生和竞争哲学会成为我们执教过程中的最佳盟友。为了发展执教哲学，我们必须认识自己，同时确定竞争目标的优先级。深入地理解竞争及其潜在的应用将有利于塑造个人执教哲学。

理解并建设性地利用竞争

竞争是一种将个体或团队的表现与标准进行比较的情形（Martens，1975）。运动员可以采用怎样的竞争标准呢？他们可以采用3种类型的标准进行比较：运动员以前的能力表现（侧重于学习和自我提高的**自我评估**）；其他竞争对手的能力表现（侧重于获胜或获得更高地位的**社会评估**）；**理想标准**[公认的优秀能力表现标准测试，例如，4分钟跑步1英里（约1.6千米），20英尺（约6.1米）撑竿跳，美式橄榄球中的100码（约91.4米）冲刺比赛等]。稍后将阐述通过侧重于自我评估目标（而非获胜）来帮助运动员减少焦虑和提升能力表现的方式。即使是在竞争中，你愿意这样做吗？执教哲学会帮助你回答此类问题。

此外，我们还需要考虑竞争到底是好还是坏。我们对竞争的看法会对执教哲学造成怎样的影响？对竞争持批判态度的人指出竞争造成了以下问题：运动员、教练、裁判和观众之间的暴力行为；过度参与运动导致严重的肢体伤残；糟糕的个性和扭曲的逻辑能力；课堂中责任的缺失；因为不愉快的体育经历从而对体育活动产生负面态度等。另外一方面，支持者将竞争看作一种建设性的时间和精力利用方法：一种培养比赛公正感、积极的个性以及提高职业和生活技能水平的方法；一种提高表现能力的重要工具；一种有助于我们将问题看作实现和成就机会的强大学习策略。在这场争论中，双方的论证都非常深刻且言之凿凿，因此很难确定竞争实际的有利程度。

当我们问学生他们认为竞争是好事还是坏事时，大多数人都认为竞争是好事。有许多学生想要证明他们的答案，也了解或经历过获胜的负面影响被放大的情况。在我们看来，这是一个陷阱问题，因为我们将竞争看作一个中立的过程，其本质没有好坏之分。竞争并不像媒体经常所强调的那样会产生积极或消极的影响。竞争的影响存在有益和有害两个方面，但其根本不在于竞争本身，而在于竞争的组织和指导方式。教练在运动能带来积极还是消极的竞争体验方面发挥着主要的作用。事实上，竞争可以是充满乐趣的。令人愉快的运动有利于运动员更长时间地参与其中，并且具备更强的动力提升自我。注重运动员在身体、心理和社会等方面的发展，同时又能寓教于乐的教练通常都会致力于提高运动员的参与度，并力图将退学率降到最低。正如我们所看到的，自然的竞争可以影响教练的执教哲学。

本节介绍了必须理解的执教哲学中关于竞争的4个方面，它们可以最大限度地增大竞争的积极影响。下面我们一起来了解一下，教练应该怎样做才能让竞争成为强大的推动力，成为提高运动员能力表现水平的宝贵策略，帮助运动员形成积极性格特质的方式，以及培养合作和竞争技能的方法。

让竞争成为强大的推动力

就像各种教育和行业环境使用竞争来激励人们一样，在运动中也可以使用竞争来激励运动员。我们的执教哲学是必须确保恰当地使用竞争来增强运动员的动机。我们可以回顾一下对自己有激励作用的情形。例如，在邀请赛中作为主要竞争者，在重要的测试中战胜队友，或者竞争一份不错的工作等。

但是，是否也存在竞争无法激励我们，甚至削弱动机的时候呢？动机和竞争之间的关系如图1.3所示，由图可知，挑战难度适中时，竞争能够提供最强的动机。换言之，运动员在应对最接近自己当下能力水平的挑战时，可能具备最强的动机。如果挑战难度介于运动员能力水平以上和以下之间的舒适区域，那么他们的动机很可能保持在相当强的水平。

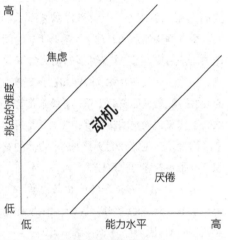

图1.3　动机和竞争之间的关系

随着能力水平和竞争难度之间的差异不断扩大，动机呈稳定下降的趋势。相对于与相似能力的对手进行对抗，运动员在与能力大幅超过或者低于自己的对手进行竞争时，通常动机会减弱。在面对能力超强的对手时，运动员可能会尽自己最大的努力，但没有机会获胜；而在面对能力太弱的对手时，运动员在表现很糟糕的情况下仍然可以赢得比赛。这两种情形都无法让运动员产生最大动机以实现最佳表现。因此，教练需要具备一种哲学，以鼓励运动员设定过程或表现目标。这种哲学的重点不只是为了获胜，而是让运动员在最佳的难度水平中培养并保持强动机。

通过竞争提高运动员的能力表现水平

竞争可以指引运动员保持最佳表现，也就是说竞争可以提高运动员的能力表现水平。要求排球队的两名运动员争夺一个名额，可以组建更好的球队，因为每名运动员都必须尽自己最大的努力提升能力，成为首发球员，推动团队获胜。但是，教练必须认识到竞争并不会自然而然地提高球员的水平，教练还必须懂得应对可能降低运动员能力水平的压力情形，或帮助运动员掌握达到特定竞争标准的方法。

竞争会导致运动员变得目光短浅，从而阻碍他们全面地发展自身的能力。例如，有些摔跤运动员对如何超越他们的陪练对手非常关心。相对于发展和改善新的动作，他们总是依赖于喜欢的动作。因此，他们可以在练习时表现良好，最后却限制了自身的技术发展。事实上，过多的竞争可能就像过少的质量控制一样，也会带来问题。我（戴蒙·伯顿）在与美国跳台滑雪团队一起工作时，发现了一个关于运动员发展竞争潜在影响的例子。团队的执行委员会规定的规则是，运动员的经费以及路径选择只能由运动员的能力表现决定。这个体系意味着从塑胶场地训练到雪地训练和比赛的每一次跳跃都是至关重要的。每一天的每一次跳跃都处于竞争之中。这要求跳台滑雪运动员必须最大限度地改善自己的表现。因此，虽然设置该体系的目的是确保公平性，结果却约束了跳台滑雪运动员的技术和战术发展。

任何体育技能的实际学习曲线都不是线性的（见图1.4）。正常情况下，运动员学习新技术或尝试改正形式方面的主要缺陷时，他们的能力表现水平会暂时下降，随后进入停滞期，接着达到更高的能力表现水平。可惜的是，这些跳台滑雪运动员在提高技术水平的过程中无法承受这种能力表现水平的下降，因为这样会减少他们能获得的经费并影响其路径选择。一份为期4年的技术创新全面评价的结果显示，在不出意外的情况下，相对于来自其他国家的跳台滑雪运动员，这些跳台滑雪运动员的能力提升甚微。因此，这些跳台滑雪运动员很难与对手竞争。这些对手的团队选择程序通常允许他们发展自己基本的跳跃技术和战术。必须明智且果断地使用竞争，这样竞争才可以在不限制技术发展的情况下，推动运动员提高能力表现水平。竞争哲学必须强调发展，这样运动员才能采用恰当的方式努力提高能力表现水平。

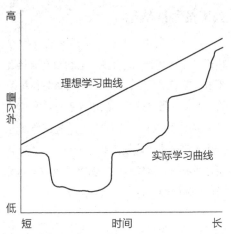

图1.4　体育技能的理想学习曲线和实际学习曲线

图中标注：
高
低
学习量
理想学习曲线
实际学习曲线
短　时间　长

竞争是培养积极性格特质的方式

执教哲学必须特别强调性格发展的重要性。竞争在帮助运动员发展积极性格特质方面发挥着重要作用。积极的性格特质有助于运动员通过努力取得成功。但竞争并不会自动让人形成积极的性格特质。遗憾的是，体育竞争有时会影响性格的良性发展。因此我们认为，执教哲学是决定教练在运动员性格发展中起到哪种作用的必要因素。

研究证明，相对于非运动员，运动员可能会较少产生违法行为（Seefeldt & Ewing, 1997）。但是，当运动员逐渐向更高的竞争水平发展，在某种程度上更多地强调获胜时，其道德理性和良好的体育行为会有所减少（Beller & Stoll, 1995）。因此，强调获胜在运动员性格发展的过程中是一把双刃剑。有些运动员可能因为过分渴望获胜，所以会在短时间内通过撒谎、欺骗、违反球队规则和发展消极的性格特质来提高自身获胜的能力。但是，如果运动员能够抵挡住以不道德的方法获胜的诱惑，就可以保持积极的性格特质。性格是一种学到的行为，只有教练系统地规划教学课程，同时采用策略将这些课程及其价值传授给运动员，他们才会产生公平的游戏意识。

请思考在以下情形中，运动员的性格发展的可能性。网球运动员鲍勃（Bob）（冠军候选者）可以确定对手的球是在界内还是界外，而其他人无法确定球落地的位置。

- 在友谊赛的决胜局中，鲍勃和他的室友约翰（John）在决胜盘中打到6分时出现胶着。除了胜者为王之外，两人还就结果押上了一瓶冷饮。

● 在州网球锦标赛的决胜局中，鲍勃和他的主要竞争对手在决胜盘中打到6分时出现胶着。比赛结果有可能影响到他是否可以拿到大学奖学金。

　　在第一种情形下，鲍勃可以很容易地做出诚实的表达。朋友之间的比赛，结果并不是很重要，而且在这种情形下做出的反应对于鲍勃长期性格发展的影响微乎其微。但是，如果鲍勃可以在比赛结果如此重要的州网球锦标赛上做出正确的选择，那么这就是一次可以塑造他之后职业生涯性格的正面经历。运动员对竞争成功有何价值的判断，让运动成了一个反映执教诚信和影响运动员性格发展的领域。这个领域会对个人的成长产生长期的影响。但是，只有在教练将性格发展作为优先级最高的事项的情况下，才有可能产生积极的结果。

指导运动员合作和竞争的方式

　　我们生活在一个极其需要相互依赖与合作的社会中。我们有时候可能没有机会参与竞争，但我们每天都以很多种方式进行合作，如工作时与其他人合作，购买他人生产的东西（或者生产产品供他人购买）。因此在当代社会中，学习合作的方式与青少年运动员学习竞争的方式一样重要。这可能成为执教哲学的一部分内容。竞争与**合作**往往被认为是相反的过程，事实上它们是互补的。体育运动社会学家贡特尔·卢申（Gunther Luschen）在1970年按照被他称为**联合**（association）的方式描述了竞争和合作之间的关系。联合指的是个体或团队为了有效竞争而必须合作的方式。

　　大多数人都已经确定了一种联合的类型，按照这种联合类型，运动员在团队运动中必须彼此合作，以便团队团结一致地表现自己的能力。团队内部的合作是团队获胜的基本条件。而团队之间的合作是公平竞争的必要条件。团队必须对竞争的时间和地点达成一致。同时，他们还必须接受管理比赛的规则，并且承诺遵守这些规则。此外，在竞争时会假定所有竞争者或团队都将尽自己最大的努力，或者至少共同达到一定的付出和努力水平。接着，竞争会涉及在做出最大努力且势均力敌的对手之间找出优胜者。教练应将指导运动员彼此（与对方团队）合作的方式作为自己执教哲学的一部分，以实现最佳的竞争。你是否会这样做呢？

关于竞争的结语

　　在行政人员、教练、父母和粉丝们理解竞争并致力于帮助青少年运动员充分利用竞争经历的情况下，竞争一般会被看作积极的。但是，当这些重要的成人群体的若干人员（特别是教练），在缺乏远见且没有将青少年运动员的利益放在首位的情况下，竞争便是消极的。执教哲学是确保运动员获得积极运动体验的基石。

小　结

1. 教练必须具备执教哲学，帮助运动员在练习和比赛的重要时刻做出正确的决定。即使在心理竞争最激烈时，完备的哲学也有利于我们做出正确的决定。

2. 培养执教哲学包含培养自我意识，以及确定获胜和运动员发展两个执教目标的优先顺序。"优秀的个人是成功的基石！"意味着，这两个目标都很重要，但是必须将让运动员成为优秀个人放在优先位置。

3. 真正的竞争者会将让运动员成为优秀个人的目标排在获胜前，同时侧重过程而非目的。真正的竞争者会在挑战中成长，并且懂得只有通过迫使运动员在比赛中达到最佳表现才能让其成为优秀的个人。

4. 为了有效地塑造执教哲学，我们必须理解竞争的含义以及竞争对执教哲学的影响。

5. 竞争是能力表现与标准的比较，标准包括：运动员以前的能力表现，其他竞争对手的能力表现，理想标准（例如，公认的优秀水平）。运动员必须懂得所使用的标准以及他们是否必须满足标准。

6. 充分利用执教哲学要求教练理解竞争并无好坏之分，竞争只是一个过程。教练等人在决定竞争对运动员的正、负面影响方面发挥着重要的作用。

7. 竞争是一个强大的动机因素，与势均力敌的竞争对手或团队竞争时，运动员的动机最强。当能力水平和竞争难度之间的差异扩大时，动机会减弱。

8. 竞争能够提高运动员的能力表现水平，因为团队内部和团队之间的比赛会促使运动员在压力之下更全面地发展自身技能和更有效地发挥技能。必须明智且果断地利用竞争，这样有利于运动员在没有发展障碍的情况下改善自身的能力表现。

9. 竞争可以促进性格发展。在正确引导运动员进行竞争且侧重表现出良好的运动行为的情况下，运动是一个使运动员形成积极性格特质的重要领域。但是在很多情况下，由于糟糕的榜样以及教练错误地强调获胜要优先于性格发展，竞争会不利于运动员的性格发展。

10. 竞争和合作相辅相成，教练必须帮助运动员学会合作与竞争。

11. 虽然竞争本身存在一些问题，但竞争仍然是体育与社会中必不可少的一个过程。教练必须针对青少年运动员开发各种执教哲学，帮助他们最大限度地获得优势，同时最大限度地减少他们在竞争中付出的代价。

关键术语

联合	理想标准	自我评估	执教哲学	优秀个人
社会评估	竞争	自我意识	真正的竞争者	合作

复习题

1. 什么是执教哲学？

2. 为何培养健全的执教哲学很重要?

3. 培养有效的执教哲学的关键步骤包括哪些?

4. 使用哪些竞争方式可以促进运动员的发展?

5. 竞争是好还是坏?

实践活动

1. 培养基本的个人执教哲学。明确自己作为教练的优点和不足。确定获胜与发展之间的优先顺序,同时阐述你确定这些目标的优先级的基本原理。

2. 根据你使用竞争促进运动员发展的方式进行自我评判:如何充分地利用竞争方式来增强运动员的动机、提高他们的能力表现水平、改善他们的性格发展以及帮助他们学会合作?

第 **2** 章

沟 通

阅读完本章内容后，你应该能够：

- 理解沟通的含义及其重要性；
- 掌握有效表达信息的方法，同时能提供指导性的反馈；
- 了解通过有效聆听接受信息的方法；
- 了解通过对抗有效地解决冲突的方法。

沟通技巧是预测执教能否成功的最佳指标。教练的一生就是源源不断地进行沟通：教练必须能够演讲、阅读、写作、做手势、聆听、教导、安慰、说服、示范和观察。除了与运动员沟通，他们还必须花大量时间与其父母、管理人员、裁判、其他教练、媒体、俱乐部成员和后勤人员进行沟通。很明显，一名教练能否成功取决于其是否具有有效沟通的能力。教练需要具备熟练的沟通技巧才能清晰地指导运动员，激励运动员和激发他们的自信。良好的沟通技巧是与运动员建立密切关系及促进团队和谐的基础。成为一名良好的沟通者，可以为获得执教经验做好准备，而沟通存在障碍则会导致冲突、挫折、压力和不满。事实上，有效的沟通技巧并不局限于运动本身。沟通在生活中的每个领域都很重要。提高沟通技巧能够让我们的生活变得更加充实和有意义。

虽然沟通很重要，但是沟通技巧总是被人们忽视。面对沟通障碍时，我们倾向于相信自身的沟通能力是没问题的，而问题的根源在于我们尝试沟通的对象。事实上，我们并非总是有效的沟通者。你是否曾经发表过让自己感到后悔的言论？你是否有时候会无意识地希望别人能够读懂你的心思？你是否发现自己说话的时间要比倾听的时间多？你是否曾经希望运动员在没有公开自我反馈的情况下，能够对建设性的批评做出很好的回答？大多数人都会涉及这些问题。本章将探讨这方面的内容。

成为一名有效沟通者并不是一件容易的事情。像其他技巧一样，沟通技巧需要培养、努力学习和不断练习。培养沟通技巧的挑战一部分来自根深蒂固的无效沟通模式。同时，这种无效沟通很难察觉而且很难摆脱。提高沟通技巧的第一步是认识到沟通的重要性并注意沟通的方式。本章将帮助你明确自己作为沟通者的优势和不足，同时介绍可以应用到实际中从而提高沟通技巧的基础知识。

什么是沟通

沟通是一种表达（或传递）观点、知识、思想、感情以及理解他人所表达内容的行为。沟通的过程包括发送和接收信息，而且可以采用很多种形式。语言沟通指的是用语言沟通，而**非语言沟通**包含用面部表情、身体姿势和手势等沟通。沟通可以在一对一或群体环境中或者以书写形式（例如，打印的材料）或视觉形式（例如，图片、视频等）进行。沟通不仅包含信息内容，还包括情绪影响，或者说是信息对接收者所产生的作用。

发送和接收信息

教练一词意味着从事这个职业的个人会发出很多信息。教练必须能够向运动员清楚地表达期望、目标、标准和感情。他们必须进行指导、鼓励、惩戒、组织并提供反馈。虽然我们倾向于认为，有效沟通者能够清晰地发出可以按照预期被理解的信息，但是沟通是双向的，还涉及接收信息。教练必须专心地聆听。运动员必须能够向教练表达自己的目标、问题和情感。

非语言和语言渠道

教练一声不吭就可以表达很多意思：皱眉头、不信任的眼神、摇头或者微笑。事实上，沟通专家表示，65% ~ 93%的信息是通过语调和非语言行为传达的（Johnson，2003）。因此，除了注意所用的词语，至关重要的一点是要注意语调和非语言行为，这样教练才可以理解自己向运动员发出的信息。

洛乌·霍尔茨（Lou Holtz）讲述了他在美国圣母大学执教的经历。这个很有启发意义的故事强调了在成为有效沟通者的过程中培养自我意识的重要性。招募协调人员制作了一个发给新候选成员的视频，霍尔茨认为这是一个做得很棒的课程营销视频，但是希望可以增加一些他与运动员积极互动的片段。招募协调人员表示，他仔细找了又找，但没有合适的。这个回答让霍尔茨非常吃惊，因为他一直为自己积极执教和传递积极信息而自豪（Janssen & Dale，2002）。通过这次的经历，霍尔茨更加注意自己与运动员之间的互动，同时还发现了成为有效沟通者的途径。与霍尔茨类似，很多教练总是会忽视他们所发出的非语言信息。

同样，运动员也会采用非语言沟通方式。通过成为运动员非语言沟通方式的敏锐观察者，教练可以学习如何成为有效的聆听者。理解运动员发出的非语言信息是进一步了解所执教的运动员的一种手段。

内容和情绪的影响

在沟通时，教练倾向于关注他们所发出的信息的内容或主旨："用力跑""坚持完成击球""佯攻传球""在高强度下练习"。他们认为这样做时信息是客观的，运动员可以按照预期接收到信息。这种看法并不准确。在接收教练认为已经发送过来的信息时，运动员可能并没有找到相同的感觉或听到相同的信息。比如，"明天我们要确保做好这方面的防范。"教练可能要表达的意思是"我们将注重防守技术，以便完善我们的行动，"而运动员可能理解为"明天将有一场艰难的体能训练"。如果教练假定运动员能够按照自己预期的方式理解信息，就会出现沟通问题。因此，沟通者不仅要关注信息内容，而且要注重接收者对信息的理解（以及信息对接收者可能产生的影响）。

除了信息内容，沟通还包含信息对运动员情绪方面的影响。运动员是怎样理解教练发出的信息内容并做出反应的？无法意识到信息对运动员有影响是一个非常常见的问题。例如，教练想把"努力跑"以鼓励的积极语气说出来，运动员却负面地理解为"他觉得我跑得不够卖力"。有效沟通能够让接收者觉得信息内容和情绪影响同等重要。教练必须进一步意识到信息对团队的影响，采用清楚的表达方式，清晰地表达信息内容。

有效表达信息

有效沟通指的是发出的信息能够清楚地表达预期的内容，并按照预期的方式被接收。对教练而言，最重要的是判断是否需要发送信息。在训练过程中，有些教练会漫无边际地讲一大堆让人厌倦或干扰运动员的话。有些教练则少言寡语，认为其他人都知道其所思所想。图2.1中列出了一些有效表达信息的指导方针。阅读每个指导方针，诚实地评价自己在沟通方面的强项或弱项，并选择恰当的答案。确保客观地进行自我评价，同时采取措施来改正不足之处。毫无疑问，所有人都存在沟通强项和弱项！

信息的影响

斯莫尔（Smoll）和史密斯（Smith）花费了数百小时观察多名教练并评估他们对运动员的影响（Smith, 2001; Smoll & Smith, 2006）。他们一共观察了70多名教练，记录了80 000个行为，同时还调查了将近1 000名运动员。他们发现运动员对提供以下内容的教练反应积极。

- 在运动员展现良好的能力表现和努力之后做出积极反馈。
- 在运动员出现错误时，会发出矫正指令并给予鼓励。
- 发出技术指令以及提出与表现水平无关的一般性鼓励。

相反，斯莫尔和史密斯发现，运动员不喜欢以下教练：未能注意到或强化运动员良好的能力表现和努力，没有对错误做出批评或在运动员于重要时刻犯错后未能提供指导。

斯莫尔和史密斯所注意到的积极特性在优秀的教练身上非常明显，如传奇篮球教练约翰·伍登，他在UCLA任职期间率队赢得了10次NCAA男子篮球冠军锦标赛。在沟通中，伍登50%的时间用于用语言来指导运动员做什么以及怎样做，13%的时间用于鼓励运动员加快速度和强化努力，8%的

时间用于提供建设性的批评，8%的时间用于（使用语言或非语言方式）表扬，7%的时间用于简单表达不愉快情绪，同时平衡多方面不常见的行为（Gallimore & Tharpe, 2004）。在其他成功的教练身上也可以看到相似的特性。而对于消极执教的教练，大多数人认为他们会采用叫喊、尖叫和惩罚来激励运动员。斯莫尔和史密斯发现，大多数年轻体育教练并不会出现负面描述中的情况。事实上，针对教练的评价只有3%是"反感"，而且仅有20%的错误会被消极应对。虽然为数不多，但是负面反馈会对运动员造成很大的影响，而带有不满情绪的反馈会对运动员造成巨大的伤害。

教练能够通过学习成为有效沟通者吗？斯莫尔和史密斯开发了旨在帮助教练成为有效沟通者的训练指导方针，而且还对比了接受过训练与没有接受过训练的教练。接受过训练的教练指导的运动员比没有接受过训练的教练指导的运动员具备更积极的运动经历。他们认为接受过训练的教练更好、更有趣，而且更让人觉得没有压力。事实上，在接受过训练的教练指导的运动员中，只有5%退出了体育训练；而在没有接受过训练的教练指导的运动员中，则有26%退出了体育训练。

教练应细心地反省自己与运动员的沟通方式，同时优先提升自己的沟通技巧。教练可以提升自己的沟通能力，从而让运动员受益。接下来的内容将阐述可用于表达有效信息的具体策略。

有效表达信息的指导方针

1. 信息必须直接明了

在这方面能力较弱的教练会避免直截了当地交流。运动员可能并不清楚他们的立场。这种教练会假定其他人知道他们的期待、需要或感觉。他们隐藏自己心里所想的内容或者期待其他人能够看透自己的心思，而不是直接地表达信息。在某些情况下，他们可能会将信息告诉其他人，然后希望信息能够间接地传递给预定的接收者。问题是，间接信息往往容易被曲解和误解。以下答案中数字的单位为"分"。

在直接表达信息方面，你的能力如何？

1　　2　　3　　4　　5
弱　　　　　　　　　　强

2. 承认自己表达的信息

在引用自己的信息时，使用"我"和"我的"，而不是"球队"或"我们"。当一个教练说"球队觉得……"或者"大多数人认为你是……"时，他并不承认自己与此有关。但事实上，他是认可这些信息内容的。利用他人的信息来支持自己所表达的内容，意味着在表达自己的信息时很胆怯，同时害怕承担责任。

在承认自己表达的信息方面，你的能力如何？

1　　2　　3　　4　　5
弱　　　　　　　　　　强

3. 信息必须完整和具体

完整地进行说明，不要遗漏重点信息。在说明的过程中，必须向听者提供所需要的全部信息，以便其完全理解信息。注意逻辑上的跳跃、未知的假定和未说明的意图。

在完整和具体地表达信息方面，你的能力如何？

1　　2　　3　　4　　5
弱　　　　　　　　　　强

4. 信息必须清晰连贯，避免传递双重信息

有些教练今天这样说而明天又换了另一种说法，一些教练则传递相互矛盾的信息，这两种教练都违背了这条规则。"我确实很想让你上场比赛，但是我觉得你不适合配对防守。""我觉得你是一名不错的运动员，但是你需要多一点耐心。"这个例子包含两层意思（接受和拒绝），会让运动员感到困惑，而且可能让运动员受到伤害。双重信息包含矛盾的意思。当我们害怕将冒犯性的信息直接告诉他人时，我们往往会传递双重信息。

在传递清晰连贯的信息并避免传递双重信息方面，你的能力如何？

1　　2　　3　　4　　5
弱　　　　　　　　　　强

图2.1　用于评估表达信息的优势和不足的指导方针

5. 信息必须清晰地表达需求和情感

部分人倾向于不向他人流露出自己的情感和需求。需求和情感的流露是发展密切关系以及打开沟通渠道的基础。分享需求和情感可以打开他人分享需求和情感之门。不明说的需求和隐藏的情感会导致期望落空。

在清晰表达自己的需求和情感方面，你的能力如何？

```
1      2      3      4      5
弱                   强
```

6. 信息必须能够区分事实与看法

表达看见的、听见的以及知道的内容，接着明确自己对这些事实的看法或总结。一天，你对回家晚了的儿子说："我看到你又跟威廉姆森（Williamson）的孩子一起出去了。"在这个语境中，你的儿子听到了你所表达的信息，但是他并不是很确定你所关心的对象是否是威廉姆森的孩子。比较不错的表达这种信息的方式是：（a）"是威廉姆森的孩子，是不是？"（确认事实）；（b）"我担心你花太多时间跟他在一起，担心他会给你带来麻烦"（表达看法）。虽然你的儿子可能会对你的看法感到不是很满意，但这样的信息的意思相对于第一条信息要清楚得多。

在用信息确认事实和表达看法方面，你的能力如何？

```
1      2      3      4      5
弱                   强
```

7. 信息必须每次只侧重一件事情

每条信息应只涉及一个主题或事件。从一个话题跳到另一个话题只会混淆听者。你有过因为没有花时间组织想法，所以表达的信息与思想脱节的经历吗？

在信息每次只侧重一件事情方面，你的能力如何？

```
1      2      3      4      5
弱                   强
```

8. 信息必须立刻传达

观察到一些令我们感到不安或者需要我们做出改变的事情时，不要拖延时间，而要立即发出信息。有时退缩会导致我们后来对一些小事情大发雷霆。立刻反应也是提供有效反馈的可靠方法。但是，如果有时候情绪导致判断产生混乱，那么最好等到一个较好的时机再传达信息。

在必须传达信息的情况下，你立刻传达信息的能力如何？

```
1      2      3      4      5
弱                   强
```

图2.1（续）

9. 信息不应包含其他意图

这个规则意味着信息表达的目的与真实目的要完全相同。其他意图和伪装的目的都会破坏教练与运动员之间的关系。扪心自问以下两个问题，确定自己传达的信息中是否包含其他意图：为何我这样说？是不是因为我希望他听到这个信息，或者这里面还包含其他的意思？

在避免信息包含其他意图方面，你的能力如何？

1   2   3   4   5

弱   强

10. 信息必须是有帮助的

如果我们希望其他人愿意聆听我们的信息，那么我们不能向他们传递带有威胁、讽刺、消极的比较等意味的信息。否则，对方会避免与我们沟通或者直接不理会我们的讲话。所发出的信息必须对他人有所帮助。

在发出有帮助的信息方面，你的能力如何？

1   2   3   4   5

弱   强

11. 语言和非语言信息必须意思一致

教练告诉运动员可以犯错，但是教练所表现出来的消极身体姿势和面部表情与说出的话是相互矛盾的。相互冲突的两种信息会让运动员感到困惑，同时会影响教练沟通内容的可信度。

在让语言和非语言的信息保持意思一致方面，你的能力如何？

1   2   3   4   5

弱   强

12. 强调重要信息

重复关键点可以强调想要表达的内容。教练可概述即将告诉运动员的信息内容，接着告诉他们具体信息，然后再总结刚才告诉他们的信息。但是，必须了解重复信息的意图。可以利用其他形式来强调重要信息。例如，在解释技术的过程中展示图片或视频。

在强调重要信息方面，你的能力如何？

1   2   3   4   5

弱   强

图2.1 （续）

13. 信息必须适合接收者的阅读和理解水平

应以接收者能够理解的方式来表达意思。如果按照正在沟通的接收者的经验来传达信息，那么信息非常容易被接收者理解。例如，在向青少年运动员讲话时，使用复杂的语言是不恰当的，因为青少年运动员并没有掌握和理解所讲内容中的词汇。要考虑运动员的年龄、发展和经验，确保传递的信息能够被他们理解。

在传递适合接收者阅读和理解水平的信息方面，你的能力如何？

1　　　　2　　　　3　　　　4　　　　5
弱　　　　　　　　　　　　　　强

14. 应检查接收者是否理解了信息

检查接收者是否接收到预期的语言和非语言信息。如果不确定接收者是否理解信息，可以要求他总结信息的要点或提出问题，以便评估他对信息的理解程度。运动员在不理解信息的情况下可能不会提问。

在获取反馈以便确保接收者理解信息方面，你的能力如何？

1　　　　2　　　　3　　　　4　　　　5
弱　　　　　　　　　　　　　　强

15. 信息应该引起注意

必须吸引人们聆听信息。可通过叫运动员的名字或解释信息的重要性来吸引他们的注意力。
在传达可吸引他人注意力的信息方面，你的能力如何？

1　　　　2　　　　3　　　　4　　　　5
弱　　　　　　　　　　　　　　强

16. 传达信息时应考虑每名运动员的学习方式

有些运动员是视觉学习者，有些运动员是听觉学习者，而有些运动员是从做中学（例如，动觉学习者）。传达信息时适应运动员的学习方式，可以让运动员更加轻松地理解信息。

在根据每位聆听者的学习方式传达信息方面，你的能力如何？

1　　　　2　　　　3　　　　4　　　　5
弱　　　　　　　　　　　　　　强

计算总分，查看自己所属的级别。

67～80分　优秀

55～66分　良好

43～54分　合格

31～42分　不合格

不高于30分　应寻求帮助！

图2.1 （续）

使用强化

教练不仅会做很多关于指导、组织和鼓励方面的工作，而且他们还会花大量的时间给运动员提供反馈。成功的教练可以使用反馈来鼓励运动员保持表现不错的方面。**正强化**会产生令人愉快的结果或效果。这些效果或结果可以鼓励运动员尝试重复做出期望的行为。强化对运动员的行为会产生重大的影响，但使用不当也会造成伤害。例如，控球后卫的责任不是多得分，而是控制防守。在一场重要的比赛中，控球后卫碰巧得了30分，而且获得了媒体、其父母和朋友大量积极的反馈。这名球员非常自豪于获得了很多分，再加上来自他人的赞扬，这些都会成为其投篮的正强化因素。结果，这名球员可能在下一次比赛中尝试得更多的分。在这个过程中，其就无法做到有效地控制防守。优秀的教练会意识到强化的作用，同时采用恰当的方式出色地利用强化来促进运动员做出期望的行为。

塑造：接近成功时给予奖励

很多运动员发现，掌握一种复杂的技术需要强化，但是学习过程中并非总是充满强化。学习有可能是一个费力、缓慢且令人沮丧的过程。教练可以帮助运动员使用所谓的**塑造**规则来体验这个过程。塑造规则可以将连续的或近似的行为变成预期的行为。使用这个规则的过程中，教练可以让运动员采用稍有改进的方式进行强化，而不是等待运动员能够正确地执行整个技术。例如，教导篮球运动员准确投篮时，可以让运动员先从将肘部直接放在球下方的姿势开始训练。在不考虑其他方面的技术或者是否将球投到了

篮筐中的情况下，只要肘部的姿势正确，运动员就应该获得奖励。一旦运动员掌握了这个技术，第2步就是要求他做到保持良好的肘部姿势和较高的放球点，以便接受强化训练。按照这种方式进行，直到运动员一步步地掌握良好的投篮姿势。在这个过程的每个步骤中，最重要的是教练每次都必须直接进行强化。运动员牢固地掌握了恰当的技术后，就可以延迟和间歇性地对其进行强化。

奖励努力程度和能力表现，而不仅仅是奖励结果

奖励努力训练以及能力和技术水平提高的运动员至关重要。但是，教练通常只奖励运动员的能力表现结果（例如，在棒球或垒球运动中击中目标），即使运动员使用了很糟糕的技术也是如此（例如，球脱离球棒的顶端）。相反，如果结果很糟糕（球平飞向游击手），教练会不认可运动员良好的能力表现（例如，高水平地挥棒）。即使过程完成得很糟糕，但只要实现了预期的结果，运动员往往能够获得实质的奖励。因此很重要的一点是，教练必须鼓励努力训练的运动员。这两个方面虽然比较缺少内在的强化作用，却是保持长期成功的关键。

奖励社会技能和情感技能

作为教练，我们有机会帮助运动员以个体的形式发展。如果教练真正理解让运动员成为优秀个人的执教哲学，那么他可以奖励运动员积极的情感和社会技能。例如，在评估团队沟通时，可以奖励运动员在争论最激烈的时候积极沟通。在评估公平和道德行为时，可以奖励运动员行为诚实。在评估情绪

控制力时，可以奖励运动员展示了意志力。

奖励好的行为，同时保守地使用惩罚

　　熟练使用强化的教练也可以使用这种方式来最大限度地减少运动员不良的行为。相对于惩罚运动员的不良行为或错误，教练可以反过来强化其好的行为。例如，相对于惩罚训练迟到的运动员，他们可以特别关注准时参训的运动员。相对于训斥在场地上挑剔其他人的运动员，他们可以支持和鼓励其他运动员。通过正强化，我们可以营造积极的环境，从而减少惩罚。但是，这并不意味着不再使用惩罚，而是要更多地依靠正强化的方式。

　　尽量保守地使用惩罚。最好的方法是避免运动员发生不良行为。因此，关键是运动员必须理解哪些是恰当的行为，哪些是不恰当的行为，以及哪些是他们一定要完成的行为。阐明预期结果及违反行为的后果，可以将我们唠叨或训斥运动员的频率降到最低。运动员会顺从地按照清晰的预期和指引做出相应行为，但是他们不会很好地响应各种管制行为。因此，我们不仅必须明确预期的结果，以便努力维持秩序；同时还必须保持中立，避免成为管得太多的控制型教练。有些教练发现，让运动员一同制订违反团队规则的惩罚是一种很有效的方法。这种方式能够赋予运动员权利，同时帮助他们培养责任感。

　　有些时候，惩罚是必需的。决定是否惩罚运动员时，不能对运动员在做出努力时所犯的能力表现错误进行惩罚。能力表现错误是学习过程中的一部分，而且是通往成功的垫脚石。不良行为和违反团队规则是必须受到惩罚的。以下是可以最大限度提高惩罚措施有效性的指导方针。

- 必须让团队成员看到后果，以便保证公平和恰当地惩罚不良行为。
- 每个团队最好有一个后果一览表。这个一览表按照最轻到最严厉的顺序来排列惩罚措施。对于严重的不良行为和反复的犯规，可以采取更加严厉的惩罚措施。
- 惩罚必须包含由不良行为导致的合理后果。如果运动员参加旅游迟到，那么合理的惩罚是让他开车离开。如果运动员参加训练迟到，那么合理的惩罚是要求运动员明天提早参加训练，然后帮忙安装设备。
- 可以按照需求，强制执行团队规则和惩罚措施。
- 坚持一视同仁，不管是初学者，还是后备运动员，违反相同的规则都必须接受相同的惩罚。
- 惩罚行为，而不是个人。让运动员清楚必须改变的是自身的行为。
- 确保惩罚不会成为对想要获得关注的运动员的一种奖励。
- 客观且礼貌地执行惩罚。不要在团队成员面前惩罚运动员或让运动员感到尴尬。同样，不要呵斥或责骂运动员，只需简单地执行惩罚措施。
- 平静地而非后知后觉地使用惩罚。不要因为生气而惩罚运动员，也不要在不确定后果时仓促地做出反应。
- 取消某些预期奖励，而不是增加一些令人反感的惩罚。这种惩罚方式可以减少抱怨，同时往往更加有效。

给予反馈

　　教练强化运动员行为的一种主要方式就是使用反馈。反馈是一种强大的强化方式，有效地使用反馈是一门艺术。优秀的教练一般都掌握了这种技术，他们会采用一种能激发运动员潜能的方式做出反馈。

对努力达到优秀水平的运动员做出回应

本小节描述了教练在运动员努力尝试、改善技能和发挥良好的情况下应该如何做出反应。之后将阐述教练在运动员犯错和表现欠佳的情况下应如何提供指导性反馈。

非强化——有时教练会专注于帮助运动员提高正确认识自己的能力。**非强化**意味着教练没有意识到运动员的努力、技能执行力和能力提高。你是否曾经因为过于注重明确运动员必须提高的方面而忽视了其他事？这是一个非常容易犯的错误。在假定运动员知道他们的努力会被注意和重视的情况下，教练容易忽视强化训练。事实上，当教练未能意识到运动员的努力和能力时，会向运动员传递负面信息，同时让运动员怀疑他们的努力和改善是否能够获得认可和重视。

强化——能够有效沟通的教练可以通过强化运动员能力水平的方式，营造一种积极的团队文化。教练可以通过语言或非语言形式来鼓励运动员增强能力、执行较难的技术或努力尝试。教练可以发表鼓励性评论，例如，"这次很努力""注意球进入手套的方式""你必须快速跑动避开障碍"。除了口头鼓励，在传达对运动员的努力和能力的认可时，一个简单的微笑、拍背或竖起大拇指都有很大的帮助。积极的反馈可以营造一种氛围，这种氛围可以感染运动员做正确的事情（而不是错误的事情），并鼓励他们继续努力。

积极反馈越多越好吗？

传统观点认为，教练提供的积极反馈越多，效果就会越好。不过事实上真是这样吗？有些研究人员发现，受到较多赞扬和鼓励的运动员没有较少受到赞扬但是获得更多正确指导的运动员自信。这个说法听起来似乎有悖常理。在严格的观察中，受到较多赞扬的运动员所接收到的赞扬，事实上是教练所传达的负面预期。因为这些都不是根据运动员能力水平做出的一般性反馈。这些运动员可能会在成功完成简单的任务时受到大量一般性的鼓励和赞扬，而不是在成功完成挑战性任务时得到描述性的反馈。提供反馈时，重在质量。不真诚或轻率的赞扬会适得其反。在运动员清楚自己并没有很好地表现的情况下，告诉他他表现得很棒，只是传达出我们想让他觉得好受一些的意思。在运动员完成一件简单的任务时，给出"做得不错"的反馈，事实上传达的是我们对于运动员的能力不是很有信心。除了做出更加积极的反馈，教练必须致力于提供适应运动员技术水平的更高质量的反馈（Allen & Howe，1998；Horn，1985）。

一般性与描述性积极反馈——并不是所有积极的反馈都是有效的。在做出一般性的反馈时，教练可能会说："不错""加把劲""坚持下去"。此类积极反馈并不会对

运动员造成显著的影响。相反，甚至会让人觉得不真诚，而且容易被运动员忽视。一个比较好的方法是提供描述性积极反馈，即描述运动员的能力表现，同时明确他们做得好的地方："你在摆脱防守方面取得了很大进步""不错——你在举重过程中一直保持抬头和背部挺直"。这种类型的反馈会对运动员产生积极的效果，同时这种具体的反馈会让人觉得特别真诚，而且很可能产生强化效果。记住，在做出反馈时，内容具体是非常重要的：必须让运动员清楚地知道他们在哪些方面做得不错。

提供鼓励和指导性反馈，而不是建设性批评

虽然了解运动员正在做正确的事情非常重要，但同样重要的是，学会如何对运动员的错误、表现不佳和缺乏努力等方面做出有效的反馈。运动员会犯错，而且也会出现表现不佳的情况。这是学习过程中很自然的一部分。教练清楚这个情况，并经常会善意地提出有利于运动员提升表现的**建设性批评**。但事实上建设性批评会适得其反，而且会让运动员感到被轻视了。那么，当运动员犯错时，什么是最佳的反馈方式呢？

鼓励，鼓励，再鼓励——运动员犯错后教练必须鼓励运动员。因为这是运动员最需要鼓励的时刻。如果运动员清楚使用技术的方式，那么简单鼓励就可以了。教练可以说："今天是一场苦战，继续努力。"如果运动员因为不够努力而犯错，那么恰当的做法是让运动员知道教练不满意，但评价必须针对不够努力的行为，而不是运动员本身。教练可以说"我希望看到你们跑得更快"，而

不是批评运动员懒惰。如果运动员因为不清楚使用或改善技术的方法而犯错，那么教练需要提供指导性反馈。提供**指导性反馈**的关键在于，以鼓励的积极方式告诉运动员其表现不佳，同时帮助运动员提升能力。

做出行为导向的指导性反馈——行为导向的指导性反馈并不是惩罚；相反，这是一个有助于运动员专注自身未来尝试的**描述性反馈**。不要以消极、侮辱或挖苦的方式进行指导性反馈。惩罚并不是简单责骂，教练可以通过语调、反感的表情和其他非语言方式来暗示惩罚。不管是什么形式的惩罚，惩罚性的反馈往往导致运动员变得沮丧，同时出现不满态度。这是一种破坏性的方式，而非构建沟通桥梁的方式。

所以很重要的是，教练应学会如何提供激励和鼓舞运动员的指导性反馈。与积极的反馈一样，指导性反馈可以发挥很大作用。这种反馈方式可以清楚且客观地描述教练观察到的行为。这不是批评。批评类似于："我到底要跟你说多少次，你才能用双手抓住球？"描述性反馈不会给运动员打上表现不佳的标签。相反，它会让运动员更清楚地看到自己的行为。教练可能会说："记住观察双手抓球的方式。"这种反馈在保护运动员自信的同时，还可以帮助运动员学习技术。在下面列出的两个描述性反馈例子中，选出每一对中你认为最有效的反馈。

"表现不错，但是你在开始翻腾转体时还是离墙太远了。"

"表现不错。下次翻腾转体时再靠近墙一些。"

"你的双膝仍然没有弯曲到位。"

"下次双膝再弯曲一些，你可以做得更好。"

你看到主要的不同之处了吗？在每一对反馈陈述中，第一个例子侧重于之前运动员所犯的过错，第二个例子针对运动员未来的行为进行指导，同时侧重于运动员必须改善的方面。指导性反馈的重点是未来，同时也是一种行为导向形式。这种行为导向的反馈可以解决关于运动员必须完成什么的问题，而不是他们必须避开哪些方面的问题。相对于表达"不要发长球""不要弓后背""眼睛不要离开球"，有效的反馈可以指导运动员关注他们必须取得成功的各个方面。例如，你可以这样说，"对着球挥杆""挺直后背""高高举起双臂"。事实上，可以有意让运动员做需避免的事情，以此让运动员关注他们必须避开哪些方面。例如，不管你现在正在做什么，都不要考虑粉红色的大象，也就是不要出现任何关于粉红色大象的念头。那么，你的成功概率是多少呢？你可能立刻就想到粉红色的大象了。确保所提供的反馈可以鼓励运动员关注我们想要他们做的事情，而不是我们要他们避开的事情。记住，可以采用视觉演示来描述积极的口头指示。

增强运动员接收反馈的能力

我们应该怎样做才能确定运动员接收到了预期的反馈呢？答案很简单，只要运动员按照我们希望的方式做出反应即可。通过精心安排的步骤，可以帮助运动员接纳我们的反馈并做出反应。首先，不要太过于注重信息内容，而忽视了信息对于运动员情感方面的影响。我们可以先从一些积极的方面开始

提升运动员的接受能力。例如，在描述如何提供指导性反馈时，前NBA教练鲁迪·托姆尧诺维奇（Rudy Tomjanovich）表示，"纠正错误是执教过程中最重要的一个部分……教练对运动员所讲的大部分内容都涉及纠正错误，而在这个过程中，最重要的是讲话的方式。在这个过程中采用积极的方式是改变消极内容的好方法"（Janssen, 1999, P.117）。

在积极的评论中插入纠正反馈（三明治方法）是一种有效的策略（见图2.2）。这是一种很棒的方法，因为它不仅可以树立运动员的自信心，同时还可以告诉运动员怎样做才能提升能力。这种方法还可以实现令人愉快的纠正反馈。需要注意的是：避免使用"但是"。讲出这个词之后，前面所有内容的效果都会大打折扣，而后面所有内容的意思都会被放大："你一开始双腿向下的姿势很棒，但是你没有带动髋关节。"这样，运动员听到的是"你没有带动髋关节"。而采用插入纠正反馈的技巧，我们可以这样表达："双腿向下的姿势很棒。下次要带动髋关节。继续努力，你会越来越棒的。"在比赛最激烈且时间有限的情况下，要采用积极、简短的反馈。

如果运动员在同龄人面前感到尴尬，那么运动员就没办法竖起耳朵接收反馈。尽可能不要在团队成员面前提供纠正反馈，而是单独提供纠正反馈。约翰·伍登在采访中被问到（在他指导的球队获得10场NCAA篮球比赛的冠军之后）最近12年的执教与最初17年的执教之间存在哪些不同时，他说道，他会有意识地把运动员拉到一边，然后单独给他们提供纠正反馈。

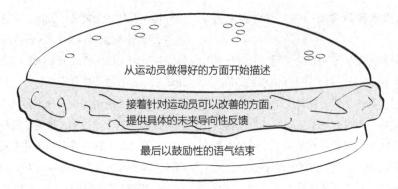

图2.2　三明治方法（在纠正反馈之前和之后提供积极的评论）

经许可改编自C.A. Wrisberg, 2007, *Sport skill instruction for coaches* (Champaign, IL: Human Kinetics), 119。

细心倾听

沟通不仅包含传递有效的信息，同时还包括用心倾听。优秀的教练能够意识到专心倾听的重要性。美国田纳西大学女子篮球队的传奇教练帕特·萨米特（Pat Summitt）表示：

"必须学会倾听才能培养有效且有意义的关系。作为一名教练，我必须清楚运动员很多方面的事情，包括他们的家庭、目标及梦想。光靠交谈是无法了解这些内容的。我们必须学会倾听。我的体会是，执教并不只是走进休息室，然后告诉他们我对篮球所了解的一切。这是一个关于了解运动员所思所想及生活重心的问题。倾听让我成为一名更优秀的教练"（Janssen & Dale，2002）。

有效地倾听是非常重要的。仔细听他人讲话是一种很讨人喜欢的方式，因为这对讲话的人意味着讲话的内容很重要，倾听的人很关心。人们不仅乐于与好的倾听者交流，而且还会因为能够获得他人的倾听和理解而感到很满足。同时，一名好的倾听者不会错过对自身很重要的信息。

大多数人会花费大量的时间忙于基于语言的沟通，例如阅读、写作、讲话和倾听。但是，有时只是左耳进右耳出或者心不在焉地听。沟通失败时，我们很少意识到问题的根源在于自身糟糕的倾听技巧。你是否曾经忘记他人刚刚讲过的内容，或者在尝试倾听他人讲话时心烦意乱？可能你只听到了一部分内容，或有选择性地听取自己想听的内容。你是否发现你只听到自己不同意的表述并做出反应？你是否发现自己一直在考虑接下来想要表达的内容，而并没有听清楚对方所讲的内容？如果你对这些情形都感到很熟悉，就必须提高自身的倾听技巧。

评估倾听技巧

良好地倾听是一项艰辛的工作：它要求精神高度集中，而集中精神并不是一件容易的事情。那么提高倾听技巧的关键是什么呢？答案就是：意识到自身作为倾听者的优势和不足，同时练习有效倾听的技巧。你可以要求同辈、管理者和执教的运动员分享他们对于你的倾听技巧的看法，从而不断提高倾听技巧；也可以通过图2.3所列出的导致无效倾听的常见因素来了解自身情况。考虑自己的一般倾听模式，标明自己出现各方面状况的频率，同时打出恰当的分数。

提高倾听技巧

　　对图2.3中的哪些倾听技巧做出反应就意味着我们必须继续努力呢？有利于改善问题领域的两种技巧是**移情倾听**和**积极倾听**。接下来将做进一步阐述。

倾听技巧测试

分数等级：	从不	很少	有时候	经常
	1分	2分	3分	4分

1. 你觉得倾听很无趣。_____

2. 你倾向于关注说话者的表达或表情，而不是信息本身。_____

3. 你在倾听过程中更多地注重事实和细节，而且经常忽略传达了真实意思的要点。_____

4. 你很容易因为听到他人的讲话声、嚼口香糖声、翻纸声等情况而分心。_____

5. 你假装专心地看着说话者，但是心里想着其他事情。_____

6. 你只倾听易于理解的内容。_____

7. 某些情感词语会干扰你的倾听。_____

8. 听到关于他人问题的只言片语后，你会立刻开始思考自己能够提供的所有建议。_____

9. 你保持专注的时间非常短，因此很难坚持倾听几分钟。_____

10. 你很快就发现自己不同意的内容，于是停止倾听，做好争论的准备。_____

11. 虽然你会通过点头和发出同意的声音来支持和安抚说话者，但事实上你并没有参与其中。_____

12. 你在觉得无聊或难受时才会改变话题。_____

13. 只要一听到别人关于你的负面评论，你就会跳起来捍卫自己。_____

14. 你会事后劝告说话者，尝试理解他真实的意思。_____

15. 你将对话内容直接转换到自己身上。_____

现在计算自己的得分。下面的主观量表会帮助我们确定自身的倾听能力。

15～24分	优秀
25～34分	良好
35～44分	一般
45～54分	薄弱
55分及以上	你能听到我在讲话吗？

图2.3　倾听技巧测试

移情倾听

目前，提高倾听技巧最有用的工具是移情，也就是依据他人的参考标准理解他人。移情倾听意味着听取他人所讲的内容，目的在于深入且完整地理解他人的观点。移情倾听者不仅会注意到他人正在讲的内容，同时还可以理解信息所传递的全部意思，包括情感、意图和含义等。他们的耳朵会倾听信息的内容，眼睛会关注他人的肢体动作，而内心会感受到他人正在表达的情感。

作为移情倾听者的教练会开明地关注和专心地理解运动员和其他教练。借助移情倾听，我们可以通过说话者的眼睛来看待世界，并且按照他们的方式理解世界；我们不再关注于表达自己的观点或者做好表达观点的准备；我们的首要目标是理解他人。但是，作为一名移情倾听者并不表示我们必须同意其他人的观点。相反，这意味着我们要尝试理解其他人的观点。这种倾听类型可以构建沟通的桥梁。

积极倾听技巧

有些教练天生比他人更擅长表达同感，但是移情倾听是一种可以经过练习培养的技巧。学习移情倾听的最佳方式是积极倾听，以倾听者的身份自觉地加入沟通过程中，而不是被动地倾听别人所讲述的内容。多练习以下这些技巧，可以成为积极的倾听者。

- 培养倾听的思维定式。停下正在做的事情，集中注意力倾听他人的讲话。
- 使用鼓励的方式。在点头时，说出诸如"我明白了""嗯嗯""是的"等简单的肯定句，这可以传达积极倾听和鼓励说话者继续分享的意思。

- **释义**内容和表达情感。用自己的话表述所听到的内容，总结核心信息和表达情感。这里可以使用引用，例如，"我听到你说的是……""你告诉我的是……""听起来，你对……很感兴趣"。
- 提出问题，以便说明和细化。提问题意味着你正在倾听，而且由衷地想理解说话者的观点。尝试提出一些开放性问题（不能只用是或不是回答的问题）："好有趣——你能再多说一些这方面的内容吗？""接下来怎么样呢？""下次你会尝试哪些不同的方法呢？"此外，还要避免以为什么开始的提问，这样的提问会引起对方的防御反应。
- 检查自我认知。诸如"让我确定一下，我的理解是……""说明一下，你的意思是……"等表达意味着你正在倾听且尝试理解他人的意思，同时让说话者有机会解释表达错误的概念。
- 用非语言方式表达兴趣。即使在不说话的情况下，通过眼神、侧头或探询提肩也可以提问题。身体语言可以引起或者阻止与他人的交谈。高效的倾听者可以使用这种方式来传达他们的倾听意愿。在面对面的交谈中，要注意倾听的姿态，身体稍微向前倾斜，保持眼神交流，同时采用放松的姿势（Egan，1990）。

运动员经常会在没有说话的情况下传递出大量的信息。高效的教练会注意运动员的语调和身体语言。敏锐的教练能够意识到，这些非语言行为所传达的信息有时比运动员的话语所传达的更多，而且这些行为是理解运动员思想和情感的关键。例如，NBA教练菲尔·杰克逊（Phil Jackson）表示："这些年来，我一直在学习如何仔细地倾听运动员表达的内容，不仅仅是他们所说的话，还包括他们的身体语言及言语之间的沉默"（Janssen，1999）。美国杜克大学篮球教练迈克·沙舍夫斯基（Mike Krzyzewski）补充道，"人们会通过情绪、风格、身体语言、语调、眼神等不同方式进行交流。教练必须能够读懂运动员，识别这些不同的意思，然后采取恰当的行动"（Janssen & Dale，2002）。

了解以上内容后，我们可以得出这样的结论：积极倾听需要花费时间和精力。做到积极倾听并不是一件容易的事情。但是，学会积极倾听可以获得意外的收获，而且不需要如同尝试纠正误解和恢复受损的关系那样花费大量的时间。如果通过积极倾听，可以完全理解独特的情形和运动员的情感，那么接下来就可以更轻松地激励、影响和带领运动员。而运动员也会更易于接受教练的看法，同时更加乐意倾听教练的指导。

练习积极倾听技巧

教练与运动员谈论问题或个人话题时，在开始陈述自己的看法或建议之前，可以重新阐述对方所表达的意思。这样做也可以帮助运动员练习积极倾听。例如，在比赛最激烈的时候，运动员会经常看向教练，即使他们之间没有任何语言交流也是如此。还有一个策略是要求运动员总结所接收到的信息的主要意思。这样可以创造一种鼓励积极倾听的心理定式。

关于建议

教练总是会很快给出建议，毕竟，作为教练就应该这样。但是，在没有理解运动员观点的情况下所提出的建议不会被运动员理睬，甚至还会导致沟通障碍。运动员有时候会因为个人或学校的问题而接近教练，希望教练能够给出建议，帮助他们解决问题。虽然是出于善意，但这些建议可能会导致沟通障碍，特别是运动员的目的只是简单地表达情感和发泄失望、沮丧或困惑时。在面对运动员表达自身情感时，最好的做法是采用积极倾听来传达我们对他们观点的理解。简单地提供建议，可能会让运动员认为我们轻视他们认为重要的事情。随着沟通变得越来越条理分明且以任务为中心，运动员就越来越能够接受教练的建议。

冲突与对抗

有人认为成功的团队是非常和谐的，而且优秀的教练和运动员之间不存在冲突。事实并非如此。实际上，大多数团队都会出现冲突和分歧。在执教中，教练会与运动员发生冲突。虽然冲突都是不愉快的，但细心地处理冲突是一个获得成长的机会。如果无法以建设性的方式处理冲突，那么冲突就会破坏关系。因此，学会以建设性的方式处理冲突是至关重要的。

冲突

　　冲突在执教过程中是无法避免的，因为这会涉及很多人而且处在竞争环境之下。大多数人倾向于使用最自然的方式来处理冲突，而且这些方式可能结合了从他人处学到的内容。但是，这种方法并不一定能够成功。我们可以学习新颖且更好的冲突管理方式。首先，仔细地评估自己目前处理冲突的典型方式。在《美丽人生》（*Reaching Out*，2003）中，根据人们在尝试解决冲突的过程中对两个关键问题的反应，大卫·约翰逊（David Johnson）描述了 5 种冲突管理类型。

　　1. 实现个人目标和获得想得到的东西到底有多重要？

　　2. 与他人的关系到底有多重要？

　　这两个问题的答案对于处理冲突的方式影响非常大。以下常用的冲突解决方法可以帮助你了解自己目前所使用的方式。

- 海龟（退缩型）。海龟在面对冲突时会缩回龟壳里。这种方式意味着放弃目标并损害双方的关系。这类人害怕对抗或者认为自己没有能力解决问题，因此选择了退缩这种最简单的方式。

- 鲨鱼（攻击型）。面对冲突时，鲨鱼会尝试采用自己的解决方式，不管会付出什么代价。这类人的重点是实现自己的目标，而且不会考虑他人的需求和感受。他们认为，冲突就是一场比赛，有人获胜，有人就会失败。在需要的情况下，他们会以令人生畏且压倒性的进攻来取得胜利。

- 泰迪熊（息事宁人型）。这类人认为，为了和谐，必须避免冲突。他们觉得冲突会损害关系。因为他们极度需要被他人接受和获得他人的喜欢，所以他们会通过牺牲个人利益来避免损害关系。这类人很擅长团结团队，但是会以牺牲自己的需求和兴趣为代价来满足他人的需求。

- 狐狸（妥协型）。这类人对于自己的目标和维持关系两者都很关心（至少保持适度的关心）。他们倾向于在两者之间折中。这类人可以放弃自身的部分目标，同时尝试说服他人放弃部分目标。他们可以为了达成共同利益来协商接受部分紧张的关系。

- 猫头鹰（合作型）。这类人非常重视自己的目标和关系。他们认为冲突是一个必须解决的问题。同时，只有在实现自身目标和帮助他人获得所需的情况下，这类人才会感到满足。这类人觉得，冲突能够潜在地增强关系。只有解决了紧张和消极的情绪才能让冲突双方满意，因此必须找到一种双赢的解决方法。

　　选择冲突管理方式时，要记住两个主要的问题：问题有多重要？关系有多重要？优秀的教练会注重实现目标和维持关系。没有任何方式可以适用于处理所有的关系或冲突——应选择最佳策略，解决不同情形下的冲突。大多数人都有一种或两种主要的冲突管理方式，但是教练必须根据情形和参与者熟练地使用这 5 种方式。在面对需要选择特定的冲突管理方式时，最好的方法是回到最初的两个问题，同时评估实现目标和维持关系两者之间的权重关系。

- 在目标或问题不是很重要，而且你并不是很在乎关系的情况下，可以使用海龟方式。例如，赛后一名看台上的粉丝对你进行口头辱骂，这时选择海龟方式往往是聪明的做法。
- 在目标很重要但关系不重要的情况下，可以选择鲨鱼方式。这种情形在团队中很少发生。但是，如果令人不快的对抗能够实现自己的目标，而且自身又不是特别关心冲突对关系的影响，那么可以使用鲨鱼方式。在有人的行为方式危害到自己的运动员时，必须采用鲨鱼方式。
- 在目标一点都不重要但关系非常重要的情况下，最好采用泰迪熊方式。例如，很多运动员的父母都希望成立顾问小组，以便定期咨询团队活动。即使这种接触是相当不重要的，但相对于违背运动员父母的愿望，更重要的是保持积极的关系。
- 在关系和目标同样重要，但是又很难两者都满足的情况下，像狐狸一样聪明地选择妥协是恰当的。在冲突情形中，要维持关系往往必须选择妥协。只要不要求我们向自身的价值观妥协，就是积极的妥协。例如，在明确了诸如严禁酗酒等主要规定后，运动员可以自己决定一些团队规则。
- 在目标和关系都非常重要的情况下，可以选择猫头鹰方式。解决此类冲突时一般必须进行机智的对抗，必须找到一种双赢的解决方法。例如，在不损害团队凝聚力或斗志的情况下改变团队流程，最好的方法是采用猫头鹰方式。

对抗

对抗总是被人们用来解决冲突。在**对抗**中，可以直接表达自己关于冲突的观点和情感，同时还可以邀请对方表达观点和情感，以便协商可实现双赢的解决方法。对抗是运动中重要的部分，而教练也必须面对对抗。过于激烈的对抗只会导致敌对状态。接下来主要阐述如何培养对抗技巧，以便果断且正面地解决冲突。

为何对抗

如果运动员、助理教练或运动员的父母做出让人担忧的行为，那么教练不应该再缄口不言，但并不是解决每一个小问题都要采用对抗的方法。我们必须确定，事件是否重要到需要采用对抗的方式。考虑以下情形，仔细掂量一下。

- 你有充分的理由怀疑一名运动员肆意破坏更衣室。
- 你无法在裁判多次误吹的情况下继续保持沉默。
- 同其他运动员一起工作时，一名运动员的父母总是以"兼职教练"的身份指导这名运动员，从而干扰你的执教。虽然你理解父母的心意，但其指导又总是错误的。
- 来自另一支球队的教练破坏联盟规则，没有让球队的所有成员参加下半场的比赛。

在很多情形下，教练都没有很好的理由发起对抗。对抗的目的并不是让对方换位思考，而是要求对方反思自身的行为及其结果，以便尝试找到建设性的解决方法。如果事件处理得很糟糕，那么对抗会导致争吵并逐步演变成双方处于敌对状态。如果一直避免对抗，那么问题将永远得不到解决。但是通过努力，我们可以培养有利于执教和互动的更好的对抗技巧。

如何对抗

培养良好的对抗技巧包括：在不攻击或诋毁他人的情况下，学会果断和维护自我权利以及所相信的事情。果断意味着能够以诚实、直接和恰当的方式表达思想、情感和观点。查看表2.1，了解关于对抗的行为准则。

成功的对抗包括以下4个步骤。

表2.1　如何对抗

不该做的事	要求做到的事
不要贴标签、指责或侮辱人	要描述其他人的动作和行为。专注于可以改变的事件和行为，而不是人格问题
不要将冲突看作输赢	要将冲突看作一个可以互相解决的问题
不要以笼统的方式描述其他人的行为	要尽可能以具体和有限的方式明确冲突和描述行为
不要期望其他人能够看透我们的心思	要描述自己对其他人行为的感觉和反应
不要期望其他人能够提供解决方法	要描述自己导致冲突的行为（正在做的事情和未做的事情）以及自己能为解决冲突所做的事情

资料来源: D.W. Johnson, 1981, *Reaching out: Interpersonal effectiveness and self-actualization*, 2nd ed. (Englewood Cliffs, NJ: Prentice Hall), 219-223, 240。

1. 思考。在冲裁判大喊、不假思索地做出羞辱行为或者在大声要求运动员之前，先进行思考。考虑清楚自己说话的内容是否会导致成功的对抗。一方面是让他人检查自身行为，另一方面是在不破坏关系的情况下实现自己的目标。同时，思考自身的行为是否会让冲突升级。如果运动员的情绪非常激动，那么这并不是对抗的最佳时间。同样，不要让自己的情绪控制情势。有时，在对抗前花点时间平复心情可能是成功的关键。记住，在其他队员面前对抗运动员有可能会导致其出现尴尬、羞愧和不满心态。

2. 理解。准确地理解他人的观点。这要求练习移情。与他人发生对抗时，要让对方知道你正在尝试理解他们的处境。接着，遵守诺言并保持言行一致。例如，菲尔·杰克逊曾经说过："在担任教练期间，我发现从热诚的角度处理问题，尝试与运动员产生共鸣并从他们的立场来看待情势，可以对整个团队产生变革性的影响"（Janssen，1999）。

3. 描述自己的看法和感觉。公开且直接地表达自己的观点和感觉。采用以"我"开始的表达，而不是以"你"开始的攻击性表达。例如，与其说"你错了""你气死我了，当你……"，不如说"我不确定我是否同意这样""我感到心烦意乱，当你……"。成功做到这一点，就可以让其他人理解我们的看法。同时，还可以营造出开放的氛围，从而鼓励其他人反思自身的行为及其结果，而不是简单地为自己辩护和证明。

4. 采取行动。提出预期的改变或表达互相协作的好处，以便达成双赢的目标。试探性地表达自己在响应对抗时希望看到的情形。试探有利于其他人思考我们所表达的内容。教练应避免要求对方改变的引导性行为。这种强制改变会让其他人觉得受到攻击。特别是在与运动员发生对抗时，教练可以邀请运动员一起讨论问题，同时鼓励运动员提出自己的解决方法。

教练总是太快告诉运动员必须做什么，往往导致运动员进行反抗。只有在运动员无法提出解决方法并且乐于接受指导的情况下，教练才能提供解决方法。如果运动员有很多方面需要改变，那么也必须采用循序渐进的方式，并且每次只针对一个具体行为。

小　结

1. 虽然培养沟通技巧的重要性总是被人们忽视，但成为有效沟通者是执教的必要条件。

2. 沟通指的是通过语言和非语言渠道发送和接收信息，同时还必须考虑信息的内容和包含的情感。

3. 教练必须花相当多的时间发送信息。本章提供了 16 个指导方针。这些指导方针可以评估我们在发送有效信息方面的优势和不足。

4. 如果采用强化、提供反馈和帮助运动员学会接收反馈的方法，教练就可以更有效地传达信息。

5. 在强化的过程中，应该对运动员努力训练和出色的能力表现进行塑造、奖励，而不是仅关注结果。教练应对运动员使用社会和情感技能进行奖励，同时还必须强化其好的行为，而不是简单地惩罚其不良行为。

6. 提供反馈可以强化运动员的能力。在运动员十分努力和有良好的能力表现时，提供具体的描述性反馈，而在运动员出现能力表现错误时提供指导性反馈。

7. 在运动员出现能力表现错误时提供指导性反馈，而不是建设性的批评，换言之，提供描述性内容和以未来为导向的鼓励和反馈。

8. 虽然教练经常通过发送信息的方式进行沟通，但成为有效的倾听者对于教练同样重要。教练可以通过移情和培养积极倾听技巧来提升倾听能力。

9. 在执教时，冲突和对抗是不可避免的。教练可以根据目标的重要性以及所涉及的关系来决定冲突的处理方式。

10. 在合理使用的情况下，对抗可以很好地解决冲突。按照以下指导规则，教练可以熟练地处理冲突：思考、理解、描述自己的看法和感觉，以及采取行动。

11. 如果执教的目标之一是帮助运动员得到发展，就必须教授运动员有效的沟通技巧。

关键术语

| 积极倾听 | 移情倾听 | 沟通 | 指导性反馈 | 惩罚 | 对抗 |
| 非强化 | 强化 | 建设性批评 | 非语言沟通 | 塑造 | 描述性反馈 |

复习题

1. 教练应该强化运动员的哪些行为？

2. 教练应该对运动员的出色表现做出怎样的反应？

3. 教练应该对运动员的错误表现做出怎样的反应？

4. 描述教练可以采用的积极倾听技巧，同时解释这些技巧之所以重要的原因。

5. 三明治方法（提供反馈）是什么？

6. 约翰逊所描述的 5 种冲突管理类型分别是什么？

7. 有效的冲突解决方法包含哪些步骤？

批判性思考问题

1. 作为一名助理教练，你不同意主教练下一场比赛的战术计划。你会在这种情形下采用哪种冲突管理方式？为何会采用这种方式？

2. 你在一场执教培训会议中针对有效沟通的方式发表演讲。你会提供哪些方面的建议？

3. 你执教的一名运动员违反了团队规则。你觉得必须让他清楚自己的行为。描述你会怎样做以及采用哪些原则来最大限度地提高这场有效冲突的作用。

4. 作为一名教练，团队成员之间发生冲突并且这样的冲突会干扰团队的凝聚力和场上表现时，你会怎样做？

第**3**章

心理技能训练简介

阅读完本章内容后，你应该能够：

- 阐述心理因素在运动表现方面的作用；
- 阐述心理技能训练如何提升运动员的能力、增加乐趣并帮助运动员培养生活技能；
- 阐述运动员可以用哪种方式使用心理训练工具来培养心理技能；
- 阐述关于心理技能训练的谬见；
- 阐述心理技能训练的3个阶段。

身体状况、技能和准备情况在某种程度上决定了运动员能否成功。但是，自信、动机、注意力、情绪控制等心理因素也会影响运动员能否成功。相对于身体因素，心理因素对于团队的成功有多重要？简言之，心理因素和身体因素在运动中的重要性分别占多少比例呢？

　　_____% 身体因素

　　_____% 心理因素

尤吉·贝拉（Yogi Berra）的一句话经常被他人引用："篮球比赛的结果，90% 由心理因素决定，50% 由身体因素决定。"虽然数字加起来不等于 100%，但是言之有理。就像尤吉·贝拉所认为的，心理因素在运动中发挥着重要的作用。大多数教练也同意这个看法。我们可以看到，在比赛快结束的关键时刻，运动员会为团队夺取胜利而拼尽全力，或者在压力之下发生不该发生的失误。据说教练对于"练习型运动员"感到特别头疼。这些颇具身体天赋的运动员在练习时可以表现得非常优秀，但是无法在比赛中出色地发挥自己的能力。值得庆幸的是，有的运动员即使只是具备普通的身体天赋，在压力之下也能出色地发挥能力。尽管有这些反映了心理因素重要性的经验，但是教练很少花时间或者几乎不会花时间教运动员如何强化和掌控比赛心理。如果比赛心理对比赛结果产生 90%、50% 甚至只是 10% 的影响，那么花一部分时间进行心理训练难道没有意义吗？

幸运的是，传统的观点正在发生改变。目前，很多教练正在挤出时间做好比赛心理训练，以便帮助运动员获得竞争优势。但是，有些教练仍然回避心理方面的训练，因为他们并不知道如何帮助运动员学习心理技能。或许他们可以很出色地完成对运动员身体技能和比赛策略方面的执教，但是在尝试帮助运动员成为心理强大的竞争者方面，他们会觉得好像在开发未知领域一样。本章将阐述进行**心理技能训练**（MST）的有效方法，帮助运动员强化比赛心理，同时更全面地认识自身潜力。

心理因素和卓越表现

回顾自己印象最深刻的运动表现时，大多数运动员都会记起自己能力处于巅峰的时刻。运动员会使用各种词汇来描述这些堪称神奇的时刻，例如，进入状态、专注或手感好。运动员在身体上和心理上都做好了准备，并且在一切事情都准备到位的情况下，这些特别的时刻就发生了（Bill Russell, *Experience of Flow*）。

就像比尔·拉塞尔（Bill Russell）所说的一样，进入流畅状态的运动员非常**自信**并且相信自己的技术，因此他们可以在不假思索的情况下轻松且自然地表现自己的能力，就像汽车处于自动驾驶状态中一样。契克森米哈伊（Csikszentmihalyi）是一名研究**心流**（流畅状态）的专家。研究了运动员在不同情形下的心流体验后，他发现这些运动员的体验存在显著的一致性（Csikszentmihalyi，1990；Csikszentmihalyi，1997；Jackson & Csikszentmihalyi，1999）。进入流畅状态的运动员可以完全专注于自己的能力表现。这种高度的专注可以让他们注意到周围与他们能力表现相关的所有方面。而诸如人群发出的噪声等潜在干扰都只是作为简单的背景存在。正是因为自信和注意力高度集中，进入流畅状态的运动员会觉得他们已经完全把控了局面，而且不会出现任何错误。他们可以感知到应该如何采取行动，并且可以自然且轻松地完成运动。体操运动员会觉得平衡木变大了，而且不会再担心从上面掉下来；击球手会觉得棒球或者板球跟水皮球一样大，而且在球转动时能够看清球上的接缝；足球运动员会觉得场上的人的动作变慢了，他有大把的时间理解赛场上发生的一切并做出反应。

比尔·拉塞尔的心流体验

"凯尔特人队的比赛常常很激烈。比赛最后更像是身体对抗赛，甚至是心理对抗赛，而且场面非常奇特。这种感觉很难用语言描述……出现这种情况时，我会觉得我的能力又达到了一个新的水平。这种情况很少出现，而且可能持续5分钟到15分钟，甚至更长时间……接下来比赛会进入激烈状态，然后是自然的跌宕起伏。这一切都在提醒我们，篮球运动原本就充满着节奏和乐感。这时，我会开始整理思路，'就是这个。我想让这种状态继续保持下去。'事实上，我一直全力支持另一支球队。当该球队的运动员做出令人吃惊的动作时，我真希望他们能够投篮进球。我就是如此热情高涨……在这个特殊的时刻，所有奇怪的事情都会发生。这是一场竞争白热化的比赛，但是我莫名其妙地没有感受到竞争——这本身就是一个奇迹。我尽了最大的努力，竭尽全力跑动，但是我仍然没有感觉到疼痛。比赛进行得非常快，每一次佯攻、断球和传球都出人意料，但是这一切都在我的意料之中。我们好像是用慢动作比赛一样。我几乎可以感觉到接下来的比赛会怎样发展以及下一次投篮进球在哪个站位。即使另一支球队将球带到边界，我还是能够非常敏锐地感觉到。我想冲着我的队友们喊，'在这里'。只可惜，我知道这一切，却没办法改变。我的预感始终正确，而且我总觉得，我不仅对凯尔特人队的一切了然于心，还清楚所有对手的情况，而他们也都知道我的情况。在我的职业生涯中，很多次我都心存感动或喜悦，但是在这个时刻，我觉得一股寒意透彻脊椎。幸好，可以很容易地脱离这种状态。一次受伤、几次糟糕的打法或裁判的错误判罚就可以让我脱离这种状态……但是，当这种状态失效时，我总是会感到失望，因为我不知道该怎么找回这种感觉。我所能做的就是让自己保持最佳能力水平和希望。在进入这种状态时，一切确实很美妙。"

经作者许可引用自SECOND WIND: THE MEMOIRS OF AN OPINIONATED MAN © 1979 by William Russell and Taylor Branch (Random House, New York).

虽然进入流畅状态的运动员能够在运动中创造某些很值得回忆的经历，但是这种状态有时候太难捉摸了。只有在自然而然，而不是刻意尝试的情况下，运动员才能进入该状态。越是努力地想进入流畅状态，就越难进入该状态。基于这个事实，有些教练认为进入流畅状态是不受控制的。他们觉得，这种经历是一个神奇的时刻，而且很少有运动员能够提升这种心流体验发生的可能性。确实，提供一个保证运动员每次在运动场上都能进入流畅状态的计划是不可能的。但是，可以帮助运动员培养比赛心理和身体技能，从而为他们进入该状态做好准备。高水平的运动员认为，有效的心理准备是达到巅峰能力水平的必要条件，很多优秀的运动员也认为，充分的身体和心理准备可以为进入流畅状态打好基础（Jackson，1995）。

MST能够帮助运动员进入该状态。设想一下，为何心理坚韧性强的运动员与其他运动员相比，能够更多地体验到流畅状态的感觉呢？原因很简单。心理坚韧性强的运动员不仅具备更多的身体技能，同时还拥有以下能力：自我竞争暗示、压力管理、情绪控制、注意力集中，以及设置有难度的实际目标。他们会想象自己获得成功，而且会努力实现自己的想象。简言之，他们具备超强的**心理技能**（Krane & Williams，2006）。

虽然主要的身体技能和特性会因不同的运动而有所不同，但是在任何运动中发挥优秀的能力和进入流畅状态所需要的心理技能都是相似的，其中包括与动机、能量管理、注意力、压力管理和自信相关的技能。

动机

动机是所有团队获得成功的重要因素。大多数教练都乐于与动机强的运动员合作。他们工作努力，在面对逆境时坚持不懈，而且将挑战看作机会。很多教练可能也有过与动机不强的运动员合作的沮丧经历。他们无法持之以恒地努力训练。除了运动，他们在其他事情上都肯下功夫。此外，动机强的运动员会对自身设定较高的标准，会努力提高

能力水平，同时还会鼓舞队友。

能量管理

能量管理是培养心理坚韧性的一项必要技能——这是一种进入最佳能量区域的能力。这种能力可以帮助运动员进入可最佳地发挥能力的心理状态。唤醒水平过高或过低都会影响最佳能力表现。可惜的是，运动员常常表示他们太紧张或太兴奋，无法出色地发挥能力。有些运动员可能会说，因为精神不振，他们没有感觉，所以无法进入比赛状态。顶级运动员会关注自身理想的能量区域，而且能够进入该区域并保持状态。

注意力

运动员的成功在某种程度上依赖于能否专注眼前的任务和不被干扰。这说起来容易做起来难。网球运动员必须能够在一瞬间判断对手回球的方向，评估球的速度和旋转方向，以及确定最佳的接球方式。成熟的四分卫必须集中注意力，才能看清防守情况并查看接球员，接着转移注意力并准确完成传球。完成传球后，他必须能够再次转移注意力，准确评估目前的情形，接着完成下一次传球。即使是瞬间的注意力不集中导致错误判断，都可能带来可怕的结果。因此，运动员必须努力训练和充分利用注意力技能。

压力管理

体育运动本来就是运动员在压力下努力拼搏的过程。这种努力伴随着巨大的体力消耗和心理压力。大多数人在参加娱乐联盟时可以很好地管理压力，但是在面对有巨额奖

金和100万观众的斯诺克大师赛时，只有心理坚韧性非常强的人才能完成20英尺（约6.1米）的推杆进球。为了发挥自身的潜能，运动员必须培养强大的压力管理技能。

自信

大师级的运动员总是提到，相信自己是成功的关键，而且自信能够支撑自己比赛。有些运动员可能意识到了自信的重要性，并且在其他运动员身上感受到自信，但是很难在自己身上找到自信。很多教练认为，成功能够树立自信，而且成功需要自信。优秀的运动员能够构建成功–自信螺旋结构。在这种情况下，自信能够孕育成功，反之亦然。即使能力发挥得不好时，优秀的运动员也能打破类似的失败–不自信螺旋结构。

利用运动心理学的优势

大多数运动员都具备一定的核心心理技能。利用这些技能，他们可以很好地处理日常情形，甚至在参加水平要求不高的竞赛项目时也是如此。但是，在面对要求更高的比赛时，他们可能在充满压力的情形下止步不前。这是最令运动员以及教练沮丧的事情，因为他们都清楚运动员具备出色表现的潜能。在没有意识到是缺乏心理技能而导致能力发挥出现问题的情况下，教练可能会鼓励运动员更努力地发挥身体技能。在这种情况下，体操运动员可能需要在器械训练上花费额外的时间。篮球运动员可能在训练后还需要进行额外的罚球练习。长跑运动员可能会更加用力地锻炼身体，有时候可能导致过度训练。事实上，有些能力发挥问题可能是因为身体原因，例如，不恰当的训练。但是，

在大多数情况下，这些问题都是不具备充足的心理技能导致的。

在不清楚如何帮助运动员培养必要的心理技能的情况下，教练一般会做以下3件事情之一：通过同情和鼓励尝试支持运动员；选择另一名运动员，即使这名运动员具备较差的天赋，但是他可以在压力下更好地发挥能力；或者让问题恶化，通过对运动员施加更大的压力来帮助其提高能力发挥水平。毫无疑问，在这种情形下应该选择利用运动心理学知识。所有体育运动的教练都逐渐认识到，运动员必须学习和提高必需的心理技能，才能在运动中实现出色的表现。相对于普通教练顺其自然地培养运动员的心理技能，顶级教练正逐步将MST加入运动员的训练计划中，以便帮助运动员培养这些基本的技能。

MST有用吗

MST能够提高能力水平的说法并不新鲜。即使在运动心理学发展起来以前，有些运动员也会使用MST技术［见"比利·米尔斯（Billy Mills）的故事"］。现在教练意识到，即使是很小的调整也会对比赛结果造成巨大的影响。例如，在运动中，时间就是一个重要的因素，一转眼的工夫就可产生第一名和最后一名的结果。运动员通过MST也许能够侥幸避免这一转眼工夫的差异。运动员要达到打破纪录的能力水平，不仅需要更加努力地训练身体技能，而且还要更加聪明地训练心理技能。

通过评估MST计划的有效性，研究人员得出了相同的结论：MST可以提高运动

员在各种不同体育运动中的能力水平。事实上，多达85%的评估研究显示，MST对能力水平可以产生积极的影响（Greenspan & Feltz，1989；Meyers，Whelan & Murphy，1996；Vealey，1994；Weinberg & Comar，1994）。总之，运动心理学的研究人员、教练和运动员一致认为，MST能够提高能力水平。

比利·米尔斯（Billy Mills）的故事

在1964年的东京奥运会上，令人吃惊的是，比利·米尔斯成了10 000米长跑的金牌得主。这是自1908年以来第一位获得10 000米长跑冠军的美国人。虽然比利·米尔斯的故事本身非常引人注目，但是他使用MST技术以及获得金牌的戏剧性方式，都让这个故事变得更加引人注目，特别是在运动心理学当时还没有像如今这样流行的情况下。比利在1962年就怀揣着获得金牌的梦想。在那时，这对于他来说是一件遥不可及的事情，因为他从未获得过锦标赛冠军，而且到那时为止只获得了一些零星的职业比赛冠军。但是，他从不灰心。他给自己设定了目标并且将其写在自己的训练日志上，"金牌。10 000米长跑。时间28分25秒"（Mills，1990）。

为了提高力量和耐力，比利首先设定了每周100英里（约160.9千米）的长跑训练目标。但是，他很快发现，鉴于受伤的原因，这个计划是不切实际的。相对于降低训练目标，他将标准的训练周延长为10天，以便让自己体会到成就感的同时拥有足够的恢复时间。除了设定目标，比利还利用了想象力。在参加奥运会前，虽然他只参加了4次10 000米长跑比赛，但是他在脑子里完成了成千上万次的长跑预演。此外，他还采用一种被称为"肯定的自我对话"的技能来构建内在力量和自信。他不断地告诉自己，"我是一名真正伟大的长跑运动员，现在就看我自己的了"（Mills，1990）。

比利预料到，他要赢得金牌就必须打败当时世界纪录的保持者——澳大利亚的罗恩·克拉克（Ron Clarke）。在长跑训练时，比利一直想象着在最后一圈追上和超越克拉克及其他可能的竞争对手。令人难以置信的是，最后一圈的情况与比利·米尔斯想象的差不多：他以激动人心的方式赢得了金牌，跑出了28分24.4秒的成绩。这个成绩与他所设定的目标只有约半秒之差。

提升表现

MST的主要目标是，帮助运动员始终如一地发挥接近自身潜能的能力，以及避免能力表现低于预期水平。同时，MST还有利于运动员在充满压力的竞争中始终如一地运用他们在练习中完成的技能。可以使用有4个环的靶子来概念化地表示MST的目标。大多数运动员都能够回想起自己出色和糟糕的能力表现。就像他们在讨论进入流畅状态的体验时双眼发光一样，运动员会在描述自己最糟糕的能力表现时脸部肌肉抽搐。可以在目标上阐明能力水平的范围，如图3.1所示。靶心代表所有事情都进入状态、同时运动员发挥超常的时刻。虽然在以后的每次表现中都能够击中靶心是一件非常惬意的事情，但是事实上这是不可能的。相反，MST的目标是帮助运动员始终如一地保持接近靶心的能力水平，或者至少避免过于频繁地击中外环。

图3.1　MST有利于运动员经常达到巅峰表现和进入流畅状态

增加乐趣

除了提高表现水平，MST还是一个可以增加运动员参与训练的乐趣和提高运动员能力水平的强大工具。通过这个工具，运动员可以在高要求的体育活动中感到满足和有所收获。训练过程是非常艰辛的，运动员可能会经历过度的压力或者必须对抗竞争压力。学习心理技能有利于运动员处理竞争压力并感到自信，从而提升运动表现和增加运动乐趣。如果执教哲学的其中一个原则是让运动员享受运动经历，那么利用MST有利于贯彻这个原则。

提高生活技能

MST还可以促进运动员个人的发展。还记得第1章中所探讨的竞争以及基于运动员发展的执教哲学吗？心理训练可以很好地应用到以运动员的成长和发展为目标的执教哲学中。运动员的成长和发展包括身体、心理、社会、道德、情感等方面。事实上，MST就是生活技能训练。例如，学会如何设定目标，如何处理压力和批评，以及如何持续专注于眼前的工作。这些技能不仅能够增强人的运动能力，而且还可以提高人们在表演领域的能力。这些表演领域包括学校、音乐、剧院或职业领域。对运动价值深信不疑者主张MST有利于教导年轻人如何成为领导者，成为更加自信的人，培养人际交往技能以及提升自我修养。但是，参与这些运动的所有潜在好处并不会自动出现，教练必须构建运动员的运动体验，以便帮助运动员获得这些好处。MST为运动员的生活技能培养提供了框架。

MST方法

了解与MST相关的心理要素和好处后，本节将介绍一个高效的MST方法。这个方法是本书后面所介绍内容的基础。MST可以通过系统且重复地使用心理训练工具（目标设定、意象、放松、激励以及自我对话）来构建心理技能或心理素质。教练会要求运动员具备以下心理技能：动机、能量管理、注意力、压力管理和自信。MST的基本前提是，使用**心理训练工具**或技术培养运动员发展预期的心理技能（见图3.2）。换言之，心理技能是最终产品。这个产品可以增强心理坚韧性和使人具备进入流畅状态的心态。心理训练工具是用来开发运动员心理技能的方法（Vealey，1988）。本书的第2部分将详细阐述心理训练工具，而第3部分将介绍心理技能。

心理训练工具

目标设定（第4章）

意象（第5章）

放松和激励（第6章）

自我对话（第7章）

心理技能

动机（第8章）

能量管理（第9章）

注意力（第10章）

压力管理（第11章）

自信（第12章）

图3.2　教练和运动员可以使用心理训练工具培养心理技能

表3.1举例说明了心理训练工具的应用，以及对心理技能的影响方式。例如，对于很难在非赛季训练中保有较强动机的运动员，可以使用目标设定为他们的日常训练提供方向和目标。此外，目标设定还有利于他们发展其他心理技能。随着运动员朝着所设定目标不断进步，运动员的自信心也会不断提高。在赛季，他们可以通过设定目标来提高身体技能和提高比赛心理素质。运动员熟练掌握了目标设定这一工具后，他们的个人目标也可以成为评估成功和失败的标准。相对于以获胜和失败的唯一性来判断成败，基于能力改善和技能掌握情况来设定目标，有利于运动员在比赛过程中减轻压力。

表3.1　使用4个心理训练工具培养运动员的心理技能

目标设定
设定实际但具有挑战性的短期目标可以提供方向，从而增强运动员的动机，促进运动员持之以恒地努力
具备挑战性的实际目标有利于运动员进入最佳能量区域，同时指导运动员发挥这种能力来处理眼前的任务
有效的目标可以指导运动员将注意力放在取得成功必须关注的地方
虽然努力获胜是很重要的，但是只关注获胜会导致压力过大。运动员认识到这是一个挑战而不是必须赢得的比赛时，往往能在挑战的过程中发挥接近自身真实水平的能力，并且创造出最佳的技能——挑战平衡。这里的挑战指的是实现运动员自己设定的实际能力水平目标
实现目标有利于提升自信

意　象
指导运动员想象自己实现了目标，这有利于增强他们的动机

（续）

通过想象以前出色的能力表现，运动员能确定自己的最佳能量水平和策略，从而在比赛前进入有效能量区域
有效地利用意象需要具备专注于预期想象的能力，因此这个能力还可用于培养注意力技能
意象可以帮助运动员管理竞争压力。运动员想象自己能够高效地处理导致压力的障碍和意料之外的事件时，很可能就不会觉得压力增加了
设想自己取得成功可以提升自信
放松和激励
感觉到压抑时，要学会自我激励；唤醒水平过高时，要培养放松能力。这样才有利于增强动机
放松和激励有利于运动员持之以恒地进入和保持处于最佳能量区域。这对于运动员保持巅峰表现至关重要
过度或不足的唤醒水平都会对运动员的能力造成影响，从而导致运动员无法将注意力集中到眼前的任务上。放松和激励有利于运动员集中注意力
在感觉到压力的情况下学会有目的地放松，有利于运动员管理情绪。运动员在面对较低水平的压力时，激励有利于运动员进入流畅状态
通过放松和激励学会控制自身的能量水平，有利于运动员培养控制感，从而进一步提高运动员的自信
自我对话
运动员可以使用自我对话来激励自己
自我对话可以提升或降低能量。运动员使用有效的自我对话策略，可以在比赛前进入流畅状态
专注于与任务相关的提示词有利于运动员集中注意力，或者在暂时受到干扰后重新做到专注
压力水平会显著影响运动员对比赛前和比赛过程中发生的事件的认知和解读。运动员可以采用自我对话的方式来乐观地看待这些一般会导致压力增加的事件
积极的自我对话可以提升自信，而消极的自我对话会降低自信

扩展潜能

MST是基于优秀和个人成长，旨在帮助运动员充分发挥潜能的方法。运动员的正常行为处于反常到超常的行为之间（见图3.3）。可以使用MST来帮助运动员从正常行为向右发展为超常行为。在苛刻的竞争和训练环境中，运动员必须具备超凡的心理技能才能发挥最佳的能力水平。普通人很难应对运动员所面对的要求和压力。MST可以帮助心理正常的运动员培养超常的心理技能。

而这些心理技能是成为优秀运动员的必要条件。

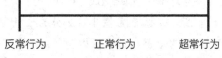

反常行为　　　正常行为　　　超常行为

图3.3 MST有利于运动员发展超常心理技能

但是，有时运动员的个人问题会干扰他们的运动表现。当运动员出现很多干扰其日常生活功能的心理问题时，他们的行为会变得反常。教练很可能会碰上遭遇了以下情况的运动员：出现饮食失调、身份认同问题或家庭危机。这些问题都不在MST的处理范围内。运动员的行为不正常时，只有临床或咨询心理学家才能为他们提供恰当的专业帮助。

以技能为导向的方法

就像身体技能一样，心理技能是可以通过学习掌握的。不管身体天赋如何，所有伟大的运动员都经历了无数练习才取得成功。从初级、高级到专业水平，运动员每天大概必须花1 ~ 6小时训练，因为他们认识到，只有练习才能学会、改善和掌握在特定运动中成为优秀运动员所必需的身体技能。众所周知，运动员必须通过良好的学习和无数次练习才能学会和掌握身体技能。这个道理同样适用于MST。学习心理技能需要时间、精力和耐心。同时，MST是一种以技能为导向的方法。掌握MST必须经过系统练习。

以前，运动员一直都根据非系统的计划进行训练，而且都只是随意地参加比赛。随着时间的推移，教练和运动专家开始认识到，可以通过设定训练计划来最大限度提高运动员的技能和体能。曾经被认为不可能掌握的技能，现在成了非常常见的技能，结果一个个纪录被连续打破。例如，在不到4分钟的时间里完成1英里（约1.6千米）长跑，或者在不到2小时20分的时间里完成马拉松。教练们已经体会到系统训练的好处。如今，虽然很多教练开始致力于训练运动员的比赛心理，但是MST常常被毫无计划地使用。他们尝试设定目标，让运动员尝试想象，同时鼓励运动员自己做好比赛的心理准备。虽然有总比没有好，但是系统训练才是最有效的。本书列出了一个针对

心理技能系统训练的计划。

与MST相关的障碍和谬见

如果MST能够有效地帮助运动员更好地发挥能力，享受运动和发展生活技能，那么为何MST总是被忽视呢？以下介绍关于MST的各种障碍和谬见。

谬见：MST太费时间

教练认为时间是实施MST的最大障碍。在没有太多时间发展和改善运动员身体技能的情况下，更不用说花时间进行心理技能训练。确实，培养比赛心理需要花费时间。最有效的方法是，在每周的几天中花费15 ~ 20分钟使用新的心理训练工具进行练习。而且，即使每天只用5 ~ 10分钟训练心理技能，也是有好处的。一个实施MST的好方法是将它加入日常训练中。这样就不需要花费额外的时间，而且还有利于提高训练的质量。培养运动员的动机和注意力等心理素质是高质量训练的基础。使用目标设定、意象、自我对话、放松和激励等心理训练工具有利于提高训练质量。这并不是简单地走走形式。运动员必须在一定强度和注意力集中的情况下完成训练活动。

谬见：心理技能是天生的

心理坚韧性总是很容易被认为是一种无法教导的天生特性。运动员们要么天生具备强大的心理技能（作为个人性格或遗传的一部分），要么通过经验掌握这些技能。不管是哪种方式，都会让教练认为运动员的心理坚韧性是无法提升的。这是一个谬见。事实

上，每个人天生都具备一定的身体和心理素质，同时心理技能的塑造和发展来自日常生活的经历。保持较强的动机，在压力下保持冷静，同时在面对逆境时保持自信并不是由简单的内在特性决定的。优秀的运动员可以通过经历或MST掌握这些心理技能。相对于等待运动员通过自身的经历来掌握心理技能，MST是发展这些技能更加有效的方法。

谬见：MST只适用于心理问题

很多教练和运动员认为只有心理问题很严重的人才需要学习比赛心理。有些运动员还认为，比赛心理有问题是很见不得人的事情。在他们看来，需要学习比赛心理的运动员能力都比较弱，而且身上存在某些需要"心理学专家"进行分析的心理问题。基于这些原因，有些运动员不愿意学习比赛心理。因为他们认为会被责骂而且被打上蠢货的标签。事实恰好相反，MST可以让所有运动员受益。大多数天才运动员都进行了一些MST。同时，很明显的一点是，这些运动员身上没有任何根深蒂固的心理问题。

谬见：MST可以采用速成法

教练和运动员认识到，发展身体技能需要花费大量时间进行练习，但是有些人期望能够采用速成法学习心理技能。有时，在大型比赛的前几天，一些教练会邀请我（托马斯·D.雷德克）与他们的团队进行交流，以便让运动员做好心理准备。这就反映出一个关于MST的错误认识。比赛前不适合进行短期的比赛心理训练。理想的情况是，在非赛季或者至少在赛季开始时进行MST。你会建议教练在比赛前匆忙改变运动员的季后

赛计划吗？这是不可能的，因为我们都知道，在数不清的训练后，运动员可以在不假思索的情况下完成技能；而引进新的技能可能会导致他们开始思考如何执行技能，从而干扰他们能力的发挥。这个道理同样适用于MST。MST并不是一个可以速成的计划，而是需要运动员花费时间和精力的。

谬见：MST可以创造表现奇迹

另外一个关于MST的谬见是对MST有不切实际的期望。MST无法让资质平庸的运动员转变成超级巨星。有些教练和运动员认为，MST能够帮助运动员达到超越自身体能的能力水平。事实上，MST的目的在于帮助运动员达到保持或者接近自身潜能的能力水平。

类似的，有些运动员和教练希望以最少的努力获得令人难以置信的结果。但是，运动员在尝试了几次放松、意象或者目标设定训练后就放弃了MST，因为没有任何奇迹发生。同样，在完成了一周或者甚至一年的身体训练后，这些运动员也无法成为超级巨星。因为他们希望在付出了必需的时间和努力后自己的能力就能有所提高，但这是不切实际的。与身体训练一样，只有持续地训练，MST才能帮助运动员达到或者接近自身潜能的能力水平。

谬见：MST只适用于优秀运动员

有些教练错误地认为，MST只能帮助技术精湛的运动员发挥出出色的能力。结果是，教练们都回避使用MST，因为他们都清楚地知道自己所执教的并不是精英运动员，因此MST并不是很重要。的确，心理技能

在高水平的竞赛中变得越来越重要。随着运动员竞技水平的不断提高，他们在身体技能方面越来越接近于相同水平。事实上，在高水平比赛中，所有的运动员都具备获胜所需的身体技能。因此，心理因素方面出现任何细微的差别都会对能力发挥结果产生巨大的影响。但是，可以预期的是，接受了MST的运动员比没有接触过MST的运动员能够更快地实现个人成长和能力提升。事实上，引进MST的最佳时间是在运动员开始运动训练时。在运动员的运动生涯早期引进MST可以为运动员实现全方位发展打好坚实的基础。

实施 MST

在理解了MST提高能力水平的关键前提后，可以确定的一点是，MST能够提高团队获胜的概率。但是，到底应该如何实施MST计划呢？本节将阐述在适应团队需求的情况下实施MST计划的方法，以及教练在实施计划过程中所发挥的作用。接下来将介绍相关基本理论，而本书剩下部分将阐述全面实施MST计划的相关内容。

培养心理技能的过程类似于培养身体技能和运动技能：一开始是构建基础知识，接着是实践，然后将这些技能应用到竞争情形中。如同身体技能训练一样，MST涉及3个阶段：教育阶段、习得阶段和实施阶段（见图3.4）。

教育阶段

MST的第一个阶段是教育阶段，即引

导需求评估，以便确定最重要的是发展哪些心理技能，发展这些技能可以使用哪些心理训练工具，以及最佳的学习顺序是什么。这个阶段的关键目标是帮助运动员意识到自身在心理技能和工具方面的优势和不足。这对于运动员取得运动胜利至关重要。一名高尔夫球手，因为精神紧张而感到肌肉过度紧张。另一名高尔夫球手，因为粉丝在观众席上讲话而受到干扰，导致推球未入洞。显然，这两名高尔夫球手的需求是存在差异的。能否成为一名优秀的教练或一名具备心理技能的运动员，很大程度上取决于对自己的了解。运动员必须意识到自身的心理优势和不足。不断提高自我意识，有利于教练以及运动员确定发展所需要的心理技能，从而了解所需要的心理训练工具。

在**教育阶段**，运动员还必须接受指导。这些指导可以帮助运动员理解心理因素如何对能力水平产生影响，适应心理技能可以学习的心态以及学会发展这些技能的方法。开始这个过程的有效方法是，让运动员了解MST的重要性以及这个方法如何提高运动员的能力水平。在实施MST的过程中，教练经常会犯的一个最严重的错误是，未能通过获得运动员的承诺来为心理技能训练奠定基础。教练必须有运动员可以掌握心理技能的预期，而运动员必须负责塑造比赛心理以便提高能力水平。如果运动员不相信MST，那么不管计划多么完美，都无济于事。

心理技能培养的各个阶段

1. 教育阶段：专注意识

- 培养对心理优势与不足的意识
- 提供学习心理技能的基本原理
- 提供关于什么是心理技能以及心理技能如何发展的信息

2. 习得阶段：专注学习

- 培养心理技能基础

3. 实施阶段：专注熟练掌握和执行

- 广泛地学习，以便熟记心理技能
- 模仿竞争情形，以便练习心理技能迁移
- 模仿逆境，以便练习使用心理技能克服困难的情形
- 在竞争情形中整合 MST 概念
- 有效地应对逆境和障碍
- 系统地评估和修改 MST 计划

图 3.4　心理技能培养的 3 个阶段

习得阶段

在**习得阶段**，MST 的目的是帮助运动员掌握预期技能。与身体技能一样，结构性训练计划是培养心理技能的最佳方法。这个计划首先会从培养运动员的基本指定技能开始。随着运动员的技能水平越来越高，教练可以教导运动员如何将这些技能作为比赛心理计划的一部分。虽然出发点是好的，但是简单地要求运动员"放松""保持镇静""别失误""注意力集中"都是具有限制性的方法。在大多数情况下，运动员能够意识到过度紧张或无法集中精神会影响自身的能力发挥，而且含糊不清的指令无法让他们改变这些状况。运动员所需要的是，能帮助其放松或集中注意力以便更好地发挥能力的具体指令。在 MST 的习得阶段，运动员将学到能

改善自身比赛心理的相关技能。

实施阶段

与身体技能一样，心理训练工具和技能只有在以下情形中才能发挥最大的作用：运动员能够熟记这些工具和技能；同时，在没有意识到应在何时以及如何使用这些技能的情况下，运动员能够习惯性地主动使用这些工具和技能。MST 的**实施阶段**的内容包含帮助运动员练习使用工具和技能，熟练掌握工具和技能，以及在实际情形中应用心理技能。因此，运动员必须能够在模拟实战、训练赛和低水平比赛中使用工具和技能。这是一个逐步接近正式比赛的训练过程。在训练环境中模拟相反的情形，可以帮助运动员做好处理诸如比赛中突发事件的准备。通过创造竞争压力逐步

增加的情形，实施阶段可以帮助运动员学会如何将心理技能整合到比赛计划中，以及高效地处理问题和对应障碍。在这个阶段，教练可以不断地监测MST计划以便评估计划的有效性，同时做出必要的修改以便不断地完善计划。运动员的MST需求在赛季过程中会出现不同的变化。教练必须适应这些变化的需求，并对MST做出修改。

实施MST计划

史密斯（Smith）教练决定在摔跤团队中实施MST计划。在团队讨论并向队长咨询后，他决定开始进行针对训练质量的目标设定。在一次小组会议上，运动员探讨了目标设定的重要性以及设定有效目标的方法。接下来，摔跤选手负责设定每天的训练目标，以便提高垫上技术和优化策略。当摔跤选手越来越熟悉目标设定时，他们开始设定提高自身心理技能的目标。

评估团队的心理优势和不足时，史密斯教练意识到团队中的几名运动员在比赛前会过度焦虑，从而影响他们能力的发挥。为了降低运动员的唤醒水平和压力，在完成了主题为学习放松的重要性的小组会议后，他教导运动员如何放松。在练习期间，他还鼓励运动员每天（为期2周）在熟悉且安静的环境中放松，以便发展技能。为了强调发展放松技能的重要性，史密斯教练还不断地将放松训练整合到训练活动中。在运动员越来越熟悉放松技能后，他才简化了放松训练。此外，他还创造了针对焦虑增加的练习，同时还鼓励运动员使用短期放松技巧（例如，深呼吸）来减少对能力发挥的影响。此外，他还会鼓励运动员将（恰当的）放松作为心理准备计划的一部分。

史密斯教练知道使用意象也可以帮助运动员管理焦虑。但是，相对于简单地指导他们在比赛前想象过去所经历的熟悉场景，他选择将意象应用到训练场景中。一开始，他要求运动员想象他们已经掌握的能力、技巧，以便他们适应使用意象工具。接着，他要求运动员在实际执行技能前想象新的技术。如果运动员出现错误，史密斯教练会在纠正错误前鼓励他们想象一下正确的形式。运动员等待进行摔跤的训练活动时，他会让运动员进行观察，同时要求他们尝试想象如何对观察到的情形做出反应。随着运动员越来越熟练地使用想象，他会制造一些运动员可能会在接下来的比赛中体验到的情形，然后让他们想象自己会如何做出反应。他注意到，这样做可以帮助运动员在垫子上做出更好的决定。同时，他还使用想象和模拟练习来帮助运动员在面对比赛逆境时，学会重新控制情绪和集中注意力。

评估MST计划的过程中，史密斯教练意识到在面对具有挑战性的对手或在比赛落后的情况下，有些比较年轻的运动员仍然无法在心理上战胜自己。因此，他决定在使用MST模型的3个阶段时，结合自我对话策略来帮助运动员增强自信心、提高注意力集中度及减少压力。

教练的角色

最终决定MST成功与否的关键在于教练。教练不仅必须相信这种训练类型的价值，同时还必须全面了解这种训练类型，就像在执教运动技能和策略前必须了解技能和策略一样。教练必须愿意将MST作为正常训练计划的常规部分。理想情况下，可以跟身体技能训练一样，每天都进行和完善MST。

实施MST计划时，教练的角色并不是心理学家，其作用是教导运动员学会运动和生活中必须具备的心理技能。运动员处理重大的生活或个人问题时，教练必须能够为运动员（或者他们的父母）提供专业的建议。即使掌握了本书的内容，但是教练仍然不具备为运动员提供临床帮助的资格。教练的责任是教导运动员发展具体心理技能的方式，同时向那些需要更多心理帮助的运动员提供恰当的专业咨询。

阅读完本章内容后，希望教练能够认可MST的作用，同时能够在自己的团队中实施MST计划。具备MST的相关知识，是成为一名优秀教练的重要条件。事实上，教练们有可能已经采用了一些心理训练工具来帮助运动员们发展心理技能。后面将阐述如何更有效地利用MST的相关知识。整个MST过程可能会让人觉得有点不知所措，这一点是可以理解的。因此，本章的主要目的是介绍MST以及实施MST计划的相关步骤。本书剩下的章节将阐述如何实施系统的MST计划，教授运动员使用具体的心理训练工具，从而培养运动员的心理技能。

小　结

1. 虽然大多数教练和运动员都意识到心理因素在比赛结果方面发挥着重要的作用，但是他们仍然没有投入很多时间来学习和掌握与比赛心理相关的知识。运动员们认为，根据不同类型的运动和比赛级别，心理因素决定50%～90%的运动结果。

2. 在回忆最难忘的能力表现时，运动员会描述自己当时进入一种特别的状态，这种状态被称为流畅状态。虽然达到流畅状态是很难的，但是MST可以帮助运动员更加稳定地达到这个特别的状态。

3. 核心心理技能包括动机、能量管理、注意力、压力管理和自信。

4. 越来越多的研究证明MST能够发挥作用，持之以恒且系统的训练是最大限度提高心理技能的必要条件。

5. 虽然有些运动员通过反复试验学习比赛心理，但更有效的学习方式是MST。

6. MST是心理训练工具的系统应用，目的在于提高运动员的心理技能。MST是一个综合、系统且以技能为导向的方法。这个方法有助于运动员培养心理坚韧性并做好进入流畅状态的准备。

7. 用来培养运动员心理技能的核心心理训练工具包括目标设定、意象、放松和激励及自我对话。

8. 提高能力表现水平毫无疑问是 MST 的一个重要目标。MST 还可以增加运动乐趣和培养生活技能。

9. 有些教练即使意识到 MST 的重要性，但是因为时间压力或者对运动心理学的错误看法，而不愿意尝试 MST。

10. 鼓励教练帮助运动员培养心理技能。同时，在运动员面对与运动无关的重要生活问题时，教练要避免充当临床或咨询运动心理学家的角色。这些运动员必须向心理专家或咨询师寻求帮助。

11. MST 包含 3 个阶段：教育阶段、习得阶段和实施阶段。运动员必须熟知自身的优势和不足，掌握心理训练工具和技能的基本使用方式，并能熟练地将这些工具和技能应用到竞争环境中。

关键术语

习得阶段　　　心流　　　心理技能训练　　　自信　　　实施阶段　　　心理训练工具

教育阶段　　　心理技能　　　动机　　　能量管理

复习题

1. 运动员是否能够控制自己达到流畅状态？

2. 除了提高团队的能力，教练还可以用哪些方式证明实施 MST 是正确的？

3. 当听到一名教练说，比赛心理的关键是选择有动机且在面对压力时能够保持冷静的运动员，因为心理坚韧性是某些运动员与生俱来的天赋时，你会对此做出怎样的反应？

4. 心理技能和心理训练工具之间有哪些差别？

5. 接受过心理训练的运动员和在重要比赛前接受了一次心理训练的运动员，这两种运动员在心理上都做好比赛的准备了吗？为什么？

6. 你如何确定一名运动员需要场外心理咨询或者 MST 呢？

实践活动

1. 描述你达到流畅状态的一次经历。这次经历与本书中所描述的比尔·拉塞尔的经历有哪些相同或不同之处？

2. 假设很多运动员都抗拒 MST，可能的原因有哪些？对于每个可能的原因，请至少描述一个解决方法。

3. 虽然运动心理学有很多潜在的好处，但很多教练仍然忽略 MST 或不常使用 MST。假设你是一名运动心理学专家，他人邀请你向中学教练做讲座。请做好以下陈述。

- 强调心理因素在运动表现中的重要性。
- 突出被认为对能力表现产生影响的主要心理因素。
- 描述教练应如何使用MST的3个阶段将MST加入整个执教计划中。

4. 对于本章所描述的每个心理技能，请描述可以加入训练中并帮助运动员提高这些技能的策略。

第2部分

开发心理训练工具

　　第2部分共4章，主要阐述心理训练工具以及可用于培养运动员重要心理技能的技巧。这些重要的心理技能会对运动员的运动环境、能力发挥和个人发展产生影响。第4章介绍了设定目标的重要性，明确运动员必须设定的目标类型，同时阐述了实现目标的主要步骤。第5章全面介绍了意象的概念以及使用意象的计划。第6章阐述了放松和激励的基本内容以及好处，展示了培养完全放松、快速放松和激励技能的系统模式，同时还描述了有效使用放松和激励的指导方针。第7章介绍了自我对话的有效性，明确了消极思想的危害，提供了进行自我对话和抵制消极思想的系统方法，同时总结了循序渐进地帮助运动员培养自我对话技能的指导方针。

第**4**章

目标设定

阅读完本章内容后，你应该能够：

- 理解目标的概念以及运动员设定目标的好处；
- 理解教练和运动员必须认为过程目标和能力表现目标比结果目标更重要的原因；
- 描述其他6个设定有效目标的指导方针，包括设定具体且可测量的目标、难度适中的目标、积极且专注的目标、短期和长期目标、个人和团队目标，以及训练和比赛目标；
- 通过系统的目标实现过程，理解如何应用目标；
- 指导运动员如何通过包括教育、习得和实施阶段的计划来设定目标。

设定目标对于教练和运动员而言并不陌生：古时候，运动员就会自己设定目标。几乎所有的运动员都会设定目标，但是大多数目标都无法有效地实现（Burton，Weinberg，Yukelson & Weigand，1998；Weinberg，Burton，Yukelson & Weigand，1993，2000）。为什么呢？认真思考下面两个例子。雷伊（Ray）喜欢排球，但是他身高中等而且弹跳力很差。教练认为，通过非赛季负荷训练和强化训练的训练方案，雷伊会逐渐成长为一名强壮的运动员。但是，热衷于提高跳跃技能的雷伊只是紧盯着车库墙上的测量尺，每两个星期便会测量自己的纵跳高度。雷伊坚持自己的计划，认为这个计划可以帮助他成为一名出色的排球运动员。随着时间的流逝，雷伊的努力获得了回报。在测试中，雷伊的纵跳高度有所提高，虽然只有几厘米。雷伊对实现自己的长期目标越来越自信，而且更加有动机和更加努力地参加训练。很快，雷伊成了省级运动队的队员。随着能力井喷式地增长，他还两次参加奥运会。雷伊的经历是一个典型的通过设定目标成功的励志故事。

特蕾西（Tracy）是一名前途无量的游泳运动员，在12岁时创造了该年龄组的几个纪录。她成了社区的明星，而且经常被拿来与之前参加奥运会的游泳运动员做比较。特蕾西的父母和教练根据自己的期望为她设定了挑战目标，但是这些远大的目标并没有激励特蕾西努力进行训练并提高自信心，相反对特蕾西造成了很大的压力，让她很难达到每个人的预期。即使她出色地完成游泳比赛，但是似乎仍很难满足教练和父母的要求。这让特蕾西对自己的能力感到困惑。与日俱增的自我怀疑影响了特蕾西能力的发挥。她越来越害怕失败，越来越没有动机争取获胜。特蕾西的例子反映了糟糕的目标设定计划会导致问题出现。

雷伊和特蕾西的**目标设定经历**之间存在哪些差异？答案非常明了。雷伊的目标是现实且具有激励性的，而特蕾西的目标是由他人设定且远大的。他人为特蕾西设定的目标令人失去动力而且会让人感到紧张。运动员可以通过设定目标获得很多的好处，但前提是教练必须帮助运动员学会做好目标设定。本章旨在帮助教练理解如何帮助运动员有效地设定目标。有效的目标设定能够将负面影响降到最低限度和将好处提升到最大限度。

什么是目标以及为何利用目标

艾德·洛克（Ed Locke）是美国知名的目标设定研究人员。他将目标简单地定义为"个人尝试实现的东西，行为的对象或目的"（Locke et al.，1981）。莱辛（Lessin）表示"目标就像磁体一样，吸引着我们去往更高的地方和新的地平线。目标为我们的眼睛提供了焦点，为思想提供了目的，为力气提供了用途。如果没有目标的吸引力，我们仍将保持静止状态，无法向前移动……目标是实现梦想的一种可能性"（Kennedy，1998）。

目标为运动员提供目的、方向以及衡量过程的标准。从雷伊的故事中，我们可以看到，精心设计目标可以提高自信心、动机和有效的能力表现。同时，精心设计目标还可以带来其他好处（见图4.1）。目标还有利于营造更加积极和团结的团队氛围。对于资深且熟练的目标设定者，过程最后变得比结果更加重要。目标就像灯塔，而过程才是真正的乐趣所在。比尔·拉塞尔是波士顿凯尔特人队历史上最辉煌的时期——20世纪50年代到60年代的队长之一。他表示，相对于在13个赛季中赢得11次NBA总冠军，追求卓越让他受益更多。他强调：“挑战性目标促使我们更加努力，而且为我们提供了生活的目标，不管目标能否实现，只要我们尽了自己最大的努力就好。”这个道理同样适用于其他运动员。

使用目标营造积极的团队氛围

几年前，我（戴蒙·伯顿）曾经指导的一名学生开始执教美国全国大学生女子足球队。在完成第一个星期的训练后，她希望能够针对影响团队训练的极端消极因素寻求解决方法。运动员们抱怨一切事情，包括训练时长、训练质量以及缺少队友和教练的支持。球队没有在首次训练中完成出色的跑动时，每名运动员都会公开指责他人并寻找替罪羊。

要想解决这些问题，可以实施目标设定计划，这样团队氛围会立刻发生改变。教练可以强调每次训练如何配合赛季训练计划的要求，同时帮助运动员实现个人和团队目标。这样，训练就有了积极的关注点。随着运动员越来越专注于实现目标，挑剔、消极等态度就没有了滋生的土壤。每名运动员都享受跑动，从而提高了训练质量和运动员长期的能力水平。事实上，积极关注点越多，为运动员提供的鼓励和支持就越多，从而激励运动员追求实现符合自身实际且具有竞争性的目标。

设定目标的好处

- 设定目标可以让运动员集中注意力
- 设定目标可以增强运动员的自信心
- 设定目标有利于运动员避免压力或管理压力
- 设定目标有利于运动员保持积极的心态
- 设定目标可以增强运动员的内部动机从而使其超越他人
- 通过更多挑战性训练，设定目标可以提高运动员的训练质量
- 设定目标可以提高运动员的比赛技能、技巧和策略水平
- 设定目标可以提高运动员的整体能力水平

图4.1　根据这些好处，设定目标可能是最有效的运动能力提升策略之一

或许对于大多数教练而言，设定目标时最重要的问题是"这样做有用吗？"。答案是肯定的！对成功教练和运动员的报道以及运动心理学研究都有力地证明了：设定目标可以提高能力水平，增加乐趣和帮助运动员获得更好的自我感觉（Burton & Naylor，2002；Burton & Weiss，2008）。事实上，大量的证据表明，设定目标可能是运动中最有效的提高能力水平的策略。在关于运动和体育活动的目标设定研究中，3/4 以上的研究表明，设定目标可以产生积极的结果。关键是必须正确地设定目标。

设定有效目标的指导方针

目标可以激励运动员，帮助运动员集中注意力关注具体的任务，提高努力程度和训练强度，以及帮助运动员做到在面对逆境和失败时坚持不懈（Locke，1996）。设定和实现目标还可以大大增强运动员的自信心和动机。依据设定有效目标的指导方针来设定目标是实现所有这些好处的基础。因此，本节将探讨是否应该关注过程目标、能力表现目标或结果目标等基本问题，同时强调其他 6

个设定有效目标的指导方针，以便最大限度提高运动员的能力水平。

过程目标、能力表现目标和结果目标

我们认为，相对于结果，关注过程和能力表现是基本原则，而且这二者可能是运动心理学中最重要的概念（Burton，1989；Kingston & Hardy，1994，1997）。**过程目标**关注形式、技术和策略。**能力表现目标**注重提高个人的整体能力水平，例如，跑得更快、投掷更远或者更多的射门得分。**结果目标**强调做得比其他竞争者好，如必须获得很高的排名或者必须赢得比赛。可见，结果目标要求运动员实现能力表现目标，例如，在高尔夫球比赛中得 74 分或者在 10.22 秒内跑完 100 米。为了实现这些能力表现目标，运动员必须实现一系列注重形式、技术、知识或策略的过程目标。例如，增强击球能力并击中更多规定的目标，或者一开始就打出好的局面。事实上，这 3 种目标类型应是一个连续统一体（见图 4.2）。结果目标是连续统一体的产品端（右端），过程目标在另一端，而能力表现目标在两者的中间。

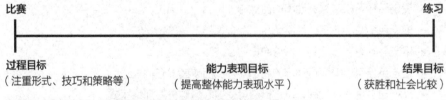

图4.2　过程目标、能力表现目标和结果目标的连续统一体

结果目标代表最终的目标，而能力表现目标和过程目标是实现结果目标的途径。如果过多地关注结果而忽视制订**行动计划**，那么前方等待我们的将是灾难。在比赛结束之

前，当史蒂夫·纳什（Steve Nash）面对防守者投出制胜三分球时，他不会想"我必须投中才能赢得比赛"。他的想法更多的是针对过程："保持放松，做好进攻姿势，保持节

奏，努力跟进。"在运动中，高水平的复杂技能要经过多年的训练才能掌握，因此过程目标是实现能力表现目标的基石，并最终导向预期的结果目标（例如，设定获得较高排名或获胜的目标）。

为何强调过程目标和能力表现目标

在运动中，往往只有一个成绩判断准则：赢就是成功，而输就是失败。即使最年轻的运动员也可以很快懂得这个道理。但是，当运动员的自信心建立在获胜而不是实现过程和能力表现目标的基础上时，他们的自信心很可能非常不稳定。因为在多数竞争或比赛中，只有一名获胜者。在获得一两次比赛胜利之后就变得很自负的运动员，很可能一次落败就会让其失去信心。这些不稳定性是焦虑和沮丧的根源。将自信心建立在获胜基础上的运动员，往往会在缺乏自信心的时候感到做任何事情都很无助。他们深信获胜是评估自身能力的唯一准则，因此他们无法将自己的能力表现与结果区分开来（参见"结果目标存在的问题"中的例子）。

那么如何在不管运动员获胜还是落败的情况下，都能帮助运动员建立稳定的自信心和获得胜任感呢？答案在于设定实际的过程目标和能力表现目标。成功必须被重新定义为达到过程标准和超越个人能力水平，而不是超越其他的竞争者。过程标准可以是稳稳地击中棒球。著名的不旋转球投手菲尔·尼克罗非常清楚这个理念。

"我不会尝试进行解释。有时候，我觉得我自己很棒。但是在第三局时，我变得神志不清。几天前，我在比赛之前觉得很糟糕。当我开始投球时，我很想将球投到击球手的有效攻击区，但是击球手突然将

球弹起，没有击出全垒打。我从来不思考获胜和落败的问题。我无法控制这个事情"（Martens，1987）。

因此，我们必须确定运动员的自我价值并不是建立在他们控制之外的因素的基础上。这些因素会令运动员出色的能力表现、努力的训练过程和能力表现目标的实现变得毫无意义，因为运动员会认为输就是失败；同样，这些因素也会令运动员糟糕的能力水平变得无关紧要，因为运动员会认为赢就是成功，即使是因为运气好或者遇上较弱的对手才赢得比赛。优秀的运动员不会根据每次比赛的输赢来评估自己。他们会根据比赛质量评估自身的能力水平，而不是根据比赛的输赢来设定长期目标和评估自身的进步幅度。相对于采用结果目标的运动员，采用过程目标和能力表现目标的运动员在比赛中更不容易产生焦虑情绪。他们可以更加自信、更加专注和更好地发挥能力，从而更加满意自身的表现（Burton，1989；Pierce & Burton，1998；Sharples，1992）。

让目标具有可控性和灵活性

让目标具有可控性和灵活性，可以提高运动员目标设定的成功率，同时也有利于过程目标和能力表现目标的设定。首先介绍可控性因素。运动员必须能够利用目标来控制和影响自己。这样，当运动员实现目标时，他们可以因此而得到好评。过程目标和能力表现目标可以使运动员明确将要采取的具体行为，而且这些目标能否实现主要取决于运动员本身。结果目标是唯一可控的部分，特别是赢得比赛。仔细思考决定运动员是否能够赢得比赛的所有变数：最重要的当然是运动员自身能力水平，同样重要的还有队友、其他竞争者、裁判和教练等。此外，结果还

往往由情境因素所决定，例如，装备、比赛场地、天气甚至运气（很多教练和运动员总是忽略运气这个因素，但是这个因素往往发挥重要作用）。

结果目标存在的问题

我（戴蒙·伯顿）对目标设定复杂性的顿悟发生在我担任中学篮球教练的最后一年。社区对我们的期望非常高，连杂货店的常客也会说："要成为5年以来州冠军俱乐部的最佳团队。"联赛教练让我们成了赛季前的热门团队，而我自己也狂热起来，全身心希望这支队伍能够为社区夺得另外一个州冠军。但是，因为我担心这些高远的期望会让团队成员产生自负和自满情绪，所以我们的团队只设定了一个赛季目标——赢得中部大草原联赛冠军。

在赛季的前4个星期里，团队打出了我执教以来最好的水平。虽然团队规模不是很大，但是这个团队的队员们很有天赋，队员们一起打得很好，完全清楚防守和进攻的方式，而且表现出极强的自信心和进取心。我们在圣诞节假期前的纪录是6胜1负。在只丢1分的比赛状态下，团队在加时赛后有可能位列第三。接着，在我们追求梦想的赛季里发生了一件古怪的事情。我们的队员感染了令人不愉快的流感病毒，并且在接下来3个星期的每场比赛之后，至少有2名运动员生病。但他们在这个逆境之下仍然勇往直前。他们比任何时候都更加努力地训练而且更加热情地投入比赛。但是，我们在接下来的7场比赛中仍然输了6场。突然之间，我们单一的赛季目标变得不切实际，但是队员们仍然念念不忘这个失败的目标。在接下来的几个星期里，我和助理教练除了浇灭他们的冠军欲望以外，其他事情都没有做。我们单独与队员进行了谈话，与团队一起探讨了自身存在的问题并且对剩下的比赛做了妥善处理。同时，我们还设置了赢得锦标赛资格的替补目标。出于某种原因，致力于实现新的目标是最稳健的方式。

在那一年接下来的时间里，我们只输了4场比赛（都是以较小的比分差距），而且差点取得锦标赛资格。但是，团队已经不再是原来的团队了。虽然队员的身体恢复了，而且自身的能力水平也持续得到提高，但是心理创伤却无法修补。队员已经丢失了自信心和心理坚韧性，无法再保持比赛的状态，无法不断进取和沉着应对。团队的打法被认为是胆小、犹豫不决和缺乏思考的。在休赛之前，队员带着几乎确定可以赢得这些比赛的自信心参加比赛。这种接近成功的失败特别令人沮丧。运动员的自信一旦被打破，就很难重拾。

那么，我们应该采取哪些不同的措施呢？设定结果目标是一个重要的激发动机的策略，而赢得联赛的长期目标也并不一定存在问题。但是，我们应该将这个结果目标分解为过程目标和能力表现目标。过程目标和能力表现目标可以作为联赛的行动计划。我们应该设定3～5个能力表现目标，这样才可以最大化团队获胜的机会。同时，我们还应该设定几个过程目标来确保团队达到最佳表现。即使在疾病阻止我们赢得比赛的情况下，这些目标也可以最大化我们获胜的机会，为成功奠定基础。更重要的是，这些目标可以增强运动员为个人优秀而努力的内部动机。

设定目标时尽可能做到个人可以控制。例如，对于体操运动员，相对于实现某个自由体操动作得分的目标，在接下来的一周里每天至少进行6次日常训练的目标会更加可控。但是，实现某个自由体操动作得分的目标相对于赢得比赛的目标也是更可控的。事实上，即使是训练目标也不是完全可以控制的。体操运动员可能在那一周生病了，脚踝扭伤了，或者因为期末考试而无法专注地进行训练。但是，面向过程的训练目标还是比获胜这一目标更容易控制。相对于偶然的成功，如果体操运动员每天坚持完成6次日常训练而且在比赛时发挥出色，那么体操运动员的成功是实至名归的。因此，这名体操运动员可以成为更加自信的运动员。

除了可控性，最好可以灵活地提高或降低目标，从而设置最佳的挑战级别。一般情况下，挑战的难度越高，运动员的动机就越高。但是，如果目标是不切实际的，那么运动员将不再自信于可以实现目标，因此而产生的压力会降低运动员的动机及能力水平。教练必须找到设置最可行的挑战级别和保持实现成功的可能性两者之间的良好平衡。结果目标没有任何灵活性。对手一般也是由比赛时间表所决定的。因此，事实上不可能通过调整目标难度来设置最佳的挑战级别。在连续统一体另一端的过程目标是比较容易调整的目标。如果要求空位投篮成功率达到90%太具挑战性，那么可以将目标降低到85%。相反，如果90%的目标很简单，那么可以将目标提高到95%。

选择正确的目标类型

除了强调过程目标和能力表现目标的优先级高于结果目标，我们还必须理解其他6个设定有效目标的指导方针。图4.3概括了这些指导方针。

设定具体且可测量的目标

目标的范围从不明确且难以理解（如，"尽力而为！"）到具体且可测量（10.8秒跑完100米或篮球比赛得15分）。如果目标是尽力而为，那么运动员将永不会失败，因为他们总是说他们尽自己最大努力了。但是，这种模糊性也是一般目标的缺点。因为，事实上这并不是运动员一直努力想达到的目标，而是目的。具体且可测量的目标在提高运动员的能力稳定性和水平方面更加有效。因为这个明确的标准定义了成功，为运动员构建了清晰的期望，同时要求运动员将注意力放在他们必须取得成功的方面。具体且可测量的目标培养了运动员的责任心。查看图4.4，了解针对不同运动的具体且可测量的目标。

在设定具体且可测量的目标时，记住以下3个概念。

- 强调能力发挥的数量和质量。例如，将打出好球的次数增加10%。
- 同时使用**客观表现指标**和**主观表现指标**。例如，提高篮球运动员的罚球命中率（客观）或者改进运动员的步法（主观）。例如，得分从10分制中的3分提高到4分或5分。
- 测量障碍因素。例如，努力程度。同时，让运动员根据可以证明自身能力的具体且确定的行为设定目标，做一个输得起的人。

设定有效目标的指导方针

1. 强调过程目标和能力表现目标的优先级高于结果目标

2. 设定具体且可测量的目标而不是一般或尽力而为的目标

3. 设定难度适中的目标：具有挑战性但切合实际

4. 设定积极且专注的目标

5. 设定长期目标和短期目标。短期目标可以为实现长期目标添砖加瓦

6. 设定个人目标和团队目标。个人目标是团队目标的具体化

7. 设定训练目标和比赛目标。训练目标的重点在于培养技能，而比赛目标的重点是发挥最佳能力水平

图4.3　按照这些指导方针设定有效的目标

针对各种运动的具体且可测量的目标示例

- 星期六，在3分57秒的时间内完成1 500米长跑
- 在明天晚上的比赛中，阻止我所防守的运动员抢到3次以上的投篮空当
- 在第一个回合面对沃利·戴维斯（Wally Davis）时，至少完成5次摔倒动作
- 在本周的击球练习中必须保持80%的时间都触球
- 在今天的训练比赛中，每次都必须正确地阻挡对手
- 在星期二的锦标赛中拿到72分
- 确保在90%的情况下都能够正确理解防守。在本周的比赛中，当出现不利于比赛的防守时，可以大声发出正确的指令
- 在明天的比赛中，80%的时间都可以将球扔到接球手喊出的位置
- 将今天的集中精神训练从5分钟延长到6分钟
- 记录下今天至少50%的消极想法，接着在今天晚上花20分钟练习使用积极且现实的方式反驳

图4.4　好的目标是可以量化的，而且还可以明确具体的能力表现标准

设定难度适中的目标

目标必须具备足够的挑战性，才能鼓励运动员坚持不懈地努力；同时目标也必须足够简单，才能让运动员成功实现目标并将压力降低到最低水平。**难度适中的目标**可以促进运动员的能力发挥达到最高水平（Burton & Naylor，2002；Burton，Naylor & Holliday，2001）。难度太高的目标可能会影响运动员对实现目标的胜任感以及动机（见图4.5）。实现目标的奖励是激励运动员下一次追求难

度稍高的目标的动力。

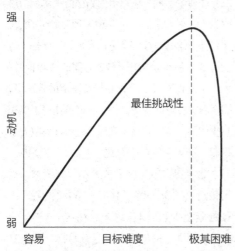

图4.5 目标难度和动机之间的关系（注意，目标难度过高时，动机会急剧下降）

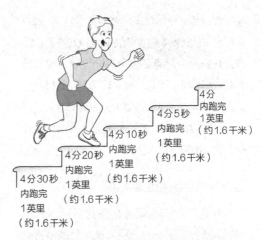

图4.6 目标阶梯法：运动员的近期目标稍微高于目前运动员的基线。每一级目标都比前一级目标的难度大一些

如何了解目标的难度水平呢？最好使用运动员最近的（特别是1个或2个星期以内的）能力水平作为基线。这里强烈推荐采用目标阶梯法设定目标（见图4.6）。运动员的近期目标必须比他们目前的能力水平或者最近的平均能力水平略高（5% ~ 15%），这样他们才能有90%（或以上）的自信心实现目标。接下来设置一系列梯级，每一级目标都要比前一级目标的难度稍微大一些。很少有运动员能够直接进阶，而且有时候可能还会往后退。但是，随着运动员持续发展，运动员很可能最后取得成功。同时，聪明的做法是避免计划太长远的目标。做好3个或者4个梯级的计划，而且周期最好不要超过6个星期，这样可以让运动员保持较强的动机和自信心。

相对于自信心比较弱的运动员，自信心较强的运动员可以采用相对陡峭的目标阶梯。当运动员很难实现下一步的目标时，必须考虑两种可能性：这个阶梯目标跨度太大，必须进行细分；或者技术或策略问题阻碍目标实现。对于第二种情况，运动员必须在克服障碍之前培养必备的基本技能。在教练和运动员一起完成目标设定的过程中，如果目标过于现实，那么必须调整目标。这并不是一个失败的信号，而是一个看起来可以接受的决定。同时，确保在必要而不是在运动员缺乏动机或表现不佳的情况下，向下调整目标。

设定积极且专注的目标

在目标中明确想要运动员增加的积极行为（例如，在网球中，实现高比例的第一发球）或者减少消极的行为（例如，降低双发失误的比例）。积极且专注的目标一般都比较有效（特别是对于学习新的或难的技能），因为其可以帮助运动员专注于正确地执行技能。此外，积极的目标能显著地提升运动员的自信心和内部动机。因此，要求运动员以积极的方式设定目标，专注于希望他们完成的行为（例如，4次击球2次命中）而不是希望他们避开的行为（例如，从0进步到4）。

设定短期目标和长期目标

在计划时，必须考虑**短期目标和长期目标**的作用。目标并不像标准一样需要持续改进，它是伴随着运动员系统性发展的连续统一体。一个目标就是这个连续统一体上的一个点，一个需要执行的具体行动。针对运动员的共同目标是最大限度增强运动的能力。奥林匹克格言"更快、更高、更强、更团结"就是一个目标。相对的，目标是跳高的高度达到7英尺6英寸（约2.3米），在下一次100米冲刺中将最佳时间减少0.1秒，或者在场地上将注意力集中于接近棒球的接缝处。长期目标为运动员提供方向，而短期目标让运动员努力达到目的（Burton & Naylor，2002）。长期目标代表阶梯的顶部，而短期目标是通往顶部的各级阶梯。短期目标能够培养运动员个体技能，同时让运动员保持较强的动机。

设定一个为期1年、2年或者更长年限的长期目标对于运动员是非常重要的，但是短期目标的设定周期不可以超过6个星期。例如，伯尼（Bernie）是一名高中二年级的学生。他的长期目标是赢得高校篮球奖学金。但是，他面临的最大的障碍是自己的投篮技巧很一般。伯尼和他的教练都认为在高三时，他在场地上

必须达到50%以上的投篮命中率，40%以上的三分球命中率和80%以上的罚球命中率。伯尼的教练觉得如果伯尼的投篮技术性细节有所改善，那么这些目标都是可以实现的。于是，他们选择专注于伯尼以下3个方面的技巧训练：为了更好地对准篮筐，在保持平衡的情况下，将手肘放在球的下方；为了更好地使用手腕和减少使用手臂，在跳跃到最高处时才释放力量投篮；身体完全伸展并保持完美的投篮姿势。

这个提高投篮技巧的行动计划要求，每天伯尼必须额外练习100 ~ 150次投篮，而且每周至少进行4次练习。在这个3年计划的第1年里，伯尼注重于过程目标，而不是投篮命中率。通过这种训练，伯尼的技术变得自然了。在第2年，他将目标平均分解成过程目标和能力表现目标（投篮命中率为45%，三分球命中率是35%，而罚球命中率是72%）。在第3年，伯尼致力于提升投篮能力以便实现投篮命中率的长期目标。将短期目标和长期目标结合到一起，可以最大限度地提升运动员的能力。这是一种值得推荐的做法。

设定个人目标和团队目标

个人目标和团队目标两者对于成功有着很重要的影响。事实上，研究人员已经发现团队目标与个人目标都可以有效提高运动员的能力水平（Locke & Latham，1990）。团队目标可以为集体能力发展提供方向。同时，团队目标可以分解成个人目标，从而增强运动员的动机和自信心。在没有设定个人目标而只设定团队目标的情况下，运动员可能不会努力争取实现目标。这就是著名的社

会惰化现象（Hardy & Latane，1998）。这个能力表现问题会在团队中像瘟疫一样蔓延。相对于运动员单独完成相同任务，与团队一起完成任务的运动员会倾向于降低个人努力程度和发挥出较低水平的能力。他们觉得自己可以混日子，因为队友会补上空缺。为了避免出现社会惰化现象，必须设定个人目标。这样团队的每一名成员都必须达到具体的能力水平。同时，运动员还必须将这些个人目标看作团队成功不可或缺的一部分。为了最大化团队有效性，必须要求每一名运动员都发挥作用，实现个人目标。

设定训练目标和比赛目标

相对于比赛，目标在训练中有着不同的作用（见表4.1）。如果运动员在训练过程中觉得压力不大，那么可以使用目标作为动机激励运动员在指定目标和培养复杂技能的强度下训练（例如，练习篮球中的投篮、网球中的连发）。训练目标必须侧重技能、技术的数量或质量，同时必须让运动员挑战跳出舒适区。目标的设定范围为从适度到非常困难。在设定目标时，目标的难度必须能够鼓励运动员每天努力提升某个方面的能力。

另一方面，运动员在比赛时会觉得压力比较大，因为他们必须与对手或自己之前的能力水平进行比较（更不要提还必须面对一群人的关注）。当比赛目标过大或者出现运动员无法控制的因素时，运动员面临的压力会不断增加，从而妨碍运动员的能力发挥。因此，最好使用有助于平衡发展、保持自信心、增强心理坚韧性和最佳能力表现的比赛目标。侧重于基于努力的成就、增加具体行为出现的次数（Riley，1996）以及保持有竞争力的比赛目标，有利于减小运动员的压力和增强运动员的自信心。

发挥目标的作用：目标的实现过程

关于目标的一个错误的想法就是：相信自己可以设定目标和忘记目标（Burton et al.，2001）。目标设定并不仅仅是设定几个目标，这是一个要求全面性的过程。推荐运动员和教练按照图4.7所说明的5个步骤完成目标的设定和实现。

设定系统性目标

第一步是设定适当的目标。确定是否设定了系统性目标的最好方法是要求运动员完成以下步骤。

1. 创造愿景。要求运动员思考他们接下来3～5年的职业计划。他们想要追求怎样的长期成就？可以要求运动员使用蜡笔和厚纸画出他们对运动生涯的愿景，接着将愿景转换成3～5年的长期目标，同时清楚表述用来提高自身能力水平的方式。例如，一名高中排球运动员可能会将获得大学奖学金作为愿景。因此，她所设定的目标是在接下来4年的时间里提高自己纵跳、大力扣杀以及跳跃发球的能力。

2. 设定任务。任务赋予了训练意义，可以正确地规定运动员必须完成的内容。例如，一名运动员可以规定自己的任务是作为团队的防守者，或者团队可以决定运动员在这种状态下的任务是完成最好的防守。

3. 进行综合的需求评估。要求运动员评估自己的优点和缺点，以便重点提升某个方面的能力。可以选定具体的运动形式来帮助运动员完成这个评估。在不影响运动员目前技能水平的情况下，运动员必须确定3～5个需要提高或者必须提高的方面。

4. 安排实现目标的顺序。如果运动员设定了几个目标，那么他们必须根据目标的重要性安排顺序。有些目标运动员可以暂缓实现，而有些目标运动员必须集中精力完成。记住，实现短期目标可以让长期目标的实现变得容易一些，完成个人目标有利于达成团队目标，同时实现过程目标有利于运动员完成能力表现目标。换言之，合理地安排目标的实现顺序可以带来积极的结果。

表4.1　训练目标和比赛目标之间的差别

维度	训练目标	比赛目标
目标重点	培养技能	达到最优表现
心理技能重点	注意力、动机	平衡、自信和压力管理
目标类型	结果、能力表现和过程	过程和能力表现
目标难度水平	努力跳出舒适区	保持正常发挥能力

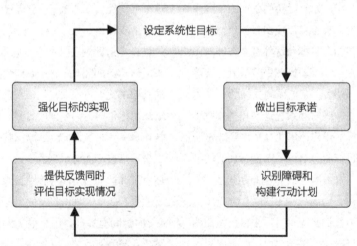

图4.7　设定和实现目标的5个步骤

做出目标承诺

运动员必须承诺实现目标，才能发挥目标的作用。在没有**目标承诺**的情况下，运动员不会付出必要的努力或使用正确的策略实现目标。可以通过很多方面来强化运动员的目标承诺行为（见图4.8）。最重要的是，确保运动员能够自己设定目标。当运动员积极地参与设定自身目标的过程时，他们会更加努力地寻找实现目标的方式。

识别障碍和构建行动计划

在运动员按照系统行动计划的指引而努

力时，目标可以发挥更有效的作用（Locke & Latham，1990）。很多出色的运动员都意识到制订实现目标的计划的重要性。在200米和400米跑世界纪录保持者迈克尔·约翰逊（Michael Johnson）看来，计划是不可或缺的。

"我天生不是做白日梦的人。我会尝试控制可

以控制的大部分事情，然后计划一切想要做到的事情，即使是非常微小的细节。我在这样一个几分之一秒都会导致成功或失败的世界当中'穿行'，因此我会将1996年的奥运会看作1/1 000秒的比赛。同时，我会将十来年的梦想精心地打造成抱负，然后将抱负细化成目标，最后将目标融入计划中"（Johnson，1996）。

让运动员承诺实现目标的方式

1. 确保运动员设定自己的目标，而不是他人的目标

2. 允许运动员参与设定自己的目标

3. 鼓励运动员写下自己的目标

4. 要求运动员告知他人或公布自己的目标

5. 教导运动员想象实现自己的目标

6. 为运动员提供实现目标的奖励或酬劳

7. 确保运动员获得教练、队友和其父母的支持（社会支持）

8. 帮助运动员在精英团队中赢得地位

9. 为运动员提供赢得大型比赛或锦标赛的机会

10. 帮助运动员设定个人目标

11. 确保运动员设定基于自身能力且具有竞争性的目标

图4.8　鼓励运动员致力于实现目标的方式

假设你已确定了防守篮板球是团队存在的问题，那么制订行动计划的第二个步骤就是通过观看比赛视频，收集目前团队成员在防守篮板球方面的数据。接下来，必须确定有利于或不利于防守篮板球的模式。例如，无法接触对手和缺少力量都会影响运动员防守篮板球的表现，而有力的跳跃、良好的手眼协调能力以及及时参与可以帮助改正这个问题。接下来，以着重实践性、创新性和个性化的方式练习改正问题。最后，可以充分利用这些解决方法来构建计划，从而帮助成员完成团队的目标。必须尽可能地具体化行

动计划，同时在模拟比赛中制订指导运动员如何执行技能的训练方案。

在构建行动计划时，必须确保评估了可能阻碍运动员实现自身目标的障碍（Burton et al.，2001）。为了实现提升防守篮板球技能的目标，运动员必须评估目前阻碍自己出色完成防守篮板球的因素。快速分析的结果是练习自己篮板球技能的时间太少。运动员不具备在错过球场特定位置之后应该站在哪个位置抢篮板球的知识，同时也没有足够的上半身力量阻挡对手或伸出双手将篮板球抢下。因此，必须设定一系列过程目标来帮助

运动员克服每一个障碍，同时让团队成员更加有效地发挥篮板球技能。

提供反馈同时评估目标实现情况

对于实现目标的运动员，必须为他们提供反馈。同时使用目标与反馈比只使用目标或反馈可以产生更加显著的效果。事实上，增加反馈可以使目标生产率提高17%（Locke & Latham，1990）。第3章阐述了提供反馈的一般规则。提供与实现目标相关的反馈要求评估运动员的能力水平。例如，在美式橄榄球中，进攻前锋可能没有机会设

定重要的过程或能力表现目标，因此教练必须观看练习赛和比赛视频，才能准确评估运动员的进步程度和给每一名运动员评级。使用日志监督运动员实现自身目标的过程，可以最大限度地利用反馈的有效性（见图4.9）。可以在休息室公开张贴日志。但是，一般情况下，我们推荐将日志作为隐私看待，这样进步比较慢的运动员不会感到尴尬。在某一目标成为团队所有成员的共同目标，而且采用友好的比赛方式能够提供帮助的情况下，推荐采用公开反馈的方式。

目标设定			训练周						
目标	目前水平（%）	目标水平（%）	星期一	星期二	星期三	星期四	星期五	比赛日	平均表现水平
1.									
2.									
3.									

引用自 D. Burton and T. Raedeke, 2008, *Sport Psychology for Coaches* (Champaign, IL: Human Kinetics).

图4.9　要求运动员使用日志跟踪自己实现目标的过程

除了提供反馈，还可以教导运动员学会评估自己实现目标的过程。目标评估是目标设定过程中最重要的步骤（Locke & Latham，1990）。反馈可以为运动员提供如何做（例如，在投变化球时保持重心稳定）或者调整哪些方面（例如，在好球和坏球中，坏球数更多时，可以在特定区域寻找特定的位置）的信息，而评估可以反映运动员如何朝着目标前进（例如，击球率已经从36.0%增加到38.5%）。当运动员的能力水平达到或者超出目标时，运动员的自信心以及内部动机会不

断提升。如果运动员的能力水平有所提高，但是仍然达不到目标水平，那么他们会自动和更加努力地训练以便实现目标。

评估同时还有利于教练和运动员清楚是否需要调整目标。如果运动员的能力水平非常接近目标，那么运动员一般会乐于保持相同的目标，同时维持或提高努力水平以实现目标。但是，如果评估显示运动员的能力水平与目标之间存在巨大差距，那么运动员可能必须调整目标以避免挫折，以免产生降低努力程度的结果。我们发现，相对于每天改

变目标，每周改变一次目标，同时保持每天和每周进行运动员能力水平评估，可以产生更好的结果。制订一整周都努力实现同一个目标的计划，这样运动员就有足够的时间坚持实现目标。每天和每周评估有利于确保运动员每天都思考和致力于实现目标。一定要提供反馈和经常鼓励运动员进行目标评估，这样有利于运动员保持较强的动机和自信心（Burton, et al., 1998）。

比尔·斯奈德教练接管堪萨斯州大学足球历史上最糟糕的项目时，他计划将这个项目打造成国家级别的竞争项目。这个计划的主要内容是每天练习时的压力设定和目标评估。"在第一个练习期，我会每天在训练之后到休息室与每一位运动员进行实质性的交流，然后向每一个人询问一个完全一样的问题，'你今天感觉进步了吗？'最后结果是'是的'，因为他们都不想说不是。接下来，我会要求他们明确地告诉我他们认为自己在哪些方面感觉有所进步。很快，每个人开始理解不断致力于提高的概念。我觉得，这是一个非常重要的概念"（Shoop & Scott, 1999）。

强化目标的实现

运动员实现目标时，一定要对他或她进行奖励。强化目标的实现或实现目标过程中显著的进步，有利于运动员继续保持努力（Locke & Latham, 1990；Smith, 2006），同时增强运动员设定和实现新目标的动机。记住，在指导运动员新的技能时，必须将技能的学习分解成一系列现实的步骤，同时为每个步骤设定具体的目标。此外，运动员在实现每个小目标之后都应该对其进行奖励。在运动员坚持实现目标一段时间之后，他们必

须设定更高的目标。接下来，运动员必须重复这个过程，直到他们熟练地掌握这个技能。

总之，目标实现过程对于发挥目标的作用非常重要，而且这个过程的5个步骤都是至关重要的。这5个步骤是：设定系统性目标、做出目标承诺、识别障碍和构建行动计划、提供反馈，同时评估目标实现情况以及强化目标的实现。在了解了实现目标的方法之后，应该怎样教导运动员学习相关技能呢？这是下一节的重点内容。

培养运动员掌握目标设定技能

运动员的目标设定技能强，他们使用目标设定技能时就能够获得更多的好处。第3章概述了培养目标设定技能的3个阶段。这3个阶段主要针对完善心理训练工具和技能。在教育阶段，介绍目标设定的概念，同时帮助运动员了解个人目标模式。接下来是习得阶段，帮助运动员掌握基本的目标设定技能。最后，在实施阶段强调关键目标设定技能的自动化和执行方法。

教育阶段

MST计划的教育阶段以两个目标为基础：教育和意识。同时，在这个阶段还可以帮助运动员开始培养目标思路。首先，向运动员介绍关于目标的常用知识以及目标发挥作用的方式。本章介绍了运动员必须了解的知识：目标的定义、支持目标有效性的证据以及设定有效目标的指导方针。我们推荐召开团队会议向运动员介绍基本目标设定的相关知识。如果时间允许，可以要求团队成

员分享目标设定是如何帮助他们的；同时也可以分享精英或专业运动员的语录，让运动员了解他们使用目标设定提高自身技能的方法。教育阶段的第二个目标是帮助运动员理解他们目前在设定目标方面的优点和不足。他们是不是很少设定目标？他们的目标是不是不现实？可以为运动员设计一个简单的表格，让他们在上面回答基本的问题。例如，他们最近的目标是什么，他们是否实现了目标以及为什么实现或未实现目标？仔细思考这些问题有利于运动员知道在设定新目标时可以做出哪些改变。

目标设定不只包括选择正确的目标类型和应用系统的目标实现策略。最好让设定目标成为一种生活方式。通过这种方式，可以帮助运动员做他们想做的事情。研究表明，大多数运动员和教练发现只有难度适中的目标才是有效的。我们相信，这是因为他们很少设定目标，而且目标缺乏系统性；因为他们不愿意付出实现目标所要求的时间和精力，同时没有意识到实现目标巨大的潜在好处（Burton et al., 1998, 2007）。高效的目标设定者可以每天设立数十个目标。这些目标是训练计划的重要组成部分，可以帮助运动员实现比赛的梦想。当然，运动员必须拥有梦想。他们可以首先将梦想分解成长期目标，接着再进一步将其分解成短期目标。毫无疑问，前述设定和实现目标的5个步骤是这个过程中的重要步骤。但是，让目标发挥作用的秘诀似乎就是培养目标心理。

目标心理是一种心态。通过这种心态，执行者会喜欢设定目标，并自然且系统地努力实现目标。必须设定自我激励的目标，获得更强的内部动机，同时稳步提升能力，

这样才能培养目标心理。根据经验，培养目标心理要求完成8～12周的日常目标设定过程。在这段时间里，教练必须系统地引导这个过程，密切地监督运动员的进步情况。这样，运动员才能学会如何有效地设定目标以及完成目标。初步目标设定阶段对于教练而言，是一个困难且耗时的阶段，因为他们必须化解运动员们的抵抗情绪，教导运动员有效设定目标的基本知识，帮助运动员自律且系统地进行这个过程，同时解决各种各样的问题。但是，一旦运动员形成了目标心理，那么这就会成为一个内在且自我的过程，这时教练就只需要对运动员做最低限度的指导。接着，目标会变得更像工具。

习得阶段

这是一个教练与运动员一起掌握设定目标技能的阶段。首先，确定运动员的愿望或梦想，设定任务来指导运动员。接着，要求运动员评估自身技能。通过评估，运动员可以确定3～5个长期目标。这些长期目标可以分解成具体的目标。要求运动员在日志中写下自己的目标。注意，目标必须是可测量而且具备最佳挑战性。对于短期目标，运动员必须设定一个概括了实现目标每个小步骤的行动计划。接着，他们可以记录自己的进步，标注出现的问题。在这个阶段，教练最好每个星期检查一次运动员的日志，以便确保目标具体、可测量而且具备最佳挑战性。同时，还必须确定运动员是否精心制订了克服指定障碍的行动计划。每个星期都与运动员一起召开短暂的会议，以便检查目标实现的情况。

在需要的情况下，可以设定新的目标或制订新的行动计划，同时为运动员设定目标努力提供支持。此外，会议时间应尽可能少于10分钟。当运动员越来越擅长目标设定时，可以尽可能少地举行会议。

实施阶段

经验告诉我们，即使运动员学习了目标设定技能，当运动员在充满压力的比赛中尝试使用或执行这些技能时，还是会出现问题。在接下来的阶段，我们将在训练和比赛中设定目标，在必要的情况下调整目标，同时使用社会支持让目标设定更有效。

- 在训练和比赛中设定目标。鼓励运动员在每次训练时设定1个或者2个活动目标，接着在日志中记录运动员的进步情况。在每周五收集日志并在周末检查日志，接着提供针对每名运动员的目标的书面反馈。当运动员越来越能够自然地使用技能时，可以将召开评估目标的会议的频率减少为两周一次。为了使运动员可以将目标设定技能应用到比赛中，必须明确一般问题发生的情形。例如，在比赛的过程中，运动员会在压力下失去目标或产生消极思想。

针对这些问题，教练必须明确运动员必须专注的目标，记录运动员的能力水平，同时评估其目标实现情况。

- 在必要的情况下调整目标。如果目标的挑战性不够，那么可以在训练中让运动员做好提高目标难度的准备。但是，在比赛时，最好避免设定不切实际的目标以便减少不必要的压力。同时，在运动员生病或受伤、训练质量、比赛地点、天气条件、对手能力、训练周期中的积分和衰退的情况下也必须调整目标。在某些情况下，甚至需要根据运动员个人能力调整目标（查看第10章的内容）。

- 建立社会支持系统。擅长设定和实现目标的运动员常常会借助社会支持，如图4.8所示。在运动员设定目标时，从其他人处获得支持有利于他们产生更好的情绪，甚至发挥出更强的能力。可以让运动员以小组形式探讨如何设定目标，彼此之间分享他们设定和优化目标的方法。同时，还可以设立导师体系，让经验丰富的目标设定者帮助初学的队友设定目标和实施个人目标行动计划。

小　结

1. 目标是运动中常用来提高运动员能力水平的策略。同时，目标可以简单地定义为"个人尝试实现的东西，行为的对象或目的"（Locke et al., 1981）。

2. 设定目标有很多好处：让运动员集中注意力；增强运动员的自信心；帮助运动员避免或管理压力；让运动员保持积极的心态；增强运动员的内部动机从而使其超越他人；提高运动员的训练质量；帮助运动员提高比赛技能、技巧和策略水平；提高运动员的整体能力水平。

3. 设定目标时，目标设定过程比最终的目标更重要，因为过程让生活充满意义，让努力更充实，让周围的世界更美好。

4. 研究已经证明了设定目标的有效性。事实上，大量的事实表明，设定目标可能是最有效的运动能力提升策略之一。

5. 设定和实现目标可以提升运动员的动机与自信心。

6. 相对于结果目标，教练和运动员必须更多地注重过程目标和能力表现目标。这是目标设定的基本概念。

7. 目标必须是具体且可测量的，同时还必须强调目标的质量和数量。目标可以采用客观或主观的能力水平测量方式，同时还可以测量抽象概念。

8. 目标的难度必须适中才能达到最佳挑战性。设定的近期目标必须比运动员的现有能力水平高出 5% ～ 15%，这样运动员才能有 90% 的获得成功的自信。

9. 目标必须侧重于想要运动员保持或强化的积极行为，而不是想要其减少或避免的消极行为。

10. 教练和运动员必须同时设定短期目标和长期目标。

11. 可以协调地使用个人和团队目标来提高个人和集体的能力水平。团队目标必须分解成多个个人目标，这样每一名运动员都必须做到有效地发挥个人作用。

12. 训练和比赛目标必须有所不同。在训练时，目标必须能够提升运动员的专注度和动机，这样才能提高运动员掌握复杂技能的能力水平。训练目标的难度必须能够让运动员挑战走出舒适区。在比赛过程中，目标必须强调心理技能，例如，平衡、自信心和心理坚韧性。比赛时，必须以努力为基础设定现实的比赛目标，这样才不会让运动员产生压力。

13. 目标实现过程是一个系统性的过程，共分 5 个步骤：设定系统性目标，做出目标承诺，识别障碍和构建行动计划，提供反馈同时评估目标实现情况，以及强化目标的实现。

14. 培养运动员的目标设定技能的过程包括 3 个阶段：教育阶段、习得阶段和实施阶段。使用这个过程有利于运动员培养目标心理。

关键术语

行动计划	长期目标	过程目标	难度适中的目标	短期目标
目标承诺	客观表现指标	社会惰化	目标评估	结果目标
主观表现指标	目标设定	能力表现目标		

复习题

1. 什么是目标？

2. 设定目标有哪些好处？

3. 过程目标和能力表现目标相较于结果目标有哪些方面的优势?

4. 设定有效目标的指导方针有哪些?

5. 如何有效地实现目标?

6. 教练应该怎样构建团队的目标设定计划才能最大限度改善计划的效果?

实践活动

1. 为团队制订一个专注于长期目标和克服潜在障碍的行动计划。接下来，将长期目标分解成赛季中训练的日常目标或每周目标。同时设计一个训练日志模板，记录运动员的能力水平并评估其目标实现的情况。

2. 根据以下 3 个标准，评价问题 1 中所提出的日常目标。这是一个具体且可测量的目标吗? 这是一个灵活的目标吗? 这是一个可控的目标吗?

第 **5** 章

意 象

阅读完本章内容后，你应该能够：

- 解释意象的概念以及利用意象提高能力水平的方式；

- 描述哪些因素会影响意象的有效性；

- 清楚帮助运动员有效使用意象的主要步骤；

- 制订一个可以在团队中实施的意象训练计划。

当今很多教练和运动员都认识到了意象的作用。事实上，大多数体育项目的运动员至少会将部分成功归功于使用意象。例如，传奇高尔夫球运动员杰克·尼克劳斯（Jack Nicklaus）认为有效击球10%取决于挥杆，40%取决于调整，50%取决于对最佳挥杆方式的想象（Nicklaus，1974）。

"我从来都没有击中过目标。即使在训练时，我的脑子里从来都不会出现非常鲜明且焦点清晰的击球画面。这就像是一部彩色电影。一开始，我可以'看到'漂亮且纯白的球出现在我希望看到的鲜绿色草地上空。接着，画面很快发生改变。我'看到'球正朝那个位置落下。我可以看到球运动的路径、轨迹和形状，甚至落地的样子。然后，这个画面渐渐地消失。接下来的画面是我正在挥杆，然后这些景象变成了现实"（Nicklaus，1974）。

游泳运动员艾米·范·戴肯（Amy Van Dyken）是多届奥运会的金牌得主。她同样认为意象是她成功的关键。戴肯在14岁左右才参加游泳比赛，而且她认为她使用意象的能力弥补了经验不足的缺点。在1994年NCAA国际锦标赛之前，她就一直想象着在21.6秒以内完成50米自由泳。事实上，她游出了21.7秒的成绩，创造了当时美国的新纪录（Van Dyken，1995）。

前芝加哥公牛队和前洛杉矶湖人队教练菲尔·杰克逊同样会使用意象。他认为，在准备比赛时，他的一个优势在于他有能力想象出缩短对手进攻时间的方式。在他看来，使用意象的能力并不是突然出现的，而是通过多年的训练培养的（Jackson & Delehanty，1995）。

意象可以帮助高尔夫球手击出标准以下

的杆数，帮助游泳运动员实现个人目标，帮助篮球教练赢得比赛。那么，到底意象的作用在哪里？事实上，这是一种能力和心理训练工具。虽然我们大多数人都具备这种能力，但还没有充分开发这种能力。本章将介绍意象的概念，以及阐述、论证利用意象提高运动员能力水平的方式。同时，本章还介绍了有效使用意象的主要注意事项，并总结了通过实施意象训练计划进行团队训练的步骤。

什么是意象

意象意味着通过感觉在脑海里创造或重新创造一种经历。想象一种运动技能类似于执行这种技能，不同之处在于运动员只在他们的脑海里体验动作。例如，虽然运动员并没有真实地看到网球，但是可以在脑海里感觉到球拍，感受到肌肉收缩的感觉或者听到球拍击打球时的声音，他们确实在头脑里体验到所有这些感觉。

使用意象回放或创造新的体验

大体上可以说，意象是记忆系统的产物。大脑回忆和重构存储在记忆中的信息碎片，然后形成有意义的图像。通过意象，运动员可以回忆之前生动且详细的经历。网球运动员可以回想发球直接得分的感觉。高尔夫球手可以设想球必须飞过的路径，接着想象必须采用的轻击球方式，然后将球以最佳速度推送到该路径上。此外，通过将存储在记忆中的信息碎片拼接到一起，运动员可以想象出还没有发生的景象。滑雪运动员可以组合对滑过的路径的记忆，想象新的滑雪路径。摔跤选手可以通过分析录像片段做好应对对手动作的准备，接着想象在比赛过程中处理这种情形的方式。垒球运动员可以观看资深投手的姿势，然后想象使用相同姿势投出好球。

意象——不只是可视化

可视化是描述或通过图片等展示所看见的内容，而意象并不局限于想象。意象包括多重感觉：视觉、动觉（跑动时肌肉运动的感觉）、触觉、听觉、嗅觉和味觉。意象还包括与情感相关的想象体验。高尔夫球手可以设想球道的位置，同时想象自己打出完美的球。在击球的过程中，高尔夫球手不仅可以看到自己完美地挥杆，而且还可以体验到自己肌肉运动的感觉。握住球杆的感觉以及手套与皮肤的摩擦都会生动地铭刻在高尔夫球手的记忆中。在高尔夫球手击球时，完美击球的声音会在他的脑海里产生共鸣。此外，高尔夫球手还会注意到新鲜青草的味道。如果想象的是在一个炎热的夏天，那么高尔夫球手甚至还会注意到嘴唇上咸咸的汗味。

在运动方面，对于运动员而言，将哪些感觉合并到意象中是最重要的呢？可能大家都意识到视觉和动觉的重要性。**动觉**指的是对身体位置、姿势或者动作的感觉。动作的感觉来自肌肉、肌腱和关节感觉神经末梢的刺激。曲棍球运动员通过视觉可以看到防守情况并专注于球，网球运动员通过视觉可以看到赛场上的球和对手的位置。体操运动员依赖于好像能够完美执行平衡木日常训练的感觉，高尔夫球手在将球放在球座上之前会预先演练完美挥杆的

感觉。在某些运动中，其他感觉一样重要。例如，触觉在摔跤运动中至关重要。听觉在很多团队运动和网球运动中很重要。对网球运动员来说，击中关键的上旋球的声音有别于其他击球的声音。即使没有将运动的特定感觉看得非常重要，但是最好将尽可能多的感觉合并到意象中。如果大多数感觉都参与其中，那么可以创造更加生动的想象画面。

意象是可行的

如果仍然怀疑意象的作用，那么可以思考一下为何所有级别的运动员正越来越多地利用这个心理训练工具（Hall，2001；Murphy & Martin，2002）。相对于技能水平比较低的运动员，成功且技能水平高的运动员更有可能经常使用意象（Cumming & Hall，2002）。事实上，研究发现，在接受调查的参加奥运会的美国和加拿大运动员中，90%以上的运动员都使用意象（Murphy，Jowdy & Durtschi，1990；Orlick & Partington，1988）。通常，这些运动员在一周中大约有4天使用意象，每次10～15分钟。有些运动员会花费2～3小时使用意象为奥运会比赛做准备。

如果这还不够，还有超过200项研究表明，意象可以有效提高运动员在各种不同运动中的能力水平（Martin，Moritz & Hall，1999）。可以发现大多数证据都明确支持这样的想法：将体育训练和意象结合到一起比单独进行体育训练更有效。意象本身在体育训练中不具备有效性，但是比不进行体育训练有效。在补充而不是代替体育训练的情况下，意象可以发挥最大作用（Hird，

Landers, Thomas & Horan, 1991）。除了增加体育训练保持运动技能水平外，在运动员无法进行体育训练的情况下，可以使用意象保持运动技能水平。意象对于疲劳的运动员是一种有效的学习策略，因为意象允许运动员采用正确的姿势进行心理训练，而非使用糟糕的姿势进行身体训练。受伤的运动员可以使用意象保持运动技能水平。这样，运动员在返回比赛场地时能够更加自信地进行比赛。意象训练几乎可以在任何地方、任何时间进行。即使在因为糟糕的天气取消体育训练的情况下，也可以进行意象训练。

意象之所以能发挥作用，是因为大脑在很多方面很难将想象和真实的事物区分开来。中枢神经系统处理想象信息的方式非常类似于处理真实体验的方式，因此清晰地想象事物会产生类似于真实体验所产生的效果，即使效果稍微差一些（Marks, 1977）。意象可以帮助运动员绘制技能执行蓝图。篮球运动员可以使用意象绘制看起来和感觉起来像在跳投的蓝图。这个蓝图包括投篮的身体姿势、动作顺序和步骤（例如，在开始跳跃时，投篮手臂与另一手臂之间的位置）。绘制清晰的心理蓝图有助于技能自然发挥。这样，运动员就可以不假思索地执行技能。此外，还可以使用意象应对可能出现的各种情形。

影响意象有效性的因素

虽然使用意象可以提高能力水平，但是意象并不会自然而然地提高能力水平。而有些运动员与其他运动员相比，能够获得更多的好处，原因如下。

意象能力

相对于只能创造出模糊且短暂的图像的运动员，能够创造出精确且生动的图像的运动员能够获得更多的好处（Isaac, 1992）。同时，具备强大意象技能的运动员能够创造出生动且受控制的图像。增加**意象清晰度**就像相机对焦一样。生动的图像包含清晰且分明的细节。但是，运动员还必须能够控制意象的内容，以便创造出想要的图像。在没有强大的**意象控制力**的情况下，运动员（特别是自信心不强的运动员）会发现自身重复了意象中的错误。网球运动员可能会无意识地想象在关键的赛点出现失误，垒球运动员可能会觉得自己犯了致命的错误，长跑运动员可能会在比赛的最后一圈体验到压倒性的筋疲力尽的感觉。这些负面意象只会产生反作用，影响运动员的能力表现（Beilock, Afremow, Rabe & Carr, 2001; Short et al., 2002）。

运动员的技能水平

虽然新手和资深运动员都能受益于使用意象，但是资深运动员可以获得更多的好处。因为资深运动员可以通过个人经历创造出生动且逼真的个人能力表现图像。新手运动员很难创造出真实生动的图像，因为他们并不熟悉自己所练习的技能。例如，如果一名新手皮划艇运动员从来没有经历过船底断裂瞬间的感觉，那么很难要求他想象出在翻船时必须向右滚动的感觉。尽管如此，新手运动员也可以从使用意象当中受益。虽然没有达到资深运动员一样的程度，但是意象也可以帮助新手运动员提高自身能力水平。此外，新手运动员可以使用意象掌握基本的动作执行方式，而资深运动员可以基于其他原因使用意象，例如改善自身姿势、培养策略执行能力以及做好执行技能的心理准备。

意象角度

运动员可以从内部或外部角度使用意象。从内部角度体验比赛时，运动员可以通过自己的双眼观看比赛，同时感觉执行技能的动作。而从外部角度体验身体外部的能力发挥时，运动员可以看到图像并听到声音，就像在屏幕上观看自己一样。新的证据表明，**内部意象和外部意象**都是有效的。但是，两者会基于不同的时间和不同的原因而具备不同的有效性（Hall，1997；Hardy，1997；Hardy & Callow，1999；Holmes & Collins，2001）。在决定特定的情形下使用哪种意象角度时，运动员必须尽可能选择有利于自身创造更加生动的图像的角度。内部和外部意象各自具备独特的优点。

运动员会发现，内部意象比外部意象能够提供更多动觉。使用外部意象时，很难感觉与完美执行技能相关的动作。内部意象可以在竞争者必须应对不断变化的环境的运动中发挥作用，例如滑雪比赛或足球比赛。因为在这些比赛中，运动员必须想象在不断变化的环境条件以及确切的时间下，必须采用的各种不同的动作。足球守门员可以使用内部意象做好应对特定位置和角度射门的准备，同时计算好完美鱼跃（或跳跃）救球的时间。

外部意象非常适用于评估和改善姿势。运动员能够看到自己的整个身体以及相关

的各个身体部分的位置。在姿势至关重要的运动中，相对于内部意象，外部意象可以让运动员更加详细地想象和预演技能中所使用到的精确的动作和位置。此外，外部意象还可以让运动员看到整体画面。例如，篮球运动员可以想象整个赛场，其中包括队友和对手的位置以及比赛的进程。这样可以帮助运动员决策，同时确定在不同的情形中使用的策略和步法。最后，有些运动员喜欢摆脱自身，通过回顾出色的表现来增强自信心和动机。使用外部意象有点类似于在没有真实镜头之下观看电影最精彩的部分。

总之，内部和外部意象都可以有效地提高运动员的能力水平。很多运动员都表示，他们会来回切换使用这两种角度。因此，帮助运动员学会使用这两种角度是很有用的。

有效使用意象

接下来，我们将进一步学习如何帮助运动员最大化使用意象的好处。下面介绍3个主要步骤：说服运动员相信意象的有效性，帮助运动员培养意象技能，以及帮助运动员使用意象培养身体和心理技能。

说服运动员相信意象的有效性

激励运动员使用意象的重要部分就是说服运动员相信，使用意象可以提升他们的运动表现。与很多心理技能训练计划一样，很重要的一点是运动员必须承诺系统地训练意象技能。事实上，在运动员期望意象能够发挥作用的情况下，意象训练可以更成功，因此必须鼓励运动员以积极的态度、开放的心

理耐心地进行意象训练。很多教练和运动心理咨询师都采用的一个策略是与团队讨论关于使用意象获得巨大成功的运动员的情况。在团队讨论的过程中，运动员可以描述他们目前如何使用意象。此外，还可以设定一个阶段，探讨使用意象的运动员是如何让系统计划更有效的。如果团队的某些运动员（特别是组长）已经能够使用意象，那么这个策略就能够发挥很好的作用。虽然创造积极的意象预期非常重要，但是这些预期也必须符合实际情况。因此，对于那些急于使用意象来创造奇迹的运动员，这种做法当然是不切实际的。

帮助运动员培养意象技能

对于很多运动员，意象图像看起来是模糊甚至空白的，特别是在他们第一次使用意象的情况下。虽然很少有运动员能够一开始便幸运地想象出生动且清晰的图像，但是所有运动员都可以通过系统的训练提升使用意象的能力。帮助运动员培养意象技能的第一步是采用简单的意象测试（见图 5.1），评估他们目前的能力。这个测试可以帮助运动员评估自己在 4 个运动情形下的意象能力，评估维度包括视觉、听觉、动觉、情绪和控制。同时，这个测试还可以帮助运动员评估自己控制意象图像的能力。评估结果能够帮助教练确定运动员需要进行的意象训练类型。

无法创造清晰、详细、生动且逼真的图像或者无法控制意象中所发生情况的运动员，可进行一些简单的意象训练。与学习体育技能一样，学习意象技能最好从想象简单的图像开始，接着逐步发展到想象更加复杂的图像。一开始，运动员可以简单地观看运动照片，然后尽可能详细地回忆照片。或者，运动员可以从他们已经非常清楚的简单技能开始想象。如果他们能够创造出这些简单技能的生动图像，那么可以进一步练习难度较高的运动模式和技能。例如，一开始可以采用发球或罚球等稳定的运动模式，接着逐步进行比赛打法或跑动快攻等更具反应性的练习。图 5.2 提供了帮助运动员培养意象技能的训练示例。

教练可以采用以下策略帮助运动员创造更加清晰和可控的图像。这些策略特别有利于意象能力较弱的运动员，同时也可以帮助意象能力较强的运动员充分利用意象训练。

使用所有感觉

只使用一种感觉（例如视觉）很难创造出逼真的图像。在使用意象技能的过程中，运动员产生的感觉越多，可以创造出的图像越生动和逼真。鼓励运动员不仅要观看自己执行技能的过程，而且要创造他们脑海里动作的感觉以及其他的感觉。例如，可以要求只能看到自己运球的足球运动员，在脑海中通过在运球和传球时球与脚摩擦的声音和感觉，创造出更加生动的图像。

培养感官意识

相对于意识性不强的运动员，能够意识到自身内部和外部感官体验的运动员，在执行技能时可以更容易地创造生动的图像。教练可以设计训练活动帮助运动员培养感官意识，从而让运动员在执行技能时能够更多地意识到自己的感官体验。运动员在实际进攻或击打对象时必须注意到自己身体的位置、步法、运动流程、方向的改变和准备动作。他们必须在参加运动时越来越多地使用自身的视觉、动觉和听觉。运动员看到、感觉到和听到的信息越多，就越能够意识到自身的情绪，从而越容易创造出生动的图像。例如，为了帮助摔跤选手进一步意识到动觉，教练可以要求他在练习时蒙上眼睛。这样，运动员可以关注移动的感觉而不只是依靠视觉。在执行任何运动技能的过程中，可以通过将所有感官刺激转换成体验的训练活动，来帮助运动员培养感官意识。

评估意象能力

指导语： 下面是关于 4 个常见运动情形的描述。

阅读完每个情形的说明之后，思考具体的细节。例如，技能、参与的人、地点以及时间。闭上双眼，深呼吸几次让自己尽可能地放松。清空所有的思绪。在尝试想象情形的过程中，双眼保持紧闭大约 1 分钟。如果思绪受到干扰，可以慢慢地重新锁定自己正在想象的场景。

当然，并不存在正确或错误的图像。精确地评估图像有利于确定在意象训练计划中需要注重的方面。

在想象完情形之后，从以下维度评估意象能力。

- 视觉
- 听觉
- 动觉
- 情绪
- 控制

情形 1： 选择运动的特定技能或活动。想象自己独自在平时训练的地方活动。现在，闭上眼睛大约 1 分钟，尝试在这个地方看看自己，听听声音，感觉身体动作和体会自己的情绪。

		非常糟糕				非常出色
a.	评估自己在活动中的能力表现	1	2	3	4	5
b.	评估自己在执行活动时的心声	1	2	3	4	5
c.	评估自己在执行活动时的自我感觉	1	2	3	4	5
d.	评估自己的情绪意识	1	2	3	4	5
e.	评估自己控制意象的能力	1	2	3	4	5

图 5.1　要求运动员使用这个意象测试评估自身的意象能力

情形 2：你正在练习某一技能。你在教练和队友在场的情况下练习技能。这个时候你犯了一个错误，而且大家都发现了。但是你仍然保持冷静，快速还原到起始姿势，改正错误并出色地完成了技能训练。现在，闭上眼睛大约 1 分钟，尽可能清晰地想象犯错误、改正错误以及出色完成技能训练的过程。

		非常糟糕				非常出色
a.	评估自己在活动中的能力表现	1	2	3	4	5
b.	评估自己在执行活动时的心声	1	2	3	4	5
c.	评估自己在执行活动时的自我感觉	1	2	3	4	5
d.	评估自己的情绪意识	1	2	3	4	5
e.	评估自己控制意象的能力	1	2	3	4	5

情形 3：想象队友在比赛中成功完成特定活动的情形，例如，完成 20 英尺（约 6 米）投篮，跑过其他运动员或者完成投篮得分。现在，闭上眼睛大约 1 分钟，想象自己观看队友在这场比赛的重要关头的成功表现。同时，想象的图像必须尽可能生动且逼真。

		非常糟糕				非常出色
a.	评估队友在活动中的能力表现	1	2	3	4	5
b.	评估队友在执行活动时的心声	1	2	3	4	5
c.	评估自己在执行活动时的自我感觉	1	2	3	4	5
d.	评估自己的情绪意识	1	2	3	4	5
e.	评估自己控制意象的能力	1	2	3	4	5

情形 4：设想一下，你在比赛中进行相同或者类似的活动，而且自己可以非常熟练地执行技能。观众和队友们都非常认可你的表现。现在，闭上眼睛大约 1 分钟，然后尽可能生动地想象这个情形。

		非常糟糕				非常出色
a.	评估自己在活动中的能力表现	1	2	3	4	5
b.	评估自己在执行活动时的心声	1	2	3	4	5
c.	评估自己在执行活动时的自我感觉	1	2	3	4	5
d.	评估自己的情绪意识	1	2	3	4	5
e.	评估自己控制意象的能力	1	2	3	4	5

图 5.1（续）

现在计算每个问题的得分，然后在横线处写下总分。

维度	得分
视觉（所有a项）	_____
听觉（所有b项）	_____
动觉（所有c项）	_____
情绪（所有d项）	_____
控制（所有e项）	_____
总分	_____

按照下面的分类，比较每个维度的得分。

得分	等级
18～20分	意象能力强。定期进行意象训练可以保持较高的能力水平。
13～17分	各维度平均发展。每周定时训练这些方面。
0～12分	平时必须注意这些方面，才能增强意象能力。

引用自 D. Burton and T. Raedeke, 2008, *Sport Psychology for Coaches* (Champaign, IL: Human Kinetics)。

图5.1 （续）

意象训练示例

指导语：阅读以下每段描述。接着，创造图像并评估图像的生动性，合理打分。

运动竞技场

想象自己如同往常一样身处训练环境（健身房、泳池、溜冰场、运动场）之中。环境非常安静，因为除了你之外没有其他人。当你站在场地中间环顾四周时，你开始注意周围的情况。这时，可以尽可能多地关注细节。你看到了什么？闻到什么味道？听到什么声音？现在开始想象相同的环境，但是这一次你要做好比赛的准备。想象自己正在为运动做准备。可以看看观众、队友、教练和对手。留意一下声音。你可能会注意到人群中发出嘈杂的声音、队友的交谈声、教练的鼓励声以及其他与运动相关的声音（例如，溜冰鞋的声音、球回弹的声音）。还可以注意与运动相关的味道。在比赛之前，重新体验紧张期待和兴奋激动的感觉。

图5.2 此类的意象训练有利于运动员发展自身的意象技能

	低				高
整体清晰度	1	2	3	4	5
视觉清晰度	1	2	3	4	5
动觉清晰度	1	2	3	4	5
听觉清晰度	1	2	3	4	5
情感清晰度	1	2	3	4	5

运动器材

选择一个运动器材，可以选择球、球拍或棍子。将注意力集中在器材上。在脑海里创造出详细的图像。双手将器材翻转过来，然后感觉器材的细节。注意体会器材的质感，例如，纹理。现在想象使用器材的感觉。非常仔细地观看参加活动的情况。设想自己不断重复技能训练。试着从背后观看自己的训练。接下来，从第三方的角度观看自己的表现，就像在观看电视上的自己一样。接着，回过神来继续进行训练。注意训练技能的感觉。肌肉运动的感觉如何？呼吸的感觉如何？最后，尝试听听动作的声音。现在，在训练这个技能时必须注意所有的声音。

	低				高
整体清晰度	1	2	3	4	5
视觉清晰度	1	2	3	4	5
动觉清晰度	1	2	3	4	5
听觉清晰度	1	2	3	4	5
情感清晰度	1	2	3	4	5

运动技能

选择一个自己可以出色完成的简单运动技能。在脑海里不断地重复技能训练，同时想象在每次训练时肌肉运动的感觉和动作。在训练技能时，注意身体不同部位的感觉。注意肌肉的拉伸。现在不断地尝试组合所有的感觉，特别是训练技能时的动觉和视觉。使用所有的感觉，尝试想象整个体验过程。

	低				高
整体清晰度	1	2	3	4	5
视觉清晰度	1	2	3	4	5
动觉清晰度	1	2	3	4	5
听觉清晰度	1	2	3	4	5
情感清晰度	1	2	3	4	5

改编自 R.S. Vealey and C.S. Greenleaf, 2006, Seeing is believing: Understanding and using imagery in sport. In *Applied sport psychology: Personal growth to peak performance*, 5th ed., edited by J.M. Williams (Mountain View, CA: Mayfield Publishing), 322 - 323, by permission of The McGraw-Hill Companies

图5.2 （续）

另外一个创造更强意识的方法是**正念**。这个过程实质上是将运动员的注意力引导到要求更多注意力的线索上。这样，运动员在执行技能时必须更多地注意自己的感官体验。

图5.3所示为培养专注力的训练示例。这个训练可以帮助教练和运动员协调与简单行走相关的感觉。在阅读图中训练示例之前，可以闭上眼睛，创造出一幅好像在行走的图像。

正念训练

进行这个训练时，必须使用一个足够大且已清空的场地。在不会撞上任何东西的情况下，运动员可以在这个场地中完成向前、向后、侧身等几个动作。清除场地中所有的干扰物。记录训练情况并回放训练内容，或者请人将训练情况告知自己。

行走脚本

开始慢慢地走进一个大圆圈。将所有的注意力放在自己的双脚上（停留10秒）。注意与每个步骤相关的感觉。提起脚（保持5秒）；将脚放在身体前方的地面上（等待5秒）；将身体重心转移到前脚上（等待5秒）。注意每个阶段的感觉：提脚……（暂停5秒），放下脚……（暂停5秒），接着将重心放在脚上……（暂停10秒）。在开始接下来的动作之前，可以慢慢地走动，完成一整步的动作。全神贯注地体会行走的感觉……（暂停10秒）：提脚……（暂停5秒），放下脚……（暂停5秒），接着将重心放在脚上……（暂停10秒）。

现在闭上双眼并继续行走，将注意力放在行走的感觉上。不要担心走神。慢慢地专注体会行走的感觉：提脚……（暂停5秒），放下脚……（暂停5秒），接着将重心放在脚上……（暂停5秒）。提脚……（暂停5秒），放下脚……（暂停5秒），接着将重心放在脚上……（暂停40秒）。提脚……（暂停10秒），放下脚……（暂停10秒），接着将重心放在脚上。

引用自 D. Goleman (narrator), 1976, *Flow and mindfulness: An instructional cassette* (New York, NY: Psychology Today)。

图5.3　这是一个培养正念的训练示例

完成了正念训练之后和开始阅读本章剩下部分内容之前，运动员可以先闭上眼睛想象自己正在散步。这时运动员可能会发现，在完成了正念训练之后，自己可以创造出更加生动的行走图像。类似地，在运动员参加运动时，教练可以帮助运动员专注于自己的行为以及经历。可以简单地将技能训练分解成不同阶段，然后体会每个阶段的感觉（视觉、听觉、动觉等）。例如，篮球运动中的罚球。将技能分解成不同阶段进行观察。这些阶段包括双手持球、抬高双臂、屈曲手腕、拉伸双臂、放开球这一系列动作。通过注意罚球投篮的节奏，运动员可以锁定投篮的每一个细节，进而培养更强的能力，创造出生动的投篮图像。

培养感官意识的最后一个策略是结合意象进行观察。观看其他人完成技能的视频（或自己的视频）有利于运动员在尝试想象技能之前更好地注意到关键技巧和时间问题。观察时并不会产生执行技能时的感官意识，但是观察时可以产生视觉和听觉的感官意识。NBA 教练菲尔·杰克逊就是利用这种技巧的人。如果他无法形成即将到来的对象的清晰图像，那么他会花费数小时研究录像带，直到他熟悉对方团队的打法。通过这种方式，他就可以制订有效的比赛计划。

使用生动的线索

生动的线索也有利于创造清晰的图像。有些教练会使用笔记本列出线索，帮助运动员体验执行技能的方式和感觉。例如，舞蹈演员或体操运动员可以将日常挺身的训练想象成自己背靠冰冷的墙壁。高尔夫球运动员可以将推杆时双臂从肩膀向下摆动的感觉，想象成钟摆摆动；他们还可以将跳过岩石的动作想象成高尔夫球挥杆动作或者将在地上拖拖把的感觉想象成杆头穿过击球区的感觉（Rotella，1997）。在练习意象的过程中，教练也可以使用简短的指令将运动员的注意力集中在影响能力表现的主要因素上。例如，篮球运动或垒球运动中的"快速击球"或者篮球运动中的"定位和准备"。生动的线索有利于运动员形成预期姿势或技巧的生动图像。

同时包含情形和反应

图像由两部分组成，分别是情形描述和运动员对情形的反应（Lang，1979）。足球运动员要做好比赛的准备，就必须在脑海里想象一个情景。他必须想象出运动场、人群中发出的噪声，以及在比赛的过程中他必须面对的各种不同的战术情形。此外，这个图像中还必须包含应对战术情形的方式，包括动作、感觉和情感。他还可以想象，在比赛接近结束准备进行射门时，足球触碰脚底的感觉、疲劳和双腿沉重的感觉，以及兴奋的感觉。在帮助运动员创造图像时，教练可以采用非常生动的词语描述情形，同时提供在特定情形中其应做出何种反应的指导。

确保放松式的关注

当运动员开始学习意象技能时，他们可以在远离干扰、安静且放松的环境下很快做到专注。技能熟练的运动员几乎可以在任何环境中使用这种心理训练工具，其中包括在家里做热身训练时，坐在开往比赛场地的车上或者在充满噪声的体育场中。但是，很少有运动员具备这种技能。大多数运动员都必须在安静的环境中练习意象。使用意象是一种被动的过程，需要运动员放松。提醒运动员放松，然后让图像呈现。如果运动员无法集中精神，那么可以建议他们慢慢将注意力重新转移到图像上。

使用道具

有些运动员发现，使用运动项目的道具或器材有利于他们想象或专注于图像。篮球运动员可能会觉得，在练习比赛心理时，手里拿着球可以发挥一定的作用。1976 年奥运会十项全能冠军布鲁斯·詹纳（Bruce Jenner）说他会在起居室里放跨栏。当被问到为何这样做时，他表示，当他躺在床上时，他心里会想着跳过跨栏。瑞士的雪橇运动员古斯塔夫·韦德（Gustav Weder）会在脑海中预演即将开始的比赛并拍下整个赛道的照片。接着，他会将照片摊开放在家里。看着一张一张的照片，他会想象自己正在比赛的赛道上应用自己的策略（Murphy，1996）。

使用局部动作

有些运动员觉得，在躺下时很难创造出生动的图像，因为他们没有以这样的姿势练习过运动技能。摔跤运动员会觉得摆出与实际摔跤类似的姿势可以比较容易地创造出生动的图像。也有很多运动员认为，练习局部动作可以更容易地创造出生动的图像。排球运动员可能会觉得移动双臂就像在发球，而滑雪运动员会觉得移动就像在转弯。

帮助运动员使用意象培养身体和心理技能

除了领会意象的优点和培养意象技能之外，运动员必须意识到意象几乎拥有无数应用方式和潜在用途（Hall，2001；Munroe，Giacobbi，Hall & Weinberg，2000；Orlick & Partington，1988；Murphy & Martin，2002）。假设大脑可以从几个方面阐释生动的图像和类似于真实的运动体验，那么可以使用意象培养任何可以训练的身体技能。同时，这也是一个有利于运动员掌握比赛心理的强大工具。

使用意象学习和掌握身体技能

使用意象学习体育技能是一种比较常见的方式。为了学习、调整或自然运用这些技能，运动员可以用大脑预演技能，包括罚球投篮、打高尔夫球以及完成日常体操训练。通过将意象应用到训练中，教练可以帮助运动员使用意象提升身体技能。例如，在聆听了教练的指导或观察了示范之后，运动员可以在进行身体训练之前想象自己执行了预期的技能。在实际有效地执行技能之后，运动员可以根据新鲜的记忆立刻创造出生动的表现图像。通过这种方式，运动员可以将这种心理蓝图刻入脑海里。在训练赛之后，运动员可以使用意象回顾技能要点。

意象还可以用来帮助运动员改正错误和完善体态。以下是几种策略：要求运动员想象他们的体态是怎样的，同时要求他们想象理想或预期的体态是怎样的。通过比较两种体态，运动员会意识到他们必须怎样做才能矫正自己的体态。也可以让运动员观看其他运动员执行技能的视频，或者观看具备出色技能的队友的视频，接着要求运动员在进行身体训练之前，想象自己按照预期的体态完成技能的图像。此外，也可以要求运动员想象他们努力练习的技能。如果运动员的脑海中出现了错误的技能或者执行了错误的技能，那么可以指导他们停止想象，重新练习正确的技能。

使用意象学习和掌握策略

可以使用意象帮助运动员学习和掌握运动策略。例如，山地车运动员通过意象可以想象出特定的路径和应对困难路段的方式。按照这种方式，山地车运动员可以构思比赛策略。高尔夫球手认识到影响成功的一个重要因素是，认清情形并选择最短的击球路径。这个过程被称为"路径管理"。因此，高尔夫球手会按照头脑中练习的路径击球，想象出各种不同的情形以及他们在每个情形中必须采用的击球方式。接着，他们会用高尔夫球杆打出恰当的球。在团队运动中，观察比赛过程中可能会发生的情形以及成员反应的方式能够让运动员毫不犹豫地做出反应，因为他们心里已经看到情形发生的整个过程。

通过使用与意象相关的黑板插画、视频分析和演练，教练可以帮助运动员学习比赛的策略。在观察黑板插画时，运动员会发现，可以将X和O想象成运动员而不仅是黑板上的符号，这样场景会更加生动和有意义。在演练之前或之后，运动员可以想象自己在该比赛中有效执行比赛策略的作用。意象训练也可以作为录像课和训练不错的过渡。相对于只是观看视频，使用意象可以帮助运动员更加积极地参与策略设计。例如，运动员可以观看对手的视频，接着想象应对对手打法的方式。即使坐在长凳上，运动员也可以想象自己正在参加比赛以及应对各种情形。这样做不仅有利于运动员改进自身策略，而且可以让运动员在比赛时保持流畅状态。

使用意象提高心理技能

前文介绍了运动员如何应用意象提高自身身体技能以及掌握使用策略的方式。通过培养自我意识、增强自信和动机、压力管理、能量管理，以及集中注意力，意象还可以帮助运动员提高比赛心理水平。

培养自我意识——回顾第3章的内容，提升自我意识是帮助运动员提高自身比赛心理水平的基础条件。意象可以帮助运动员在比赛时更加留意自己的心理状态。要求运动员回顾以下时刻：当他们表现出色时，当注意力自然集中并且很容易进入比赛状态时，当不再出现自我怀疑时等。要求运动员体会这些感觉，并使用这些回忆作为线索来制造他们进入比赛的感觉。这个过程可以让运动员更多地留意到有利于他们发挥最佳水平的心理状态，以及帮助他们进入该心理状态的策略。运动员也可以使用意象培养主要技能和提高自身能力水平，以便让自己达到想要成为的运动员的水平：采用冷静且沉着的态度进行比赛；培养在犯错之后保持镇定的能力；展示作为团队领导者应有的风度。通过这种方式，运动员可以养成对特定行动和态度的意识，从而创造出理想的图像。

使用意象制订比赛策略

墨菲（Murphy）和乔迪（Jowdy）将参加了三次奥运会的运动员和使用意象计划比赛的策略联系在一起。

这就像我（这名参加了三次奥运会的运动员）脑子里存着一套录影带一样。我会不定期地播放录影带，预演不同的比赛策略。通常，我会想象比赛按照我所希望的方式进行，然后设定节奏并坚持这种方式。但是，我还有其他的录影带。这些录影带是关于有些运动员确实跑得非常快而我必须追上他的情形，或者在天气非常炎热的情况下，想象我如何应对天气条件的情形。我甚至还有关于灾难的录影带。在这些录影带里，任何事情都很糟糕而我还受了很重的伤，但是我想象着自己坚持到底（Murphy & Jowdy, 1992）。

可以要求运动员回忆之前在运动中受到挑衅、感到焦虑或生气的经历。这个训练有利于运动员更多地注意到扰乱他们情绪的因素，因此他们可以制订更有效的应对策略。例如，在对方球队恶意中伤或裁判误判时，曲棍球运动员可能会很生气并且失去理智。通过这种意象方式，可以教导运动员注意特定情形。这种特定情形一般发生在此类事件之前或之后，并且导致运动员无法保持冷静。教练可以教导运动员使用心理训练工具来管理情绪和集中注意力，例如，自我对话和深呼吸。接着，可以教导运动员想象各种负面事件。通过自我对话，运动员可以在想象的过程中仍然保持注意力集中和出色的能力发挥，从而将自己生气的情绪转移到手头的任务上。

增强自信和动机——有些运动员发现，在面对连续几周的训练但是没有安排重要比赛的情况下，自己很难保持动机。在他们看来，想象着自己在欢呼的观众面前打比赛以及看到自己出色的表现，可以鼓舞自己和让自己保持动机。运动员们认为，重放出色的表现或想象自己实现目标是一种激励和鼓舞自己的方式。这里存在几种其他的可能性。在运动员做出出色表现和实现目标时，可以制作捕捉这些完美瞬间的精彩视频。在运动员观看了精彩视频之后，可以指导他们想象自己充满自信地参加即将到来的比赛。在训练之前，可以要求运动员设想自己的目标、实现目标的步骤，以及成功实现目标的方法。这种目标计划可以增强动机，同时帮助运动员在训练过程中保持注意力集中。在完成训练之后，如果运动员没有实现自身目标，那么

可以要求他们使用意象寻找解决问题的方法，同时制订行动计划来帮助运动员在下一次训练中实现目标。

压力管理——在面对困境或者比赛并没有按照计划如期进行的情况下，运动员很容易无法保持冷静。想象可能导致运动员脱离比赛计划的问题或因素，帮助运动员制订克服此类障碍的行动计划。同时鼓励运动员保持自信，相信自己已经做好了应对意外事件的准备。以下是关于4届奥运会铁饼金牌得主奥特（Oerter）的例子。

"我曾经想象着，在奥运会选拔赛那天，在我近4年来一直努力为之准备的那天，下起了大雨。这是一场倾盆大雨。投掷区的地面非常湿滑，条件非常恶劣，但是我还是出场进行投掷。我想象自己完成了出色的投掷。我设想着，即使在大雨中，我也仍然能够采用良好的技巧完成有力的投掷。或者有时候，我会想象，轮到我完成奥运会决赛最后一投的情形。对手在我的前面完成比赛，而且他的最后一投创造了世界纪录。因此，为了赢得金牌，我必须创造新的世界纪录！在比赛的最后一次投掷中，我想象自己做到了这一切并创造了新的世界纪录。这些就是我的设想。我想到了所有可能存在的问题，而且也想象到了应对挑战的方式"（Murphy，1996）。

能量管理——运动员可以使用意象管理自身的唤醒情况，同时帮助自己在比赛之前达到理想的能量水平。有些运动员认为，想象自己正身处一个宁静的地方非常有效。这些地方可以是山地草原、海滩或者其他能让人放松的地方（见第6章，了解更多详细的内容）。NBA教练菲尔·杰克逊曾经使用过

一种被称为"安全地方"的意象训练。他发现，运动员在休息的时候会非常兴奋，因此他们没有办法注意到他所讲的内容。在这种情形下，他要求运动员花几秒的时间想象自己正身处一个感觉安全的地方。通过这种方法，运动员在返回赛场时能够减少焦虑，同时将注意力集中到手头的任务上（Jackson & Delehanty，1995）。

运动员感到沮丧或疲劳时，就必须提高运动员的唤醒和能量水平。其中的一种方法是使用激励意象。例如，三项全能运动员可以设想自己是一台高效的机器，一辆永不停靠的火车，一条可以毫不费劲在水下遨游的鱼，或者一条可以快速且高效跑动的灵缇犬。其他激励方式是，运动员想象自己穿着能量跑鞋轻松地在传送带上跑步，而其他人则像在黏稠的沥青上跑步一样。对于运动员而言，关键是要利用意象激励自己进入战备状态。

集中注意力——可以使用意象让运动员将注意力集中到手头的任务上。在训练之前，运动员可以回顾想要实现的目标及其重点。在训练过程中，他们可以使用意象在执行技能之前做到集中注意力。网球运动员可以想象一次完美的发球，棒球投手可以设想投出一个完美的滑球。此外，运动员还可以将意象作为赛前心理准备的一部分（见第13章内容）。

制订意象训练计划

现在我们了解了意象的概念，并且认识到意象可以有效提高能力水平，同时还掌握了有效使用意象的方式。但是，还应考虑一个重要的因素：设计系统的意象训练计划。意象并不是特定运动员必须掌握的技能，而是所有运动员运动经历中必不可少的一部分。将意象应用到定期的训练中，可以确保运动员获得最大的好处；同时，应让运动员学会将意象应用到比赛中。本章的最后部分概述了可以帮助运动员掌握这种必要心理训练工具的训练计划。这个计划共分3个阶段，包括教育阶段、习得阶段和实施阶段。

教育阶段

这一阶段的第一个步骤是向运动员介绍意象。目的是让运动员对这个心理训练工具感兴趣，从而让他们对意象的作用产生强大的信心。这里可以使用本章前面部分的信息，如一些成功使用意象的资深运动员的获奖感言，以及本章提及的一些针对精英或专业运动员的报道。教育阶段的第二个步骤是，评估运动员在结合了所有感觉之后创造生动和可控图像的优点和不足。可以要求运动员完成图5.1的内容，评估他们的意象能力，接着探讨结果以便突出可以通过训练增强的优势和目标区域。鼓励运动员在训练赛以外使用意象。同时，最重要的是教练必须教导运动员使用意象的方式。

习得阶段

习得阶段的主要目的是帮助运动员培养创造生动和可控图像的能力。使用所有感觉可以帮助运动员创造逼真和有效的图像。在大多数运动中，视觉和动觉是特别重要的。在培养运动员的意象能力时，一开始可以采用简单的运动技能。当运动员越来越熟练地使用意象时，可以逐步增加比较复杂的技能。完成意象训练并不需要花费大量的时间。事实上，一天中练习几分钟意象技能就可以受益匪浅。一开始运动员必须暂时地专注于意象，以便感受到良好的体验。在这个阶段，通过使用生动的线索、关注情形和反应、使用道具以及使用局部动作，可以帮助运动员培养包含所有感觉的意象技能。同时，将意象应用到训练中，还可以鼓励运动员通过练习意象技能来进一步提高自身技能水平。

实施阶段

一旦运动员掌握了基本的意象技能，接下来的目的就是通过将意象应用到训练和比赛中，帮助运动员将意象当作日常训练的组成部分。可以使用本章前面所描述的一些技巧将意象应用到训练赛中。如果运动员很好地执行了技能，那么可以鼓励他们花一些时间构思该动作的图像，从而将这个技能铭记在心。在训练之前，可以鼓励运动员创造自己完成赛季目标的图像。如果运动员背负很多生活压力进行训练，那么可以让他或她想象自己正身处一个宁静的地方（例如，田野、海滩或山岭），以便放松和做好训练的心理准备。

必须系统地练习意象以便实现预期效果。运动员往往达不到这方面的要求。他们会在比赛之前的1天或2天使用意象，但是没有经常使用意象。虽然他们可能意识到了偶尔使用意象的一些好处，但是在系统的训练之后，意象可以发挥最大的作用。意象训练主要包括身体技能和策略的预演。要求运动员根据自身具体需求逐步使用意象培养心理技能，例如，自信、动机、压力管理和注意力。在训练赛期间，当运动员已经完成意象训练之后，可以逐步在比赛当中应用意象技能。在比赛之前，可以鼓励运动员在休息室使用意象。也可以在比赛的过程中，鼓励运动员坐在长凳上时使用意象。在比赛之前或休息时，运动员可以使用意象控制自己的唤醒水平。当参加个人赛时，运动员可以在赛事之间使用意象管理压力，以达到最佳的唤醒水平，同时想象自己完成表现目标。

应定期评估意象训练计划以便评估该计划的有效性。评估运动员意象图像的生动性和可控性是这个过程的一部分。可以简单地要求运动员按照1～5的数值评估这些图像的质量。作为评估过程的一部分，坚持写意象日志或日记可以让有些运动员获得好处。在这些日志或日记中，运动员可以描述他们所想象的内容、训练赛的目标、图像的生动性和可控性以及训练赛的有效性。

小 结

1. 意象不仅仅是可视化。它意味着通过使用所有感觉来在脑海中回忆或创造经历。

2. 越来越多的证据表明，意象可以有效地提高运动员的能力水平。

3. 意象是身体训练的有效补充，而不是其替代品。运动员在疲劳、受伤或者缺乏训练的设备或器材的情况下，也可以进行意象训练。

4. 在很多方面，大脑无法区分生动图像和真实体验。运动员使用意象不仅可以提高身体技能水平，同时还有利于提高心理技能水平。

5. 虽然所有的运动员都能受益于意象，但是相对于技能不太熟练的运动员，技能熟练的运动员可以获得更大的好处。同时，意象能力较强的运动员比意象能力较弱的运动员受益更多。

6. 意象能力包含创造生动和可控图像的能力。

7. 内部和外部意象都能发挥作用。运动员必须选择能够生成生动图像的角度，同时基于两种角度各自的优点，使用两种角度进行训练。

8. 帮助运动员充分利用意象的3个主要步骤是：说服运动员相信意象的有效性，帮助运动员培养意象技能，以及帮助运动员使用意象培养身体和心理技能。

9. 为了帮助运动员创造生动且可控的图像，可以在放松、充分利用道具和局部动作等情况下，鼓励运动员培养感官意识，使用生动的线索（包含意象的情形和反应特征），练习意象。

10. 意象训练计划通过3个阶段来帮助运动员学习使用心理训练工具。这3个阶段分别是教育阶段、习得阶段和实施阶段。

11. 为了充分利用意象，运动员必须坚持意象训练。可以采用定期将意象训练融入日常训练计划的方式进行训练。

关键术语

外部意象　　意象清晰度　　正念　　意象　　内部意象　　感官意识
意象控制力　动觉

复习题

1. 意象与可视化是相同的吗？为什么相同或不同？

2. 内部意象和外部意象之间存在哪些差别？如果从内部角度使用意象，那么你将在自己最喜欢的运动中看到什么？如果从外部视角来看呢？内部意象是否比外部意象更加有效，为什么？

3. 虽然身体训练一般比意象更有效，但是在什么时候使用意象比体育训练更有效呢？

4. 为何有经验的运动员比新手运动员能够更多地受益于意象？

5. 如何使用意象帮助运动员管理压力？

实践活动

1. 作为教练，你相信意象的作用而且希望运动员开始使用意象。描述几种可以将意象应用到训练、比赛中的方式。

2. 假设你在高中田径队中执教。队中一名跳高运动员具备很好的天分，但是最近出现了训练瓶颈。与她谈论了意象之后，你认识到她只能创造出模糊且不完整的跳高图像。你该如何帮助她创造生动且逼真的图像呢？

3. 你正在执教一名具备身体天赋的运动员。他可以在训练和比赛前半段发挥出色的表现。但是在比赛后半段，他会倾向于试探性地采用"不再丢分"而不是取得胜利的打法。在这些时候，他会分散注意力并且容易受到自己无法控制的事情的干扰（例如，其他球队的呼喊声，其他球队投篮得分）。请你制订针对这名运动员的具体意象训练计划。

4. 你执教的一名运动员受伤了，他至少1个月无法参加训练。在受伤期间，这名运动员应该怎样使用意象来帮助自己度过重返比赛前的过渡期呢？

5. 你的团队中有些运动员迟迟不使用意象。你打算说什么以及怎样做来让他们相信意象可以帮助他们更好地发挥能力？

6. 编写一个运动员可以在运动中使用的意象脚本，帮助运动员学习体育技能或帮助运动员做好比赛的心理准备。

第6章

放松和激励

阅读完本章内容后，你应该能够：

● 理解什么是放松及完全放松和快速放松之间的差别；

● 解释完全放松和快速放松的好处，并描述一些常见的放松技巧；

● 描述选择放松策略和指导放松训练的基本方针；

● 理解激励是什么，并描述如何培养完全激励和快速激励技能；

● 解释激励的好处并描述几种激励策略；

● 描述选择激励策略和指导激励训练的基本方针；

● 理解如何帮助运动员培养和自然地应用各种放松和激励技能。

毫无疑问，如果我们所执教的运动员过于紧张或者感到烦躁，他们就无法在决定篮球比赛结果的罚球、罚点球或任意球等关键的时刻发挥最佳的能力。同时，我们还经常看到运动员的节奏被体力充沛的对手带着走，最终在比赛最后筋疲力尽；或者在长期的训练过程中，一直无法突破疲劳障碍。掌握**放松**和**激励**心理训练工具可以让运动员受益。

这些工具对于赢得大多数运动的胜利都非常重要。特别是，要赢得某些比赛，必须完全掌握这些工具。例如，冬季两项运动要求运动员不仅能够进行有效的放松和激励，同时还必须具备在这两种行为之间快速切换的能力。在挑战越野滑雪时，冬季两项运动的运动员经常会在挑战人体极限的高海拔地区进行比赛。在每一个赛段，运动员都必须在射击区域停留，同时必须在几秒内充分放松，以便在采用另一种高难度越野滑雪步法之前准确完成5次射击。并不是所有的运动项目都对放松和激励有如此高的要求，但是希望在任何运动中都达到最佳能力水平的运动员必须具备这两方面的能力。例如，在排球运动中，外部击球员必须在精力充沛的情况下执行力量技能，例如，拦网得分或阻挡拦网运动员拦球。同时，运动员必须在有效放松之后才能精准执行技能，例如，传球或拦网扣杀。

教练已经认识到在赢得比赛胜利方面放松和激励的重要性。因此，如果想要获得成功，就必须鼓励运动员学习放松或自我暗示。但是，大多数运动员从没有接受过这些必要技能的训练，而且几乎不清楚如何按照要求进行放松或激励。本章介绍帮助运动员学习放松和激励的基本原理，以及如何让这些重要心理训练工具自然地发挥作用。

什么是放松

放松是为了减少不必要的肌肉紧张，抑制交感神经系统的过度激活（与肾上腺素和心率提高有关）以及通过保持精神集中，达到头脑冷静的状态。在激活交感神经系统的情况下，运动员会有战斗或逃跑的反应。他们会在感到焦虑的同时出现压力体征，例如心率加快、出现鸡皮疙瘩、发抖以及流汗。可以在运动中采用大量放松技巧来引起"放松反应"，从而放松紧张的肌肉，减少不必要的刺激和平复心情。

在引起放松反应的过程中，大脑和身体会作为一个系统发挥作用。**膈肌呼吸和渐进式肌肉放松**（progressive muscle relaxation, PMR）等**肌肉－大脑技巧**的主要作用是放松身体，然后平复心情。相反，**意象、冥想等大脑－肌肉技巧**侧重于平复心情以便放松身体（Martens，1987）。这两种方法都对运动员有用。篮球运动员会发现，在他投出至关重要的罚球之前，减少不必要的肌肉紧张有利于平复心情和提升自信。他的紧张是由身体所引发的，但是使用肌肉－大脑技巧也可以帮助他进行心理方面的放松。垒球投手在进行远距离投掷之前会感到紧张。他会发现使用大脑－肌肉技巧放松，能够让自己在情绪上感到舒适，从而在身体上感到放松。

有些肌肉－大脑技巧的作用是减少肌肉紧张，有些技巧则侧重于抑制过度激活，有些技巧则具备两个方面的功能。短跑选手可能会使用以肌肉紧张为目标的策略来降低腿抽筋的频率。腿抽筋会缩短步长和减缓循环。踢定位球的球员会使用抑制过度激活的策略，以便在他尝试踢出制胜的任意球之前，减缓心脏跳动和减轻发抖。最有效的技巧是可以同时减少不必要的肌肉紧张和抑制过度激活的技巧。在组合了身体和心理策略的情况下，这种技巧能够发挥更大的作用。例如，渐进式肌肉放松将紧张-放松循环（减少不必要的肌肉紧张）和膈肌呼吸（抑制过度激活）与意象或提示词（平复心情）组合到了一起。本章将阐述身体方面的放松。下一章（自我对话）将阐述心理方面的放松。

基本放松模式

虽然放松是一种重要且通用的心理训练工具，但是如果运动员无法区分和掌握**完全放松和快速放松**，往往会错误地使用放松。例如，与我共事的一名高中篮球教练曾执教过一名很有天赋的运动员特里（Terry）。特里在比赛时会感到极大的压力，因此他很少在比赛中展现出他在训练时展现出的出色技能。教练教导特里如何练习PMR。但是因为不清楚完全放松和快速放松之间的差异，他只教导了特里完全放松的技巧。结果，特里从紧张、心烦意乱和超级活跃的状态转变为毫无生气、行动迟缓和被动消极的状态。事实上，即使运动员学会了在场外、球场或跑道上（在有大量时间和没有受到干扰的情况下）放松的方法，在比赛前和比赛的过程中面对大量干扰时，运动员往往无法做到快速放松。那么，为了实现放松的有效性，教练必须帮助运动员培养可以在训练和比赛中快速发挥作用的放松技巧。

放松分为完全放松和快速放松（见图6.1）。

完全放松是一个需要较长时间（10～20分钟甚至20分钟以上）的策略。快速放松是一种简化的放松形式，可用于在几秒内实现放松。可以使用完全放松帮助运动员减轻慢性压力和焦虑，同时从训练和受伤中恢复。学习完全放松技巧同样有利于运动员学习快速放松技巧。在大多数运动情形中，都不会有10分钟的放松时间，因此可以在现场采用快速放松技巧（一般是3～5秒）。事实上，就像特里的例子一样，在训练或比赛中应用完全放松往往会出现反作用，因为运动员过度放松将导致能力下降、缺少活力和无法达到最佳能力状态。运动员需要一些在休息时可以使用的技巧，不管是在执行技能的过程中，还是在短暂休息的时候。

如果技巧需要较长时间才能发挥作用，或者技巧会带来太多或太少的放松，那么运动员就不会使用这样的技巧。当篮球运动员准备进行制胜罚球时，他可以在重复提示词的同时采用1次或2次膈肌呼吸的方式进行快速放松。在这几秒内，快速放松可以减少紧张，同时刺激能力发挥达到最佳水平。菲尔·杰克逊让芝加哥公牛队采用快速放松的方法。在比赛中第一次休息时（时长为15～30秒），他要求运动员放松身体并平复心情。这样，在探讨策略之前，他们能够提高专注度（Jackson & Delehanty，1995）。接下来将介绍完全放松和快速放松的好处。

完全放松的好处

完全放松能够至少在4个方面帮助运动员：缓解慢性压力，帮助运动员更充分地享受生活；促进运动员在日常训练和受伤时的恢复；改善睡眠；以及培养快速放松技巧。

完全放松和激励

- 目标是实现彻底的放松或激励
- 在需要的时候尽可能达到充分放松或充分激励状态（在 1 ～ 10 的数值范围中达到 8 或以上，达到 10 就是全面放松或全面激励状态）
- 进行膈肌呼吸时使用有效放松策略
- 进行提神呼吸时使用有效激励策略

提示性放松和激励

- 这个技巧将完全放松或激励与快速放松或激励结合在一起
- 将放松提示词和充分放松状态组合到一起，同时将激励提示词和高度激励状态组合到一起
- 每次呼气时都重复放松提示词，同时集中精力吸气和体会放松的感觉
- 在每 3 次提神呼吸之后重复激励提示词，同时集中精力吸气和体会激励的感觉

快速放松和激励

- 快速放松和激励的目的是在训练和比赛情形中帮助运动员达到最佳放松和激励水平
- 在快速放松时，可以采用 1 次或 2 次膈肌呼吸和在每次呼气时重复放松提示词
- 在快速激励时，可以采用 3 ～ 6 次提神呼吸，同时在第 3 次提神呼吸的呼气之后重复激励提示词

图6.1　放松和激励技巧的培养模式

- 缓解慢性压力。20% ～ 30% 的运动员都受到慢性压力的影响。如果没有恰当地管理压力，他们的运动表现水平将会降低。所有的运动员都会经历主要由生活危机所带来的压力期，例如，与交往很久的男朋友或女朋友分手，与亲密的朋友在比赛期间进行竞争，或者经历学业问题。很难解决的较小的压力因素的积累也会导致运动员产生压力。在这样的情况中，每天练习完全放松可以帮助运动员将压力减小到可管理的水平。

- 促进运动员在日常训练和受伤时的恢复。训练的一半就是恢复。因为训练中会发生小的组织损伤和肌肉中乳酸的堆积，每次艰苦的日常训练都会对身体产生较大损害。通过刺激血管扩张向疲劳或受伤肌肉提供更多氧气，优化废物处理和加速修复过程，放松、按摩等主动再生技巧可以促进恢复。

- 改善睡眠。一个人在放松的情况下，可以

达到更深层次的睡眠且休息效果更好。睡眠质量差的运动员往往会出现紧张或过度唤醒的问题。这些问题在他们去参加比赛的途中或比赛之前的晚上会被放大。比赛之前的睡眠问题源自积极的兴奋或消极的紧张，以及对无法做到出色发挥的担心。花时间放松可以提高睡眠质量，减少紧张，抑制过度激活以及平复心情。

- 培养快速放松技巧。完全放松是培养快速放松技巧的基本要素。快速放松要求首先经历深层次的完全放松，接着将这些感觉和与呼吸提示相关的方面与提示词配对。这些提示词可以在训练和比赛需要的情况下引起放松。运动员首先必须体会到完全放松的感觉，这样才能在比赛需要的情况下刺激自己达到最佳放松状态。

快速放松的好处

快速放松是一个简化技巧，目的在于帮助运动员在几秒内达到最佳放松水平。这个训练技巧能够提高运动员的能力水平，帮助运动员减少肌肉紧张，控制唤醒水平，打破压力螺旋，形成一种下意识的信任态度，储存能量和提升愉悦感。

- 减少肌肉紧张。快速放松可以降低对抗肌的紧张程度，让运动员能够进行更大幅度的动作和更好地掌握节奏、时机和感觉。一个会发生对抗肌过度紧张的情形是篮球运动员完成至关重要的罚球。由于肌肉只会发生收缩，因此可以将肌肉配对：某一肌肉收缩可以引发动作，接着其对抗肌收缩可以将关节移到原来的位置。当肌肉与其对抗肌同时收缩时，两块肌肉会互相对

抗，从而影响运动节奏、时机、感觉，以及动作幅度。紧张的选手在投篮时，手臂肌肉之间会出现互相对抗的情况。在这种情况下，运动员无法达到理想的动作幅度，从而也无法很好地发挥投篮水平。虽然这是一种非常明显的"不应出现的失误"，但是它对身体所造成的影响比心理影响更大。快速放松可以减少或消除对抗肌的过度紧张，这样运动员就可以保持平稳、流畅、有节奏的运动模式。

- 控制唤醒水平。无法控制自身唤醒水平的运动员会出现过度激活（战斗或逃跑反应）的情况，从而导致身体和心理出现压力症状。过度激活的运动员可以使用放松来降低激活水平以及减轻焦虑，从而达到他们实现最佳表现所需要的最佳唤醒水平（查看第9章，了解更多关于唤醒的内容）。

- 打破压力螺旋。大多数运动员都会出现（短期）临场应激的问题，特别是在处理压力和纠正错误方面。在压力之下，运动员的大脑会开始高速运转。他们无法意识到周围所发生的事情，而且他们往往十分惊慌，感到不堪重负。快速放松可以帮助运动员将唤醒程度降低到更加有效的水平，减缓速度，减少过度紧张，同时更加积极地进行思考。放松同时还可以减少压力，增强获胜预期。错误会导致运动员在比赛时将注意力集中到消极思想上并感到筋疲力尽。快速放松可以提升控制能力，从而帮助运动员不犯错误。

- 形成一种下意识的信任态度。当运动员处于流畅状态时，他们会完全相信自己的身体所执行的技能。放松可以在有意

识准备和无意识的表现之间发挥重要的过渡作用。诸如选择比赛中的呼喊方式或者明确接下来如何比赛等就是有意识准备。运动员使用快速放松配合意象来激发一种自然发挥的表现。例如，排球运动员在紧要关头发球时，可以使用快速放松来释放担心发错球带来的恐惧感。通过这种方式，运动员会信任自己的身体，从而能够在比赛的危急时刻发挥出正常的能力水平。

- 储存能量。放松在基于耐力的能力表现方面发挥着重要的作用。诸如马拉松等耐力要求高的运动会要求运动员培养放松技巧。放松技巧可以提高机械效率，从而最大化能量储存并让运动员保持较快的步伐（Ziegler, Klinzing & Williamson, 1982）。诸如摔跤锦标赛等需要进行多天的比赛也是一种耐力测试方式。参赛者必须具备储存能量和快速恢复的能力，这样他们才能在比赛的后期继续进行强有力的对抗。

- 提升愉悦感。在精神紧绷或压力之下，比赛是没有乐趣的。放松可以显著地提升运动的愉悦感，减少肌肉紧张和过度激活症状（例如发抖）。

放松策略

放松可以通过完全放松和快速放松两种方式实现。完全放松需要较长的时间才能让运动员进入全面放松状态。在能够在比赛关键时刻按照需求实现快速放松之前，运动员必须做到完全放松。

常见的完全放松策略

大量的完全放松策略被用于提升运动表现。这里只重点阐述5种有效而且教练很容易应用的策略：膈肌呼吸、**意象放松**、**渐进式肌肉放松**、**自我导向放松**以及音乐放松。不管选择哪种策略，运动员都必须遵循以下指导方针：选择一个干扰少、安静且舒适的环境；采取一种被动的态度，专注于呼吸减少焦虑和担心；选择舒适且严肃的训练环境；找到舒服的姿势，最好坐在舒服的椅子上，双臂放在扶手上、双脚不交叉，同时闭上双眼（平躺并不是最好的选择，因为往往会睡着）。

膈肌呼吸

膈肌呼吸源于瑜伽练习，是通过扩展膈肌让整个肺部充满空气的过程。膈肌是将肺部与腹腔分开的薄肌。用鼻子吸气可以导致膈肌稍微向下移动，鼓起腹腔并创造出一个空间。肺部可以通过3个阶段将这个空间从上到下充满空气。首先，在膈肌扩展以及腹部向外鼓起时，随着空气充满肺下叶，肚脐下方的空间会变大。接下来，随着胸腔扩展，空气会充满肺部中间部位。最后，稍微挺胸和提起双肩，这时空气会充满肺部上面1/3的部位。吸气的过程必须遵循有益健康的暂停方式，接着通过嘴巴慢慢地完成呼气。吸气的过程必须缓慢且从容，时长必须跟呼气一样。有些专家建议，在呼气最后稍微叹气，从而将气体全部排出。膈肌呼吸必须与运动员喜欢的放松策略组合使用，从而有利于抑制过度激活。

意象放松

在意象放松中，运动员可以想象到一个悠闲且舒服的地方度小长假。如在安静的树林里散步；坐在偏僻小屋的炉火旁；躺在温暖阳光照耀的沙滩上，夏日海风吹拂，海浪有节奏地拍打着海岸（见第105～第107页的演示示例）。事实上，运动员可以想象自己正处于任何一处他们觉得放松的地方，包括家里的卧室。最重要的是，想象自己处于确实能够彻底放松的地方。

意象放松主要基于一个简单的理念：如果我们无法改变环境造成的压力，那么我们仍然可以改变对环境的看法。这是人类大脑优质能力的其中一个方面，但是这种能力很少被人们使用。运动员可以思考能让自己感到放松的地方，选择一个觉得舒服且安全的地点，然后想象自己身处其中以彻底放松。运动员必须尽可能生动地想象自己身处特别的地方。他们可以听到声音，闻到气味，感觉到沙土，可以使用所有感觉来想象这个地方。在这个特别的地方，他们越多地感觉到自己的存在，就越能够放松自己。运动员必须不断地练习想象这个地方，直到他们能够在脑海里快速形成这个情形并放松。让我（戴蒙·伯顿）放松的地方是夏威夷大岛一个隐秘的海滩。我可以很容易地联想到其黑色熔岩、白色沙滩、蓝色海水以及激动人心的落日。这些景色会让人远离问题和担忧。当我感到肌肉紧张和其他与唤醒相关的压力时，我会在一个特别的地方度一个小长假。我向很多运动员传授了这个简单的技巧。他们现在可以很有效地利用这个技巧。

意象放松演示示例

这个技巧被称为意象放松。它可以帮助运动员通过想象自己到一个非常休闲且惬意的地方度小长假进行放松。这个地点可以是海滩、僻静的山地湖泊、平静的草地、树林空地，甚至是家里的卧室。地点并不是最重要的，重要的是这个地点让你感觉到放松。

现在，我将指导你进行放松，请倾听我的声音。首先是完成几次膈肌呼吸。用鼻子深深地吸气，感觉膈肌的扩展，胸部完全扩展，短暂地屏住呼吸；接着从嘴巴慢慢地呼气。每一次膈肌呼吸都会吸进让人精力充沛且新鲜的空气，然后再排出紧张和压力。必须集中精神呼吸，同时确保吸气的时长基本接近呼气的时长。

通过意象放松，可以使用想象实现深度放松。现在我们就开始训练。想象自己在一栋两层高的大房子里，并且站在长长楼梯的最上面。你身处自己喜欢的类型的房子里，而且楼梯也是自己喜欢的类型。你伸出手并抓住楼梯的扶手。注意手心触碰抛光木材时所产生的凉爽和光滑的感觉。在自己感到很舒适的时候，现在你开始慢慢地从楼梯下来，一步一步走下来。每下一级楼梯，你都要进一步深度地放松。在下楼的过程中，你一步一步地下楼，同时也越来越放松。每下一级楼梯，你就更进一步深度放松。在完全控制了深度放松的方式之后，在感到很舒服、很放松时，你就可以停下来了。在下楼梯的过程中，你必须专注呼吸。每下一级楼梯，你都可以精力充沛地呼吸新鲜的空气，同时释放紧张和压力。

当你觉得舒适且放松时，可以打开楼梯的门，然后走进自己专属的地方。这个特别的地方就是你选择的自己可以完全感到放松的地方。这个地方可以是海滩，有温暖的阳光洒在你的身上，海浪轻拍着海岸；也可以是深山，凉爽且新鲜的空气让你感到精力充沛，同时美丽与宁静的景色又让你感到心情平静；甚至还可以是自己家里的卧室，在这里每天晚上你的身心都可以恢复活力。不管你的专属地方在何处，只要这个地方能够让你感到放松，做你自己，体会到舒服和安全以及心情平静的感觉。这个特别的地方必须没有消极的想法或担忧、日程安排、障碍或问题、失败或不幸。这是一个让你可以彻底放松和完全做你自己的地方。你不需要担心自己的着装或行为。你到这里的唯一目的就是彻底放松，远离尘嚣，享受放松的感觉。采用呼吸的方式帮助自己深度体验这些感觉。放松是一个持续的过程，你越努力放松，就越有可能让自己的肌肉变得更加松弛。

注意心情平和的程度以及身体感到释放、柔软且放松的程度。同时还要注意自己的思维模式。随着忧虑和担心的消失，你会注意到，你不再胡思乱想，因为不需要解决问题或按时完成任务。当你的脑子里突然出现偏离的思绪或担忧时，你需要抛开这些焦虑，让这些问题像蝴蝶一样慢慢地且毫不费力地从自己的脑子里飞走。只需对自己的思绪采用被动的方法，抛开问题，让自己只专注于放松和与完全放松相关的感觉。全神贯注于深度放松的感觉，同时让这些感觉越来越强烈，让自己的心情变得越来越冷静、平和、安宁和舒适。你的心情与你自己本身、自己所做的事情以及周围的一切都处于平和状态。你从身体上和心理上都感到非常放松。你完全专注于彻底的膈肌呼吸和完全的放松。

在深度放松的状态下，现在开始了解有条件的放松。进行 15 ～ 20 次呼吸，每次呼气，你都必须重复放松提示词（例如，放松、平静或冷静）。你的注意力必须完全专注在膈肌呼吸以及身心彻底放松的感觉上。有条件的放松意味着尝试在提示词和这些深度放松感觉之间建立一种较强的关联，因此所使用的提示词以后可以在日常生活中需要的情况下快速引起放松。也就是说，你注意到自己在考试、演讲、工作面试或尝试赢得球赛时会出现过度紧张。在这种情况下，你可以做到尽可能放松以达到最佳的能量水平，从而保持心理愉悦，并做出最佳表现。在这个有条件的放松过程中，当你在提示词和深度放松状态之间建立了一种较强的关联时，才能实现这种快速放松反应。

这是一个你可以度小长假的特别的地方。在这个地方，你可以做到深度且全面的放松。同时，这还是一个可以实现意象、清晰思考、解决主要问题和做出重要决定的好地方。这是一个适用于各种用途的场所。你可以在这个地方休息和恢复，或者在这个富有成效的工作环境中练习意象、解决问题和做出决定。只要你喜欢，你想来这个地方多少次都可以，住多长时间都可以。你所需要做的事情就是重新调整步伐。最后，你可以打开门，离开这个特别的地方，然后重新踏上楼梯。这次，当你开始慢慢地一步一步走上楼梯时，每走一步你都要重新调整双腿、躯干、双臂、颈部和头部的感觉，重新找到身体每个部分正常的感觉。类似地，每一步都可以帮助你的心灵与现实接触，同时增强自己对自己身处何处以及周围正在发生的事情的认识。每往上走一步，你都可以进一步接触到身体的感觉，提升对周围正在发生的事情的现实感，以及让你重新认识自己的意识。当你到达楼梯最上面时，你会发现自己可以很舒服地睁开双眼，适应自己周围的一切，同时清醒地意识到自己周围世界的变化。你会有一种获得重生、精神焕发的感觉，就像你刚刚从短暂但愉快的小睡之后醒过来一样。你的身体会感到非常柔软且放松，但是充满活力，做好了一切准备。你的心情会非常平静、平和、安宁且舒畅，但是敏锐、专注。你很放松但精力充沛，做好了克服所有障碍、实现所有目标的准备。

引用自 D. Burton and T. Raedeke, 2008, *Sport Psychology for Coaches* (Champaign, IL: Human Kinetics).

渐进式肌肉放松

　　渐进式肌肉放松（Jacobson，1938）是一个复杂的放松策略。它对于身体意识有限的运动员最有效。随着时间的流逝，改进的 PMR 能更好地评估肌肉的紧张级别和指导运动员如何释放这种紧张。应用 PMR 的前提是肌肉刚开始出现疲劳、紧张，只需被动释放紧张就可以进一步深入放松。紧张是逐步形成的，会持续 5 ～ 7 秒（以便提升评估的有效性），接着一次性全部释放。因此，重点应该是尽可能让肌群放松 20 ～ 60 秒。

　　雅各布森（Jacobson）最初制订的 PMR 程序涉及 16 组肌群，每一次训练时长接近 1 小时，而且要求几个月内必须完全掌握该技能。现代的 PMR 使用 16 组肌群进行训练。随着技能的优化，可以进阶为使用 7 组肌群，接着是 4 组肌群。通过这种方式，可以显著增加放松的时间（Bernstein, Borkovec & Hazlett–Stevens, 2000）。我们发现，随着身体意识的提升，运动员一般可以使用 4 组肌群进行高级的 PMR 训练。这样可以将训练时长减少到 15 ～ 20 分钟，而掌握技能的时间减少为 2 ～ 3 周。在附录 B 中，可以找到一个简单的 PMR 训练演示。如果在几天里，运动员使用 4 组肌群训练，但是没有成效，那么他们可以练习更加基础的使用 7 组肌群的方法（见表 6.1）。

表6.1　渐进式肌肉放松的收缩循环

使用 7 组肌群	使用 4 组肌群
1. 优势侧肩膀、手臂和手	1. 双肩、双臂和双手
2. 非优势侧肩膀、手臂和手	
3. 头部	2. 头部和颈部
4. 颈部	
5. 胸部、背部、腹部	3. 胸部、背部、腹部
6. 优势侧臀部、大腿、小腿和脚	4. 臀部两侧、两侧大腿、两侧小腿和双脚
7. 非优势侧臀部、大腿、小腿和脚	

自我导向放松

自我导向放松（self-directed relaxation, SDR）是PMR的简化形式。它是指在减少肌肉收缩和强调缓慢地进行膈肌呼吸的情况下，引导身体放松4组主要肌群。自我导向放松有助于运动员学会有针对性地放松肌肉和感觉肌肉运动。SDR对于擅长系统地确认肌肉紧张程度和放松肌肉的运动员最有效。大多数运动员都很清楚自身的身体条件，因此他们都具备执行SDR的能力。但是，对于那些很容易受到干扰的运动员，他们更适合采用积极的PMR方法。在附录B中，提供了一个简单的SDR训练演示。有些运动员认为，结合使用意象和自我导向放松非常有用。例如，一名运动员躺在沙滩上体验SDR。另一名运动员设想一个带着扫帚的小男孩将特定肌群的紧张感一个接一个地清除。第三名运动员在放松的地方享受着愉悦心情的同时，将紧张想象为秋天的落叶，而每次呼吸就像强风一样，将肌肉的紧张感吹散。

音乐放松

大多数运动员都能够利用音乐来帮助自己放松。不管他们是在听音乐作品的歌词还是曲调，都可以促进自身在潜意识里放松。运动员可以想象具备放松效果的节拍，接着使用这种效果在竞赛的重要时刻或比赛的赛点进行放松。例如，长跑运动员可以按照喜欢的歌曲保持节奏。高尔夫球手可以在脑海里回放有利于流畅挥杆的曲调。滑雪运动员可以使用欢乐的音乐让自己的身体与地势保持同步，从而在滑雪过程中从始至终保持有力且流畅的动作。

提示性放松：完全放松和快速放松之间的纽带

在运动中使用的所有放松策略中，我们推荐使用**提示性放松**。这个放松策略可以与任何完全放松技巧一起使用。同时，这是一个可以简单且快速掌握的策略。它几乎可以帮助所有的运动员，而且可以非常快速地在各种运动环境下让人放松。使用这个策略，运动员可以在提示词和深层次放松之间建立牢固的关联（见图6.1）。通过足够的练习，提示词可以引发放松反应。

为了培养这个技能，运动员首先必须使用他们所选择的放松技巧进行深度放松。利用10分制量表（1分表示"我感到最紧张"，10分表示"我觉得最放松"）评估时，运动员必须达到一定的放松级别。这个放松级别必须对应8分或以上的分数。其次，选择放松提示词（例如，放松、镇静、平静或冷静），同时将这些提示词和深度放松的感觉配对，重复训练15～20次。在每次呼气时，运动员都必须重复提示词。最后，在需要的情况下，通过1次或2次膈肌呼吸和在每次呼气时重复提示词，运动员可以使用提示性放松模拟快速放松。通过3～5秒的提示性放松，运动员可以按照需要尽可能地放松，并且达到最佳能力水平。很多运动员将这种放松策略应用到赛前的日常训练中（例如，罚球投篮或推杆进球训练）。有些运动员也在比赛过程中使用这个策略。例如，跑步运动员或游泳运动员在比赛过程中放松特定的肌群，或者足球运动员在球跑到场地另一端时消除紧张感。

选择放松策略

没有任何策略对于所有运动员都是一样有效的。运动员的选择可能取决于主观标准，包括舒适度、个人有效性、操作简易性和个人愉悦性。在个性化满足个人需求的情况下，放松策略可以发挥最大的效果，因此我们推荐运动员选择适合自己的完全放松技巧。很多运动员会根据情形混合使用多种技巧。例如，高尔夫球手可以使用意象放松和膈肌呼吸作为主要的完全放松策略，同时也可以充分练习PMR。通过练习PMR，可以绷紧和放松双肩和双臂，从而在推杆之前消除对抗肌的紧张。

什么是激励

激励是放松的对立面。它意味着激活身体，帮助身体做好发挥出最佳能力水平的准备。运动员应学习如何提高心率和加速呼吸，刺激更多的血液流向肌肉，以及增强大脑活动。激励包括**完全激励**和**快速激励**（见图6.1）。与放松类似，激励是一种通用的心理训练工具，可以以不同的方式应用到运动中。激励技能要求运动员不要参加太多的训练。这些能量要求低的训练会降低专注度和削弱动机。除了在比赛最后能量被过度消耗以及在面对困难、逆境和失败的情况下，低能量问题在比赛中很少出现。当运动员在这些情况下利用自身储存的能量时，运动员就必须面对明确的能力表现边界。激励的好处包括能帮助运动员控制唤醒水平、增强注意力和提升自信心。

- 控制唤醒水平。在训练时和比赛后期，运动员往往会精力不足和没有激情，缺少积极进取的能量。快速激励技巧可以帮助精神不足的运动员在现场精神焕发，达到最佳唤醒水平和能力水平（具体内容见第9章）。
- 增强注意力。当运动员的能量级别太低时，他们关注的范围可能太广，从而很容易被干扰。因此，当运动员将唤醒水平提升到接近最佳能力范围时，必须缩小注意力范围以减少干扰，同时专注于重要的能力表现细节。一名没有激情的篮球运动员会认为激励可以帮助他忽视干扰（例如，看台上的人群发出的声音，或者比赛之后的计划），从而专注于如何实现个人目标和帮助团队执行比赛计划（参见第10章，了解更多关于这方面的内容）。
- 提升自信心。使用激励技能可以增强运动员对自身能力的信心。在感到疲劳、进入比赛后半段以及面对困难的情形之下，运动员可以通过这种方式发挥出更好的能力水平。这是一个能显著提升自信心的策略。通过这个策略，运动员能够认识到他们可以在需要的时候利用储存的能量，同时在压力下控制自身的唤醒水平。

激励策略

与放松一样，运动员必须学习完全激励策略，这样，运动员才能在竞争情形下实现快速激励。

常见的完全激励策略

比赛的本质是动态的、流动的、充满压力的且有时间限制的。它要求激励策略必须快速、有效且个性化。以下将介绍5个技巧：提神呼吸、意象激励、能量机、白光疗法和音乐激励。

提神呼吸

提神呼吸类似于用力的呼吸方式。这种呼吸方式可以激励和促使运动员做好全力以赴的准备。提神呼吸包含快速的浅呼吸，然后向工作肌肉快速传送尽可能多的氧气。举重运动员在最大限度举重之前，防守前锋在重要的橄榄球赛之前，以及短跑运动员在开始100米冲刺之前都可以使用这种呼吸方式。根据相同的原则，拉马兹法（Lamaze）可以促进自然分娩。较快的呼吸节奏要求运动员使用肺部（而不是膈肌）进行较浅的呼吸。提神呼吸对于提升唤醒水平特别有效。

意象激励

使用**意象激励**时，运动员可以想象自己重新体验比赛经历。在成功发挥能力水平的过程中，运动员将获得充分激励，不仅可以展示出色的耐力，而且不会有疲劳感（参见"意象激励演示示例"）。在使用意象促进完全激励时，运动员必须生动地回忆他们所看到、听到、感觉到、品味到、闻到和触摸到的东西以及自身主要的情绪。运动员可以专注于回顾能力表现，而不是所选择的某个能力表现标准，从而使自己感觉到激励。关键是要感觉到肾上腺素的浓度上升。如果运动员能够经常想象这些生动的事件，那么他们能够培养达到相似激励水平的能力。

意象激励演示示例

通过使用意象技能，运动员可以重新体验之前的激励感受或者比赛，这个技能可以帮助运动员实现自我激励。现在，去除周围所有的干扰因素，用心感受自我激励的整个过程。一开始完成几次膈肌呼吸。通过鼻子深深地吸气，感觉肚脐下方膈肌的扩展，接着完全扩展胸部，稍微屏住呼吸，然后再用嘴巴慢慢地呼气。每次进行膈肌呼吸都可以吸进令人精力充沛且恢复精神的空气，同时释放紧张和压力。想象自己在一间大房子里，站在长长的楼梯的最下面。伸手抓住抛光木材做成的楼梯扶手，以平稳且毫不费力的步伐开始慢慢爬上楼梯。每往上一步，你会变得越来越精神。在向上走的过程中，你会觉得越来越有力量和能量，而且你觉得非常平稳、毫不费力。保持这种状态，直到你最后到达一个你想要实现的目标和一个让你充满激情的重要位置。

这时，你可以打开门，走进一间看起来像画廊的房间。但是，房间里并没有绘画和雕像，这个房间是你个人荣誉的圣殿。很多巨大的显示器上正重复播放着你在重要训练或比赛时的表现。在浏览所有荣誉的过程中，昔日运动胜利的一幕幕在你眼前生动再现。你可以重播你在训练或比赛时的表现。这是你能力水平最高和最积极的时刻。可以在显示器上先观看这些经历。当你再次体会到视频中的情形时，有身临其境之感。在这个过程中，要注意涉及的其他人，同时联想自己当时的所思所想。让自己的身体达到一种能量充足的积极状态，尽可能像自己在之前的表现中所达到的状态一样。重新体验肌肉的感觉，以及双臂、双腿、双肩、背部和腹部的力量和能量。你的呼吸非常快速且有力。即使在肌肉处于疲劳、酸痛或者受伤的情况下，你仍然可以让肌肉重新变得健硕并得到恢复。每一次呼吸都能够让你恢复力量和能量。你的大脑已经完全做好了学习的准备。

你非常兴奋、专注且自信。而且你不再担心问题或障碍，因为你相信自己，并且知道自己可以找到克服困难、取得成功的方法。没有什么问题是不能解决的，没有什么障碍是不能克服的。你知道你的身心已经做好了实现最佳能力表现的准备，因此你浑身上下充满力量和自信。你可以感到自己的身心充满能量和力量。你知道可以利用这种个人力量完成挑战和打败拦路虎。在这种状态下，只要你愿意，便可以处理好任何事情。让自己内心的能量和力量带着你实现自己的梦想。如果你感觉自己的激励水平达到8分或以上，那么可以体验以下有条件的激励过程。

你可以将注意力集中到自己快速且有力的呼吸，以及身心全面激励的感觉上。快速地浅呼吸3次，同时在第3次呼吸之后着重地重复激励提示词。重复这个过程（呼吸3次、重复提示词）直到你完成15～20次重复训练。你可以在这个过程中将身心激励的感觉与所选择的提示词配对，这样你就可以在需要的情况下使用提示词快速激励自己。

一旦完成了有条件的激励，就可以简单回顾所走过的每一步，然后转身离开这个荣誉圣殿。在走下楼梯的过程中，你要细心地回顾自己的步伐，直到自己处于一个更加放松的状态。这种状态可以让你更加充满活力、专注、自信，做好走出去实现任何目标、解决任何问题和克服任何障碍的准备。

引用自 D. Burton and T. Raedeke, 2008, *Sport Psychology for Coaches* (Champaign, IL: Human Kinetics)。

能量机

运动员使用这个意象策略可以想象从强大的外源（复杂的能量灌输机器）接收能量灌输来激励自己的身心。当运动员成为"技能成像器"和倾向于想象自身能量来自外部资源的情况下，**能量机**会特别有效。读者可以查看附录B中能量机的演示示例。

白光疗法

运动员可以使用这个意象策略来想象个人的能量源。这个能量源可以治愈和激发自身身体机能。运动员的大脑是**白光疗法**的源泉。这个策略可以改善认知能力。运动员可通过这个策略进行自我激励，从而促进自我恢复和发挥最佳能力水平。这个策略能够发挥特别强大的作用，让运动员从艰苦的训练、疾病或受伤中恢复过来。读者可以在附录B中找到白光疗法的演示示例。

音乐激励

大多数运动员已经利用音乐作为激励方法。不管歌曲的歌词如何，快节奏的音乐可以产生激励效果。韵律和节奏可以在潜意识中提高能量水平。当运动员心里唱着歌曲时，特定韵律或节拍可以作为提示，在比赛的关键时刻产生激励效果。例如，在比赛最后激烈的冲刺中，长跑运动员可以利用乐观歌曲的节奏找到步伐；举重运动员可以通过在心里重播有利于自己感觉到力量和爆发力的曲调来完成艰难的训练；而在面对折磨人的决胜局时，网球运动员可以利用快节奏的歌曲发挥自己的能力。

提示性激励：完全激励和快速激励之间的组带

我们推荐使用**提示性激励**作为主要的激励策略，因为它可以与完全激励策略一起应用到广泛的运动环境中，而且大多数运动员都可以很快掌握这种策略。提示性激励要求在高激励水平下重复配对的提示词，从而在两者之间形成很强的联系。接着，在提神呼吸时可以使用提示词来引发快速激励反应（见图6.1）。一般可以通过3个基本步骤掌握提示性激励：运动员首先执行能够对自身产生作用的完全激励策略，接着将提示词与被高度激励的情感配对，然后在第三次提神呼吸之后重复提示词15～20次。提示词必须具备强烈的激励含义（例如，用力、努力、坚持）。最后，通过快速完成6次提神呼吸以及在每隔3次呼吸之后重复提示词的方式，运动员可以使用提示性激励在3～5秒实现快速激励。一旦运动员掌握了这个策略，他们就可以在几秒内激励自己达到最佳的能力水平。

选择激励策略

我们鼓励运动员的尝试几种激励策略，然后选择一种对自身作用效果最佳的策略。每名运动员都必须选择一个策略。这个策略必须是个性化、令人舒适、有效、易于使用且令人愉快的。运动员必须能够自由地应用这些策略，以便增强这些策略的有效性。事实上，很多运动员会使用多种激励策略以便适应环境需求。例如，排球运动员可能选择将音乐激励、提神呼吸和意象激励组合到一起，作为训练和比赛的主要策略。同时，他还可能在艰难的训练或受伤的情况下使用白光疗法帮助恢复，以及将能量机作为备用策略，应对个人控制或能量水平调整等问题。

针对耐力运动员在比赛中期的激励策略

耐力运动员的成功要求其管理自身的能量储存，并在关键时刻合理使用储存的能量。耐力运动员指的是参加长跑、越野滑雪、自行车运动和三项全能运动等项目的运动员。当肌肉中的乳酸显著增多和疼痛快速升级时，每一名耐力运动员都会面临比赛的决策点。运动员可以自我激励并战胜疼痛，或者减慢步伐以减缓乳酸的堆积。研究者发现了很多种可以将注意力放在激励图像而非疼痛和疲劳的策略。

已经得到证实的激励图像包括将自己想象为具备惊人速度、力量和能量的高效机器（例如，跑车）或者动物（例如，猎豹）。其他有用的图像包括火车头、能在水里毫不费力地遨游的鲨鱼，或者迅猛的灵缇犬。如果你可以将自己想象为火车头，那么在抉择时刻就可以很容易地保持稳定且可控的步法。如果你将自己想象为灵缇犬，那么在肌肉开始疲劳和绷紧的情况下，仍然可以灵活且毫不费力地跑动。此外，你可以想象毫不费力地在跑道上跑动。你还可以想象自己在个人加油站"饮用能量"而不是水，来增加自身能量，或者使用白光疗法，为正在跑动、骑车或滑雪的自己输送能量。你也可以想象自己通过观众、一起参赛的同伴或太阳、风等吸收能量。

也可以使用意象进行自我激励和减少疲劳。想象自己每走一步就将疲劳的感觉转移到地面或者倾注到大水罐中。在呼吸时，每次排出气体都可以带走紧张和疲劳，而每次吸进空气都可以让自己重新精神焕发。当在对手后面跑动时，可以将自己想象成自动汽车，越跑越高效，不仅可以不断地储存能量，而且做好了超越对手的准备。

激励策略在耐力比赛中可以发挥重要的作用。尝试这些策略，直到找到 1 个或者多个自己喜欢的策略。接着，用所选择的策略系统地训练，直到自己可以在比赛中有效地使用。通过这种方式，你的能力水平将越来越高，同时越来越享受比赛过程。

培养运动员掌握放松和激励技能

帮助运动员学习如何使用放松和激励技能，从而提高他们的能力水平，是比赛胜利的关键所在。这个过程包括 3 个阶段。教育阶段可以为运动员提供关于放松和激励的基本知识以及使用这些技能提高能力水平的方法。习得阶段可以帮助运动员掌握完全放松、快速放松和激励技能。实施阶段可以帮助运动员学习使用放松和激励技能，从而在自然的情况下最大限度地发挥能力。

教育阶段

这个阶段主要为运动员提供关于放松和激励的基本知识，同时帮助运动员评估自身在每个领域的优点和不足。我们推荐，首先召开一个小时的会议，向运动员阐述放松的相关内容，接着在第二次会议中阐述激励的相关内容。会议最后会向运动员分别总结学习放松和激励技能的几个技巧。

接下来是自我评估。很多运动员无法清楚地理解自身特有的放松和激励模式。很多运动员在比赛之前或比赛的过程中基本上都很少关注如何放松或激励，因此他们不清楚自身是处于兴奋还是低落状态。培养这样的意识可以对运动员的能力表现产生巨大的影响。要求运动员在一段时间内监测自身紧张程度和能量级别，明确与高度紧张和低能量相关的环境因素。我们推荐运动员绘制简单的记录表。这个记录表必须包含评估紧张程度和能量级别的部分（见图 6.2）。在要求运动员监测自身紧张程度和能量级别时，必须明确训练过程的几个关键时刻。在完成训练之后，要求运动员记录自己在这些时刻的感觉。同时，要求运动员监测和记录训练过程中自己感到紧张或没有活力的其他时间。

压力往往是逐步形成的。如果初期压力水平比较低，那么大多数运动员可以采用放松技能减少或减轻不必要的紧张感。但是，很多运动员都很难认识到自身逐渐增加的紧张感，因此他们倾向于忽视警告信号，直到紧张程度到达很难管理的水平，即**阈值**（见图6.3）。紧张程度越低，越容易管理。只要紧张程度保持低于阈值，那么可以使用放松技能有效减轻紧张感。但是，一旦紧张程度超过阈值，那么即使是技能最好的运动员都很难降低紧张程度。因此，在紧张程度达到过高水平之前进行自我评估，是学习控制不必要的紧张的重要部分。

紧张和能量记录表

一周中的:						
紧张程度	分数:（最放松）1 2 3 4 5 6 7 8 9（最紧张）					
情形	星期一	星期二	星期三	星期四	星期五	备注
1.						
2.						
3.						
4.						
5.						
能量级别	分数:（最没有能量）1 2 3 4 5 6 7 8 9（最有能量）					
情形	星期一	星期二	星期三	星期四	星期五	备注
1.						
2.						
3.						
4.						
5.						

引用自 D. Burton and T. Raedeke, 2008, *Sport Psychology for Coaches* (Champaign, IL: Human Kinetics)。

图6.2 运动员可以使用该记录表记录自己在指定情形中的紧张程度和能量级别，以及其他自己过度紧张或过度放松的情形。可以在备注栏记录在每个情形中的具体想法或触发条件

习得阶段

这是帮助运动员培养自身技能的阶段。虽然可以在不同的时间培养放松和激励技能，但是我们推荐同时学习这两种技能。这样，运动员可以在需要的时候使用这两种技能提升和降低唤醒水平，从而达到和保持最佳状态。

培养完全放松技能

当运动员拥有足够的、不受干扰的时间进行深度放松时，可以在家里自己练习和学习完全放松技能。在进行自我训练的过程中，运动员必须尝试多个策略，然后选择最适合自己的一个。所选择的策略和所需要的时间并不是重点，只要运动员在10分制放松级别评估中获得8分（级别8）或以上的得分即可。可以使用本章以及附录B中所提供的基于意象、自我导向和PMR等内容的放松训练演示示例，制作包含每个策略的录

音。接着，运动员可以使用录音自己练习放松。为了制作有效的录音，可以以对话的形式开始，接着逐步放慢讲话节奏和降低音量，以便增强放松效果。

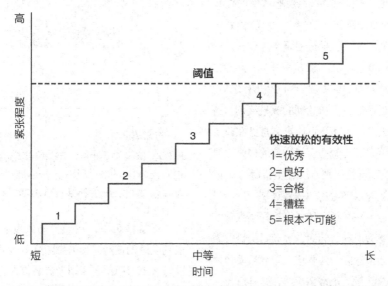

图6.3 紧张程度与时间的关系（紧张程度超过特定水平时，事实上不可能降低到所要求的水平）

不管是单独使用音乐放松还是与其他策略一起使用，音乐放松都是很不错的放松策略。音乐类型多种多样，因此可以让运动员自己选择用于放松的音乐。如果运动员找到自己喜欢的音乐，我们建议，将所选择的音乐与其他完全放松策略组合使用。要求运动员选择训练干扰最少的时间和地点，这样他们可以很好地掌握这个技能。正常情况下，运动员每天练习一次完全放松，但是他们可以加快完成第二次完全放松训练的速度。我们推荐，在训练结束之后，以团队的方式每周进行一次或两次完全放松，这样放松训练就不会干扰身体训练，同时还可以促进日常训练中的恢复。尝试找到一个舒适的地方，这样运动员可以躺在垫子上训练。为期2个星期或3个星期的训练可以帮助运动员掌握这些技能。接下来，运动员可以每周训练以便保持技能水平。

为了消除完全放松和快速放松两者之间的差异，必须确保运动员每次进行完全放松训练时都以调整过程作为结束。因为运动员只可以将提示词与深度放松级别配对，所以无法进行级别低于8的放松训练。快速放松的问题往往源于运动员在完全放松的过程中无法做到深度放松，因此可以让运动员在日志中记录自己完全放松的结果，这样可以确保运动员在训练过程中总是达到级别为8的放松。

培养快速放松技能

在训练和比赛中，快速放松是一个可以帮助运动员快速放松身体并达到最佳表现水平的简单技能。一旦运动员进行了几天完全放松训练，就可以确定训练过程中必须放松的3个时间点，同时教练可以在这些时间点为团队提供几秒时间，以便运动员进行放松和减少紧张。在图6.4中，级别5表示最佳激活水平，级别1表示非常放松，而级别9意味着非常紧张。为了引导运动员快速放松，可以要求运动员完成1次或2次深呼吸，同时在每次呼气时安静地重复提示词。在5秒之后，要求运动员评估自身所达到的放松级别。这样练习几天后，运动员可以看到自己在减少自身紧张感方面的能力有了快速的提升。要求运动员尝试保持级别5（最佳激活水平）或者与最佳能力水平对应的放松级别。运动员的最佳激活水平必须足够低，这样紧张感才不会干扰能力表现。同时，运动员的最佳激活水平也必须达到一定程度，这样运动员才具备足够的能量。正常情况下，这样练习几个星期后，不管运动员最初的紧张级别如何，大多数运动员都可以学会在3～5秒达到最佳激活（放松）水平。

培养完全激励技能

除了几个值得注意的特例，运动员可以通过与学习完全放松技能相似的过程学习完全激励技能。一般可以在一天较早的时候练习，因为这个时候运动员有足够不受干扰的时间，能够达到高度激励的状态。只要坚持达到级别8或以上的激励水平，运动员便可以使用任何他们所选择的激励技能。可以鼓励运动员制作激励训练的记录。此外，可以使用快节奏的音乐（必须让运动员选择自己的音乐），也可以使用其他策略提高激励水平。

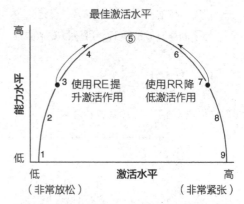

图6.4　**最佳激活水平：运动员可以应用快速放松（rapid relaxation, RR）或快速激励（rapid energization, RE）来达到最佳能力水平**

正常情况下，运动员每天可以练习一次完全激励技能（如果想加速学习进程，可以每天练习两次）来帮助自己精力充沛地进行身体训练。我们推荐，在开始训练之前，要求团队成员练习这个技能几个星期，并且每个星期练习一次或两次。激励与放松存在两个方面的不同之处：使用激励技能时，运动员必须选择可以使人达到较高激励水平的提示词，而且他们必须采用较短且较快的呼吸模式。在达到较高激励水平之后，运动员必须每3次提神呼吸之后重复提示词15～20次，同时注意提示词只与达到级别8或者更高级别的激励水平配对。运动员可以在日志中记录自己进行完全激励训练的情况。记住，将提示词与较低级别的激励水平配对会导致很多问题。这些问题也会在运动员练习快速激励技能时出现。这将有利于运动员坚持实现达到级别8或以上的激励水平。

培养快速激励技能

快速激励是一种不管能量级别如何都可以让身体在任何时候充满精力的能力。在运动员练习完全激励技能几天之后,可以确定在训练过程中能量级别降低的3个时间点;同时教练应为团队提供几秒的时间,让团队成员进行自我激励和评估激励结果。在这个阶段,运动员必须能够始终快速达到最佳激励水平。

实施阶段

在实施阶段,目的是帮助运动员自然发挥快速放松和激励技能,同时将两种技能组合应用到训练和比赛中。正常情况下,一旦运动员花费2～3周的时间重点加强了紧张和能量问题方面的意识,以及培养快速放松和激励技能,那么教练就必须在每次训练过程中保持进行一次或两次放松和激励检查。每天晚上,运动员都必须仔细检查自己在紧张或能量方面的问题,同时尝试分析放松或激励技能没有发挥作用的原因。如果运动员明确了问题,那么他或她必须制订一个计划解决问题。随着技能发展,运动员可以降低完全放松和完全激励训练的频率(例如,可

以采用每周练习3次代替每周练习7次)。此外,他们必须将放松和激励技巧的有效性作为调整训练频率的依据。如果运动员的技能开始失效,那么必须增加技能的训练频率。

快速放松和快速激励技能是心理准备、能力表现或恢复计划的重要组成部分。系统练习这些技能可以显著减少在训练和比赛中与紧张和能量相关的问题。当出现问题时,可以要求运动员快速明确问题,接着使用快速放松或快速激励技能解决问题。可以要求运动员制作一个包含导致大多数问题的情形的列表,同时鼓励运动员使用意象训练解决问题。接着,在训练中设置类似情形,以便进一步在比赛中预演这些技能的使用方式。随着运动员技能的发展,可以要求运动员在压力逐渐增加的情形下(例如,训练赛和不太重要的比赛)练习技能。例如,排球教练可以要求运动员进行几分钟的调节训练,接着再要求每一名团队成员完成发球。如果发球击中目标的比例低于80%,那么必须重新训练。在充满压力的训练中,可以有很多机会使用放松和激励技能。快速放松和快速激励是帮助运动员进入流畅状态和发挥最佳能力的强大武器。

小　结

1. 运动员应具备放松和激励能力,特别是在必须快速且充分调整激活水平的情况下。为了实现最佳的能力表现,运动员必须学会如何快速放松和自我激励。

2. 放松意味着减少不必要的肌肉紧张,抑制交感神经系统的过度激活,同时通过保持精神集中,达到头脑冷静的状态。

3. 放松策略可以通过肌肉－大脑技巧(例如,渐进式肌肉放松)和大脑－肌肉技巧(例如,意象)引起放松反应。

4. 完全放松是一种需要较长时间的策略,能帮助运动员全面放松。快速放松是一种使用

提示词快速进行放松的技能。

5. 完全放松可以缓解慢性压力，促进运动员在日常训练和受伤时的恢复，改善睡眠，以及培养快速放松技能。快速放松可以减少肌肉紧张，控制唤醒水平，打破压力螺旋，形成一种下意识的信任态度，储存能量和提升愉悦感。

6. 完全放松策略包括膈肌呼吸、意象放松、渐进式肌肉放松、自我导向放松和音乐放松。

7. 提示性放松将提示词与深度放松结合到一起，在 3～5 秒达到最佳放松水平。这个技能非常容易掌握，而且可以与任何完全放松策略结合使用，有利于运动员在大多数运动环境中快速放松。

8. 激励意味着激活身体，帮助身体做好实现最佳能力表现的准备。完全激励是一个需要较长时间的策略，旨在让运动员尽可能做到精力充沛；而快速激励允许运动员使用提示词在 3～5 秒快速达到精力充沛的状态。

9. 激励有助于运动员控制唤醒水平，增强注意力和提升自信心，特别是在运动员感到疲劳、面对逆境或处于较低能量水平的情况下。

10. 运动中的有效完全激励策略包括提神呼吸、意象激励、能量机、白光疗法和音乐激励。

11. 提示性激励将提示词与精力充沛的状态结合到一起，以便在 3～5 秒达到最佳激励水平。这个技能非常容易掌握，而且可以与任何完全激励策略结合使用，有利于运动员在各种运动环境中快速达到精力充沛的状态。

12. 采用培养心理技能所使用的 3 个阶段来培养运动员的放松和激励技能，这 3 个阶段是教育阶段、习得阶段和实施阶段。

13. 教育阶段可以为运动员提供关于放松和激励的基本知识，以及提高运动员应用放松和激励技能的意识。

14. 习得阶段可以帮助运动员培养放松和激励技能。

15. 在实施阶段，运动员学习自然地使用放松和激励的方式，同时在训练和竞争环境中应用这些技能。

关键术语

提示性激励　　意象激励　　快速放松　　提示性放松　　意象放松　　放松

膈肌呼吸　　大脑 - 肌肉技巧　　自我导向放松　　激励　　肌肉 - 大脑技巧

阈值　　能量机　　渐进式肌肉放松　　完全放松　　白光疗法　　提神呼吸　　完全激励

复习题

1. 什么是完全放松和快速放松？

2. 完全放松和快速放松有哪些好处？

3. 选择放松策略和指导放松训练必须遵循哪些指导方针？

4. 什么是完全激励和快速激励？

5. 完全激励和快速激励有哪些好处？

6. 教练应该怎样设计计划才能帮助运动员培养和自然地应用放松和激励技能？

实践活动

1. 选择完全放松策略并进行训练，了解自己所达到的放松级别。同时尝试使用一个激励策略。

2. 为了获得经验上的理解，可以选择一个放松或激励策略进行为期6天的训练。每天或每两天训练一次，将提示词与恰当的呼吸模式配对，重复练习20次，直至达到自己的预期状态（深度放松或高度激励）。在计划的最后2天，通过将呼吸和提示词配对并重复2次，尝试使用快速放松或快速激励技能，同时观察自己在3～5秒可以达到怎样的效果。

第**7**章

自我对话

阅读完本章内容后，你应该能够：

- 理解自我对话的概念以及运用自我对话的方式；

- 阐释实现积极思维的8个策略；

- 使用内部批评的方式描述消极思维的类型；

- 阐述优化自我对话的方式；

- 理解帮助运动员培养聪明的对话技能的3个阶段：教育阶段、习得阶段和实施阶段。

自我对话指的是脑海中几乎不间断的稳定意识流和内部对话。这是通用且强大的技能。有目的地使用自我对话可以提高能力表现水平。教练和运动员经常采用自我对话技能。而且，在重要的情形中，教练和运动员会更加广泛地使用自我对话。因此在重要的竞赛中，我们必须更加充分地使用自我对话。以下是一名大学生运动员的自我对话。他准备参加一场重要的比赛（注意其中所涉及的积极思维和消极思维）。

"我现在站在场地上。在比赛开始之前的30分钟，所有参赛选手在没有热身的情况下都必须站在这个位置。赛道四周坐着40 000名观众。这场比赛一共有15 000名运动员参加，其中大多数选手来自全国最好的大学。气温大约是零下40℃，非常寒冷。冷风一直呼呼地刮着，天空还开始下起小雨。我能够参加如此盛大的比赛非常激动。同时，我也在颤抖，感到非常紧张。此外，我还感到极度焦虑，等待让我很不耐烦。我很想快点冲出去，跑起来。在我的脑海里，积极思维和消极思维一直在打架。这么多观众，这么冷的天。风越刮越厉害。比赛看起来进行得非常快速和激烈。所有的选手都必须在这样的情形下比赛。我很需要放松。我所能做的就是尽自己最大的能力做到最好。我开始准备跑了。我知道我可以跑得很快……我必须跑得很快，这样我才不会让队友失望。这是一场重要性仅次于锦标赛的比赛……为何我们必须在这里站半小时？我不能放松。唉，我无法控制这些事情——一切随缘吧。即使我们无法参加锦标赛，也并不意味着我们永远没法参加比赛。即使我无法跑得像自己所期望的那么快，那也不会是世界末日。我所需要做的就是尽自己最大的努力。在这场接力赛中，即使我们无法做到出色地完成比赛，也并不意味着我们是一支糟糕的接力团队。"

你是否注意到这名等待比赛的运动员明显表现出两种心声？一种是鼓励、肯定自己的声音。这种声音可以帮助运动员保持积极状态，从而实现最佳的能力表现。而另一种是批评、自我怀疑的声音。这种声音侧重于消极思维以及对表现糟糕的担忧。教练和运动员可以采用自我对话来促进形成积极思维和压制消极思维。本章将阐述如何设计自我对话计划来促进形成积极思维和压制消极思维。通过这种技能，教练和运动员可以掌握自己的思维，改善竞争心态，从而更好地发挥能力。

自我对话的概念

人类几乎在每个清醒的时刻都在思考。你是否曾经想过停止思考？可以尝试停下来！在接下来的30秒里，可以尝试彻底不思考。清除所有的思绪，同时清空脑海中所有的意识活动。应该怎样做呢？相对于思考，这样是不是更难做到？大多数人都认为这事实上是不可能的事情。尝试清空思绪一般会导致思绪如潮，而且往往导致我们在最不恰当的时候考虑最糟糕的情况。这些连续不断的积极思维流或消极思维流就是自我对话。而且，自我对话在情绪方面起到重要的作用。你是否注意到，相对于阴郁的天气，你在阳光灿烂的日子里更开心？可见，外部环境在转换情绪方面也发挥着重要作用。但是，内部环境（脑海里所想的事情）往往可以对情绪产生更多的影响。

正如我们所预期的，自我对话会影响运动表现。一个念头被重复的次数越多，那么这种念头就越容易无意识地产生。当积极思维和消极思维被重复并达到一定的程度，就可以成为**信念**。在马路上，当你的团队要在一大群路人面前比赛时，你会感到焦虑。因为你希望自己的团队能够表现出色，给粉丝留下印象，同时证明自己是一名顶尖的教练。但是，如果这种担忧不断地出现，那么担忧就会演变成一种信念。这种信念会导致你只要在一群路人面前比赛，就会感到焦虑，而且还不会注意到这种引发焦虑的特别思维。运动员也会体验到相同的过程。（积极或消极）思维会自然产生，接着成为信念。这里可以回顾一下第3章的内容。流畅状态几乎是一种神奇的专注心态。它可以让运动员在比赛中全身心投入。运动员将这种完全不受外部

思维干扰的心态描述为"专心致志"或者"完全沉迷于活动中"。注意表7.1中所描述的积极和消极自我对话的差别。积极自我对话可以让运动员进入有助于超越他人的流畅状态。消极自我对话可能会导致重压下的失误，从而产生非理性的思维，使运动员无法发挥应有的能力水平。

运用自我对话的方式

大多数教练和运动员都认为情绪和行为是比赛情形的产物。假设你身处以下情形，请思考这些情形对自身情绪和行为的影响程度：在严峻的情形下采用了所谓的闪电战，而你的对手以长传赢得了最后一个投篮机会；团队中最好的运动员错过了在3秒里罚球的机会，最后团队因一分之差与冠军失之交臂；一名与你一起训练了7年的你最喜欢的运动员，因为腘绳肌受伤而无法参加奥运会。

表7.1　积极和消极自我对话

积极自我对话	消极自我对话
积极和乐观	消极和悲观
符合逻辑、理性和富有成效	不合逻辑、非理性和没有成效
提升自信心	打击自信心
增强对手头任务的专注度/专注力	减弱对手头任务的专注度和增加干扰
专注于当下	专注于过去或未来
保持最佳唤醒水平，做到精力充沛、积极和过程导向	无法保持最佳唤醒水平或者过度唤醒
激励自我、超越限制	更容易导致自我放弃
将问题视作挑战或机会	将问题视作必须减少的威胁
将成功归功于可复制的内部因素	将成功归功于不可复制的外部因素
将失败归咎为可克服的因素	将失败归咎为不可克服的因素
减少压力	增加压力
将过程导向思维最小化	将结果导向思维最大化
提高表现水平	降低表现水平

虽然每种情形代表一种独特的比赛挑战，但是这些情形是否会自动带来压力或影响信心，导致不该有的失误或影响进入流畅状态呢？答案是否定的。在自我对话的ABC模式（见图7.1）中（Ellis, 1996），A表示**诱发事件**。这些都是会在教练或运动员身上发生的事情。例如，在甲级联赛中，运动员必须做出重要的防守调整或者必须守住可能让对手赢得比赛的点球。C表示在这个情形中运动员的情绪以及所产生的行为结果。在图7.1显示的例子中，消极结果包括消极情绪（例如，压力、焦虑）和破坏性行为（例如，很难专注地盯着对手脚下踢过来的球以及对球反应迟钝）。积极结果包括积极情绪（挑战性、兴奋）以及有用的行为（良好的专注力、较高的自我预期、快速反应和逃离安全陷阱）。

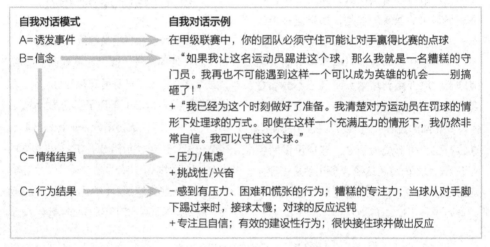

图7.1　自我对话的ABC模式

图中B表示运动员对所面对的情形的信念，或者在A和C之间的运动员的想法。这就是对情形的描述。相对于情形本身，这些描述在更大程度上决定了运动员的情绪和行为。积极思维（"我已经为这个时刻做好了准备。我清楚对方运动员在罚球的情形下处理球的方式。即使在这样一个充满压力的情形下，我仍然非常自信。我可以守住这个球"）可以让运动员充满积极情绪，同时熟练地发挥能力。

另一方面，消极思维会导致没有成效的结果。消极思维（"这是他们最棒的射手——我完全没有机会与他对抗"）很可能会激起消极情绪，导致肌肉紧张和动作缓慢。破坏性思维［"如果我让他们在这里得分了，就不会有人认为我可以成为一名像伯格斯（Boggs）一样出色的守门员。"］很可能会导致不同的没有价值的情绪，例如，生气或沮丧。这些情绪会导致运动员视野变狭窄和预期降低。自我对话的基本原则是我们无法总是控制发生在自己身上的事情，但是我们可以控制自己应对无法控制的事件的方式。通过学习自我对话技能，教练和运动员都可以具备这方面的能力。

积极和消极思维

为了增强自我对话技能，很重要的一点是，必须全面理解能促进能力水平提高的积极思维模式，以及积极思维模式与影响该模式的消极思维模式两者之间的差别。

积极思维模式

积极思维模式可以帮助运动员提升自信心、保持乐观态度、提升重要时刻的专注力、突破自我限制、保持最佳唤醒水平，以及确保做好面对失败或逆境的准备和提升心理坚韧性等。为了培养积极思维模式（术语为"**聪明的对话**"），必须熟悉8个有利于运动员主动和有效使用自我对话的策略。这些策略被称为"聪明的对话策略"。

- 做一个乐观的人，而不是悲观的人。自我对话过程中常常会面对选择，自我对话可以是积极的，也可以是消极的。教练必须为运动员树立良好的榜样，同时专注于情形的积极方面。专注于运动员能够胜任的方面，而不是他们无法做到的方面。强调运动员的优点，改正他们的缺点，同时帮助他们将每一次的成功看作实现长期目标的一部分。聪明的对话一直以来都是乐观的选择。

- 保持现实性和客观性。自我对话在某种程度上接近于混淆现实与想象的"积极思维"。可以将梦想和愿景快速转换为具体的目标和行动计划。注意，并不是所有的运动员都可以参加奥运会，但是运动员可以实现精心设定的现实目标。聪明的对话可以让我们的思维具备客观性和现实性。

- 专注于当下，而不是过去或未来。当我们完全专注于当下时（查看第3章），我们可以更好地发挥能力和享受比赛。过去的失败是无法改变的，同时我们也无法保证未来的成功，例如，在下个星期的冠军赛中完成两个本垒打。只有当下才是我们可以采取行动的时间。纠结于糟糕表现或错失良机的运动员会心烦意乱或感到恐慌，从而会出现更多的错误。聪明的对话不会出现"只要"和"如果"，而是将注意力集中在这个时刻和享受现在。

- 将问题当作挑战而非威胁。将问题看作挑战的运动员会展现出自己的最佳状态，他们会保持动机同时正常发挥自身能力水平。帮助运动员避开将问题看作威胁的想法，这样他们就不会纠结于失败、感到有压力和出现糟糕的表现。在只剩下54秒而团队还落后6分的情况下，可以要求运动员将这种情形看作一种挑战，同时激励他们全力以赴。聪明的对话会将问题强制转换为挑战而不是威胁，帮助运动员保持乐观且具有竞争性的精神面貌。

- 认为成功是可以复制的，认为失败是可以克服的。当运动员相信他们的成功归功于能力和努力而非运气时，他们会认为成功是可以复制的（这是他们可以再次做到的事情）。相似的，帮助运动员将失败归结为他们可以控制的因素，例如，努力水平（"下次训练，我会更加努力"）、技能培养（"我可以更好地看懂防守者"）和心理准备（"下次我会集中自己的注意力"）。聪明的对话注重于成功可复制的理由以及失败可克服的原因。

- 专注于过程而非结果。自我对话注重过

程目标，从而有助于运动员实现预期的结果目标。过程目标包括努力工作、做好心理准备、技能和策略的培养。在比赛结果取决于自己连续两次罚球的情况下，马特（Matt）利用休息时间集中而非放松注意力，同时使用意象回顾自己之前投篮的日常训练。站在罚球线上，马特非常自信地按照日常训练的方式，集中精神完成了出色的出手和有力的跟进动作，然后平静地完成两次投篮，使球队成功夺冠。聪明的对话注重过程，而且认为随着技能水平的提高，运动员和团队实现诸如获胜等重要结果目标的机会也会增加。

- 专注于自己可以控制的事情。这可能是自我对话最重要的方面。在超过自身控制能力的情况下，我们尝试改变别人和外部条件，往往会给自己制造压力。但是，当我们将自我对话专注于可以控制的事情时，我们的行为具有较强的动机和建设性。我们无法控制对手的行为和能力发挥水平，但是我们可以控制自己的行为和能力发挥水平。我们无法控制裁判的决定、比赛的条件或运气，但是我们可以控制我们应对这些情形的方式。聪明的对话可以让自我对话一直专注于自己可以控制的方面，而不是自己无法控制的方面。

- 区分能力表现和自我价值。我们的自我价值与作为教练或运动员的能力表现之间没有任何关系。我们本身就是非常重要的。不管运动员的运动表现如何，必须帮助运动员认清他们的独特性以及自身天赋对于世界的价值。此外，这种观点也同样适用于教练。每一名教练在开始执教之前都是一个有价值的人。即使在结束职业

生涯之后，教练本身的价值也会一直存在。聪明的对话可以提醒我们，我们不应只关注自身的行为或能力表现；同时我们的自我价值并不需要争取，而是与生俱来的。

消极思维模式

消极思维模式对运动员有以下坏处：打击自信心、增强悲观情绪、降低专注力和动机、无法保持最佳唤醒水平和削弱处理失败或逆境所需要的心理坚韧性。熟悉 5 种**扭曲的思维**和 5 种常见的**不合理信念**可以帮助运动员认识和改变消极思维模式。"内心的批评家"会使用这些扭曲的思维和不合理信念渲染消极氛围。

批评家

心理学家尤金·萨冈（Eugene Sagan）使用"批评家"一词来描述攻击和批判运动员的内在声音（McKay & Fanning, 1992）。**批评家**会在出错的时候责备运动员同时将运动员与他人进行消极的比较；制订不可能实现的完美标准，同时在运动员无法达到标准的情况下猛烈地进行抨击；将运动员的失败经历编辑成册，但又忽略运动员所取得的成功。批评家会详细地制订生活计划，只要运动员违反了其中的任何一条规则就会受到严厉惩罚。即使是没有成文的规定，但是只要是应该遵守的规则，运动员就都不可以触犯。批评家会直接说运动员愚蠢、不聪明、懒惰、懦弱、迟钝、自私，同时告诉运动员，其所说的都是事实；读懂运动员的心思并告诉运动员，其认为运动员欠缺这些方面的能力，因为批评家自身感到厌烦、沮丧、

受到惊吓或者与运动员一起感到不开心；同时夸大运动员的缺点及其影响。如果运动员错失了一次简单投篮的机会，那么批评家会说，"一名出色的运动员永远不会错过这样的投篮机会！"有时候，批评家会使用对运动员造成不利影响的方式。他们会说"优秀的运动员在比赛中总是会受伤"，即使这一切并不是真实的情况。总之，批评家是我们每个人身上最消极的一部分。当我们受伤或者自信心不足时，批评家就会打击我们。在培养有效、聪明的对话技能时，我们必须能够平息批评家的言论，同时更多地专注于积极思维模式。接下来的两个小节将阐述一些批评家所使用的扭曲的思维和不合理信念。

扭曲的思维

扭曲的思维包括在信息不充分或不正确的基础上做出错误的推断或者无法区分想象与现实（Beck，1976）。5 种常见的扭曲的思维包括小题大做、过度概括、指责他人、必须思维以及偏激思维。思考一下，这些思维是否会影响到教练或者运动员的思维模式以及可以采用哪些反驳方式来解决这些问题。

- **小题大做**指的是预期最糟糕的情况，同时夸大真实或想象的负面事件的结果。面对这种情况，可以反问自己，在这种情形下，什么是真正最糟糕的情况。一般情况下，即使最糟糕的情况是令人不愉快的，但是这些就是我们之前所经历的事情，同时我们可以在必要的情况下再次经历这样的事情。
- **过度概括**是在忽视事实的情况下，基于孤

立的事件形成错误结论的过程。例如，在比赛最激烈的时候，错失关键罚球的篮球运动员在压力之下会失误，即使事实上他在每场出现失误的比赛中都投入了两个决胜球。面对这种情况，可以要求运动员花一定的时间准确评估整体情况，以及理解这种情形适合哪些更大型的比赛。同时，还可以查看更长时间（例如一个赛季）的统计资料，或者从比赛的角度判断这些概括结论是否具备事实基础。

- **指责他人**意味着让他人承担责任。指责他人者会为自己的失败和缺点寻找各种借口，同时他们会将失败归咎于教练、运动员、父母和裁判等人。指责他人可以减轻失败的威胁，但是也会导致失去未来成功的机会。面对这种情形，可以帮助运动员认识到他们必须接受因为失败而受到的责备，以便他们做出积极的改变，从而在下次取得胜利。这种情形同样适用于教练。必须明确的一点是，教练必须分担因运动员或团队失败所受到的责备。此外，还可以利用这个机会分析失败的原因，接着专注于自己能够做的事情，以便在以后取得更大的成功。
- **必须思维**是指必须按照一系列严格的规则生活，即每个人都必须或者应该在没有偏差的情况下生活，或者生活中的事情都必须按照预期的方式发生。当事情并没有按照预期的方式发生时，采用这种思维的运动员往往会感到沮丧、生气或者愤愤不平。改变必须思维的方式是，帮助运动员认识到生活不总是公平的，我们所能做的就是接受这个事实，然后充分地适应这个事实。要塑造这种态度，就不可以将个人

偏好上升到绝对必要的高度。当然，虽然我们都更愿意自己的团队将本周出色的训练水平一直延续到明天的联盟锦标赛中，但是不要认为团队必须达到最佳水平，因为团队在重要比赛中往往无法充分发挥潜能，而且还会遭遇逆境。

- **偏激思维**让人囿于非黑即白、非好即坏的模式。有偏激思维的人会采用极端的态度，而且不会给自己任何犯错的空间。他们要么将自己看作明星，要么把自己看作失败者。这种自我贴标签的绝对化方式会直接影响自身能力水平的发挥。面对这种情形，必须帮助运动员认识到在这个世界上还存在很多中间地带，而且采用两个极端之间更加实际的某种方式也是不错的。

　　在教练或者运动员的自我对话中，可以看到哪些扭曲的思维呢？可以使用合理的反驳方式减少或者消除这些扭曲的思维。接下来将阐述那些会刺激批评家的不合理信念，这些信念会导致消极情绪和低于标准的表现。

不合理信念

　　不合理信念会对教练和运动员的表现造成不利影响。事实上，不合理信念是焦虑、沮丧和压力的来源（Ellis，1996），因此学习识别和重新架构这种信念是非常重要的。不合理信念包括以不充分的证据和有问题的逻辑为基础的认知扭曲。但是因为这些证据和逻辑基于部分事实，所以这些认知扭曲会更具诱导性。**重新架构**往往要求采用激烈辩论的方式来说服具有不合理信念的运动员。以下是5种对运动表现造成不利影响的不合理信念。

- **完美主义。**"我必须每时每刻都能够完全达到比赛中方方面面的要求，而且不可以出现任何能力水平的起伏或者错误。"在UCLA执教的12年里以及带领团队10次参加全国锦标赛的过程中，约翰·伍登制订了多少有缺陷的比赛计划、做出了多少糟糕的判断或者错误的决策呢？在个人职业生涯中，迈克尔·乔丹发生过多少次防守失误和投篮失手呢？巴贝·鲁思（Babe Ruth）的职业生涯中出现了多少次三振出局的情况呢？事实上，冠军运动员会预料到错误和失败，同时他们可以在不畏惧错误和失败的情况下努力从中吸取教训。约翰·伍登认为，犯错最多的团队往往能够赢得比赛。因为虽然进取精神会导致错误，但是进取精神同时也是获胜的关键。所以，教练必须帮助运动员培养优秀的思维。优秀的思维指的是从批评当中进行学习和完善。此外，自尊应基于运动员自身能力水平的发挥，而不是赢得比赛。可以使用以下反驳方式，重新架构思维。

　　——错误是学习过程中正常的一部分。只有不满足于现状的运动员才可以避免犯错。

　　——错误是未来成功的基石。

　　——世界上最棒的运动员跟我们一样会犯很多的错误，只是他们所犯的错误比较细微并且很难被发现。

　　——不要害怕犯错，要从中吸取教训。与其因为害怕犯错而停滞不前，不如坚持进取精神，同时接受犯错，作为改善的代价。

　　——自我对话必须致力于达到优秀的表

现，而不是完美主义。

- **害怕失败**。"我很担心自己的团队今天无法出色发挥。""我很担心我没办法投篮得分。""我们必须赢得这次的锦标赛。"不管在什么时候，当说出这些内容时，我们已经成为一名害怕失败的非理性者。有时候，害怕失败是正常的。但是，当我们对于失败的关注超过对于获胜的关注时，就是不理性的。可以使用以下反驳方式，重新架构思维。

　　——当我们说某件事情一定会发生时，我们的真实意思是，我们无法忍受这件事情没有发生。事实上，虽然不希望发生的结果可能会导致麻烦甚至不愉快的事情，但是这个结果并不是令人无法忍受的。

　　——虽然每个人有时候都会出现糟糕的表现，但是糟糕的表现并不会让我们没有朋友，也不会让我们遭受危及生命的疾病或者摧毁我们挚爱的生活。

　　——发生怎样的事情会是最糟糕的呢？虽然事情发生时会令人很不愉快，但是我们可能之前就已经经历过类似的事情了。

- **追求社会认可**。"我必须赢得他人的赞许，同时给观看我表演的人留下印象。""如果我在这场比赛中没有发挥作用，那么我无法面对我的队友。""如果我没有办法打败对手，那么他们就不会觉得我是一名出色的运动员。"是不是在教练或者运动员身上可以看到这些想法呢？每个人都希望获得社会认可。但是，当教练和运动员过度关注取悦他人或者害怕被他人不认同时，

他们的要求就会变得不理性。可以使用以下反驳方式，重新架构思维。

　　——我们无法控制他人的思想或者他们行为的方式。

　　——吹毛求疵的人甚至可以在个人成就极高的明星身上找出错误。批评家会说乔丹过于懒散，菲尔·杰克逊过于情绪化，而文斯·隆巴尔迪（Vince Lombardi）太顽固。如果人们能够从历史上最伟大的教练身上找出问题，那么他们就可以在任何人身上找出问题。

　　——他人的想法无法影响我们的自我价值。

　　——取悦自己，同时寓教于乐。确保每天早上看见镜中的自己能够感觉良好。

- **追求绝对公平**。"生活必须是公平的，只要我刻苦勤奋地练习技能，我一定能够提高自身水平，出色发挥同时取得我本应拥有的回报。"认为生活必须公平的不理性的教练和运动员会有以下想法："我们一直以来都这么努力地训练，因此我们必然能够取得更大程度的能力提升""一次错误的判罚让我们在比赛中落败，这是很不公平的""一场糟糕的比赛就让吉尔（Jill）错过州决赛，这是不正确的决定"。追求公平是一种正常的需求。但是，当我们坚持生活必须总是公平的，而且必须按照我们的要求去做时，那么这就是不理性的。可以使用以下反驳方式，重新架构思维。

　　——生活不总是公平的。

　　——改善并不是稳定或者可预期的。能

力水平可能有上升、起伏和停滞的
发展趋势。即使改善不是很明显，
但是我们这样做可以为未来的成长
奠定基础。

——忘记自己无法控制的事情，同时
专注于将自己可以控制的事情做
到最好。坚持就会有回报！一般
情况下，不完全公平是正常的
事情。

- **社会比较。**"其他人的行为和能力表现比我
重要，而且还会影响我的比赛发挥。"社
会比较是一个比较隐秘的不合理信念，有
这种信念的人会认为："我们在跟这支球队
比赛时从来都没法出色发挥""他们真的将
重要一局的压力全部放在我们身上""只
有获胜才是最重要的"。有这种信念的人
过于在意无法控制的结果。例如，过度
专注于赢得比赛和有比他人更出色的表
现，而不是发挥自己最佳水平等可控制因
素。可以使用以下反驳方式，重新架构
思维。

——获胜是有能力限制的。即使我们的
能力发挥到极致，可能也无法取得
胜利。如果我们已经尽了最大的努
力并且完成自身能力的发挥，那么
我们不应该感到后悔。

——运动和生活的真正目的就是充分利
用自身的天赋追求卓越。

——我们无法控制其他人的能力发挥水
平，而其他人也无法控制我们的能
力发挥水平，除非我们愿意受控于
他人。因此，我们必须专注于如何
发挥出自身的最佳能力水平，同时
坚持自己的比赛计划。

优化自我对话

较为积极的自我对话可以提高自身能力
表现水平，同时可以相对简化过程。运动员
首先必须了解自身目前的自我对话模式（积
极和消极两种模式），接着使用不同的策略
积极地增强自身积极思维的质量并增加其
发生的次数。最后，运动员必须改正消极思
维。以下是优化自我对话的步骤。

加强对自我对话模式的意识

运动员可以用大量的策略来进一步认识
自我对话模式。可行的策略包括用意象回忆
出色和糟糕的能力表现、在训练中统计消极
思维出现的次数以及保持在训练后和比赛中
做好记录。

用意象回忆出色和糟糕的表现

要求运动员使用意象，回忆一场他们
发挥出色的比赛。在他们重新体验这场成功
的比赛数分钟之后，可以要求他们写下他们
对于那个时候的能力表现的具体想法。这
就是运动员采用自我对话来帮助自己取得胜
利的方式。接着，要求运动员使用意象回忆
糟糕的能力表现。在运动员记录下出色和
糟糕体验的思维模式之后，可以要求运动
员比较这两种模式，同时确定对他们能力
表现产生最大影响的积极和消极自我对话
模式。

在训练中统计消极思维出现的次数

另一种进一步认识自我对话模式的方
式是统计消极思维出现的次数。有些运动员
认为这样做比检查自我对话模式更具有启发

性。进行**消极思维统计**的最佳方式是用视频
记录消极思维，然后回放内容刺激运动员回
忆消极思维。但是，有些教练和运动员需要
一整天的时间进行自身的消极思维统计，因
为日常生活中的问题会影响他们的表现。为
了执行全天统计，我们建议在裤袋里放一些
回形针、几块钱或者太阳花种子。每次发现
自己出现消极思维时，就将其中一个东西放
到另一个口袋中。运动员所计算的总数会因
为运动员的注意力和挑剔程度的不同而存在
差异（总数一般为 5 ～ 150 次），所以将运动
员的总数进行比较是没有意义的。重要的一
点是，在使用聪明的对话之后，消极思维出
现的次数是否会减少。

保持在训练后和比赛中做好记录

通过在比赛中和训练后做记录，运动员
可能可以更好地确定自己与运动相关的自我
对话模式。当面对需要强调运动员必须控制
自身思维的特定情形时，可以要求运动员在
每天、一周几天或者不定期做训练后记录。
可以在每次比赛结束之后或者只是在特定的
比赛之后做好比赛记录。一开始可以要求运
动员完成几个训练和至少一场比赛的自我对
话日志（见图 7.2）。要求运动员记录训练或
比赛中的 3 种积极情形和 3 种消极情形。积
极的情形是运动员在任何情况下都可以执行
正确的方式、展示能力、展示团队团结和凝
聚力，或者体会到乐趣。在记录中，运动员
可以简单地描述每个情形，突显每个情形的
积极本质，接着记录自己在每个情形中的主
要情绪（例如，开心、满足、兴奋或自豪）。
接下来，运动员可以明确和记录他们回忆中
的特定积极思维。在学习新的打法时，运动

员的想法可能包括，"我做到了！我的付出
得到了回报。我迫不及待地想在下周采用这
种方法对付对手。"

接下来，运动员可以回忆在训练或比
赛中的 3 种消极情形的发生过程。在这些情
形中，运动员或团队会出现糟糕的表现和体
验消极的情绪。他们必须简单地描述每种
消极情形，记录在每种情形中的主要消极情
绪（例如，悲伤、不满意、焦虑、生气或尴
尬），同时明确他们在过程当中所体验到的
具体消极思维。

在评估个别的积极和消极情形时，如
果运动员很难保持完整且准确的训练或比
赛记忆，那么可以鼓励他们记录每天的**积
极心态**（positive mental attitude，PMA）得
分。PMA 的等级分为 1 ～ 10，其中 1 是运
动员生活中最消极的一天，5 指的是平均数，
而 10 是最积极的一天。PMA 得分可以代表
运动员在若干情形中每天的整体能力表现水
平。它可以反应运动员的整体心态。在了解
了优化自我对话的第一步（培养自我对话模
式意识）之后，接下来介绍如何构建积极
思维。

构建积极思维

通过专注于积极思维和不断重复积极思
维，大多数运动员都可以在自我对话中发生
显著的改变。运动员可以构建积极思维，接
着使用这个心理训练工具增强自信，提高专
注力，增强动机，控制压力，最终发挥最佳
能力水平。

运动员主动构建积极思维的一种方式是
使用**积极肯定**、座右铭和励志口号来激励自
己："我是一名天才运动员。我有能力做好

这件事情。"同时，教练可以使用积极肯定、座右铭和口号（例如，"步法是成功的关键！"）让运动员的注意力集中到训练或比赛的主要团队目标上。或者，教练可以不断地使用口号强化团队的特点或目标。另一种构建积极思维的方式是使用**提示词**，在特定的时刻（往往与目标紧密联系）快速提醒自己集中精神。提示词有利于引发自然反应。运动员在使用心理技能时可以使用提示词，例如，"放松""每次完成一个动作""我们每次比赛都可以出色发挥"。同时还可以鼓励运动员设计与能力表现相关的提示词。这些提示词可以让运动员将注意力集中到技术（"流畅的节奏"）、策略（"持续发挥作用"）等方面，从而提升运动员的主动执行能力。

　　虽然激励口号和提示词都非常有用，但是我们认为最好的方式是设计积极对话。制订一个一天可以重复阅读或使用4次或5次的**自我对话演示**。演示的时间可以很短（读完1个或2个句子的时间）或者比较长（达到3～5分钟），而且演示中往往包含积极肯定和提示词以及其他的积极思维。演示一般可以应用到各种常见情形，或者诸如训练准备等针对特定比赛或具体目标的特定情形。本书只专注于常见情形的自我对话演示。你可以自己设计自我对话演示来减少压力、提高专注力、调整唤醒水平、增强动机、增强自信心或者实现最佳能力表现。在设计自我对话演示时，可以按照以下步骤：决定演示的目的；明确包含各个目标的具体思维；组织促进进入状态和增强各个部分影响的思维；组织各个部分以便使自己可以进入流畅状态；以及设计吸引人的介绍和有影响力的总结。

自我对话日志

日常 PMA 得分 _____　　　　　日期 _____

积极情形	主要情绪	积极思维	阅读或演示的时间
1.			1.
			2.
2.			3.
			4.
3.			5.
			6.
消极情形	主要情绪	消极思维	反驳
1.			
2.			
3.			

图7.2　运动员可以使用这样的表格来跟踪自身的积极和消极思维

高中排球运动员的自我对话演示示例

我喜欢学校，因为学校给我提供了学习机会，让我学习了一些对我的工作和生活的其他方面有帮助的知识。我具备这些方面的经验，因此我知道我能够取得成功。当我遇到问题时，我知道有很多朋友会帮我解决这些问题。他们很关心我而且很希望我获得成功。我很喜欢跟朋友们在一起，同时我也喜欢有时间独处——我才是自己最好的朋友。在独处的时候，我可以有机会放松和享受生活，不会感到学校的压力或者受到他人的影响。我不需要给别人留下印象，因为我喜欢自己的方式。

我喜欢举重练习，因为举重练习可以让我感觉良好而且变得强壮。我知道，举重练习可以帮助我在秋季成为更好的排球运动员。一分耕耘一分收获！如果我努力训练，就会取得成功而且体会到乐趣。我喜欢全力奋战的感觉，因为知道自己尽了全力。当我在训练或比赛中感到疲劳时，我会迫使自己更努力地训练，因为这样我可以得到更好的能力提升，同时为自己的队友树立良好的榜样。我自己是一个很好的榜样，而且我还不断地帮助比自己年轻的队友。

我是一个坚定且自信的人。我不害羞和内向。我很自信，其他人想要知道我的所思所想。我的意见或提供的信息都很重要，因为大家都知道我是一个聪明的人。

我有时间做好一切事情，因为我有管理时间的能力。我的生活非常忙碌，所以我必须管理时间。我很喜欢忙碌地做很多事情，因为这样可以让我成为更好、更全面的人。

为了向运动员展示这些步骤，可以要求他们使用聪明的对话演示设计表格（见图7.3）以及针对聪明的对话演示的目的和想法（见图7.4）。首先，运动员必须确定表格（第1部分）中的目的，明确自己想在演示中展示的内容并填写在横线上。其次，运动员可以针对每个目标写出包含要点的具体想法（可以是具体想法、主张和反驳。运动员也可以使用他们自己的或者歌词或者引用的内容）。最后，运动员可以组织每个部分的具体想法，从而进入流畅状态。可以将最重要的想法放在首位或者末尾，以便最大化这些想法的影响。运动员可以在每个想法前面的括号里填上数字，以便在演示中展示顺序。

接下来是设计有效的介绍和总结。这两个部分都必须简洁、有影响力和令人难忘。介绍可以包含以下内容："我有一个可以在5 000米邀请赛中获胜的秘诀""只需再多花点心思就可以成为首发球员"。演示必须与以下令人难忘的内容紧密联系："既然心里已经有了计划，那就好好做吧""我现在很有信心，我就是这样做的"。最后要求运动员检查演示的时长和语言的生动性。演示必须足够短（1.5～3分钟），这样才能反复阅读。同时，演示必须足够具体，这样才能激发运动员想象预期的能力发挥水平。最后，运动员必须写下演示并制作自我对话录音。很多运动员都喜欢添加背景音乐来制造恰当的气氛。结合适当的节奏有助于运动员调整唤醒水平。也可以在训练和比赛的过程中使用另一种可以形成积极思维的方式。

聪明的对话演示设计表格

设计方法如下。第 1 步是明确聪明的对话演示的目的。查看与聪明的对话演示相关的目的和想法（见图 7.4）并选择 7 个目的中的一个或多个来设计自我对话演示。在这个表格的各个部分填写所选择的目的（例如，在第 1 部分中填写第 1 个目的，在第 2 部分中填写第 2 个目的等）。第 2 步是学习表格的内容，同时选择一个或多个具体想法来表达每个目的，并在每个目的对应的具体想法下面记录相关内容。每个目的下面都列举了想法示例。你也可以构思自己的想法或者借用其他人的想法。第 3 步是给每个部分的具体想法编号，从而最大化演示的流畅性和增强演示的影响。每个想法前面的括号里的数字可以反映演示中列出想法的顺序。第 4 步是重新编排每个部分，在每个目的前面的括号中填写等级，以便实现理想的演示流程，同时增强演示的影响。最后，设计一个简洁的介绍和一个有影响力的总结，从而最大化聪明的对话演示的有效性。

示例

目的（1）优点和有利条件提醒

具体想法：

（1）我具备很强的能力、奉献精神和职业道德。我可以胜任所做的事情。

（2）我是一名天才运动员。我所具备的技术和能力能够让我的一生都很成功。

第 1 部分目的（1）＿＿＿＿＿＿＿＿＿＿＿＿＿＿＿＿＿＿

第 1 部分具体想法：

（1）＿＿＿＿＿＿＿＿＿＿＿＿＿＿＿＿＿＿＿＿＿＿＿＿＿＿

（2）＿＿＿＿＿＿＿＿＿＿＿＿＿＿＿＿＿＿＿＿＿＿＿＿＿＿

（3）＿＿＿＿＿＿＿＿＿＿＿＿＿＿＿＿＿＿＿＿＿＿＿＿＿＿

（4）＿＿＿＿＿＿＿＿＿＿＿＿＿＿＿＿＿＿＿＿＿＿＿＿＿＿

（5）＿＿＿＿＿＿＿＿＿＿＿＿＿＿＿＿＿＿＿＿＿＿＿＿＿＿

图 7.3　按照指导，运动员可以使用这个表格设计个性化的聪明的对话演示

第2部分目的（2）_____
第2部分具体想法：
（1）_____
（2）_____
（3）_____
（4）_____
（5）_____

第3部分目的（3）_____
第3部分具体想法：
（1）_____
（2）_____
（3）_____
（4）_____
（5）_____

第4部分目的（4）_____
第4部分具体想法：
（1）_____
（2）_____
（3）_____
（4）_____
（5）_____

第5部分目的（5）_____
第5部分具体想法：
（1）_____
（2）_____
（3）_____
（4）_____
（5）_____
简洁的介绍：_____
有影响力的总结：_____

引用自 D. Burton and T. Raedeke, 2008, *Sport Psychology for Coaches* (Champaign, IL: Human Kinetics)。

图7.3 （续）

聪明的对话演示的目的和想法

选择第1部分中聪明的对话演示的主要目的。可以选择一个或多个目的。接下来，在第2部分中选择每个目的的具体想法、主张或反驳以便体现每个目的的本质。可以使用自己的想法或者借用其他人的想法。根据这些想法，填写聪明的对话演示。

第1部分：设计演示的目的

1. 提醒自己自身所具备的有利条件、优点和适合的个人素质。

2. 设定目标以及实现目标的行动计划。

3. 回忆过去成功的经历，特别是在面对相似情形或者克服障碍、失败或困境的时候。

4. 强调个人准备工作的数量和质量。

5. 将所有的情形都视为挑战而不是威胁，同时实施有效的问题解决策略。

6. 重新架构消极思维。

7. 将成功归结为努力地工作，提高个人能力以及处理内部、可控的或不稳定的因素所导致的失败。例如，必须更努力地尝试，提高心理准备能力，或者更充分地培养自身技能。

第2部分：具体想法、主张和反驳示例

1. 有利条件、优点和合适的个人素质提醒

　　a. 我是一个有天赋的人。我所具备的技术和能力可以让我成为生活中成功的人。

　　b. 最后，我将以我是谁而不是我做到了什么来评判自己。

　　c. 我有能力让自己成为一名可以在很多方面帮助自己团队的更好的运动员。

　　d. 我与我亲密的朋友和家人建立了深厚且有益的关系。

　　e. 我喜欢这样的我，同时也享受成为这样的我。我喜欢从镜子里看到的自己。

2. 设定目标以及实现目标的行动计划

　　a. 我有自己的人生梦想或愿景。

　　b. 我设定了目标、设立了优先权并制订了实现这些方面的行动计划。

　　c. 梦想是通过努力工作才成为现实的。

　　d. 我有时间、精力和智慧实现所有的目标。

　　e. 今天是"可以做""能做"和"把事情做好"的日子。

3. 记住过往相似情形下成功或者克服逆境的方式

　　a. 我过去在相似的情形下做得非常成功。

　　b. 我过去克服了困难障碍，而且我能够再次克服这些障碍。

　　c. 失败让我变得更加强大，因为它可以确定我需要提高的方面。

　　d. 我知道这只是时间问题。我的努力会得到回报，而且我也会取得成功。

　　e. 克服失败和逆境要求更加努力地投入工作、有效地实行计划和消除个人的不足之处。

图7.4　一旦阐明了目的，那么运动员就可以选择对他们最有意义和最有效的积极思维

4. 回忆个人准备工作的数量和质量

　　a. 没有人比我更努力，而且在关键时刻，我的状态更好而且愿意比对手付出更多。

　　b. 我仔细设计了针对身体、心理、技术和战术方面的训练，以便在这场比赛中完美胜出。

　　c. 我的教练教导我理解对手的比赛策略，以便成功地应用这些比赛策略。

　　d. 我已经做好了最大化自身优点和最小化自身不足之处的准备。

　　e. 我每天的训练都进步一点点，而且正朝着最好的自己慢慢靠近。

5. 将所有情形当作挑战而不是威胁，同时有效地解决问题

　　a. 每个人都会遇见失败和困境。冠军会将问题看作使自己变优秀的机会，同时克服困难。

　　b. 我认识到错误是正常学习的一部分。在我不断地学习和成长为更优秀运动员的过程中，错误是不可避免的。我会将每一次犯错看作学习的机会，同时努力让自己变得优秀。

　　c. 我会将每一个问题看作挑战。这是一个学习和成长为更好的个人和优秀运动员的机会。

　　d. 不管看起来多么没有希望或者多么困难，我都会接受挑战，同时尽我最大可能设计出能够让自己成功的策略。

　　e. 我会接受建设性批评，使用反馈，让自己成为更好的个人和运动员。

6. 重新架构消极思维

　　a. 我现在要集中精神做到最好，因为我无法改变过去或者未来发生的事情。我所能做的就是现在努力做到优秀。

　　b. 我接受无法改变或控制的一切。我无法控制别人看待我的方式或者他们所采用的打法。我无法控制自己是否具有天赋或者学习技能的速度。我无法控制裁判的决定、比赛条件或运气。但是，我可以控制自己努力的水平、态度、情绪和能力表现水平。我可以集中精神做好我所能控制的方面，同时不再担忧自己无法控制的方面。

　　c. 生活不总是公平的，而且这就是生活。我会继续努力工作，因为坚持不懈最终会有回报。

　　d. 我无法控制别人的想法以及行动的方式。即使是对于成就极高的运动员，人们也可能会吹毛求疵。我会努力取悦自己，同时享受比赛。我只需要做好自己。

　　e. 糟糕的表现会令人失望，但并不是可怕或令人无法忍受的。即使我打得不是很好，我的生活还是会继续。我会从错误当中学习，这样我在以后可以更成功。

7. 将成功归因于努力，同时将失败归结于不够努力或者需要培养技能

　　a. 在我朝着竞争阶梯向上进取的过程中，努力工作和培养技能可以让我不断取得成功。

　　b. 我知道，努力工作和持续训练会带给我回报而且让我成功。

　　c. 失败是暂时的。努力工作和持续发展技能可以战胜失败。

　　d. 借助足够的时间、耐心、努力和细心的计划可以克服失败。

　　e. 在面对失败时，我会集中精神专注于可以控制的方面。例如，更加努力地尝试、更快地做好心理准备、更全面地发展技能和享受测试技能的机会。

引用自 D. Burton and T. Raedeke, 2008, *Sport Psychology for Coaches* (Champaign, IL: Human Kinetics)。

图7.4 （续）

自我对话演示是一种构建积极思维的强大方式。建议运动员使用这个技巧，教练也可以采用这个技巧。演示可以根据时长和内容而有所不同，而且还适用于特定的事件或比赛。通过完善自我对话，运动员可以增强自身对自我对话模式的意识，同时更多地形成积极思维。现在，运动员必须有效地解决所有消极思维问题。

重新架构遗留的消极思维

尽管聪明的对话设计可以提升积极思维，运动员身上仍然会存在一些消极思维。这些消极思维会导致消极情绪和低于标准的能力表现。相对于只是使用积极思维替代消极思维，改正消极思维更加复杂。这里通常需要3个步骤。我们将这三个步骤称为"3个D"步骤：发现消极、无用或非理性的想法；借助思维停止或思维改变来破坏消极思维；使用有效的反驳阻止消极思维。首先，运动员必须学习如何发现或注意到自身扭曲的或非理性的思维。这些想法很难被运动员发现，因为它们往往会无意识和快速地出现，而且运动员之间存在发现问题的能力的差异。鼓励运动员寻找导致压力或其他消极情绪的想法。

一旦发现消极思维，运动员可以通过思维停止或思维改变等方式快速破坏或改变消极思维。思维停止是一种自我对话技巧。这种技巧可以强制破坏消极思维，然后使用更具建设性的思维代替消极思维。停止消极思维需要突然且强烈的刺激，这样才可以吸引注意力，例如，对自己说"停止！"。运动员也可以使用道具（例如，停止标志、红色

的旗子或者闪烁的红灯）停止消极思维。有些运动员可以使用行为提示停止自己"糟糕的想法"，例如，打响指或在出现消极思维时掐自己。思维改变就像电视遥控器一样，可以简单地将消极思维频道调到另一个比较积极和有用的频道。不管使用哪一种策略，很重要的一点是必须快速且强制破坏消极思维。

运动员可以通过反驳破坏消极思维从而完成重新架构过程。在这个步骤中，运动员可以使用逻辑规定消极思维是非理性和适得其反的，接着再制订一种更好的思维方式（Ellis，1996）。运动员可以使用图7.5来学习重新架构消极思维的方式。在本章前面的内容中，已经介绍了反驳消极思维的方法。与积极思维不同的是，反驳是解决方法，而不是简单地掩饰和隐藏消极思维。反驳的作用就像一名优秀的律师一样，可以对错误的信念进行梳理；接着使用逻辑论证进行反驳；最后使用逻辑、现实、有用的思维代替这些消极思维。如果玛丽（Mary）想要更多的训练时间，那么她就不需要担心教练会不会喜欢她。反驳可以减少她的焦虑："我无法控制教练的想法或者他希望我进行多少时间的训练。我必须集中精神专注于我能控制的方面，尽我最大的努力练习步法和定位球。"反驳可以改进问题解决方法，从而减少或消除威胁。通过发现、破坏和阻止消极思维，运动员会在训练和比赛中变得越来越积极和富有成效。

现在，我们已经学习了很多关于自我对话方面的技能。那么，教练应该如何将这些概念应用到训练和比赛中，从而帮助运动员培养聪明的对话技能呢？

重新架构消极思维的工作表

冠军运动员重新架构了激励他们实现最佳能力发挥的情形。相对于让情形指示自身的所思所想，他们主动创造了促进自身变优秀的积极心态。在这张工作表的左侧栏中，列出干扰的情形，接着使用表格右边的问题进行自我提问，以便更加积极地重新架构这些情形。

情形	重新架构的策略
我不喜欢或者抱怨的情形。这些情形会阻止我实现最佳能力发挥。	我应该怎样做才能将这个情形重新架构成积极的挑战呢？ 这个情形有哪些积极的/有利的方面呢？ 我能够从这个机会中得到哪些方面的好处？ 我能够从这个情形中学到什么呢？

经许可改编自 K. Ravizza and T. Hanson, 1995, *Heads up baseball: Playing the game one pitch at a time* (Indianapolis, IN: Masters Press), 3d, by permission of The McGraw-Hill Companies。

引用自 D. Burton and T. Raedeke, 2008, *Sport Psychology for Coaches* (Champaign, IL: Human Kinetics)。

图7.5 运动员可以使用这个工作表学习重新架构消极思维的方式

培养运动员掌握聪明的对话技能

聪明的对话可以体现教练尽最大的努力将科学的发现和训练经历应用到计划中，从而提高运动员自我对话技能的过程。聪明的对话技能的培养需要经过3个阶段。这3个阶段与其他心理技能的培养一样：教育阶段、习得阶段和实施阶段。通过这个过程，可以帮助运动员记住表7.2中所列出的自我对话的注意事项。

教育阶段

在这个阶段，运动员必须学习自我对

话以及了解目前自身所使用的自我对话模式。概括而言，运动员必须清楚什么是自我对话，了解特定的信念如何指引自身的情感和行为，以及明白积极和消极思维之间存在的区别。同时，运动员还必须知道如何通过构建积极思维和重新架构遗留的消极思维来优化自我对话。我们推荐举行一次或两次团队会议，为运动员提供关于自我对话的基本知识。同时，还可以分发

强调重要自我对话规则和应用策略的报告。为了帮助运动员进一步了解目前自身所使用的自我对话模式，可以要求他们在几天的训练之后完成一个自我对话日志（见图7.2），同时进行消极思维发生次数的统计。完成日志的关键是明确有利于运动员能力提高和影响能力发挥的自我对话类型，这样运动员可以构建良好的自我对话模式，同时改变消极的自我对话模式。

表7.2　自我对话的注意事项

应该做	不应该做
训练和比赛之前	
注重积极的自我认知和优点	专注于消极的自我认知和不足之处
注重有效的准备	专注于准备不充分或存在的问题
回顾自己之前的成功经历	思考之前的失败
注重积极的预期和目标	产生不现实的预期和设定消极的目标
使用有效的反驳重新架构不合理信念	不质疑不合理信念
训练和比赛过程中	
限制思维和依靠自发技能	想太多、过度分析或者尝试让事情发生
注重现在，而不是过去或将来	在过去的错误或未来潜在的问题上踌躇不前
注重过程，而不是结果，同时使用有效的提示词	过多地考虑结果
将问题视为挑战，保持积极的预期和目标	将问题视为威胁
重新架构消极思维，同时使用有效的问题解决策略	采取错误的重新架构方式或者非系统的问题解决方式
训练或比赛后	
将成功归功于诸如努力、心理准备等内部且可控的、可以提高能力的因素	将成功归结于外部因素或者将失败归结于可能降低能力的、稳定的内部因素
培养积极的未来预期和目标，采取行动完成和实现预期和目标，同时最小化疏漏的影响	产生消极的预期和设定消极的目标

习得阶段

我们推荐另外开一个小组会议来制订和实施聪明的对话技能训练计划。制订和实施这个计划的目的是帮助运动员根据目前的自我对话模式的质量和数量做出积极的改变。

这里包含两个步骤：设计思维模式以便让自我对话模式尽可能积极和有效，同时使用反驳重新架构遗留的消极思维。

简单的设计意味着让想法，充分且不断地重复，以便想法自然发生，最后成为信念。

自我对话演示是一种构建积极思维的不错方法。运动员可以使用之前所描述的过程（见图7.3和图7.4）来设计自己的演示。这是一种教练参与较少并且很好管理的过程。一开始，运动员每天必须阅读或展示演示4～5次。当运动员表示记住自己的演示之后，运动员开始进入自动使用阶段。阅读或展示演示的黄金时间包括每天早晨做第一件事情的时间、晚上做最后一件事情的时间、在上课的路上、在学习的休息时间、等待约会时以及训练之前和之后。在运动员完成了聪明的对话演示的设计之后，他们还必须重新架构遗留的消极思维。记住"3个D"步骤。增强对消极自我对话模式的意识，这样就可以快速发现消极思维。使用思维停止或思维改变来破坏消极思维。接着，使用有效的反驳阻止所有的消极思维，同时使用更具积极性和成效的思维取代消极思维。

确保定期检查自我对话模式。几周之后，可以使用自我对话日志收集数据。必须记录积极和消极情形、主要情绪、想法、反驳和PMA得分等。在可能的情况下，可以使用训练视频指导第二次消极思维统计，从而刺激运动员的回忆。正常情况下，随着训练的不断增加，运动员可以借助聪明的对话技能来保持更加积极的心态，同时更高效地使用反驳消除仍然存在的消极思维。运动员应让PMA得分增长，同时让消极思维的出现频率和严重性有所下降。

实施阶段

在这个阶段，可以改进自我对话日志和演示。此外，运动员可以在想象、训练和比赛情形中开始训练聪明的对话技能。

改进自我对话日志和演示

在运动员掌握了基本的聪明的对话技能之后，他们应该怎样做才可以持续自然地使用这些技能？可以鼓励运动员坚持使用自我对话日志，但是必须在添加更多限制的情况下使用日志。如果运动员无法有效地处理消极事件，那么他或她可以使用日志描述情形，同时确定有效的反驳方式。此外，运动员每天还可以持续监测自身的PMA得分。如果运动员的PMA得分下降到5以下，那么他们就必须明确存在问题的消极情形，同时设计有效的反驳方式。类似地，当连续3天或者以上出现PMA得分低于5的情形时，运动员就必须在接下来的3天里做好记录，以便确定可能导致问题的新消极思维。最后，只要能够自然地持续采用积极思维，运动员就可以减少阅读或展示自我对话演示的次数（例如，从每天4次或5次减少到2次或3次）。

意象训练

我们鼓励运动员记录他们在重新架构时感觉到困难的一系列消极情形。运动员必须在每个星期花几分钟进行几次意象训练。他们可以想象日志中最近的情形。对于每个情形，在运动员使用重新架构技能对抗错误的想法之前，他们必须认真地想象问题，同时体会对应的消极情绪。运动员必须不断地练习重新架构思维直到不再出现问题。他们可以构建应对消极情形的反驳方式。这些消极情形里专门设计了针对聪明的对话演示的问题。

在训练和比赛中使用聪明的对话技能

如果设计是有效的，那么训练和比赛中出现自我对话问题的频率会下降。问题出现时，运动员必须尽可能快地发现、破坏和阻止消极思维（见表7.2中的自我对话的注意事项）。此外，在时间允许的情况下，运动员也可以在训练后和开始设计恰当的反驳时将这些情形添加到日志中。

小　结

1. 自我对话是我们大脑中几乎不间断的稳定意识流和内部对话。其会对情绪、感受和能力表现产生重大影响。

2. 自我对话的ABC模式描述了想法是如何影响情绪和行为的。A指的是诱发事件。C指的是结果，即在此之后运动员的情绪和行为。B指的是运动员对于情形的信念或解读。相对于情形本身，信念在更大程度上决定了运动员的情绪和行为。

3. 8个积极的自我对话策略指的是：做一个乐观的人，而不是悲观的人；保持现实性和客观性；专注于当下，而不是过去或未来；将问题当作挑战而非威胁；认为成功是可复制的，认为失败是可克服的；专注于过程，而非结果；专注于自己可以控制的事情；区分能力表现和自我价值。

4. 批评家用于描述攻击和批判运动员的内在声音。它会在出错的时候责备运动员，同时将运动员与他人进行消极比较。批评家还会制订不可能实现的完美标准，同时在运动员无法达到标准的情况下猛烈地进行抨击。它还会夸大运动员的不足之处，最大限度缩小运动员的优点。聪明的对话只有在让批评家闭嘴的情况下才能发挥作用。

5. 成功的自我对话要求识别和改变消极思维，特别是扭曲的思维和不合理信念。

6. 5种常见的扭曲的思维包括小题大做、过度概括、指责他人、必须思维以及偏激思维。

7. 不合理信念是一种极具诱导性的消极思维。它以部分事实、不充分的证据或有问题的逻辑为基础。运动中5种常见的不合理信念包括完美主义、害怕失败、追求社会认可、追求绝对公平和社会比较。

8. 运动员可以使用反驳来重新架构思维，从而对抗扭曲的思维和不合理信念。

9. 优化自我对话的步骤包括加强对自我对话模式的意识、构建积极思维和重新架构遗留的消极思维。

10. 运动员可用以下方式强化对自我对话模式的意识：用意象回忆出色和糟糕表现、在训练中统计消极思维出现的次数，以及保持在训练后和比赛中做好记录。

11. 教练可以教导运动员通过自我对话策略构建积极思维。自我对话策略包括使用积极肯定、座右铭和激励口号、提示词和自我对话演示。

12. 积极自我对话的最佳方式是制订聪明的对话演示。演示时间不可以太长，这样运动员才能做到每天进行4次或者5次阅读或展示。

13. 使用"3个D"步骤重新架构消极思维：发现消极、无用或非理性的想法；借助思维停止和思维改变来破坏消极思维；使用有效反驳来阻止无用的消极思维。

14. 培养运动员聪明的对话技能包括3个阶段：教育阶段、习得阶段和实施阶段。首先，运动员必须学习自我对话的概念和评估自己目前的自我对话模式。接着，运动员必须构建积极思维，重新架构遗留的消极思维，同时监测自我对话模式的改善。最后，运动员必须将思维控制作为正常训练和比赛的组成部分。

关键术语

诱发事件　　害怕失败　　积极心态　　信念　　不合理信念　　设计　　指责他人

必须思维　　重新架构　　小题大做　　消极思维统计　　自我对话

过度概括　　自我对话演示　　批评家　　完美主义　　聪明的对话

提示词　　扭曲的思维　　追求社会认可　　偏激思维　　积极肯定　　社会比较

追求绝对公平

复习题

1. 什么是自我对话？

2. 如何运用自我对话？

3. 主动形成积极思维的8个策略是什么？

4. 什么是批评家以及批评家所使用的5种扭曲的思维是什么？

5. 运动中常见的5种不合理信念是什么？

6. 如何优化自我对话？

7. 对抗消极思维的"3个D"步骤是什么？

实践活动

1. 制作一个自我对话演示。可以使用聪明的对话演示设计表格以及聪明的对话演示的目的和想法报告。

2. 确定你在运动中出现的3～5种消极或非理性想法，同时对每种想法提供几种反驳的方法。

第3部分

提高心理技能

这个部分共5章，阐述了使用心理技能提高能力表现的方法。第8章介绍了动机的重要性并阐述了激励运动员的方式。第9章阐释了唤醒的基本内容以及唤醒对能力表现的影响，同时介绍了如何向运动员传授关于唤醒控制的基本知识。第10章阐述了注意力以及保持注意力集中的方法。此章旨在通过易于使用且系统的计划来培养运动员的注意力技能。第11章介绍了管理压力的基本技能，同时讲解了帮助运动员培养这些技能的方法。第12章阐述了"自信"这个重要心理技能的基本内容，自信对于能力表现的影响，培养自信的方法，以及系统地增强运动员自信的方法。

第8章

动　机

阅读完本章内容后，你应该能够：

- 理解动机的同时消除理解误区；
- 描述组织运动的方式，以便保持内部动机能够满足运动员的需求；
- 根据奖励的组织方式，描述奖励如何增强或破坏运动员的内部动机；
- 理解运动员在面对掌握技能、追求成功和避免失败时所表现出的不同动机；
- 使用所掌握的动机知识营造良好的团队氛围，从而最大限度增强运动员的动机。

想想那些你喜欢的著名运动员，如安妮卡·索伦斯塔姆（Annika Sorenstam）、小卡尔·瑞普肯（Cal Ripken Jr.）、兰斯·阿姆斯特朗（Lance Armstrong）、拉斐尔·纳达尔（Rafael Nadal）、泰格·伍兹（Tiger Woods）或米亚·哈姆（Mia Hamm）。众所周知，他们不仅是天才运动员，而且还是具备极佳职业道德和突破性的运动员。如果没有动机，即使是天才运动员也无法完全发挥自身的潜能。相反，具备强烈渴望和动机的运动员，即使没有特别的天赋，也可以获得诸多成功。

虽然运动员们尽了最大的努力，但是大多数教练还是会生动地回忆起那些与部分运动员一起共事的沮丧经历。这些运动员往往都没有达到动机最大化。部分教练会大声地喊叫：“我实在不懂为何我无法让这些运动员持续努力地训练。他们好像都在努力地做与运动无关的其他事情。我尝试了一切可行的方法，但是都无法激发他们的动机。”大多数教练有过与动机强的运动员一起愉快工作的经历。这些运动员都非常努力地训练，即使是在面对困境的情况下。他们的这种努力源自他们对运动的热爱以及致力于实现目标的满足感。在与这样的运动员一起共事后，教练可能会发表这样的言论：“我从来没有遇见过比他更执着的运动员。我知道他获胜的原因，我将把这个原因告知我的团队的每一名成员。”

事实上，激励运动员持续努力地训练、积极地竞争以及将自身能量专注于具体的目标是一个很大的挑战。在一切进展顺利的情况下，我们需要做的就是培养运动员的动机；而在面对逆境或非赛季时，我们所面对的全新挑战是如何保持运动员的动机。很多需要花费精力进行全面考虑的因素会影响运动员的积极性。幸运的是，重要的影响积极性的因素并不多而且易于理解。当我们与教练交谈时，他们会提出以下两个问题。

为何有些运动员比其他运动员具备更强的动机？

我应该怎样激励我所执教的运动员呢？

教练们想了解增强动机的秘诀。事实上，既没有权宜之计，也没有简单的解决方法。如果可以很容易地激励运动员，那么很早之前我们就已经掌握了增强动机的秘诀。因此，我们推荐教练先了解动机的基本知识。本章将帮助教练了解这方面的内容。相对于专注于过于简单的解决方法，本章将重点介绍为何运动员可以被激励。在介绍了这方面内容后，接下来将介绍如何在跌宕起伏的赛季激励运动员。

什么是动机

我们如何知道运动员的动机是否被激发了？答案是可以通过他们的表现来判断。那么，充满动机的运动员会有怎样的行为或表现呢？动机可以通过以下 3 种行为反映出来。

- 选择。运动员的选择可以体现其动机。动机强的运动员会选择打比赛、训练、设定挑战性目标，甚至在非赛季进行训练。
- 努力。运动员的努力程度也可以体现其动机，包括运动员训练的强度以及致力于实现目标的努力程度。
- 坚持。即使在面对困境和障碍的情况下，运动员坚持努力实现目标的时间也可以体现运动员的动机水平。

通过了解一些关于动机的谬见，我们可以更好地理解什么是动机。

谬见1：运动员要么有动机，要么没动机

有些教练认为动机只是简单的人格特质、一种静态的内部特征。他们认为，一名运动员要么具备动机，要么没有动机。他们不认为教练可以培养运动员的动机。对于这些教练，激励团队的关键在于寻找和招募具备健全人格的运动员。如果这一切都是事实，那么我们将无法做任何事情来激励动机并不强烈的运动员。但是，事实上，有些运动员比其他的运动员具备更强的动机。虽然这个观点并没有为教练提供任何关于培养和保持运动员动机的指导或指引，但是，事实上，教练能够帮助运动员培养动机。

谬见2：教练为运动员提供动机

有些教练认为，他们可以按照要求通过鼓舞人心的讲话，将动机像打预防针一样注入运动员体内。他们会使用关于如何面对即将到来的对手的口号、海报等。虽然这些策略有一定的作用，但是它们只解决了一小部分动机难题。动机是一个涉及很多方面的问题，而不是教练可以简单赋予的。

谬见3：增强动机意味着使用"胡萝卜加大棒"

有些专家建议，有效地增强动机意味着使用"胡萝卜（奖励）加大棒（惩罚）"来激励运动员做一些他们自己不愿意做的事情。这样做看起来无伤大雅。但是，从更深的层面来看，这样做的前提是假定运动员不

想做一些事情。于是，教练通过惩罚或奖励来激励他们做这些事情。强调"大棒"的教练往往会发现他们自己一直在逆流而上。"大棒"指的是惩罚、批评、责骂和制造内疚等负面激励方式。不管教练如何努力地尝试，他们都会遭遇运动员抵抗且消极的态度。这个方法不仅无效，而且会让运动失去乐趣。同样地，"胡萝卜"会导致更多的动机难题。教练必须理解运动员的需求，从而创造一种自然激励运动员的团队文化。

运动员的需求和内部动机

伟大的教练知道他们无法为运动员提供动机。但是，他们可以通过创造条件或营造团队氛围来激励运动员。教练可以通过认识**内部动机**的重要性来激励运动员。内部动机源自运动员在参加运动时所体会到的纯粹快乐和内部满足感。激励运动员的正确方式是让运动员热爱运动。通过这种方式，他们能够享受学习和掌握难度较高运动技能的过程，同时他们能够在努力实现挑战性目标时感到自豪。此外，他们还可以在参与运动时感到刺激和兴奋。

那么，培养运动员内部动机的秘诀是什么呢？答案非常简单：理解运动员对于运动的需求。与其他人一样，满足自身需求可以激励运动员。按照满足运动员需求的方式组织运动可以增强运动员的内部动机，而无法满足运动员需求的运动将削弱运动员的动机。运动员对于运动有哪些需求呢？各种不同的证据显示，运动员致力于满足4个基本的需求：对乐趣和刺激的需求，对被接受和归属感的需求，对控制权和自主性的需求，

以及对胜任感和成功的需求。

对乐趣和刺激的需求

　　当你向运动员询问他们为何要参加运动时，你觉得他们会怎么说呢？在一份针对近10 000名运动员的调查中，大多数运动员给出的理由是体会到乐趣（Ewing & Seefeldt，1990；Seefeldt，Ewing & Walk，1992）。体会到乐趣和培养技能甚至比赢得比赛还重要。在向退役运动员询问他们为何退役时，他们通常会说出以下这些内容。

　　"我觉得其他的活动更有趣些。"

　　"相对于运动，我更喜欢做其他的事情。"

　　"运动不再那么有趣。"

　　"我对运动感到厌倦。"

　　你发现运动员参加运动的原因和他们退役的原因之间的联系了吗？运动员体会到乐趣时，动机会油然而生。缺乏乐趣会让运动看起来像一份索然无味的工作，因而会削弱运动员的动机，甚至导致运动员退役。如果运动不再充满乐趣，教练也会发现很难激励运动员。

　　当运动员觉得训练活动充满刺激、挑战性和令人振奋时，运动会显得更加令人愉快。一名感到万分沮丧的年轻运动教练拜访了我（托马斯），因为他无法让团队成员产生动机。在一早过去观看团队训练时，我注意到一群年轻人站在一个没有网的篮筐外面进行一场激烈的篮球比赛。这些年轻人就是他执教的运动员。但是，当这些运动员站在体育馆时，他们正如教练所说的一样，完全没有训练的动机。训练非常紧张，组织严密且单调乏味。这些训练要么令人感到无聊，要么远远超出运动员的技能水平。孩子们总

是表现出与教练敌对的情绪。而教练经常采用责骂和惩罚的教导方式。这名教练完全没有意识到，这些孩子中的大多数都希望在打篮球的过程中享受乐趣，同时以愉快的方式学习技能。他们不喜欢一整天都在练习和训练。当然，他们更不喜欢面对教练的大声吼叫。当教练在训练后离开时，很多运动员都留了下来，然后开始打篮球。这时，整个氛围都改变了，每个人都拼命地争抢。这完全是一场充满笑声的紧张比赛。因为教练剥夺了运动员加入团队的一个主要的目标（体会到乐趣），所以他们只能在训练之外满足自身的需求。

　　第一次开始训练时，大多数运动员都会产生内部动机。教练所面对的一个挑战是避免破坏运动员进行体育运动的内部动机。有些教练错误地认为趣味性意味着简单的练习、无聊的比赛和数不清的球队舞会。事实上，挑战性训练、高强度练习和专注于技能培养是很有趣的。当运动员体会到最佳的激励和兴奋时，趣味性被最大化。没有人会觉得不断地失败是一件有趣的事情，因此成功必须是训练的一部分。大多数运动员在面对缺乏挑战性的沉闷训练时会感到无聊。因此，教练必须为具备能力的运动员设定合适的技能难度。通过这种执教方式，运动员会感到有挑战性，但是不会觉得不堪重负，因为他们有能力完成这些挑战（见图8.1）。

　　聪明的教练很早就知道满足运动员对乐趣的需求可以增强运动员的动机。同时，他们还知道，运动员必须通过练习才能学会和提高技能。富有创造性的教练能够找到促进运动员技能发展的方式，而且这些方式还可以满足运动员对乐趣的需求。下

面列出了几个例子。

- 使用发展进程保持技能与挑战之间最佳的平衡。
- 通过不同的活动保持训练的刺激性。
- 通过内容丰富有趣、具有游戏性的活动来教导运动员们关于使用目标技能的基本知识。
- 保持所有运动员都积极参与。不要让运动员站在长队中等待,那样会让运动员感到无聊。

- 在每次训练时都留出时间,这样运动员不仅可以完成训练,而且还可以接受教练的评估和反馈。

　　组织充满乐趣的运动非常重要。它不仅可以激励运动员,同时还可以帮助运动员培养自身技能。当运动员享受运动时,他们的动机会增强。而运动员在受到激励的情况下可以进一步提高自身技能。随着自身技能的提高,运动员可以更好地享受运动。

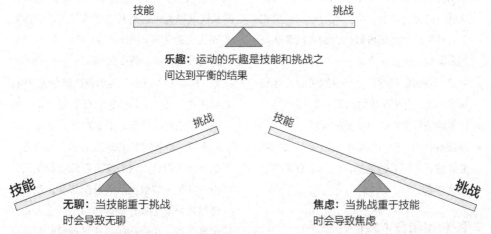

图8.1　营造一种能增强运动员动机的气氛。这种气氛必须让运动员感到有挑战性和兴奋,同时又不会打击他们的自信心

经许可改编自 M.E. Ewing and V. Seefeldt, 1990, *American youth and sports participation: A study of 10,000 students and their feelings about sports* (North Palm Beach, FL: Athletic Footwear Association), by permission of the Sporting Goods Manufacturers Association (SGMA).

　　教练减少运动的乐趣时,主要以享受乐趣为动机参加训练的运动员会表现出纪律性问题。这些运动员会努力寻找有趣的创新方式,因此他们会被认为出现了要滑头或纪律性问题。有些教练认为,回避按照教练的方式训练的运动员缺乏训练的动机。事实上,只要不按照教练所指示的方法训练,这些运动员往往会有较强的动机进行训练。

对被接受和归属感的需求

　　运动员通过运动努力满足的第二个基本需求是被接受和拥有归属感。当运动员感到自己适应团队同时被队友接受时,这个需求就得到了满足。事实上,有些运动员参加运动的主要原因是,他们享受与朋友们在一起以及成为团队的一分子。教练可以将满足这个需求作为强大的激励方式。以下是一些指导方针。

- 确认这些运动员经常响应的团队目标。虽然良好的能力表现和赢得比赛可能对于他们而言并不如认同团队重要，但是他们还是会发自内心地希望实现团队目标，因为他们渴望成为团队的一部分。
- 组织活动，让运动员们在一起了解彼此。社会活动是一种帮助运动员获得被接受感和归属感的不错方式。
- 组织团队建设活动以便提高团队凝聚力。通过一起努力实现一个并不与运动直接相关的目标，运动员可以认识到自己和队友们之前所忽视的优点。
- 营造一种团队氛围。这种氛围可以让运动员感到他们在相互帮助，而不是互相对抗。
- 让老运动员担任新运动员的导师。
- 确保所有的运动员都感到自己是团队中重要的成员，而且他们的角色非常重要并且受到尊重。

对控制权和自主性的需求

这是一个重要且容易被忽视的需求。事实上，人的一个重要的需求就是培养自主性。这是青少年成长为成人的过程中特别重要的需求。满足这个需求要求运动员控制自己的生活，同时确定自己的行为方式。一旦他们选择参加运动，那么他们就必须拥有主人翁意识，同时能够在面对影响自身参与性的决策时拥有话语权。否则，他们会体会到必须以某种方式行动、思考或感觉的压力或义务。高度自主性会激励运动员参与到运动中，而较低的自主性意味着运动员必须参与运动（带有强制性）。

增强运动员动机的一种好方法是帮助运动员培养个人责任感。获胜的压力、悬在运动员头顶的奖学金以及遵守执教要求的必需性会导致运动员觉得自己受控于教练，从而削弱自身的动机。根据大量科学证据（Deci & Flaste，1996）我们得出了一个结论：缺乏控制自己生活的权利会破坏内部动机，削弱成就感、自我责任感以及对自我价值的体验。给予人们控制自己生活的机会同时鼓励个人发展，可以增强内部动机。培养个人责任感不仅可以增强运动员的自主性和动机，而且还可以促进运动员的个人发展。大多数教练认为运动可以帮助运动员培养责任感，但是很难为运动员提供证明其具有责任感的机会。问题非常清晰：运动员被赋予责任时，他们往往没有很好地承担责任。他们不可能总是做出最好的决定，而这些错误会影响团队的表现。背负必须获胜压力的教练或者为了提升自我而执教的教练，可能会很快地放弃担负这种威胁到团队获胜的责任。我们可以使用几个策略来帮助运动员培养主人翁意识和责任感。在恰当时，让运动员参与制订决策，提供选择权以及征求他们的意见。例如，教练可以为运动员提供对于调整训练制度的话语权，同时教导运动员如何设计自身的训练计划。在运动员学习了更多有效的训练规则后，教练可以赋予运动员越来越多的责任。当教练认为运动员已经能够成熟地处理问题时，可以鼓励运动员尽可能多地承担责任。当运动员证明自己可以很好地承担责任时，教练可以提供框架和指导，然后为运动员提供更多控制权。当运动员在承担责任时出现了错误，教练可以积极地帮助他们更好地了解负责任地采取行动的方式。运动员不应该期望自己可以自由发展，但是他们在有组织的环境中必须能够拥有选择权。

促进这种渐变责任感发展的教练不需要所有的决定都进行表决。有一些决定只需要教练负责。但是，在运动员获得某些控制权后，教练就有可能培养出自律的团队。在这样的团队中，运动员会拥有强烈的主人翁意识。

总之，满足运动员对控制权和自主性的需求，必须确保他们在参与运动时拥有主人翁的意识。以下是几种实现的方式。

- 介绍自我决定的基本原理。
- 确保运动员拥有他们必须作为主宰自己命运的主人翁而不是棋子的意识。
- 征求运动员的意见，同时在可能的情况下提供选择。
- 让运动员参与设计训练计划和比赛策略、评估训练和比赛、制订团队规则和团队合同或任务，以及选择队长。

对胜任感和成功的需求

感觉到自己能胜任是动机最重要的组成部分之一。具有**胜任感**意味着能够正确地认识个人的技术才能，同时感觉自己具备在运动中获胜的能力。令人不解的是，即使运动员感到很失败，他们还是会努力地训练，或者甚至保持运动。运动员会采用很多种方式来判断自己的运动技能和成就。即使是选择队员的行为也会影响运动员的胜任感。总是被队友第一个挑选出来会让运动员充满胜任感，从而自然而然地增强了运动员的动机，而总是被最后一个挑出来会导致运动员认为自己无法胜任，从而产生不再参与运动的想法。

运动员的胜任感可以通过成功挑战任务、教练的积极反馈和父母的支持而不断提升。高效的教练必须花费大量的时间和精力设计让每名运动员体会到胜任感的训练。事实上，教练的责任是确保运动员发展了正确的技能和拥有运动成功感。可以使用本章关于开展有趣的运动、帮助运动员体会胜任感和成功的内容中所列出的策略。本章稍后的内容以及在第 12 章中还将提供附加的建议。虽然成功的体验对于胜任感极为重要，但是在生活和体育世界中，失败是不可避免的。不管天赋如何，所有的运动员在某种情况下都会经历失败、困境和挫折。运动员应对失败的方式会对长期的动机产生巨大的影响。本章稍后的内容将进一步阐述运动员应该做好怎样的准备来应对成功和失败。

奖励的影响

在努力满足运动员需求的过程中，很重要的是理解奖励是如何增强或破坏运动员的内部动机的。实际上，运动涉及内部动机以及各种各样的外部动机。可以采用有形的奖励来激励运动员，例如，奖牌、字母小外套、奖杯、全明星资格以及运动员奖学金。无形的奖励也可以让运动员非常努力地比赛，例如，公众认可和家庭成员、教练和朋友的认可。

有时候，奖励（外部动机）会将比赛转换为工作，从而破坏运动员的内部动机。在《奖励的惩罚》（*Punished by Rewards*）（1999）中，科恩（Kohn）表示，一系列持续的研究发现，奖励可能会产生事与愿违的结果。有时奖励不仅无法增强动机，事实上还会破坏动机。在提供奖励的情况下，人们会倾向于很快失去兴趣，轻易地放弃，最后导致更加糟糕的能力表现。虽然从长远的角度来看，奖励能够让运动员在短时间内有效地服从管理，但是大多数情况下往往会产生适得其反的效果。当"魔术师"约翰逊被询问大学招聘人员为他提供了怎样的条件时，他说："他们为我提供了汽车和金钱。这些让我感到厌烦。感觉他们想要收买我一样。我不喜欢被人收买的感觉"（Weinberg，1984）。

以下是一个现在已经成为经典的故事，该故事生动地描述了奖励破坏内部动机的可能性。这是一个关于一个老人如何阻止一群孩子每天中午在他房子附近的空地上吵闹玩耍的故事。他越是喊叫，孩子们越是吵闹，而且玩耍的时间越长。一天，他将孩子们叫到他的房子里并告诉他们，他喜欢看他们玩耍，而且他希望他们能够继续在空地上玩耍。他表示，他会每天给在放学后到空地上玩耍的孩子每人1美金。第二天，孩子们都满腔热情地玩耍并且拿到了钱。接下来的一天，老人很抱歉地向孩子们解释，他只能够支付他们75美分。然后，在接下来的两天里，他先将报酬减少到50美分，接着是25美分。到了第5天，老人告诉孩子们他没有钱了，但是真心希望他们能够继续在空地上玩耍。孩子们愤愤不平地宣布，他们不会无偿在空地上玩耍！这样，问题就解决了。

可见，这种情况下的奖励会让运动员觉得自己被控制或者收买，从而导致内部动机渐渐受到破坏（见图8.2）。如果奖励降低了运动员的胜任感，那么会导致其内部动机减弱。在将奖励无意识地与运动员的技能或团队贡献的某些消极方面联系在一起时，这种情况往往会发生。如果奖励有利于运动员充满成就感，那么这种方式就可以增强他们的胜任感和内部动机。这种给予奖励的情况包括认可运动员能力的改善、达到优秀标准或者实现目标。但是，有些奖励并不会对运动员的内部动机产生实际影响，包括没有基于成就表现的奖励以及与运动员能力没有任何联系的奖励。事实上，这些奖励还会削弱运动员的胜任感。例如，青少年运动中的参与者奖励。虽然这种方式源于良好的用意，但是这样的奖励会让运动员觉得，教练并没有真正认可他们对于团队的贡献。因为重要的团队成员可以获得有意义的奖励，而他们没有。但是，如果参与者奖励个性化而且具体到每名运动员对团队的贡献，那么这种做法可以提升运动员的内部动机。

那么，这是否意味着教练不应该使用奖励来激励运动员呢？当然不是。事实上，成功的教练可以熟练地使用奖励提升运动员的内部动机。正确地组织外部强化刺激可以同时提升运动员的内部动机和外部动机，从而最大化整体动机。

- 在有意义的成就基础上，奖励可以提升内部动机，从而提升运动员的胜任感。有经验的教练可以帮助运动员理解奖品或奖章的意义，让运动员体会获得最后奖励的自豪感以及成就感。
- 运动可以带来很多针对获胜等结果的外部奖励。在不考虑获胜和落败的情况下，教练可以使用奖励表明认可运动员的努力、能力提高和表现质量，从而增强运动员的胜任感。

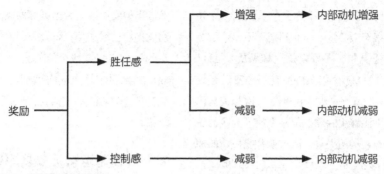

图8.2　奖励和内部动机

- 可以使用奖励来帮助运动员将外部动机转换为内部动机，特别是对于一开始内部动机水平比较低的运动员。例如，有些休闲跑者一开始是出于外部原因而参加公路赛的。这些外部原因包括可以获得T恤衫和锻炼身体。随着时间推移，这种想法发生了改变。他们继续跑步是因为他们享受跑步以及跑步所带来的成就感。类似地，教练可以使用奖励来培养运动员一开始对于运动的兴趣。接着随着运动员内部动机的不断增强，教练可以慢慢减少或取消奖励。
- 不需要很丰厚的奖励也可以提升运动员的动机。外部动机的作用来自奖励的意义，而不是奖励本身的价值。简单的奖励可以强化自豪感和成就感，从而对于提升动机产生巨大的帮助（Jensen，1999）。简单的奖励可以是为建设团队凝聚力的运动员提供"胶水奖"，或者向心理坚韧性强的运动员提供"钉子奖"。事实上，小的奖励相对于大的奖励比较不会被看作控制运动员的方式，因此小的奖励往往在提升内部动机方面更加有效。

使用奖励培养内部动机是一门艺术。内部动机的奖励效果由所提供的信息决定。如果奖励提升了运动员的胜任感并且不再被认为是一种控制形式，那么这种奖励可以提升他们的内部动机。很重要的是，不可以过度奖励，也不可以以控制运动员或减少运动员自主性的方式进行奖励。运动员会对操控感做出消极的反应。教练可以奖励有意义的成就，同时帮助运动员认识到奖励可以作为不错的纪念方式。比赛的主要目的是获取源自经历的享受以及满足感。

应对成功和失败

以下介绍几个关于动机的难题。培养和保持内部动机的关键在于满足运动员的需求。因此，我们可以根据这个原理增强运动员的动机，同时避免破坏运动员的动机。在组织方式正确的情况下，教练可以使用外部动机来增强内部动机。接下来关于动机的问题是理解运动员是如何应对成功和失败的。相对于失败的运动员，激励获得成功的运动员会更容易些。但是，也存在例外：虽然有些运动员可以更加积极地对成功做出反应，但是有些运动员会过于自满或者看起来不为所动。

在面对困境时，有些运动员会保持乐观，继续努力尝试，而且丝毫看不出他们会失败。迈克尔·乔丹就是这样做的："我已经错失了9 000个以上的投篮……我已经经历了大约300场失败。我曾经26次相信自己可以投中比赛决胜球，但是失败了。我的一生不断地在经历失败，而这就是我成功的原因"（Greenfield，1997）。但是，有些运动员在面对困境时会变得消极而且不再努力尝试。接下来，我们将了解运动员应对成功和失败的方式。

掌握导向和结果导向

运动员都想证明自己的能力，同时避免被证明自己缺乏能力。在这种情况下，他们可以采用**掌握导向**或者结果导向。以两位典型的运动员为例，他们是杰米（Jamie）和乔什（Josh）。杰米很享受胜利的感觉，重视运动挑战并且看重自身能力提高的程度。乔什喜欢做到最好并且渴望被认可。在他完成一个其他人觉得很难的任务时，他会觉得很有成就感，认为自己很有天赋。因此，杰米和乔什对于成功的定义存在明显的不同。掌握导向型运动员（例如，杰米）会根据个人标准定义成功，例如，努力、提升能力、个人发展、任务完成度等。努力工作的满足感可以激励他们提升能力和实现个人挑战目标。即使他们在比赛中失败了，掌握导向型运动员仍然会因为自己良好的表现而感到很成功。如果要求掌握导向型运动员列出影响运动成功的关键因素，他们会表示，原因在于他们喜欢提升能力、努力工作和坚持不懈的过程。相反，结果导向型运动员会根据自己与他人的比较结果来判断自身的成功和失

败。当他们比别人做出更好的表现时，他们会觉得自己很成功；而如果他们的表现没有达到标准水平，那么他们会觉得自己很失败。如果要求结果导向型运动员描述运动成功的基本条件，他们会特别强调天赋和才华。

掌握导向型运动员及其动机

在面对成功和困境时，掌握导向型运动员都会表现出很强的动机。他们很可能实现持续地成功并对自己的成就感觉良好，因为他们会根据自己能够控制的因素定义成功。这些因素指的是努力、能力提升水平等。他们会努力尝试并完成挑战性任务。即使在面对失败的情况下，他们也会不断地继续努力（见表8.1）。托马斯·爱迪生（Thomas Edison）是一名优秀的掌握导向型人物。他进行了数以千次的尝试才发明了电灯。在这个过程中，他没有感到气馁，即使他周围的所有人都放弃了希望。他认为，每次失败的尝试都让他向找到可行的方法迈进了一步。

掌握导向型运动员会在挑战中努力成长、自信且动机强烈地应对逆境。即使在面对失败的情况下，他们也会深挖自己的潜能并坚持至实现成功。事实上，掌握导向型运动员并不认为自己失败了。虽然他们确实认识到自己仍然没有取得成功，但是他们并不认为这就是失败。这种心态会激励他们继续坚持，同时制订策略以实现成功。他们坚持的原因是他们认为自己的努力最后会获得回报，而且他们的能力水平也会得到提升。大卫·杜瓦尔（David Duval）在赢得美国职业高尔夫球联赛巡回赛冠军之前已经参加了86场比赛。1998年，他不仅在巡回赛中获

得了报酬而且创造了纪录。在那段日子里，他从来没有认为自己是一名失败者，因为他总是不断地进取并提升自身能力（Duval，1998）。所有的运动员都会经历消沉、停滞以及看不到任何进步的时期。掌握导向型运动员会集中精神努力提高自身能力，同时保持较强的自信心，因为他们觉得自己总是在接近突破和经历成功。基于这种心态，他们会成为教练的开心果，同时他们也可以全面地发展自身的潜能。

当这些运动员经历成功，同时对自己的能力越来越自信时，他们的动机会继续增强。不管能力的提升如何不明显，每一次能力的提升都可以鼓舞这类运动员进一步努力训练，因为他们知道自己正在朝着目标不断进步。具备挑战性但可以实现的目标可以吸引掌握导向型运动员，因为挑战性任务会为他们提供更多培养技能和获得成功的机会。他们会因为努力训练、尽力准备等内在品质

获得成功并受到好评。在这种情况下，他们会对自己的成就感到自豪，同时产生以后他们可以再次取得成功的积极预期。将成功归因于努力和技能提高可以激励运动员数周、数月和数年努力训练。在需要的情况下，这种激励还可以让运动员自身的长期发展达到最大的限度。

掌握导向型运动员会将失败归结为缺少努力、在比赛的重要时刻表现出了较低水平的能力、身体或心理上没有做好比赛的准备或者任何在以后可以改变的其他方面。掌握导向型运动员会采用修复和改善的方式对失败负责。失败并不是威胁，因为失败并不是他们潜在能力和自我价值的消极反射。他们自信下一场比赛会出现完全不同的结果。在他们看来，失败是成功的基石。健康的心态倾向于因为成功而受到好评、同时可以承担失败的责任。教练应该帮助执教的运动员培养这样的心态。

表8.1　目标导向：速成课程

掌握导向		结果导向	
特征	掌握导向型	探索成功型	回避失败型
目标设置类型	注重学习和个人能力提高。具备较强和较弱胜任感的运动员都认为他们能够取得成功	注重社会比较和获胜。因为他们可以获得不错的社会比较，所以是具有较强胜任感的运动员。动机为获得成功	注重社会比较同时害怕失败。因为他们会获得糟糕的社会比较，所以他们是具有较弱胜任感的运动员。动机为避免失败
任务选择	困难、挑战性任务抓住学习的机会，即使存在失误的风险	挑战性但现实的任务。如果犯错的风险很高，会牺牲学习的机会	很难或非常容易的任务。会牺牲学习的机会避免展示自己较低的能力水平
努力程度	坚持努力以便最大限度地学习技能和提升能力	只是按照需要的程度努力，以展示积极的社会比较	选择需要较少努力和温和的任务以避免展示自身较低的能力水平。对容易的任务会努力付出以避免失败。可能会对难度较大的任务付出较多的努力

（续）

掌握导向		结果导向	
特征	掌握导向型	探索成功型	回避失败型
对失败和挫折的反应	提高努力程度同时坚持不懈	只要相信自己能够取得成功就会不断地努力	放弃并且完全不会尝试
认为成功和失败的原因	成功源自努力和能力提升。失败源自有些方面有待提高，例如，努力程度、技能发展等	天赋决定成功。失败是因为不受重视或者因为有些方面还可以提高	成功是因为运气或者任务简单。失败是因为能力不足

探索成功型运动员及其动机

　　探索成功型运动员属于结果导向型运动员，他们对自己的能力很自信。这些运动员通过激励可以成为最棒的运动员。就像前文提及的乔什一样，探索成功型运动员觉得自己很有天赋，因此当他们成功地完成其他人很难做到的任务时，他们会感到非常满足。一般情况下，探索成功型运动员会展现出积极的动机品质。他们的主要目标是通过与他人的比较来展示自己的天赋。同时，他们认为，他们能够获得成功。只要他们充满自信，就可以做出比较不错的表现，同时更加努力地争取成功。在面对选择时，他们会选择充满挑战性且现实的任务，以便最大限度增加自身良好表现的机会，同时展示自身的能力水平。在极其简单的任务中取得成功并不能展现他们的天赋，在难度极大的任务中取得成功却又不大可能。探索成功型运动员会通过将成功归结为自身能力和天赋来内化成功。而这种内化的自信是建立在成功的次数上的。

　　虽然这类运动员一般具备积极的动机品质，但是他们只会按照需要的程度努力工作。这些运动员往往会在非赛季出现训练困难，因为他们认为天赋是成功的关键，而不是努力。在赛季，他们有时候会使用训练策略。但是，这些训练策略无法有效发展他们的潜能。偶尔，他们也会在训练和比赛中出出风头。根据他们的能力观点，他们认为，相对于不需要全力以赴就可以取得成功的运动员，努力尝试完成任务的运动员都是缺少天赋的。此外，相对于尝试新的技能和策略，这类运动员会将注意力放在自己熟悉的步法上以便确保自身能力的良好发挥。虽然这种方法有利于运动员在短时期内取得成功，但是这种方式会限制运动员长期的发展。

　　在对偶然的失败做出反应时，探索成功型运动员会做出良好的反应，同时将成功缺失归结为通过技能发展可以修复的某些方面的能力。但是，探索成功型运动员无法总是对逆境做出良好的反应，特别是在持续较长时间的情况下。任何对他们的天赋做出的消极反应都会被认为是对他们自身价值的威胁。这样的运动员很难将自身能力表现与自我价值区分开来。相对于承担失败的责任，他们倾向于忽视失败，将自身糟糕的能力表现归咎于外部因素，例如，运气不好、糟糕的比赛条件、教练或者讨厌的裁判。这对于结果导向运动员而言是一个影响动机的极其不利因素。运动员很难根据自身与他人的能力比较结果维持自己有能力胜任的感觉，因为他们已经展现出了自身最佳的能力水平，但是仍然功亏一篑。无法控制成功会导致结果导向型运动员很难保持较强的胜任感；很少有运动员能够一如既往地胜过他人，特别是在他们朝着竞争梯子向上前进的情况下。总之，在每一场比赛中，至少会有一半的竞争者会落败。如果探索成功型运动员一开始就怀疑自身的能力，那么他们会成为回避失败型运动员。

回避失败型运动员及其动机

回避失败型运动员指的是怀疑自身能力的结果导向型运动员。相对于努力证明自己的成功，他们侧重回避失败，因为他们怀疑自己无法达到可以与他人比较的水平。例如，特丽（Terri）是一名很有天赋的运动员。在加入运动队的第一年里，她已经成长为一名出色的高中生运动员。她极其专注于训练，而且很想成为全美明星队队员。但是，她在大学运动转型方面遇到了一些困难。在中学，她一直是赛场上的最佳运动员，因此她很难面对这种万里挑一的情形。后来，特丽越来越消沉，变得非常不自信。当她连续输给几名过去她可以轻而易举打败的对手后，她感到自己彻底崩溃了。她开始在每次比赛之前感到特别焦虑。焦虑感导致她的能力发挥得很糟糕，结果她越来越焦虑，最后形成恶性循环。

像特丽这样的运动员在开始质疑自身能力时会失去动机。运动可以清晰地确定成功者和失败者。这类运动员怀疑自身的能力，因此他们会主动避免失败（这显示出他们所害怕的是暴露自身较低的能力水平）。回避失败型运动员会回避挑战，很容易激动而且

倾向于放弃对失败做出反应。他们的自信心很快就被消磨殆尽。即使他们能够持续发挥出不错的能力表现水平，也会在面对某一次糟糕的比赛时感到灰心丧气，然后反过来怀疑自身的能力。因为自我怀疑和焦虑，他们会倾向于回避需要长期培养技术的挑战性任务，同时快速放弃应对困难情形。他们会更多地注重回避失败，而不是努力争取成功。因此，他们不可能全面地培养自身的技能。

这些运动员回避失败和保护自我价值的方式是什么呢？答案是避免可能反映自身能力的情形。这些运动员往往会选择不再参加运动或者避免参加比赛。如果他们确实参加了比赛，那么很可能会中途退出。有些运动员会学习保护自我价值的方式。他们会象征性地付出努力，但是只是付出很少的努力。这样其他人就不会发现他们害怕自己缺少参加比赛的能力。实际上，他们认为，如果很努力地尝试，然后还失败了，那么所有人都会知道他们缺乏天赋。只要不尝试努力，那么他们就可以为自己糟糕的能力表现找到借口："我本来是可以成功的，但是我没有尝试。"在回避失败型运动员看来，不尝试比被其他人发现自己能力不够更安全。这种方法的糟糕之处在于，只是付出部分努力就几乎可以保证这种不顾一切想要避免的失败。

另一种常见的避免失败的策略是这类运动员会不断使用借口同时将可能的失败归咎于外部因素："这周我身体不适""我的踝关节有点毛病，因此我觉得可能无法正常发挥""我还没有适应这种呼喊声"。与象征性努力策略一样，这些都是其保护自身脆弱的自我价值的借口。回避失败型运动员还会倾向于选择容易应对的任务。这样他们就可以保证取得胜利，从而避免展现自己较低的能

力水平。有时，这些运动员也会选择非常难的任务。在这种任务中，没有人会期待他们能够获得胜利。如果他们失败了，那么他们可以将失败归因于任务本身的不可能性，而不是他们自身缺少能力。如果他们能够努力实现目标，那么他们会将这个任务看作对自身天赋的积极反应。

识别与回避失败型运动员相关的动机特征是非常重要的。通过这种方式，我们就可以正确地诊断运动员的动机问题。回避失败型运动员表面上看起来并不是很在意结果，但是事实上他们非常关注比赛结果。其实，运动员并不是缺少动机，只是很难激励他们全力以赴，因此他们倾向于避开失败而不是努力争取成功。有些教练尝试用成功的经历来激励回避失败型运动员，希望持续成功能够帮助这些运动员养成探索成功型运动员的品质。但是，他们往往发现回避失败型运动员拒绝追求成功。相对于内化成功，他们会低估自身良好的能力表现，认为只是运气好或对手没有处于最佳状态（或者其他外部因素）。结果，成功并没有给他们带来积极的成就感，同时也无法增强他们的自信，让他们认为自己有能力在以后再次取得胜利。在这种情况下，因为运动员对于自身能力的低估，成功无法对他们的自信或动机产生任何影响。

虽然回避失败型运动员并没有因为获胜而获得好评，但是他们糟糕的能力表现反过来会降低他们的自我价值感。在失败或产生糟糕的表现后，运动员们会羞愧地低下头，因为他们觉得自己缺少天赋。失败会再次强化他们动作太慢、不协调或缺乏运动天赋的理念。这种理念会再次挫败他们尝试努力表现的动机。这种对自身失败的归责倾向会进一步导致他们低估成功，招致更大的失败。

营造掌握导向型团队气氛

在阅读了关于掌握导向型运动员、探索成功型运动员以及回避失败型运动员的内容后，我们可以发现掌握导向型运动员具备最佳动机。他们会设定挑战目标，持续付出很多的努力，同时在面对逆境时展示更强的毅力。因此，成功的教练必须学习营造**掌握导向型团队气氛**的方法。这种环境可以滋养成功。

很多人可能都会认为大多数天才运动员都是掌握导向型运动员或探索成功型运动员，而具备较低技能水平的运动员都是回避失败型运动员。事实上，大多数天才运动员都是回避失败型运动员。这些运动员是谁呢？可能我们未曾听说过这些人，除非他们恰巧出现在自己的团队里。在不努力工作和不注重学习的情况下，他们无法发挥自己长期的潜能。有些教练认为，掌握导向型团队气氛适用于年轻的成长型运动员。他们错误地认为，高水平运动员注重**结果导向型团队气氛**。这是一种非常明显的错误。传奇教练约翰·伍登带领球队在12年里赢得了10次NCAA冠军，但是他从来都没有专注于赢得比赛。相反，他坚持让每名运动员在比赛中全力以赴。在他看来，成功就是团队表现出自身能力水平时所产生的结果。只要有一名运动员在走出赛场时已经付出了100%的努力，那么不管结果如何，他都可以将头高高扬起。他鼓励运动员将成功看作一种自我满足。这种自我满足来自尽最大的努力成为最好的团队成员（Wooden，1997）。毫无疑问，伍登强调努力、准备和个人能力提升。营造掌握导向型团队气氛可以增强运动员的积极性和最大化运动员自身技能发展。这种暗中布局的方式有利于团队赢得比赛。

在运动中，大多数成功的运动员都会特别重视结果和目标。关于赢得金牌的意义，掌握导向型运动员表示，获胜并不是打败其他人，而是达到自身能力的极限，同时与自己做最大限度的竞争。虽然赢得比赛很重要，但是激励运动员取得成功的动力并不是超越他人，而是超越自己。在训练中，他们特别专注于自身能力的提升，同时注重学习过程。即使是传奇高尔夫球运动员泰格·伍兹在达到自己职业顶峰后，也会完全改变自己挥杆的方式。因为他认为，进步需要自我改善。

教练约翰·伍登关于成功意义的思考

我告诉我指导的每一名运动员，比赛结果只是我们做准备时所付出的努力的副产品。他们理解我们的目的是实现成功的过程，即一个完整、全面且详细的准备过程。因此，很多很多比赛都带给我与我们赢得10场全国锦标赛一样的乐趣。因为我们做了充分的准备，而且几乎发挥了我们最高的能力水平……成功源于充分的准备……在我们赢得全国锦标赛之前的14年里，我对自己的努力程度与后面12年里我们赢得10次冠军的努力程度一样满意。事实上，我认为，我们前几年所取得的成绩更让人有成就感。这一点你可能觉得很难接受。

赢得比赛、获得头衔和冠军并不是全部。实现目标的过程相对于目标本身更具意义……请相信，我希望我的团队在每一场我参加或者执教的比赛中都能够取得胜利……但是，我知道，最终的胜利或失败并不在我的控制之中。我所能控制的就是如何让自己和团队做好准备。我对获胜、成功的看法是：如果我们赢得比赛，那很不错，但是，我从来没有将获胜看作比赛本身。

我也犯过很多错，但是我从来没有失败过。我们可能没有每年都赢得冠军，而且我们还可能输掉很多场比赛。但是，我们从来没有失败。当你的内心深处清楚自己尽了最大的努力时，就不会失败……那么，你会犯错误吗？当然，但是只要你尽全力，就不是失败。我经常告诉自己的运动员，"失败的准备是正在准备失败。"如果你进行了充分准备，就有可能在比分上领先，而且永远不会失败。很早以前，在我们还没有赢得冠军时，我就认识到，丢分只是暂时的，而且不会总是这样。你只需简单地学习这个过程，掌握这个技能，然后尝试不要再犯相同的错误。然后，你必须具备自我控制能力，忘记这个错误。

经许可改编自 J. Wooden and S. Jamison, 1997, *Wooden: A lifetime of observations and reflections on and off the court (Chicago*, IL: Contemporary Books), 53-55, 80,82, by permission of The McGraw-Hill Companies。

大多数教练认为技能学习和改善是比赛成功的前提。但是，有时候他们在寻求获胜时并没有坚持这个观点，从而在无意间将团队气氛转变为结果导向型，并逐渐破坏他们强调努力和改善的预期。如果教练经常强调获胜的重要性，那么他们会在无意间将团队气氛转变为结果导向型。训练的重点是将学习技能转换为能力表现技能。部分教练会将学习过程中正常部分的错误和误差看作威胁，并不惜一切代价消除这些错误和误差。因此，其可能会惩罚犯错的运动员，或者将这些错误作为令人难堪的公开资源。此外，很多教练还会养成特别关注明星运动员的坏毛病。有时候，他们会让运动员彼此之间进行竞争，在团队中营造竞争气氛。他们认为通过这种方式可以激励运动员达到更高的能力水平。

可以采用相反的方法来掌握重点技术。表8.2描述了在营造掌握导向型团队气氛时，教练和运动员应注重的方面。这里的重点是学习。假设这里针对的是动机薄弱的结果导向型运动员。在与其他人进行比较时，这些运动员在保持积极自我认知方面存在困难。教练必须鼓励所有运动员成为掌握导向型运动员。相对于在其他气氛下训练的运动员，

在掌握导向型教练指导下的运动员具备超强的动机和自信心。毫无疑问，这些运动员最终表现得更好。这种方式适用于青少年运动及较高水平的运动。

教练应该如何营造掌握导向型团队气氛呢？简而言之，他们在采取行动时必须与努力和学习的重要性理念保持一致。他们必须重视技能培养和强化乐趣，将成功定义为努力、最佳纪录和技能执行水平，而不是结果。他们鼓励运动员挑战自我，提高自身能力。他们会打造团队文化，将错误看作学习过程中自然且必需的一部分，而不是嘲笑的理由或失败的信号。同时，他们可以帮助运动员认识到，即使团队成员之间存在能力差异，但是每名运动员在团队获胜时都发挥着重要作用。

表8.2　定义掌握导向型团队气氛

关键问题	掌握导向型团队气氛
如何定义成功	个人进步、能力改善
什么是价值	努力、充分准备和能力改善
如何评估运动员	进步、努力
如何看待错误	学习的一部分
为何要参与	培养新技能
何时运动员会感到满意	不懈努力、积极面对挑战和获得最佳纪录
运动员会关注什么	技能学习和培养
教练会关注什么	技能学习和培养

经许可改编自 C. Ames and J. Archer, 1988, "Achievement goals in the classroom: Students' learning strategies and motivation processes," *Journal of Educational Psychology*, 80(3):260-267,by permission of The American Psychological Association (APA).

设定相关的目标

营造掌握导向型团队气氛的有效方法之一是设定目标。可以根据努力程度、能力改善情况和技能水平设定着重于个人成功标准的目标。这样的目标会以超越个人标准而非胜

过他人来定义成功。这里的重点是必须允许大多数而不是所有运动员拥有成功感和胜任感。同时，还必须帮助运动员培养一种在面对挑战和挫折时乐观的态度。具体见第4章中探讨使用目标设定帮助运动员成为更具掌

握导向型特质的运动员的内容。

调整反馈

很多教练认识到，直接批评运动员会降低运动员的动机。那么，在获得成功后就对他们进行表扬会产生什么结果呢？大约85%的父母认为，表扬孩子的能力是构建自尊的必要部分（Dweck，1999）。教练往往会认同这样的做法。事实上，大多数教练都认为，大量地表扬运动员的天赋和能力能够提高运动员的自信心和维护他们的自尊心，从而提高他们的动机和能力表现水平。这种做法看起来有一定的效果，至少在成功时期的较短时间里是可行的。但是，这会对身处困难时期的运动员的动机、自信心和能力表现产生怎样的影响呢？在运动员应对逆境以及努力争取克服挫折的情况下，这种反馈是否能够让运动员保持自信？

事实上，接受大量关于自身天赋和能力赞扬的运动员在应对逆境时会明显处于不利的境地。他们的乐趣和动机会在面对挑战和挫折时陡然下降。为何会这样呢？从表面上看，这种说法似乎违背常理。但是，仔细思考一下：这种表扬会告诉运动员，他们之所以取得成功是因为自身的天赋和能力。如果他们将这些反馈信息听进了心里，那么在挣扎或面对逆境时，他们会产生怎样的想法呢？他们会认为，之所以没办法处理好问题是因为他们缺少天赋和能力。如果运动员认识到，成功的表扬意味着他们拥有天赋，那么他们同样会认为，失败意味着他们没有天赋。成功和失败是同一枚硬币的正反两面。

那么，解决方法是什么呢？根据运动员糟糕和出色的能力表现，提供强调努力、准备、成就和技能培养的反馈。这样的反馈可以激励运动员继续努力，同时在出色表现后寻找新的挑战。此外，这种反馈还可以让运动员在糟糕的表现后将自己放到有效处理问题的正确位置，同时传达关于能力改善和成功即将来临，以及运动员身上的错误、能力停滞和下降只是技能发展的正常部分，而不是消极的反应的信息。通过这种反馈类型，运动员可以很轻松地将自己的运动表现与自我价值分离开（Dweck，1999，2006）。从努力和持续发展的角度看待成功是非常有益的做法。这种方式不仅能够给运动员在体育领域的发展带来好处，而且也能对其在其他领域的发展带来好处。

培养成功和失败的建设性看法

我们注意到，持续的成功是提高动机的关键。为了提高动机，运动员不仅需要经历成功，而且还要因为成功而获得好评。我们应该怎样做才能让运动员因为成功而受到好评，以及通过应对逆境的方式提高动机呢？可以通过教练的领导才能，教导运动员内化成功，认识到成功是基于自身的努力和准备。可以帮助运动员采用掌握导向的失败观点，同时利用失败作为动机来激励运动员提高能力（见图8.3）。失败的观点指的是，往往因为诸如缺少努力或糟糕的策略等可控因素而非缺乏能力导致失败。

失败 = 缺乏能力或天赋 ——➤ 低动机

失败 = 努力、准备或技能培养不足 ——➤ 高动机

图8.3 重新寻找失败的原因，从缺少能力或天赋转变为努力、准备、技能培养等更加可控的因素

使用目标营造掌握导向型团队气氛

到目前为止，我们认识到，可以通过教练的领导能力来营造掌握导向型团队气氛。教练评估的方式会透露出其设计训练活动的方法、注重的目标类型、为运动员提供的反馈、如何定义成功以及评估团队能力表现的方式。以下是一些关于营造掌握导向型团队气氛的方式，以及通过目标概念设计任务结构、权威结构、奖励结构、分组结构、评估结构、时间结构等提高内部动机的方法。教练必须针对运动员的竞争水平使用明确的策略（Epstein，1988，1989）。

任务结构

设计具备挑战性和趣味性同时强调自我提高和学习的训练活动，包括各种不同的训练和所有运动员都积极参加的活动。要求运动员根据能力改善水平，设定现实的短期目标。

权威结构

通过创造一个支持自主的环境来创造独立、负责任和自我导向的机会。培养运动员的责任感，如让其参与制订决策和担任领导角色。确保运动员能从教练那里得到高度的关心和社会支持。

奖励结构

承认运动员的学习、努力和提高。即使在输掉比赛的情况下，确保运动员仍然能够受到积极认可。

分组结构

使用不同的方法对运动员进行分组，从而增加学习的机会。清楚地定义运动员的角色，同时提高其角色接受度。

评估结构

确保根据具体的能力表现标准做出评估。这里的能力表现包括个人的技能发展程度、进步程度、改善程度和掌握程度。鼓励运动员进行自我评估，而不是依靠教练进行评估。将错误看作学习过程中正常的一部分，特别是在运动员努力尝试却仍然犯错的情况下。

时间结构

根据运动员的能力和任务的难度调整时间分配方式，这样每名运动员都有足够的时间全面地学习技能。在每个赛季的每场训练中，着重提高技能，同时不断学习。

小　结

1. 用内部动机激励运动员热爱运动。这样，运动员才能享受学习和掌握难度较高的运动技能，同时在努力实现挑战性任务的过程中自豪于参与比赛。

2. 运动员的 4 个主要需求是对乐趣和刺激的需求、对被接受和归属感的需求、对控制权和自主性的需求以及对胜任感和成功的需求。

3. 虽然有很多种提高乐趣的策略，但最有效的一种是创造可体现最佳挑战的活动。最佳挑战的特色是不超出运动员的能力范围，同时具备一定的难度，运动员必须努力才能完成挑战。

4. 确保每名运动员都能感受到他在团队中的重要作用，通过培养团队凝聚力可以满足运动员对被接受和归属感的需求。

5. 创造自主支持环境而不是控制环境可以增强运动员的内部动机。可以通过增强运动员的主人翁意识，提供选择和征求运动员的意见来营造这种环境。

6. 胜任感对于动机非常重要。可以通过成功的经历增强运动员的胜任感。

7. 如果奖励能够增强运动员的胜任感，那么可以采用奖励的方式来增强其内部动机。但是，如果奖励导致运动员胜任感下降或者将奖励看作操控或控制的方式，那么奖励会破坏内部动机。提供奖励的关键是必须真诚且恰当地认识运动员的能力表现，以及运动员出色完成的方面。

8. 掌握导向型运动员会根据个人标准定义成功。这里的个人标准范围包括努力、能力改善情况、个人发展和任务掌握情况。运动员努力工作、提高能力以及最后实现个人挑战性目标时，他们所体会到的感觉会对自己产生激励作用。虽然掌握导向型运动员享受比赛的成功，但他们同样会在自己输掉比赛（但是表现出色）的情况下感到成功。

9. 探索成功型运动员属于结果导向型运动员。他们自信以自己的能力能够获得比赛胜利。他们觉得自己很有天赋。当他们完成了其他运动员很难应付的任务时，他们会感到满足。他们将成功归结为能力和天赋。在成功时，这种看法可以构建自信心。但是在失败时，这种看法会影响动机。很少有运动员能够不断地超越其他运动员。因此，基于社会比较的成功，很难让结果导向型运动员保持强烈的胜任感。

10. 回避失败型运动员是怀疑自身能力的结果导向型运动员。相对于努力证明成功，他们的重点是避免失败，因为他们怀疑自己能否比其他人出色。这样的运动员具备较低水平的动机。

11. 使用目标设定、提供与努力而不是能力相关的反馈、教导运动员正确地归因成功和失败，以及使用目标概念建设训练和比赛环境，可以营造掌握导向型团队气氛。

关键术语

回避失败型运动员　　掌握导向型团队气氛　　结果导向型团队气氛
内部动机　　掌握导向　　胜任感　　探索成功型运动员

复习题

1. 描述潜在内部动机的 4 种需求以及教练用来满足这些需求的 2 种策略。

2. 诸如考试、家庭作业等外部动机因素对内部动机有哪些影响？

3. 运动员在严苛或开明的教练的指导下训练，是否可能具备较强的内部动机？解释理由。

4. 在什么样的条件下，探索成功型运动员会展现较强的动机？

5. 掌握导向型运动员与探索成功型运动员之间对于成功的关键因素存在怎样不同的看法？

6. 安迪（Andi）是一名结果导向型运动员，她想战胜悉妮（Sydney）。悉妮是一名掌握导向型运动员，而且还跑出了个人最佳成绩。安迪在赛季比赛中跑出了自己最慢的速度，但是她打败了悉妮。在比赛后，两名运动员会如何看待成功呢？

实践活动

1. 至少采访3名运动员，找出他们参加运动的原因以及运动在哪方面让他们感到很愉悦。接下来，按照你所观察到的内容，分析教练可以采取哪些措施以更好地满足运动员的需求，同时让运动员体会到运动的乐趣。

2. 假设你想实施一个奖励体系，以便提升团队成员的内部动机。奖励对于内部动机会产生哪些方面的影响？如何组织奖励，以便提升而不是降低内部动机呢？你会采用哪种类型的奖励方式以及你会对哪种行为进行奖励呢？

3. 一名教练提到，她很不喜欢运动员参与制订决策，因为之前这样做曾导致运动员输掉比赛。你会做出怎样的回应？

4. 你执教了两名运动员：博比（Bobby）和萨米（Sammy）。这两名运动员具备相同的运动潜能，但是他们的行为存在巨大差异。博比会努力学习新技能，同时不断挑战同等能力水平的运动员。萨米在面对技能比较弱的运动员时会努力比赛，但是会在碰到困难时第一时间就放弃。

- 得出博比比萨米具备更高动机的结论是否公平呢？为什么？
- 明确这两名运动员的目标导向对比情况。
- 假设博比和萨米都经历了一场艰难的比赛而且都输掉了比赛。这两名运动员会怎样总结失败的原因？这些原因会对其动机产生怎样的影响？
- 你会采用哪些策略来提高萨米的动机？

第**9**章

能量管理

阅读完本章内容后，你应该能够：

- 理解什么是唤醒以及如何控制唤醒水平；
- 解释唤醒水平和能力表现水平之间的倒U形关系；
- 描述唤醒太多或者太少会损害能力表现的主要原因；
- 理解个人和任务不同会对最佳能量区域产生怎样的影响；
- 了解如何帮助运动员明确自身的最佳能量模式；
- 阐释唤醒的心理组成部分；
- 描述促进性、衰弱性和中立性唤醒，以及运动员可以采用什么方式来培养促进性唤醒；
- 理解如何帮助运动员在训练和比赛中发展和使用能量管理技能。

你可能想知道"什么是能量管理以及能量管理会如何影响运动员或团队？"这是一个不错的问题！快速的回答是，能量管理可以帮助运动员控制自身的唤醒水平，或者可以为自身的能力表现提供能量。下面是两个关于2004年奥运会的例子。

美国体操运动员保罗·哈姆（Paul Hamm）是一名获得体操全能金牌且深受大家喜欢的运动员。他在跳马时的糟糕表现似乎宣告他与奖牌无缘。但是，哈姆仍然冷静地进行比赛，在双杠和高低杠组合中以近乎完美的表现取得0.12分的优势。接着，在单杠个人总决赛中，哈姆完美地完成了表演，获得了并列的最高分。在这两次紧张的竞争情形下，哈姆的表现意味着，他具备超凡的能量管理技能。这种技能让他能够在最重要的时刻实现最佳的能力表现。（虽然哈姆获得的体操全能金牌在之后受到质疑，但是他并没有被取消金牌。这种争论并不会贬低他在比赛中管理能量的技能。）

相反，15岁的游泳运动员凯蒂·霍夫（Katie Hoff）是女子400米个人混合泳的夺冠热门选手。在预赛的前天晚上，她紧张到无法入睡，而且经历了赛前严重的神经过敏。不出意料，参加1/4决赛时，她由于精神过度紧绷和耗尽体力，无缘半决赛。这是一个关于糟糕的能量管理导致低于预期水平的能力表现的典型例子。这种情形在重要比赛中特别常见。虽然霍夫具备了获胜的身体技能和条件，但是她还没有培养必要的能量管理技能，从而导致个人的能力执行水平无法适应充满压力的奥运会比赛。

运动员有糟糕的能力表现时，教练可能会错误地认为是他的体能出现了问题，然后尝试通过更多的训练和增加技能来解决问题。可惜的是，这样做会导致体能过度消耗和过度训练，而且完全无法解决潜在的能量管理问题。即使教练理解问题的心理属性，但是教练可能仍然不确定采用怎样的方式来帮助运动员解决问题。本章将帮助教练理解如何帮助运动员控制唤醒水平。通过这种方式，运动员能够在一切正常的情况下从容应对比赛。唤醒是能够为运动员的能力表现提供身体和心理能量的动力。

理解能量管理

运动员可以通过唤醒获得能量。唤醒是通用的生理和心理激活方式，包括从深度睡眠到极度兴奋的一系列变化（见图9.1）。唤醒的含义包括身体被激活的程度以及解读这种激活的程度。这是身体为紧张和剧烈活动做准备的方式。在一天不同的时间和不同的情形下，每个人或多或少会出现唤醒。例如，在看电视的时候，你会将自己放在什么位置呢？在团队参加重要的比赛之前的那些时刻呢？在你阅读此书的时候呢？有些任务会要求相对比较低的唤醒水平（例如，躺在沙滩上）。而规划等任务要求较高的唤醒水平。体育界对于唤醒有着相应的术语。运动员尝试提高唤醒水平时，他们会说"做好精神准备（psyching up）"；而唤醒水平太高时，他们会感觉"心理崩溃（psyched out）"。为了达到最好的能力表现水平，运动员必须在每种竞争情形中保持恰当的唤醒水平。

图9.1 唤醒连续统一体

在唤醒水平提高的情况下，会发生极其复杂的心理变化。以下是一个简化的描述（Zaichkowsky & Baltzell，2001）：面对紧张的竞争情形时，大脑皮质会受到刺激，激活**自主神经系统**（autonomic nervous system，ANS），从而控制身体大多数自主系统（例如，器官）。ANS会促进腺体将肾上腺素、去甲肾上腺素和皮质醇输送到血液中。这些激素会刺激身体产生生理变化，让身体做好行动的准备：心率、血压和呼吸频率会升高，肌肉开始紧张并做好运动的准备。肝脏会释放葡萄糖，提供应急的额外能量，而消化系统的血液会分流，直接流向双手和双脚的大块肌肉，以便满足重要身体反应的需求。消化系统血液流动的减少会刺激运动员产生忐忑不安的感觉，而四肢血液流动的减少会导致手脚冰凉。肾脏功能会受到限制，运动员需要多次去厕所排空膀胱。大脑的活动会增加，变得更加机敏。这时候，运动员开始流汗。这是身体进行降温以便做好应对剧烈活动的准备的信号。

提高唤醒水平是为了对身体或心理的真实或感知要求做出反应。这个激活过程往往被称为**战斗或逃跑反应**。在大脑处理真实或想象的危险时，身体会做出战斗或逃跑反应。这就是战斗或逃跑反应的来源。这种原始的反应可能有助于远古时期祖先们的生存。随着时间的流逝，威胁生命的危险逐渐减少，心理需求可以不断地提高唤醒水平。例如，在准备大测试、重要的演讲或者重要的比赛时。

基于以下两个理由，理解唤醒是非常重要的。第一，必须帮助运动员理解这些身体症状是应对竞争性挑战的正常准备信号。运动员不需要担心发抖或流汗等身体症状，除非这些症状影响到自身的能力表现。第二，运动员可以采用不同的方式提升唤醒水平。有些运动员在控制自身唤醒水平时会很活跃，甚至过度活跃。例如，踱步、不停地讲话或者尖叫。而有些运动员会看起来毫无精神、哈欠连连，甚至会打瞌睡。这两种方法都是非常有效的。只是按照特定的方式控制唤醒水平并不意味着能量管理策略能够在运动员身上发挥作用。每一个人都会做出不同的反应，因此每一名运动员都必须找到适用于自身的能量管理策略，接着在训练和比赛中系统地使用策略实现最佳的唤醒水平。

唤醒是如何影响能力表现的

画出倒U形图（见图9.2）。随着唤醒水平从低向中等水平增长，能力表现水平会不断提高，然后达到运动员的最佳能力表现区域。但是，超出这个区域后，唤醒水平提高，则能力表现水平降低。这就是**倒U形假说**：唤醒水平太低时，运动员会缺少足够的身体和心理能量来实现最佳能力表现；唤醒水平太高时，运动员会遭遇各种与紧张、注意力和运动控制相关的问题，这些问题会阻止运动员实现最佳能力表现。因此，根据倒U形假说可知，在唤醒水平适中的情况下，运动员会出现最佳能力表现。

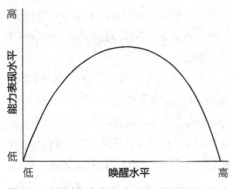

图9.2　唤醒水平与能力表现水平的倒 U 形关系

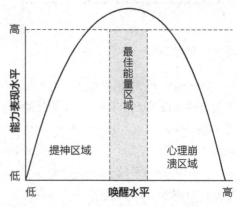

图9.3　提神、心理崩溃和最佳能量区域

身的唤醒水平。

图9.3描述了倒 U 形关系的实践方式。倒 U 形的左边表示唤醒不足。这里所使用的术语是**提神区域**。因为运动员在这个区域里必须提高唤醒水平才能够实现自身的最佳能力表现。倒 U 形的右边是阻碍最佳能力表现的过度唤醒。这里被称为**心理崩溃区域**。运动员在这个区域里必须降低个人的唤醒水平。中间部分代表理想的唤醒水平。运动员的唤醒水平处于这个区域时，很可能进入流畅状态（参见第3章，了解更多关于进入流畅状态的内容）并且实现最佳的能力表现。这里使用术语**最佳能量区域**来表示这个唤醒水平。但是，特别要注意的是，运动员可以改变自身的最佳能量区域：有些运动员可以在较低唤醒水平时达到最佳能力表现，而有些运动员可以在中等唤醒水平时达到最佳能力表现，而其他的运动员则仍然需要在较高的唤醒水平时才能达到最佳能力表现。有时候，运动员甚至可以在不同的唤醒水平下达到最佳能力表现，而且有些运动员在任何情况下都可以达到自身的最佳能力表现水平。正如本章开头关于保罗·哈姆和凯蒂·霍夫的故事中所描述的，最重要的是帮助运动员确定自身的最佳能量区域，同时学会控制自

为何唤醒不足和过度唤醒都会影响能力表现

倒 U 形假说并没有直接解决在唤醒不足或过度唤醒的情况下为何运动员会出现较低能力表现水平的问题。运动心理学家数十年来也一直入迷地研究这个问题，并且对这个问题做出了几个方面的解释。

唤醒不足如何限制能力表现

唤醒身体时，必须做好准备以完成真实或想象的挑战，这时心理就会发生改变。心血管系统会向工作的肌肉输送更多的氧气，身体的制冷系统会开足马力运作，而消化、排泄系统等会处于待命状态。唤醒同时还可以增强心理功能：提升和集中注意力、提高动机水平、加快自动反应速度（运动员可以在不假思索的情况下执行一个技能）等。唤醒水平太低时，就不会出现这些心理改变或

者没有达到最佳能力表现的必需水平。因此，运动员必须能够提高唤醒水平以便发挥自身最佳能力（不要过度唤醒以免导致能力表现水平下降）。

过度唤醒如何破坏能力表现

唤醒水平太高时，能力表现水平会下降。运动心理学家对这种现象做出了3个重要的解释：肌肉过度紧张和协调性问题、注意力问题以及可控和自动处理问题。

肌肉过度紧张和协调性问题

运动员过度唤醒时，他们的肌肉会变得更紧张，从而导致相互拮抗的肌群彼此"打架"，产生不合适的动作模式或者限制动作范围（因此有些篮球运动员在进行重要的罚球时会出现篮外空心球的倾向）。肌肉过度紧张还会导致协调性问题。腿部肌肉紧张的司机可能无法将脚从踏板上正常抬起。曲棍球运动员可能会把棍子握得太紧，从而改变接球的方式，导致在传球和抛球时错过时机。肌肉过度紧张还会浪费宝贵的能量，让运动员在完成5个回合的网球比赛、10 000米长跑或者足球加时赛时感到疲惫不堪。

注意力问题

唤醒水平提高时，运动员的注意范围自然会变窄，这样才可以集中精神关注最重要的能力表现线索。这种注意范围窄化有助于运动员忽视诸如观众、乐队或天气等干扰因素，从而更容易将注意力放在相关的线索上。例如，在快攻的过程中读懂防守位置或者在传球时感觉到队友的站位。但是，如果注意范围过度窄化，那么运动员可能无法注

意到一些与任务相关的线索，从而破坏运动员的能力表现。过度唤醒也可能会导致运动员失去转移注意力的能力。运动员必须有能力有效转移注意力。在比赛的不同时刻，运动员必须能够分析和计划并在心理预演打法或者集中精力完成比赛（Nideffer, 1976）。过度唤醒可能影响注意力转移的速度和时间（参见第10章，了解相关内容）。

可控和自动处理

过度唤醒会导致处理模式出现问题，或者影响运动员在学习和执行技能时思考的自主程度。例如，学习扔出曲线球的运动员往往会使用**可控处理**模式：在他们看来，可通过循序渐进的每一步，（缓慢且笨拙地）制订执行技能的心理蓝图。同时，他们可以在训练时修改蓝图直到计划完美。**自动处理模**式会将蓝图转变为单一的复杂图像，然后制订一个计划，而不是一系列复杂说明。通过自动处理模式，运动员能够在不考虑局部动作（例如，对侧脚和手臂的动作、肩膀的旋转、步长、放球点和跟进动作）的情况下以流畅的动作扔球。

运动员进入流畅状态时，可以按照情形的需要流畅地转换可控和自动处理模式。正常情况下，可控处理模式可以改正错误和制订策略，而自动处理模式有时候可以以创新的方式使运动员自动地执行已经掌握的技能。但是，有时候这两种处理模式会互相干扰。对于这种情况存在几种常见的解释。

第一种，如果运动员没有将精神集中在自身的能力表现上，那么他们可能会接收到错误的动作蓝图。

第二种，运动员在应该分析自身能力表

现时可能"只是进行比赛",并未进行分析。这种倾向会在运动员训练中感到疲劳或无聊的时候出现。他们的动作只是走过场,整个过程都由自动处理模式所主导。但是,没有经过分析和可控处理的过程,运动员的技能无法得到提高。只有通过分析,才能够完善心理蓝图。这就是"熟能生巧"的老格言会被更准确的口号"完美的训练成就完美"取代的原因。

第三种而且是最常见的解释是,运动员可以在他们刚刚开始表现时进行分析。运动员过度分析自身的能力表现时,会遭遇"分析麻痹",然后使用可控处理模式代替自动处理模式。运动员必须学会信任自己的身体,然后在不受大脑阻碍的情况下执行自己在成千上万小时的训练中所学到的技能。跳台跳水运动员劳拉·威尔金森(Laura Wilkinson)是一名奥运会金牌得主。她将这种方式称为"傻瓜式跳水"。虽然这个术语听起来有点负面,但是它准确地表达了运动员不让自身的大脑阻碍身体执行技能的概念。运动员必须学会放手一搏,而不是不断地尝试实现目标。

确定最佳能量区域

运动员处于唤醒不足或过度唤醒的情况下,能力表现水平会出现下降。唤醒不足时,运动员无法经历实现最佳能力表现所需要的心理改变。而过度唤醒时,他们会遭遇肌肉紧张、注意力下降、自动反应速度变慢等问题。因此,运动员应该如何确定自身的最佳能量区域呢?答案涉及很多方面。本节将首先介绍个体和任务的不同是如何影响运动员的最佳能量区域的。其次,最佳唤醒水平会在不同情形下出现波动,因此本节将介绍最佳能量模式,而不是单一的最佳能量区域。这些模式会反映持续唤醒的调整。运动员必须通过唤醒调整来满足情形需要。最后,本节将介绍几个有利于运动员找到最佳能量区域或模式的策略。这些策略的效果已经得到证实。

个体差异

每名运动员的最佳能量区域都是独特的,如图9.4所示。注意,曲线不是堆成的而且高度会因运动员而不同。这3名运动员有不同的最佳能量区域,最佳能量区域的宽度也不同。例如,凯莉(Kelli)的最佳能量区域比达西(Darci)的最佳能量区域宽一些。这意味着当凯莉的出色表现处于唤醒水平时,而达西需要调整到正确的水平。

运动员的最佳能量区域会受到与个性和能力相关的各种因素的影响。个性差异可以解释为何相对于凯莉,克丽斯滕(Kristen)的最佳能力表现处于最佳能量水平。克丽斯滕的最佳能量区域是外放型,而凯莉的比较平和并且后置。所以相对于凯莉或达西,克丽斯滕的运动能力较弱,所以她的曲线高度比其他两人的曲线高度都要低一些。克丽斯滕花费很长的时间通过提高唤醒水平来达到最佳能量区域,但是即使是一点儿过度唤醒都会明显降低她的能力表现水平。达西可以很快达到最佳能量区域,但是在稍微过度唤醒的情况下,她的能力水平出现了显著下降。凯莉的最佳能量区域比较对称,她是这三人中最快达到自己最佳能量区域而且能够更加有效地应对过度唤醒的运动员。只是在过度唤醒时，她的能力表现出现逐步下降的趋势。因此，通过比赛之前传统的鼓舞士气的讲话中所隐含的重要意义，我们可以看到，个体的最佳能量区域存在怎样的差异，以及唤醒模式是如何导致能量管理成为挑战性过程的。

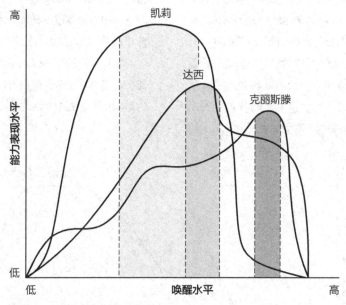

图9.4　最佳能量区域的个体差异

任务差异

不同的任务类型也会导致最佳能量区域变化。虽然不可能确切地告诉运动员哪些能量区域适用于哪些具体的运动或任务，但是我们可以思考运动员的最佳能量区域可能对以下3种任务分类产生怎样的影响。

- 精细与粗略动作任务。精细动作技能以准确性为基础，例如，打篮球或者打高尔夫球。相对于粗略动作技能，精细动作技能只有较窄的最佳能量区域。粗略动作技能以力量为基础，例如，投掷铅球和举重。不同运动的最佳能量区域差异如图9.5所示。由图可知，铅球运动员比高尔夫球运动员需要更高的唤醒水平（在图的右边高

出很多），而篮球运动不仅需要精细动作技能而且还需要粗略动作技能（例如，身体防守和熟练控球），因此篮球运动员的最佳能量区域位于两者中间。此外，在相同的运动中，不同的位置或者任务可能出现不同的最佳能量区域。相对于防守的前锋，四分卫或者踢球手的最佳能量区域高度较低且较窄；而相对于击球的高尔夫球运动员，推杆的高尔夫球运动员的最佳能量区域高度较低。

- 短期和长期任务。几秒就可以完成的赛事和任务会要求唤醒运动员在表现的片刻高度集中注意力。短期的赛事和任务包括排球发球、掷铁饼或者罚球等。正常情况

下，在关键时刻，任何程度的过度唤醒都会在很大程度上对运动员的能力表现造成破坏。相反，较长时间的赛事会要求运动员控制自身唤醒水平，从而将能量消耗降到最低水平，同时集中精神发挥出色的技巧和保持正确的步法。较长时间的赛事包括长跑、越野滑雪或者骑自行车等。短暂的过度唤醒经历不会对运动员造成太大的伤害，因为运动员有时间降低唤醒水平，让自己重新恢复到最佳能量区域，然后完成出色的能力表现。带着重复短期任务参加运动的运动员必须能够调整自身唤醒水平，在表现良好的提高唤醒水平，在击球、试球时降低唤醒水平。短期任务指的是一些田径赛事及高尔夫球、网球、棒球、曲棍球等比赛。在等待下一个回合时，尝试保持较高唤醒水平的运动员很可能会遭遇心理疲劳，而保持较低唤醒水平的运动员可能失去专注力或心理优势。

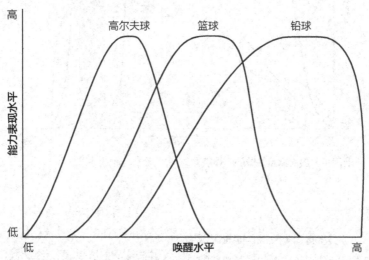

图9.5　不同运动的最佳能量区域差异

- 简单和复杂任务。运动员的最佳唤醒水平也会根据任务的复杂性而有所不同。复杂的技能要求较高的专注力、快速和复杂的决策制订以及（因为高难度的动作模式）准确的精细动作反应。简单的技能需要较低专注力，较少决策制订和动作控制。在篮球运动中，快速离开地面、采用身体防守都只是简单的技能，而三分球、精准长传或者在压力下处理球是比较复杂的技能。简单的任务要求较低的技能。相对于执行复杂的技能，执行简单的技能需要更高和更宽的最佳能量区域（见图9.6）。复杂的任务需要较窄的最佳能量区域，而且相对于执行简单的任务，会要求较低的唤醒水平。

因此，我们可以看到，运动员必须调整唤醒水平以便适应个体和任务差异。同时，他们必须对情形要求做出反应，而且这些情形要求会时不时发生改变，因而运动员必须考虑能量模式，而不是单一的唤醒水平。

鼓舞士气的讲话：这是一种有效的能量管理策略吗？

很多教练不断地使用鼓舞团队士气的讲话。但是，按照本书所探讨的内容，我们知道，因为存在两种错误的假设，所以这是一种无效的能量管理策略。这两种错误的假设分别是：所有的运动员都具备相同的赛前唤醒水平，以及所有的运动员都处于唤醒不足的状态。一个更加准确的假设是，运动员处于倒U形曲线上某一点的位置。有些运动员（根据戴蒙·伯顿的经验，这种可能性大约是15%）处于提神区域，而有些运动员（大约65%）处于心理崩溃区域，而有些运动员（大约20%）处于最佳唤醒水平和自身最佳能量区域。因此，如果我们模仿克努特·罗克尼（Knute Rockne）"赢一回"的演讲，然后鼓励运动员提升自身唤醒水平（就像鼓舞士气的讲话所设定的），那么我们可能可以帮到部分处于提神区域的运动员。但是，已经处于最佳能量区域的运动员会被过度唤醒，而已经过度唤醒而且处于心理崩溃区域的运动员会冲破限制，更加无法在比赛中发挥个人能力。

最好教导运动员如何管理自身的能量。在恰当的指导下，运动员能够找到自身的最佳能量区域。将这些需要帮助的运动员分成唤醒不足组和过度唤醒组。为唤醒不足的运动员提供鼓舞士气的讲话以便提升他们的唤醒水平。帮助过度唤醒的运动员放松，同时增强他们的自信心并强化过程的专注点。当然，必须单独对待处于最佳唤醒水平的运动员，因为他们已经进入比赛状态了。

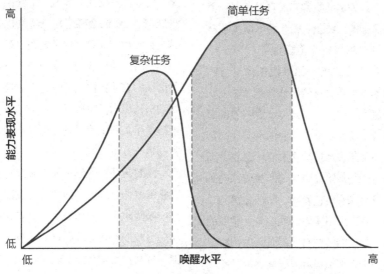

图9.6　简单任务和复杂任务的最佳能量区域

最佳能量模式

探讨唤醒和最佳能量区域时，我们都存在一种从静态条件下考虑的倾向。但是，在很多运动中，唤醒水平要根据当时的情况不断改变。从球座到击球，再到艰难的下坡推杆等过程，高尔夫球运动员都必须调整自身的唤醒水平。在篮球运动员进行身体防守、抢篮板球、在压力下处理球、交织切割传球或者执行关键罚球的情况下，他们必须面对不同的唤醒需求。因此，运动员的最佳能量区域并不是单一的，而是需要不断调整以便适应情形需求的唤醒模式。随着运动员经验不断增加和技能不断提升，他们在一般情况下会创造更加持续的最佳能量模式。这是至关重要的，因为相对于具有糟糕能量管理技能的运动员，能够学会管理自身唤醒水平，同时调整唤醒水平适应不同需求的运动员能够更加出色地发挥能力。

找到最佳能量区域

很多出色的运动员都知道自己的最佳能量区域是怎样的。波士顿凯尔特人队的前队长比尔·拉塞尔在13年里赢得了11个NBA总冠军。在比赛之前，如果他在休息室呕吐，那么他就总是会自信地认为凯尔特人队可以赢得重要的比赛。胃部痉挛意味着他感兴趣和兴奋，而且做好了比赛的准备。类似地，伟大的高尔夫球运动员杰克·尼克劳斯被问到是否还是很紧张时，他回答道："我不知道你到底有没有出色发挥，除非你感到紧张。现在，我感到不紧张，除非身处重要的决胜关头。如果能够在自己不紧张的情况下学会集中精神，那么我就处于能够取胜的状态，接下来我会有不错的表现"（Rotella &

Cullen，1995）。实施有效能量管理的第一步是帮助运动员学会准确地确定自身的最佳能量区域。我们推荐，运动员将自身的最佳能量区域看作**个人最佳功能区**（individual zone of optimal functioning，IZOF）。在IZOF模型中，每一名运动员的个人最佳功能区会被看作带宽（Hanin，1986，2000），这个范围的过度唤醒或唤醒不足与不太成功的能力表现有关。

为了帮助运动员确定自身的个人最佳功能区，可以使用唤醒监测量表（Arousal Monitoring Scale，AMS）。唤醒监测量表将唤醒水平分成9个级别。级别5表示最佳能量区域（最佳唤醒水平），级别1～级别4表示唤醒不足，而级别6～级别9表示过度唤醒（见图9.7）。在训练或比赛期间，给每名运动员打出AMS得分。随着时间的流逝，他们会发现自身在各种情形下的最佳唤醒水平（级别5）。一般情况下，运动员会在唤醒级别4～级别6（自身的最佳能量区域或带宽）时有良好的能力表现；而唤醒水平达到级别5时，他们会感到自己特别出色。虽然这个过程相对简单，但是实践经验证实，这是一个可以帮助运动员学会找到自身最佳能量区域的有效方法。而且这个方法还可以让运动员认识到何时可以采用快速放松（降低唤醒水平）和快速激励（提高唤醒水平）的方法进行自我调整。

一旦运动员理解了如何确定自身的最佳能量区域，他们就必须理解心理因素会如何影响唤醒水平和能力表现。只有在运动员理解并且控制这些心理因素的情况下，他们才能够成功地管理自身的能量水平。这样他们才能够最好地发挥自身的能力。

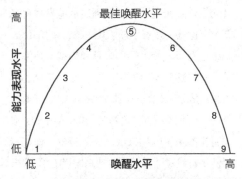

图9.7　运动员可以使用唤醒监测量表来评估自身唤醒水平以及体会最佳唤醒水平的感觉

心理层面的唤醒

　　在本章的开始部分，主要描述了唤醒的生理反应，其中包括心跳加快、呼吸频率增加以及肌肉做好体育活动的准备等。这是唤醒身体时的固定反应。这个部分不会对能力表现产生内在积极或内在消极的影响。但是，我们已经清楚地认识到心理因素会影响唤醒水平。事实上，唤醒还涉及运动员如何理解合理改变。他们是否意识到胃部痉挛是期待比赛来临的兴奋信号呢？或者，这些痉挛的症状是否会导致他们担心自身的能力表现和焦虑呢？运动员应该理解唤醒会对自身能力表现造成巨大的影响。

　　图9.8描述了唤醒的生理和心理组成部分是如何相互作用的。运动员精神高度集中时，他们会积极地思考、做好准备、控制和想象成功的结果。同时，运动员会积极地理解较高的唤醒水平并且体会到有挑战性、准备或者兴奋的感觉。这种辅助性的唤醒有利于其发挥出良好的能力表现。但是，如果运动员担心自身的表现，同时又受到外部因素、突变或者不知所措的情

绪的影响，那么运动员可能会对相同的高水平唤醒症状产生不同的理解。这种衰弱性唤醒会影响运动员的能力表现。因此，生理症状相同的唤醒水平可以让运动员进入状态从而发挥出出色的能力表现，或者让运动员感到窒息从而发挥出糟糕的能力表现。而这种差异源自运动员是如何理解唤醒的。

图9.8　唤醒的生理和心理组成部分

唤醒和焦虑之间的关系

　　很明显，唤醒和焦虑密切相关。在对不断提高的唤醒水平（只是不动声色地提高）做出反应时，运动员会经历焦虑。**焦虑**是一种消极的情绪状态，以紧张不安、担心和恐惧为特点。与唤醒类似，焦虑由心理和生理两个部分组成。**生理焦虑**指的是生理改变：肌肉紧张、痉挛、呼吸短促、流汗、嘴巴干燥、尿频及心跳加快。这些症状与唤醒的生理症状相似。不同的地方在于，运动员认为生理焦虑是消极的，因此会影响自身的能力表现。如果运动员出现**心理焦虑**，那么他们

要么担心输掉比赛，要么担心失败的消极结果。这两种情况都会影响运动员的能力表现。心理焦虑的症状包括自我怀疑、有失控感或不知所措、无法集中精神，以及想象失败或突变等。存在心理焦虑的运动员会发现自己很难出色地发挥能力。

重新考虑倒U形假说

虽然倒U形假说提供了一个理解唤醒水平–能力表现关系的框架，但是这个假设并没有考虑心理层面的唤醒。有些较新的模型会考虑运动员如何理解唤醒。这可能有利于教练理解如何帮助运动员调整唤醒水平，从而实现最佳能力表现。

突变

你是否曾经与这样的运动员或者团队一起工作：在没有达到特定唤醒水平的情况下，出色地发挥能力，接着表现又突然性地下降。这种情形就是**突变理论**。突变理论如图9.9所示。从图中我们可以看到，相对于过度唤醒和倒U形假说，这个理论暗示了更严重的后果。该理论曲线的左边类似倒U形。突变理论解释了图右边某一点上能力表现水平陡然下降的原因。在比赛的过程中，我们经常可以看到运动员遭遇这样突然的能力表现水平下降。唤醒水平较高并伴随心理焦虑处于较高水平时会发生这种情况。

为了避免此类的突变，教练必须帮助运动员学会如何在高度唤醒的情况下，将心理焦虑降到最低限度。如果运动员开始出现自我怀疑、失控或者失败的意象，那么教练可以使用心理训练工具让运动员回到正轨，并采用更加积极的方法面对问题。假设你所执教的足球队一直都可以做到出色地发挥自身能力，但是突然对手进了几个球，领先几分。如果运动员开始出现焦虑且无法调节唤醒水平，那么这时就会发生突变。此时，他们必须采用放松和自我对话技能来解决这个问题。首先，他们必须完全放松（参见第6章）以便将唤醒水平降到最低水平。接着，他们可以使用自我对话重新建设性地解读唤醒水平，然后重新建立自信心。接下来，他们可以使用激励技能（参见第6章）将唤醒水平恢复到自身最佳能量区域，同时尽可能以积极、理性和建设性的方式思考唤醒和比赛。这是一个在比赛期间很难完成的任务。这也是一种确保运动员能够自主使用本书第2部分所描述的心理训练工具的理由。

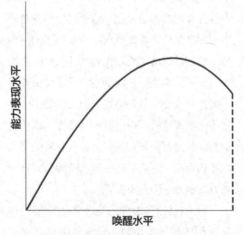

图9.9　突变理论。有些运动员会因为焦虑，在唤醒水平较高的情况下，出现能力表现水平突然显著下降的情况

经许可改编自 J. Fazey and L. Hardy, 1988, *The inverted-U hypothesis: A catastrophe for sport psychology*? (BASS Monograph 1) (Leeds, UK: British Association of Sports Sciences and National Coaching Foundation), 21。

逆转

运动员会采用不同的方式解释自身的唤醒水平。即使是同一名运动员，也会在同一场比赛的不同时间出现积极或消极的唤醒认知。运动员往往在一切都正常（个人能力表现水平和满足个人目标）的情况下开始比赛，然后将唤醒看作令人兴奋的事情或做好准备迎接挑战。但是在比赛最激烈时，运动员往往会将自己的注意力转移到结果上，从而变得焦虑（或者对糟糕的能力表现生气）。这就是**逆转理论**中的逆转现象（Apter，1982；adapted to sport by kerr，1989，1993），如图9.10所示。运动员将高水平的唤醒视为令人兴奋的事情时，他们可以达到最佳能力水平；但是他们将高水平的唤醒视为令人焦虑的事情时，他们会出现糟糕的能力表现（Burton & Naylor，1997）。

因此，即使在比赛的关键时刻，教练也必须帮助运动员专注于他们正在做的事情和享受运动的过程，这样才能够让他们有机会体验进入流畅状态的感觉。

那么运动员出现逆转现象时，我们应该怎样做呢？逆转指的是运动员开始以消极的方式解释唤醒水平的提高。我们推荐采用类似于处理突变的三步式过程。首先，必须降低唤醒水平，因为在唤醒水平提高的情况下很难改变运动员的思维方式。其次，运动员必须将自身的动机类型转换为过程导向型，这样他们可以积极地理解自身的唤醒水平。最后，他们必须逐步重新提高自身的唤醒水平，尽力将唤醒水平的提高看作令人兴奋的事情和做好准备的状态。当然，在这样做的时候，运动员必须非常熟练地掌握第2部分中所探讨的放松、激励、自我对话等技能。

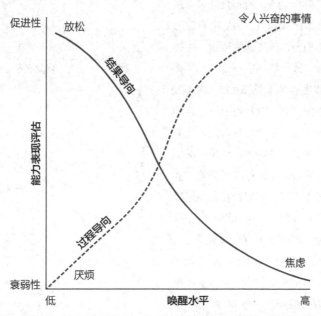

图9.10　逆转理论。运动员注重过程目标时，他们会积极地评估唤醒水平和能力表现。但是在比赛中，经常会发生逆转。运动员开始关注结果，消极地评估唤醒水平，同时能力表现下降

唤醒水平-能力表现水平综合模型

倒U形假说阐释了在不考虑心理焦虑的情况下，运动员的唤醒水平和能力表现水平之间的关系。突变理论解释了在高水平唤醒之下，较高的心理焦虑水平与运动员能力表现水平突然下降之间的关系。逆转理论描述了运动员能力表现水平出现相似下降的原因，但主要针对运动员的动机状态（侧重于过程还是结果）。我们设计了一个反映唤醒水平和能力表现水平真实关系的综合模型。这个综合模型整合了以上3种理论。图9.11描述了唤醒水平-能力表现水平综合模型。这个模型按照3种条件类型提供了唤醒水平-能力表现水平关系的假定，分别是：促进性、中立性和衰弱性。

运动员的心理焦虑水平较低时，他们的自信心会比较强，因此他们会出现促进性[见图9.11（a）]唤醒。在这种情况下，他们会注重于过程或能力表现，而不是结果。运动员的心理焦虑水平较高时，他们的自信心会较弱，这时他们会出现**衰弱性唤醒**[见图9.11（c）]，从而导致他们注重产物或结果而不是过程。**中立性唤醒**[见图9.11（b）]处于两个极端的中间位置。这种情况下，运动员有适度的心理焦虑、适度的自信心，注重过程（或能力表现）和产物（或结果）的组合。在衰弱性唤醒条件下，运动员的能力表现水平可能会显著下降，即使是在稍微过度唤醒的情况下也会如此。在中立性唤醒条件下，运动员的能力表现水平与唤醒水平为典型的倒U形关系。在这种关系中，能力表现水平会随着过度唤醒水平的不断提高而不断下降，反映出混合的唤醒水平解释。最后，运动员体验到**促进性唤醒**时，会在较高的唤醒水平下实现最佳能力表现。

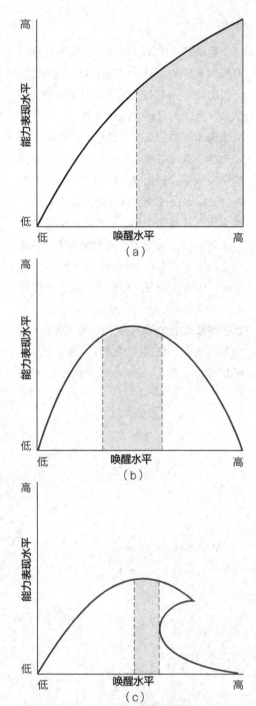

图9.11　唤醒水平-能力表现水平综合模型：（a）促进性；（b）中立性；（c）衰弱性

这个综合模型有3种其他方面的假定。首先，虽然模型的每个组件都假定运动员在最佳能量区域实现最佳能力表现，但是运动员必须在促进性唤醒和最低衰弱性唤醒下才能达到最佳的能力表现。因此，在促进性唤醒下，运动员不仅能够以较高的唤醒水平达到最佳的能力表现，而且整体的重要能力表现也处于较高水平。例如，游泳运动员创造新的个人最佳纪录，篮球运动员几乎每次都投篮得分，以及团队实现最佳能量区域对应的能力表现等。相反，在衰弱性唤醒下，运动员的最佳能量区域会对应较低的唤醒水平，并且出现3种条件下最低的能力表现。

其次，在促进性唤醒下，运动员的最佳能量区域带宽最宽并且只要运动员正面地解释，唤醒就不会处于太高的水平。这意味着运动员能够在较宽的唤醒范围中实现最佳的能力表现。但是，在衰弱性唤醒下，最佳的能量区域带宽比较窄，而且过度唤醒会产生严重的问题。中立性唤醒会为实现最佳的能力和出色的表现创造适中的带宽。

最后，我们认为唤醒条件的波动是导致运动动力改变的主要原因。因为运动员不仅必须对外部环境做出反应，而且还必须对自身的想法和评估等内部环境做出反应，所以唤醒条件会不断波动。我们认为，动力改变在某种程度上是因为运动员和团队唤醒水平的跌宕起伏。因为评估的改变，运动员和团队的唤醒水平会受到促进性、中立性到衰弱性唤醒的影响。阅读表9.1中关于唤醒条件变化的例子。这是一个关于马克（Mark）和斯泰雷（Stere）进行壁球比赛的例子。马克是一名唤醒水平处于级别2到级别9的运动员。这个例子有助于我们更好地理解运动员的唤醒水平会在比赛中产生怎样的波动，以及评估在这个过程中会发挥怎样的作用。

马克在12∶0占上风的情况下能力出现下降，从而让斯泰雷有机会把握时机一举拿下比赛。虽然斯泰雷一开始担心输掉比赛，但是在他确定一定会输掉比赛的情况下，他开始进入促进性唤醒状态，因为他的目标从比赛获胜转换到实现出色表现。马克看到斯泰雷恢复状态时，开始稍微提高自己的唤醒水平，而且更重要的是他开始感到担心和更大的压力，从而导致出现消极的评估。结果，这种情况引发了衰弱性唤醒，从而影响马克的比赛发挥。

什么因素会影响运动员的唤醒水平，他们又如何解读呢？这个名单包含生理和心理疲劳、目前的能力表现水平（运动员自己的能力以及对手的能力）、裁判的判断、粉丝的反应、受伤、失败或获胜的预期以及来自教练或其他运动员的积极或消极反馈。为了帮助运动员成功管理唤醒水平，教练必须帮助他们熟悉这些因素如何影响自身唤醒水平和能力表现，同时鼓励他们使用放松、激励、自我对话、意象等心理训练工具。总之，唤醒水平-能力表现水平综合模型会将本章所探讨的很多主题联系到一起。对于想发挥自身最佳能力水平的运动员，即使他们达到了很高的唤醒水平，他们也必须保持较低水平的心理焦虑、维持较强的自信心，同时专注于过程和表现目标，而不是担心结果。

表9.1   基于唤醒条件的动力改变示例

得分		唤醒条件的变化
马克	斯泰雷	
0	0	马克知道自己是优秀运动员，他对自己充满自信。这时，他处于较高的促进性唤醒水平下
		斯泰雷知道自己是失败者，因此他处于中高度的衰弱性唤醒水平下
12	0	马克现在觉得这是一场很容易应对的比赛。同时，他的唤醒，水平开始从促进性下降到中立性
		斯泰雷觉得他已经在比赛中出局了，他没有获胜的机会。但是，他仍然努力地尝试提升自己的比赛表现。他体验到自己处于较高的促进性唤醒水平下
14	6	马克的唤醒条件没有发生改变
		斯泰雷的表现让自己深受鼓舞。他现在处于较高的促进性唤醒水平下
15	11	马克开始担心。在他应对斯泰雷高水平的发挥时，他处于适度衰弱性唤醒水平下
		斯泰雷现在开始感觉到进入比赛状态并且处于较高的促进性唤醒水平下
17	17	马克意识到自己正在努力恢复比赛状态。他要求自己全力以赴。但是他仍然处于中高度衰弱性唤醒水平下
		斯泰雷感觉自己完全掌控比赛，并且处于较高的促进性唤醒水平下
19	21	马克处于高度衰弱性唤醒水平下，因为他对自己感到气恼从而无法进入比赛状态
		斯泰雷继续保持较高的促进性唤醒水平。他已经做好了下一场比赛的准备

培养运动员的能量管理技能

培养能量管理技能包括3个阶段。这3个阶段与之前培养心理训练工具一样。通过教育阶段、习得阶段和实施阶段，可以引导运动员了解、掌握这些技能的基本知识并形成相应意识。掌握这些技能能够帮助运动员管理自身能量，同时在训练和比赛中自主且有效地使用这些技能。

教育阶段

这个阶段有两个主要目标：教授运动员关于能量管理技能的内容，同时培养运动员在执行技能时意识到自身的优点和不足的能力。在能量管理方面，必须确保运动员理解唤醒的概念、唤醒对能力表现的影响以及调整唤醒水平的重要性，从而达到实现出色能力表现的最佳条件。让运动员思考自身所完成的任务以及任务对于唤醒水平的要求。要求运动员思考自身的个性以及个性对于发挥最佳能力表现水平的唤醒水平的影响程度。让运动员回忆因自身所思所想而产生表现波动的比赛。解释调整唤醒水平的基本原则。

运动员还必须认识自身能量管理的模型。这意味着必须识别唤醒影响自身能力表现的方式以及自身的唤醒水平偏离最佳能量区域的频率。可以使用AMS。在3～7天里，在每次训练中，确定3个运动员达到较高紧张程度的实例以及3次能量水平下降的时间。在每次预定的检查点暂停训练30秒。

接着，要求运动员使用图9.7所描述的9个级别监测自身的唤醒级别。在这个测量中，级别1表示较低唤醒水平（出现糟糕能力表现），级别9表示较高的紧张程度（出现糟糕能力表现），以及级别5表示最佳唤醒水平（实现出色的能力表现）。要求运动员在复印到便条卡片上的AMS模板上记录自身的唤醒级别。在完成了几天的唤醒水平监测之后，要求运动员查看数据。运动员是否经常出现唤醒不足的问题，或者出现过度唤醒问题？哪一部分的训练能够制造唤醒控制关注？为什么？在结合比赛中所收集的相似数据的情况下，这些信息可以用来帮助运动员设计唤醒控制计划。

习得阶段

习得阶段的目标包括培养基本的能量管理技能和学习在最佳能量区域中调整唤醒水平的方式。在第6章中，我们介绍了完全放松和快速放松技能，以及激励技能，同时还描述了一个培养这些技能的系统计划。可以使用这个计划来帮助运动员培养在运动中进行能量管理所必需的基本的放松和激励技能。运动员必须能够使用这些工具达到中立性或促进性唤醒水平。

为了在训练之前达到自身最佳能量区域，一般需要激励运动员达到最佳唤醒水平；而在比赛之前，运动员处于正常的过度唤醒水平时，他们必须使用快速放松技能将唤醒水平降低到理想水平。为了在训练或比赛中调整唤醒水平，运动员必须能够按照要求使用快速放松技能和激励技能达到中立性唤醒水平。运动员应能够使用AMS训练和培养自身的基本唤醒控制技能。同时，相对

于教育阶段，在这一阶段控制技能必须能够得到进一步提高。在训练的每一个AMS检查点，必须为团队提供30秒时间监测唤醒水平，接着按照需要，再为运动员提供一定的时间使用快速放松技能和激励技能来调整自身的唤醒水平。

在几天里，运动员必须开始看到自身基本唤醒控制技能得到显著改善。要求运动员不断尝试达到和保持个人最佳唤醒水平（例如，级别5）以便实现出色的能力表现。记住，个人最佳唤醒水平会因为运动员、任务和情形而存在差异。在紧张和注意力问题没有干扰到能力表现的情况下，唤醒水平必须足够低。但是，在运动员必须具备能量实现自身最佳能力表现时，唤醒水平必须足够高。正常情况下，在2周里，不管运动员的唤醒水平一开始处于何种程度（高或低），大多数运动员都能够在3～5秒内调整到中立性唤醒水平。在学会了这个技能之后，运动员可以开始努力达到最佳的促进性唤醒水平。

实施阶段

在常规的基础上监测唤醒水平，同时按照需求调整唤醒水平，有利于运动员在控制自身能量水平的情况下学习技能。首先，运动员每天必须多次监测自身的唤醒水平；同时在唤醒水平没有处于自身最佳能量区域的情况下，不断地练习调整唤醒水平。可以在混战训练中模仿比赛，同时要求运动员按照需要在每次行动的休息时刻检查和调整唤醒水平。对于需要在表现过程中调整唤醒水平的耐力型运动员，可以帮助他们在日常训练中训练这些技能。随着运动员唤醒控制技

能的发展，可以要求他们在压力不断提升的情形下训练，例如，进行混战训练和小型比赛。例如，为了在发球训练中增加压力，排球教练可以先让运动员花几分钟时间适应，接着要求团队的每名运动员执行一次发球。如果击中目标的队员少于3/4，该过程就重复进行。这种在压力下发球的训练是一个绝佳的机会。运动员会先在中立性唤醒水平下训练，接着逐渐过渡到促进性唤醒水平。在这种情形下，运动员可以学习监测和调整自身唤醒水平，从而实现最佳唤醒。

在运动员培养了基本的唤醒控制技能之后，他们应该怎样做才能够在不感到单调的情况下熟练应用技能和进一步自主应用技能呢？正常情况下，一旦运动员花费足够的时间强化唤醒水平意识和学习系统地调整唤醒水平，教练就可以不再继续按照常规使用AMS。但是，运动员不可以完全放弃自我监测。每天晚上，运动员必须回顾他们无法有效处理的唤醒控制问题，同时尝试理解为何他们的尝试是无效的。如果运动员开始经历持续唤醒问题，那么运动员必须开始记录几天的AMS以便确定问题产生的原因。教练必须在训练、比赛期间对唤醒控制问题保持警惕，并且按照需要提交任务报告，以便帮助运动员做出必要的调整。

小　结

1. 运动员在训练和比赛中所使用的能量来自唤醒。唤醒是关于身体一般生理和心理的激活，以便运动员准备好应对紧张和激烈的活动。唤醒在连续统一体上会出现从深度睡眠到强烈兴奋的变化。这些变化会对运动员的表现产生显著影响。

2. 在身体被唤醒的过程中，身体会经历很多复杂的生理变化，其中包括自主神经系统激活。自主神经系统激活指的是肾上腺素等激素被输送到血液中，从而使肌肉紧张、心率升高、血压上升和呼吸频率增加。

3. 身体和心理压力会引发唤醒。这个激活过程就是战斗或逃跑反应，即身体做好战斗或逃跑准备。

4. 唤醒是比赛准备的一部分。运动员会采用不同的方式应对唤醒水平的提高，包括从毫无精神到极度激动。

5. 倒U形假说说明随着唤醒从低水平提升到适中水平，运动员的能力表现水平会不断提高，直至达到特定的区域。但是，进一步提升唤醒水平（从适中水平到高水平）会降低能力表现水平。模型中的带宽表示达到最佳能力表现的唤醒水平。这个区域被称为最佳能量区域。

6. 唤醒不足会限制表现，因为身体没有被充分激活，无法创造实现最佳表现所需的生理变化。相反，过度唤醒会因为肌肉过度紧张和协调性问题、注意力问题以及可控和自动处理问题而影响运动员的能力表现。

7. 不同运动员存在不同的最佳能量区域，导致倒U形假说存在个体差异。

8. 不同的任务同样会影响最佳能量区域。相对于粗略动作技能和简单的任务，在完成精细动作技能和复杂任务时，运动员的最佳能量区域更低和更窄。短期任务要求唤醒水平集中在几分钟的能力表现上，而长期任务可以提供更多的机会，运动员应在最初调整唤醒水平处于最佳能量区域，同时保持最佳的能力表现。

9. 最佳能量区域体现了动态的最佳能量模式（最准确的描述）。随着竞争要求的变化，运动员必须系统地调整自身唤醒水平。

10. 运动员必须能够确定自身的最佳能量区域。这个区域可以被认为是个人最佳功能区。运动员可以使用唤醒监测量表来评估自身的唤醒级别。在9个级别中，等级5表示最佳唤醒水平。运动员可以体验唤醒水平在等级5时的感觉。即使自身唤醒水平为等级4～等级6（最佳带宽），一般也能有出色的能力表现。

11. 心理因素可以反映运动员是如何解释唤醒的。如果他们将唤醒积极地解释为挑战、做好准备或者兴奋，那么他们可以实现最佳能力表现并进入流畅状态。如果他们消极地解释唤醒，那么很可能会导致糟糕的表现。

12. 突变理论意味着，如果心理焦虑程度比较低，那么可以证明能力表现水平和唤醒水平之间的倒U形关系。但是，如果心理焦虑程度比较高，那么过度唤醒会引起突变，导致能力表现下降。

13. 逆转理论意味着，将注意力集中到过程并且自身唤醒处于最高水平时，运动员能够发挥最佳的能力表现。

14. 唤醒水平–能力表现水平综合模型分别阐述了3种不同条件的预测：促进性、衰弱性和中立性。在促进性唤醒下，运动员会很自信而且心理焦虑程度较低，并且能够将注意力集中到过程中。在这种情况下，能力表现水平会随着唤醒水平的提高而提高。在中立性唤醒下，唤醒水平和能力表现水平之间遵循传统的倒U形关系。在衰弱性唤醒下，一般会发生突变。而过度唤醒会对能力表现产生显著的负面影响。

15. 使用3个阶段帮助运动员培养能量管理技能。在教育阶段，运动员可以学习能量管理的基本知识，并认识自身唤醒模式以及最佳能量区域。在习得阶段，运动员可以掌握能量管理技能，同时学习寻找和保持最佳能量区域的方法。在实施阶段，运动员可以学习自主唤醒控制技能，并在比赛中应用这些技能。

关键术语

焦虑　　突变理论　　心理焦虑　　评估　　可控处理　　中立性唤醒

唤醒　　衰弱性唤醒　　最佳能量区域　　注意范围窄化　　促进性唤醒

生理焦虑　　战斗或逃跑反应　　心理崩溃区域　　自动处理

个人最佳功能区　　提神区域　　自主神经系统　　倒U形假说　　逆转理论

复习题

1. 什么是唤醒以及如何控制唤醒？

2. 什么是唤醒水平和能力表现水平之间的倒 U 形关系？

3. 唤醒不足或过度唤醒都会对运动员能力表现产生影响，其中的主要原因是什么？

4. 个体差异和任务差异对运动员的最佳能量区域会产生怎样的影响？

5. 心理因素对唤醒水平会产生怎样的影响？

6. 在促进性、衰弱性和中立性唤醒下，唤醒水平和能力表现水平之间存在怎样的关系？

实践活动

1. 制订一个计划，帮助运动员确定训练过程中自身的最佳能量区域。可以使用任意记录形式。

2. 制订一个系统的计划来帮助运动员使用放松、激励和自我对话技能，让运动员在训练前培养最佳唤醒技能，并在训练过程中保持最佳唤醒水平。

第10章

注意力

阅读完本章内容后，你应该能够：

- 描述为何将注意力集中在当前任务、排除所有干扰因素以及保持注意力集中上，对于运动成功既具挑战性，又至关重要；
- 阐述注意力技能及其对有效执教的影响；
- 描述选择性注意以及如何使用选择性注意帮助运动员将注意力集中到正确的事情上，同时排除外部干扰；
- 定义专注力，同时了解集中注意力的策略。

描述出色的能力表现时，部分运动员总是会强调他们的**注意力**完全集中在比赛上，而且他们丝毫没有注意到外部干扰。他们可能会说，他们非常关注自身的能力表现。因此，他们甚至连观众雷鸣般的掌声都没有听到。其他的运动员会说，他们关注到周围的一切。但是，当他们专注于任务时，诸如观众的嘈杂声等潜在的干扰都消失了。

表面上看，保持注意力集中很简单：只需全力以赴地将注意力集中到当前任务，同时排除所有干扰。但说起来容易做起来难。很多教练都感叹，让运动员集中注意力极其困难。我们经常可以听到无法实现出色发挥的团队会有诸如此类的说法："我们只是注意力不够集中而且犯了很多粗心的错误。"很多时候，我们是不是经常会听到教练要求运动员集中精神和提高专注力？但是，教练往往并没有教导运动员应该怎样集中精神和提高专注力。教练往往会冲运动员大声地喊叫，要求他们将心思放在比赛上。而运动员往往会咬紧牙根，更加努力地尝试做到精神集中。在这种情况下，运动员可能会专心地盯住前方，然后不断地告诉自己集中注意力。但是，他们越是努力地尝试，就越难做到有效进入专注状态。

就像本书所介绍的其他心理技能一样，注意力技能对于取得卓越成就也是至关重要的。你是不是经常看到运动员因无法集中注意力而出现重大失误呢？即使是一瞬间的走神都可能导致糟糕的结果。心理技能训练的一个主要的目标是帮助运动员集中注意力到任务上，排除所有干扰以及保持持久的专注力等。

理解注意

注意是一个复杂的现象。为了帮助你理解它，本节将介绍这个心理技能的本质，将注意力集中到当前任务的简单行为具备挑战性的原因，以及注意与运动成功之间的联系。

集中注意力意味着什么

注意是一个将我们的意识通过感官指引到可用信息上的加工过程。我们可以通过自身的感官不断地接收外部和内部环境的信息。事实上，我们的感官在任何时刻都会接收到大量的刺激因素。如果你停止阅读一小会儿，接着再重新将注意力放到书本上，这时，你可能会注意到录音机或电视正在播放或者听到身后人们的讲话。同时，你可能还会意识到一些内部刺激，例如，你正在思考什么事情或者是否出现饥饿感或者疲惫感。意识到或者感觉到中枢神经系统所有的感官信息是不可能。一旦你注意到某种感官信息，就必须决定采用哪些行动，以及在这个过程中所需要的注意类型。因此，注意包含感知感官信息，使用信息做出决定以及选择反应方式（见图10.1）。

注意维度

虽然运动员在每一项运动中实现最佳能力表现时都需要注意到独特的感官信息，但是有些方面的专注是所有运动中常见的。运动注意力要求的两维度模型如图10.2所示，可以从两个维度看待注意力要求：广度（宽广或狭窄）和方向（内部或外部）。注意广度指的是在指定的时刻运动员必须注意到多少刺激或线索。在一些运动或情形中，运动员必须同时注意到很多刺激因素，而有些运动要求运动员将注意广度缩小到几个线索上。四分卫运动员观察防守和寻找没有人防守的外接员时，或者篮球控球后卫快速突破时，这时运动员需要宽广的注意范围。守门员救球时，或者篮球运动员罚球时，这时运动员需要缩小注意范围。另外，注意方向指的是运动员是集中注意到想法和感觉上，还是周围正在发生的事情上。在分析比赛中正在发生的事情，设计策略以及理解身体动作（例如，监测身体反应和感觉状态）等方面，内部注意是非常重要的。而评估情形和执行运动技能和策略时必须使用外部注意。

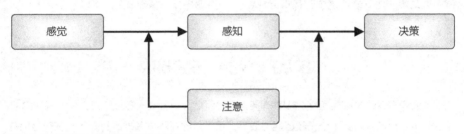

图10.1　注意在感知和决策中的作用

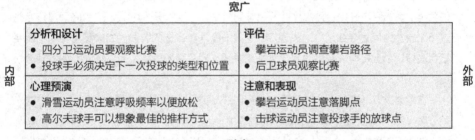

图10.2　运动注意力要求的两维度模型

注意力挑战

在所有运动中，注意的本质是将精神集中到与任务相关的线索或刺激上，同时忽视其他的一切事物。设想在美式橄榄球运动中右后卫所面临的注意力挑战：从四分卫运动员手上接住球，观察场上拦截球的情形，确定计划的漏洞是否出现，观察所有的潜在抢球运动员，保护球以及进行突破。在突破的过程中，注意力技能超乎寻常的地方就是能够让运动员好像十万火急一般跑动。现在设想排球拦网运动员所面临的注意力挑战：她必须预测扣球的方向，而且还要尝试隐藏杀球的方向。在比赛过程中，对方球队会从各种不同的位置和高度采用不同的速度来执行佯攻动作和扣球。拦网运动员只有一转眼的工夫确定受到进攻的方向，接着做出反应。

除了集中注意力到与任务相关的线索

上，运动员还必须排除所有内部和外部干扰。排除干扰和保持注意的能力被称为**专注力**。设想一下，打棒球时所需要的专注力。很多出色的棒球运动员表示，他们击中球的关键在于看到球。集中注意力到其他的事物上会复杂化击球的过程，从而导致无效的专注力，所以运动员站在赛场上时，他们必须坚持心里只想一件事情。这个听起很简单？

可以想象让自己平静下来，然后在正常的条件下清空所有干扰的难度。现在，设想在一个看台上充满粉丝尖叫声的情形下，你必须在二人出局且三球两击的时刻获得决定胜负的一分具有怎样的难度。还可以设想，投球手投出一个令人难以置信的快球时，你必须在一转眼的时间里决定是否挥棒以及如何恰当地挥棒的情形。

压力下的失误：注意误区

大多数运动员都会回忆失误的时刻。苏西（Suzie）是一名提前进入锦标赛的体操运动员。她曾经创造了个人最佳能力表现。但是，她在跳马落地时失败了，在落地时往后退了好几步。但是，如果她在最后的高低杠中充分发挥个人能力，还是有机会获得较高的分数的。随着时间迫近，她开始感到极大的压力，出现紧张感，特别是双肩和脖子的肌肉。她的呼吸开始变得急促并开始感到眩晕，而且脑子一片混乱："我必须坚持完成这场比赛。为何我会在跳马时失误呢？这是一个非常愚蠢的错误。如果我再将这个比赛项目搞砸，那么每个人都会对我感到非常失望。我只需要放松。为何我没办法做到放松呢？"

正常情况下，苏西可以在比赛之前采用提示词从心理上预演自己的流程。但是，这次她心事重重，忘记了这样做。在比赛的过程中，她很难做到集中注意力。周围的一切事物都令她心烦意乱。她一开始就在一个简单的动作上犯了一个错误，这时她的脑子更加混乱了。她开始思考姿势以及发挥技能的方式。她不断地引导自己按照日常训练方式集中注意力到身体姿势和动作上，而不是相信自己的技能和训练。但是，她越是努力地集中注意力，越是感到身体摇摆不定而且出现更加糟糕的能力表现。你可能意识到，苏西的失误在一定程度上影响到注意方向。她将自己的内部注意只集中在想法和感觉，而不是当前任务上。相对于相信自己的技能和训练，她采用分析的方式开始思考姿势，同时逐步尝试使用技能。结果，她的想法影响了能力发挥。

为了应对注意力挑战，运动员必须将注意力集中在确切而且往往快速变化的线索上。因此，运动员必须能够根据任务的要求转换注意类型。例如，高尔夫球手必须使

用宽广的外部注意调查球道，接着转换为内部注意设计推球方式和选择恰当的球杆，然后再次转换为狭窄的外部注意执行挥杆。或者可以思考一下四分卫运动员的注意类型转

换方式。首先，他必须采用内部注意分析情形，选择打法，接着在他走到边线时预演打法。在中锋的后面，他必须转换为宽广的外部注意，以便观察防守方式和寻找没有人防守的外接员。最后，为了准确传球，他还必须将注意力集中在接球者身上。

注意是否影响运动成功

相关心理学研究明确说明：与注意相关的因素对于运动成功至关重要。研究人员表示，相对于比较失败的对手，较为成功的运动员能够更好地在比赛的过程中集中注意力在当前任务上。他们表示，很少受到不相关刺激的干扰。而且，受到干扰时，他们能够通过最小的努力重新快速做到注意力集中（Krane & Williams, 2006）。

关于专业运动员和新手运动员之间差异的研究进一步证明了注意在运动中的重要作用（Abernathy, 2001; Moran, 1996; Starkes, Helsen & Jack, 2001）。可能有人也注意到，专业运动员在运动中看起来非常轻松：在突破防守时，四分卫运动员好像具备看透整个比赛的神秘能力；网球运动员看起来总是能够在恰当时间出现在正确的位置；高尔夫球手似乎总能够在精神恍惚时缩小注意范围，紧盯着球。这些方面的才能很容易被归结为出众的反应速度、视力、深度知觉或者其他身体属性。但是研究指出，专业运动员只能在特定的运动中发挥出色的能力。逐渐增加的身体迹象表示，专业运动员和新手运动员之间的主要差别在于与注意相关的特定运动技能（Wann & Parks, 1998; Ericsson & Charness, 1994）。相对于新手运动员，专业运动员能够更好地关注更多、更加确切的

信息，同时集中注意力到与任务相关的线索上。显然，与注意相关的因素对于运动成功至关重要。

注意容量

开始探讨如何教导运动员关注正确的线索、排除干扰和保持注意力集中之前，我们必须认识到注意存在的局限。我们每次只能考虑一些问题以及阻止一部分糟糕的干扰出现。在很多情况下，集中注意力在一件以上的事情上就会导致糟糕的能力表现（例如，如果接球员在接球之前就尝试跑动）。注意力要求超出运动员处理信息的能力时，他们会遭遇**注意过载**，从而影响能力表现和技能学习。而负载不足的注意系统也会导致诸如缺乏注意力、枯燥的训练环境等问题。

只要任务要求不超过运动员的**注意容量**，那么他们就可以同时执行几个任务。在你开始学车时，双手可能会像胶水一样粘在方向盘上，同时两眼直直盯着前方。因为开车让你集中注意力。但是，通过训练，你可以自主操作过程。在正常的情况下，开车只需要较少的意识思维和主动注意。你现在可能可以一边开车，一边欣赏风景，听听收音机以及跟乘客聊天。但是，如果你是在下着大雨的连续弯路上开车，就必须看路面标志。这时你就很难再聊天了，因为开车本身就需要更多的注意。

观察他人学习新的运动技能，很显然，执行技能需要注意。运动员开始学习打篮球时，运球要求完全集中注意力。尝试同时做其他的事情可能会导致新手运动员丢球。因此，经验不足的运动员无法分散注意力观

察防守。但是，随着时间的流逝，运动员越来越不需要集中精力运球。在这种情况下，运动员可以使用单手运球，同时保护球，观察场上队友和防守者的站位，接着向篮下无人防守的队友传球，然后接到传球的队友可以单手上篮。新手运动员和专业运动员之间注意力需求的差异如图10.3所示。

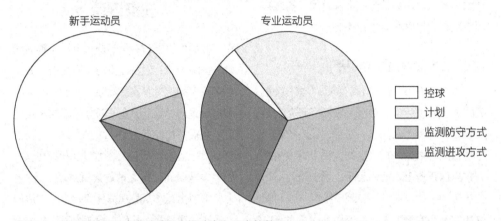

图10.3　新手运动员和专业运动员之间注意力需求的差异

引用自 R.H. Cox, 2007, *Sport psychology: Concepts and applications*, 6th ed. (New York: NY: McGraw-Hill), 178, by permission of The McGraw-Hill Companies。

可控处理和自动处理过程

　　为何执行运动技能不需要特别关注时间和训练？在第9章中说过，运动员可以在学习技能的早期阶段使用可控处理模式。这个技能的学习过程包含了注意力和行动意识。这种关注是缓慢、刻意和需要注意的。但是，在无数小时的训练之后，运动员可以在不假思索的情况下自然地形成执行基本技能的能力。他们能够转换为自主过程，也被称为**技能自动化**。这是在进入流畅状态的情况下出现的处理模式。运动员不需要思考自身的能力表现，他们只需执行技能和发挥技能。因为自动处理模式并不包含注意力需求，所以运动员可以在执行基本技能时关注其他的任务以及同时完成几个任务。运动员不仅必须在不假思索的情况下执行基本的技能，而且还必须能够自动做出明智的决定。资深的壁球运动员可以根据场地位置使用不同的击球类型，滑雪运动员清楚在不同的雪况下做出反应的方式，而游击手知道在特定情形下扔球的位置。

基于技能自动化的执教技巧

　　教导运动员新技能的挑战是意识到运动员的注意系统很容易超负荷。青年篮球教练抱怨道，她无法让运动员完全集中注意力到训练上，因此她希望我（托马斯·D.雷得克）能够给予帮助。在观看了训练之后，我意识到她的看法是正确的。运动员没有集中注意力，但是这并不是因为他们无法做到集中注意力，而是因为他们的注意系统超负荷。训练活动对运动员的技能水平要求太高，完全超过他们的注意容量。我们可以使用以下策略，避免运动员注意过载。

- 一开始，简化运动员学习的技能。这种方式可以通过简化技能培养过程或将复杂的技能分成重要的组成部分来实现。例如，青年冰上曲棍球教练发现，当他尝试向正在学习滑冰技能的运动员同时教授控球技能时，运动员的注意系统出现过载现象。滑冰本身已经是一个注意力需求任务。在这种情况下，他决定使用一个较大的冰球来简化控球技能的注意力要求，这样运动员就能够同时练习滑冰和控球了。

- 简化策略和决策要求。例如，四分卫运动员在跑动时会面临传球进攻、投掷球或者持球前进等选择。如果不限制做出选择的必要提示数量，那么运动员可能会出现信息处理超出自身能力范围的情况。我们可以指导他根据某些关键防守运动员的行动决定，而不是让他尝试判断整个比赛场地的情况。另一种减少运动员必须处理的信息总量的方法是提升他们的比赛知识和策略水平，从而让比赛情形变得更具预测性。技术熟练的网球运动员都知道，一个斜线球之后很可能紧跟着另一个斜线球。因此，他们会站在正确的位置并做出快速的反应。

- 确保运动员进行大量练习并且能够自动应用基本技能。在运动员进行了大量技能练习之后，教练可以逐步增加他们在训练中的注意力要求。大量练习技能有利于释放运动员注意力，这样运动员就可以集中注意力到与任务相关的线索上，从而实现出色的能力发挥。相对于思考执行技能的方式，运动员更应该注意周围所发生的一切以及比赛接下来的发展。

培养决策技能

在竞争激烈的情形下，可以使用视频帮助运动员以最快的思考方式快速地做出正确的反应。针对视频中关键时刻的比赛情形，要求运动员在观看实际的场景发展之前做出最佳的反应表达。例如，足球教练可以向运动员展示一个描述经典进攻情形的视频，然后要求运动员尽可能快地说出他是否会射门、运球或向队友传球。这样的练习有利于运动员形成自动化的反应选择。

选择性注意

每个人每次只可以专注于一定数量的刺激因素。**选择性注意**是一个专注于特定信息同时忽视或筛选剩下信息的过程。运动员必须懂得，哪些信息对于他们的能力表现是至关重要的，接着他们必须将注意力集中到这些信息上。在很多情形下，通过反复试验和无数次的训练，运动员可以学会在正确的时间将注意力集中到正确的事情上。可以通过教导运动员关注哪些线索的方式来加快和改进这个学习过程。例如，教练指导中后卫进入中间区域监视交叉后退传球的接球员时，他就是在帮助运动员学习选择性注意技能。

关注相关线索

为了帮助运动员学习选择性注意技能，可以指导运动员注意他们必须关注的线索，以便实现出色的能力表现和排除干扰。可以传授运动员以下技能来帮助运动员掌握这个技能。

培养心态

帮助运动员学习（和大量练习）将注意力集中到至关重要的线索上，同时培养留心这些线索的心态。在诸如篮球或足球等要求广泛注意的运动中，我们可以教导运动员必须集中注意力观察线索，以便他们研判对手和做好常用策略的准备。在需要狭窄注意范围的情形中，我们必须帮助运动员明确他们必须关注的地方。汤米・莫（Tommy Moe）是男子滑雪奥运金牌得主。他在描述自己的技术时表示："我只是让自己的思绪保持真实、简单。然后，我会集中注意力在外侧板的边缘，以便做出翻转动作，同时保持双手朝前。我知道，如果我将注意力集中在这两个方面，就可以滑得更快"（Murphy，1996）。

预判技能

专业运动员往往看起来具备"看透"即将发生的事情以及在恰当的时刻完美跑动的能力。一个原因是，专业运动员擅长使用线索预判即将发生的事情并做出恰当的反应。在网球运动中，技术熟练的运动员可以通过线索预测球的方向。这些线索包括对手肩膀和身躯的动作、球拍的位置、抛球的动作。通过这种方式，运动员在球被击中之前就可以预判发球的类型和球的位置。在曲棍球运动中，新手守门员会倾向于集中注意力在冰球上，而技术熟练的守门员会专注于射手的棍子，预判很快发生的击球动作同时做好救球的正确跑动。类似地，棒球或垒球运动员可以通过观察击球员的脚步预判球被击向的位置，篮球或足球防守队员可以通过观察传球球员的眼睛预判其抛球的方向。专业运动员相对于资历较浅的对手的明显优势在于预判或预测动作的能力。专业运动员可以通过关注正确的线索发挥预判能力。

使用视频训练

向运动员展示描述运动典型场景的视频。告诉运动员必须观察的线索，接着在关键时刻暂停视频，这样运动员就无法看到结果（例如，正在传球的投球手，正在击球的网球运动员或者尝试射门的足球运动员）。甚至还可以去除特定的线索（例如，球拍的位置），这样运动员就必须使用其他的线索理解情形。要求运动员尝试推测接下来事情的发展情况，接着重新播放视频演示实际发生的事情。这个训练有利于运动员学习关注与任务相关的线索：击球员最好能够预判投球位置，网球运动员最好能够分辨发球的目标位置，而守门员最好能够预判射门的方向（Abernathy, Wood & Parkes, 1999; Starkes & Lindley, 1994; Williams & Grant, 1999）。

将注意力集中到重要的线索上

在训练过程中，要保证将注意力集中到重要的线索上。在帮助游击手学习时，手臂强壮但缺少准确性的游击手只会简单地将球朝前投掷，因此教练可以先在第一位垒手的接球手套上画一个目标，以便提供一个具体的聚焦点。类似地，在帮助击球员学习将注意力集中到棒球接缝处时，教练可以在接缝处涂上鲜艳的颜色，这样，击球员就可以获得关于投球的类型、速度等至关重要的信息。

使用与表现相关的提示词

很多运动员发现，制订与任务相关且**与表现相关的提示词**有利于帮助他们将注意力集中到正确的信息上。在执行一个向前三圈半腾空翻跳水动作时，奥运跳水选手格雷格·洛加尼斯（Greg Louganis）会使用"放松、看着平台、盯着水面、盯着水面、盯着水面、跳跃、再次盯着水面"等提示词来帮助自己集中注意力（Wilson, Paper & Schmid, 2006）。曲棍球运动员可以使用"贴着冰面"作为提示词，从而让自己注意力集中，保持棍子贴着冰面，实现最大限度控制球。在足球运动中，踢凌空长球的运动员可以使用"接球、吊球、踢球"等提示词。关键在于，找到可以将运动员的注意力集中到重要任务线索的提示词，而不是让运动员思考执行技能的力学词汇。

使用表现关注计划

制订一个表现关注计划类似于设计一个飞行员检查清单。运动员可以在不考虑将注意力集中到哪些方面的情况下简单地浏览列表。在比赛中，计划必须具体指定运动员在赛事不同时期关注的方面。在足球或篮球等运动中，表现关注计划必须指定在运动过程中，运动员在对不同场景做出反应时应关注的方面。大量练习设计优良的表现关注计划可以帮助运动员自然而然地保持正确的关注。

做好应对干扰的准备

即使运动员已经进行了将注意力集中到正确线索的训练，但是掌握将注意力集中到正确线索的技能难度非常高。各种外部和内部干扰都会影响运动员的注意力。紧张或意外的刺激特别容易吸引注意力：如突然的吵闹声、一束灯光，甚至是视觉周围轻微的动作。关注这种刺激类型的自然倾向被称为**定向反应**。高尔夫球手很难在嘈杂的人群中将球击入洞，因为他们习惯了安静的氛围。而棒球运动员可能会在安静的环境下分神，因为他们习惯在嘈杂的人群面前完成比赛。在运动中和运动以外，定向反应有时候可以发挥重要作用，提醒我们潜在的危险或者将我们的注意力集中到与任务相关的线索上。例如，滑雪运动员可能会及时注意到场地上其他的竞争者，从而避免碰撞。四分卫运动员可能会注意到安全的突袭方式，从而在被突袭之前将球抛给接球员。控球后卫可能会注意到教练在关键时刻喊出暂停。

但是与安全和运动表现没有关联的定

向反应便只是干扰。关注欢呼人群的体操运动员或关心对手搞笑动作的篮球运动员都无法做到注意力集中。运动员必须排除无关的干扰，同时将注意力集中到当前任务上。幸运的是，运动员可以通过学习做到注意力集中。通过反复面对干扰的练习，运动员可以习惯刺激因素，而且不再因这些刺激因素分心。有效避免不必要的定向反应的方法是让意外成为预期，让不正常成为正常，同时让不寻常变得寻常。

模拟训练

成功的教练可以使用模拟，创造类似比赛的训练情形，以便运动员做好应对潜在干扰的准备。他们可以模拟压力情形、人群噪声、天气条件以及实际赛事的比赛时间。例如，在美式橄榄球比赛中，团队常常必须在录音带播放嘈杂的人群噪声或公共广播系统中传出对方球队战歌的情形下练习进攻。受到照相机快门声音干扰的专业高尔夫球手，可以请人在他练习击球入洞时拍照。如果裁判做出明显误判会让运动员分心，那么可以在运动员训练时让裁判不断做出误判，这样运动员就可以练习重新集中注意力的策略。重点是，这里的干扰必须与预期的相似。

鼓励使用意象

当然，我们不可能模拟所有可能在比赛中发生的情况，但是可以教导运动员避免做出适得其反的反应，可以要求他们想象自己对潜在干扰做出良好的反应（见第 5 章）。在练习模拟的过程中，使用意象可以帮助运动员习惯某些刺激因素，从而减少他们在比赛过程中受到干扰的可能。

持续性注意：专注力

前文已介绍了限制注意过载的方法，同时还教导运动员选择性关注与任务相关的关键刺激因素和排除所有干扰。最后的难题是学习持续关注，将注意力集中到当前任务上。虽然专注力（concentration）和注意力（attention）这两个词汇经常被作为同义词使用，但是事实上两者是存在区别的。专注力是长时间保持注意力集中在指定刺激因素上的能力。帮助运动员提高专注力技能是注意力训练的关键部分。专注于当前任务是非常具有挑战性的。诸如嘈杂的人群等外部干扰可以分散运动员的注意力。同时，运动员自身的所思所想也会影响专注力。即使运动员阻止了所有外部和内部干扰，保持专注仍然是非常困难的，因为这需要消耗能量。运动员长时间保持专注时，会感到筋疲力尽。

尝试做到注意力集中往往无法产生积极的效果。你越是努力尝试，就会变得难以集中注意力。事实上，有效的注意力集中要求"不费力地努力"或者让自己的大脑在此时此刻将注意力集中到当前任务上，而不是尝试让自己做到注意力集中。例如，环法自行车赛冠军兰斯·阿姆斯特朗（Lance Armstrong）经常会被问到，在他已经骑行了 6 小时或 7 小时之后，他会想什么。他回答道："我总是会被问这个问题。但是，答案并不是特别令人感到兴奋。我就是想着骑车。我的脑子里啥都不想，也没有产生幻想。我只是在不同的阶段考虑技术"（Armstrong, 2000）。运动员让自己完全沉浸到正在做的事情中时，便可以很容易且自然地做到保持注意力集中。

保持专注需要消耗能量

运动员必须学会何时以及如何开启和关闭专注力。在十项全能等耐力运动中，运动员们都遵循开始比赛，接着等待比赛，然后再进行比赛的方式。因此，运动员必须慎重地使用专注力。如果没有做到慎重使用专注力，那么运动员们很可能会出现精神疲劳：无法有效地选择正确的刺激因素，出现疏忽，做出糟糕的决定，同时还很容易受到干扰。

练习集中注意力

通过练习，运动员将能够越来越长时间地集中注意力。有些运动员没有意识到练习这个技能的必要性，而有些进行注意力练习的运动员又很少在参加比赛时做到持续长时间注意力集中。运动员必须花时间练习保持注意力集中。在参加比赛时，他们也可以完全使用相同的方式保持注意力集中。此外，教练还可以设计要求注意力集中的练习活动，帮助运动员培养注意力技能。

例如，美国女子曲棍球队会使用集中注意力击打训练来培养运动员的专注力技能。在练习击打动作时，运动员还必须进行有意识的击打，并将球击打到指定位置（Ravizza，2006）。充满创意的网球教练可以在运动员练习击打时使用不同颜色的球。运动员必须按照每个球的颜色完成所要求的击打动作。随着运动员专注力技能提高，教练可以使用颜色比较不鲜明的球，从而提升观察的难度。

在培养运动员的专注力技能时，我们可以设计很多要求使用意识和集中注意力完成的练习活动。蒂莫西·加尔韦（Timothy

Gallwey，1997）鼓励网球运动员注意倾听球移动的声音和发现每次投球的不同声音。倾听对手发球移动的声音可以让运动员的身心进入注意力集中的状态。同时，运动员还可以通过这些信息快速预判击球的方向并做出最恰当的反应。即使是拉伸等简单的活动也可以作为集中注意力的练习。例如，我们可以指导运动员密切注意每次拉伸的感觉。如果运动员心不在焉，那么可以鼓励他们重新将注意力集中到拉伸训练上。通过训练，运动员能够做到更好地集中注意力。

影响有效专注力的障碍

专注力要求静心或"停止思考"。在运动心理课上提到这个内容时，有一名聪明的学生问道："运动员应该在什么时候停止思考呢？"这是一个不错的问题。答案是现在，就在当下。运动员必须将注意力全部集中到当下的任务上，并且不要分心。当然，这个说起来容易做起来难。过度思考、缺少信任、疲劳等内部因素都会阻碍注意力集中。

过度思考

有些运动员存在注意力很难集中的问题，因为他们会一直抓住过去的事情不放。例如，裁判的误判、深入了解对手的打法，或者不断出现的错误等。运动员还可能因为脑子里一直想着以后的事情而无视现场的比赛情形。这些还未发生的事情包括能够摆脱紧张的情绪是多么不错的事情，或者如果出现糟糕的能力表现，那么有可能所有消极的事情都会发生等。此外，运动员的脑子里可能会充满所有关于"如果"的问题："如果我射门不成功""如果我突破这个范围""如果我搞砸了训练"等。

NBA 教练菲尔·杰克逊说道："篮球就像一种复杂的舞蹈。这种舞蹈要求运动员以闪电般的速度从一个目标转移到另一个目标。为了超越他人，你必须带着清醒的头脑采取行动，同时全身心专注于其他人正在做的事情。秘诀在于不要思考。这并不意味着要犯傻，而是意味着清空大脑中数不清的想法并安静下来，这样你的身体才能在不受大脑干扰的情况下不假思索地完成训练的内容"（Jackson & Delehanty，1995）。网球运动员加尔韦表示："静心意味着减少思考、计算判断、担心、害怕、期望、尝试、后悔、控制、不安或干扰"（Gallwey，1997）。图10.4 描述了混乱的大脑与平静且专注的大脑之间的差异。

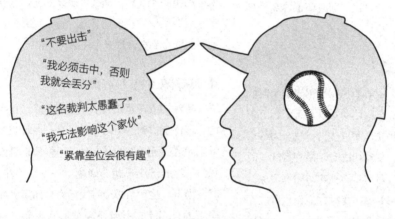

图10.4　混乱的大脑与平静且专注的大脑之间的差异

经许可改编自 K. Ravizza and T. Hanson, 1995, *Heads up baseball: Playing the game one pitch at a time* (Indianapolis: IN: Masters Press), 34, by permission of The McGraw-Hill Companies。

缺少信任

信任是一种包含释放意识对动作的控制和允许自己自动采取行动的技能。如果要求你走过只是刚好高过地面的平衡木，你会做出怎样的反应呢？你肯定会不假思索地走过平衡木。如果要求你再次走过平衡木，但是这一次平衡木与地面相距100英尺（约30米），你会做出怎样的反应呢？相对于相信自己的行走能力，你可能还会有意识地尝试保持平衡，同时注意不让自己掉下来。在这种情况下，这个方法会使任务变得更难。这个道理同样适用于运动。在比赛时，特别是

在大型的比赛中，运动员都迫切地希望自己做得更好，因此一开始就会控制过程，而不是相信自己所接受的训练和技能。投球手可能一开始会采用"瞄准"方式，或者不假思索地尝试抛出好球，而不是让自己自然而然地抛球。自行车运动员在完成技术动作时可能会有意识地控制自行车，而不是让自己自然地穿过设定的障碍。

疲劳

具备完善专注力技能的运动员似乎有能力很好地消除疲劳感。而专注力技能较弱的

运动员会因为疲劳而很难对手头的任务保持注意力集中。相对于全神贯注于自身的能力表现，疲劳会让运动员变得无精打采。

克服专注力障碍

我们可以怎样帮助运动员提高克服专注力障碍的能力呢？这不是一个简单策略就可以解决的问题。接下来，我们将阐述几个关于如何提高专注力的技巧。

静心训练

相对于尝试清空脑子里所有的思绪，运动员可以努力平静内心，让自己专注于活动。第7章中所阐述的自我对话技能可以在运动员意识到自己目前无法集中精神的情况下，帮助运动员重新集中注意力。作为教练，我们可以制订具体的运动策略来帮助运动员平静内心并关注眼前情形。蒂姆·加尔韦（Tim Gallwey）注意到，在曲棍球运动中，关注球可以帮助运动员保持内心平静和关注眼前情形。球在球场上回弹或者与运动员的棍子接触的关键时刻，教练可以指导运动员在心里默念或者大声喊出"回弹—击球"等词。"回弹—击球、回弹—击球"的说法有利于培养运动员的规律意识、节奏以及清空思绪，从而让运动员集中精神关注眼前情形以及节奏。如果运动员的思想开小差，那么可以让运动员关注诸如球的接缝处等更加细微的事物，做到精神进一步集中。

诱发因素

可以使用**诱发因素**来提高运动员的专注力。诱发因素包括词语或动作。这些词语或动作可以提醒运动员集中注意力。运动员分心时，有些教练会使用"集中注意力"作为提示，让运动员将注意力重新集中到任务上。在垒球和棒球运动中，比赛本身在大部分情况下都没有激烈的活动，因此运动员往往无法集中注意力。而要求运动员在场地上长时间都保持精神高度集中也比较过分。此时，可以采用一个有效的专注力策略。在每次投球之前，运动员都可以在心里反复重现各种指定情形中投球的方向。接着，教练可以使用诱发因素提醒运动员集中注意力。这里的诱发因素可以是使用手套触碰地面等。在使用诱发因素之前，场上运动员可以看看人群、整理衣服或者来回走动。但是，在使用诱发因素之后，运动员必须只专注于比赛。

达雷尔·派斯（Darrell Pace）是一名奥运射箭金牌得主。他描述了自己集中和放松专注力的技巧："我会盯住两个地方。我要么会直直地看着前面的地面，要么会看着箭靶的中心……在跨过线的那个时刻，我会不断地转换这两个位置。他们吹响哨子时，我就射箭。接着，这种转换就会像机器一样关闭。这有点类似于视野收缩。这种做法让我不会受到任何干扰"（Vealey & Walter，1994）。你是否注意到，他使用了跨过线作为诱发因素让自己集中注意力呢？

释放

运动员也可以使用**释放**来消除消极想法和感受。这些消极的想法和情感会影响运动员专注眼前情形。特里·奥利克（Terry Orlick）是一名运动心理咨询师。他提倡使用"暂停"日常训练来提高训练的质量以及

耐力运动员：应用认知联想还是认知分离

耐力赛的要求不只是体力，运动员还必须处理与单调、不适、疲劳和疼痛相关的情绪。而且，这些情绪在运动员参加耐力赛时经常出现。那么，这些运动员是怎样做到不受消极情绪影响，保持注意力集中的呢？在任何特定的时刻，运动员要么"调整状态"，专注于自身的感觉，要么"无视状态"，将内心感受的注意力转移到其他方面。这些策略被称为**认知联想和认知分离**。在认知联想中，运动员可以关注身体知觉，例如，呼吸的模式或步法。而在认知分离中，运动员可以将对身体内部感觉的关注转移到外部事物上或者进行内部转移。这里的外部事物可以是景色或周边活动等。而内部转移可以是幻想、哼唱歌曲、做好剩下日子的计划甚至是解决数学问题等。

那么，运动员在什么时候使用认知联想以及什么时候使用认知分离呢？认知联想可以帮助运动员管理自身状态，包括赛跑意识、注意保持步长、监测心跳和呼吸频率以及注意时间差距。在比赛初期，认知联想可以帮助跑步运动员忽略自身的紧张和兴奋，坚持按照预定步伐跑动。在稍后阶段，认知联想可以让运动员快速意识到潜在问题，并做出必要的调整以避免出现用力过度和过度疲劳（跑动中"撞墙"或骑自行车时"撞车"）等错误。认知分离也是非常有用的。集中注意力需要能量，而认知分离可以让运动员获得精神上的放松。认知分离还可以转移运动员对消极感觉的注意力，从而帮助运动员从疲劳中恢复状态。此外，认知分离还可以减少长跑训练的单调乏味。运动员必须恰当地学习每个策略，同时培养转换策略的能力。

帮助运动员提高专注力。运动员进入训练场所时，教练会指导他们将手放在一个物体上（例如，长凳的一端），然后想象任何与该物体相关的个人问题。这样做可以让运动员在训练的过程中放松。在完成训练之后，教练可以把整个过程反转过来。这时，运动员不需要"暂停"关注这些问题，相反他们可以按照需要解决这些问题。运动员也可以使用释放来抛开错误或其他干扰障碍。运动员重新开始触碰物体时，他们可以想象与该物体相关的错误或干扰障碍。接着，运动员就可以抛开这些错误或干扰障碍。投球手可以使用一只脚擦拭投手板上的污垢，接着再

清除错误。这样，投球手就可以带着清晰的头脑专注于下一次投球（Ravizza & Hanson，1995）。

避开让人分心的想法和感受

运动员也可以使用控制呼吸和快速放松（见第6章）来避开让人分心的想法和感受。关注呼吸有利于运动员平静内心和专注于眼前情形，同时还可以避免过度唤醒，减少注意力干扰，集中注意力。此外，运动员还可以使用自我对话技能（见第7章）重新让自己保持镇静，并且将注意力重新集中到当前任务上。另一个策略是关注环境中的一个物

体，转移注意力。在清空思绪时，网球运动员可以关注球拍上的线，跳水运动员可以盯住墙，而铅球运动员可以看着草叶。从表面上看，学习集中注意力可以将焦虑水平降到最低限度。在提起脚和脚踩地时，跑步运动员可以专注于"脚跟—脚尖"的方式，或者远处的停止标志。

自我控制：制订重新关注计划

所有的运动员都会在某个时刻注意力不集中。这是不可避免的。优秀的运动员与一般的运动员之间会存在一定的差异。其中的一个因素就是，在出现注意力不集中的情况下，优秀的运动员具备重新快速集中注意力的能力。在对产生干扰的情形做出反应的基础上，心理坚韧性强的运动员能够使用心理恢复计划，重新集中注意力，例如，"意识、放松和重新关注"。第一步是运动员意识到自己注意力不集中，需要重新集中注意力。接下来，运动员可以使用自我对话和膈肌呼吸进行放松。最后，运动员可以将注意力重新集中到当前任务上。运动员往往会在对情形做出反应时，而不是在控制如何对情形做出反应时分散注意力。因此，使用重新关注计划有利于运动员重新集中注意力。我们将在第13章中进一步介绍关于重新关注计划的内容。

过度专注的隐患

专注力技能非常重要。但是，如果运动员只专注于一件事情，并且无法在需要时转移注意力，那么过度专注就会影响运动员的能力发挥。这就是关于专注力技能的最后一个问题：运动员必须能够根据任务需求转移注意力。转移注意力要求运动员在发挥能力的过程中意识到自身在不同的时刻所需要的不同的专注方式。同时，运动员必须培养选择性注意技能，这样他们才可以将注意力集中到与任务相关的线索上。此外，运动员还必须学会管理压力，这样才不会在需要时影响运动员集中和转移注意力的能力。事实上，压力管理是教练必须教导运动员的一个重要的技能。这个技能可以提高运动员的注意力技能。反之，如果运动员具备良好的注意力技能，那么他们就比较不会感到有压力，因为他们会全身心地投入比赛中。所以，这两个技能的提高是相辅相成的（更多详细的内容见第11章）。

实施注意力技能训练计划

学习如何保持专注和排除所有干扰需要更多的练习、更多的经历或者更多关于"注意力"或"专注力"方面的指导。通过这些方式，运动员才能提高注意力技能。培养注意力等心理技能的基本步骤是：教育阶段、习得阶段和实施阶段。教育阶段的目的是多方面的：教导运动员掌握注意系统运作的方式；明确运动中各种技能和活动的具体注意力要求；帮助运动员理解造成注意力问题的原因；以及教导运动员使用本章所探讨的策略，学习解决诸如此类的问题。

接下来是习得阶段。在这个阶段，我们将制订一个训练计划来帮助运动员选择需要关注的线索，保持集中注意力的状态，以及培养在需要的情况下灵活改变注意的方式。例如，我们可以使用视频分析或设计练习情形来帮助运动员理解哪些线索可以提供与任务相关的信息。或者，我们可以更进一步设计一些训练活动和生动的诱因提示词。这些训练活动包含可以吸引运动员注意力的重要线索。而诱因提示词则与运动员的能力表现相关。为了增强运动员的注意力，我们可以培养运动员静心训练和练习活动，从而帮助运动员有意识地执行训练技能。此外，我们还可以要求运动员练习在面对干扰的情况下重新集中注意力的能力。这种练习方式要求运动员使用释放、利用诱发因素以及培养心态。这里的培养心态指的是，要求运动员将注意力集中到眼前情形以及他们可以控制的因素上。通过这些方法，运动员在注意力技能发挥方面存在接近无限的可能性。

在实施阶段，一开始我们可以将能力表现模拟与按照任务要求转移注意力结合到一起。能力表现模拟要求运动员处理内部和外部干扰。意象可以用来营造竞争情形，发现吸引运动员注意力的线索，以及在情形改变时练习保持注意力集中。随着运动员注意力技能不断提高，教练可以引进类似比赛的干扰。这样，运动员就能够在接近真实情形的环境下练习技能。运动员的注意力技能必须达到一定的程度。这样运动员才能关注与任务相关的线索，保持注意力集中，以及不假思索地转移注意力。

运动员在比赛中使用注意技能时，很重要的是必须记住，培养这些技能的过程会随着运动员的成长而不断改进。教练必须鼓励运动员实施自我评估，了解自身在将注意力集中到与任务相关的线索方面所达到的能力水平。同时，教练还必须要求运动员自我反省，清楚干扰自身最佳注意力水平的相关问题。这种意识将成为运动员持续发展注意力技能的基础，以及培养克服专注力障碍的策略。

小　结

1. 注意是一个心理加工过程。在这个过程中，运动员可以确定和保持由自身感官所接收的刺激意识。接着，运动员可以使用这些意识信息做出明智的选择和决定。

2. 我们必须分析运动中每个具体技能的注意力要求。可以根据注意的广度（狭窄或宽广）以及方向（内部或外部）来分析任何运动的注意力要求。

3. 完善的注意力技能包括以下能力：将注意力集中到与任务相关的线索上，排除干扰，保持注意力集中以及按照任务要求转移注意力。

4. 与注意相关的主要因素包括注意容量、选择性注意以及持续性注意（即专注力）。

5. 实现运动成功要求完善的注意力技能。专业运动员比新手运动员具备更好的注意力技能。

6. 如果运动员每次只能专注于很少的事情，那么教练必须在运动员开始学习新的技能时避免注意过载。

7. 可控处理过程需要注意力，但是自动处理与此不同。通过自动处理，在不需要思考如何做的情况下，运动员就能够执行基本的技能，同时将注意力集中到运动表现和环境的其他方面。

8. 运动员必须培养一种能够注意到环境或者自身某些线索的思维方式。通过教导运动员哪些线索包含与任务相关的信息以及如何将注意力集中到这些信息上，教练可以提高运动员的注意力技能。

9. 我们可以适应意料之外的刺激因素。但是，通过预测和预判干扰因素，我们可以学会更好地控制不需要的定向反应。

10. 专注力是在指定刺激因素的情况下，一种保持注意力集中的能力。

11. 强迫大脑集中注意力是不可能提高专注力的。只有通过清除大脑中的干扰因素并将注意力集中到眼前情形，才可以提高专注力。过度思考、缺少信任和疲劳会阻碍专注力。

12. 从诸如疲劳等强大的刺激因素上将注意力转移到与任务相关的刺激因素上是非常难的。随着专注力技能的发展，运动员在执行技能时能够将注意力从疲劳和其他强大的刺激因素上转移到正确的线索上。

13. 我们必须帮助运动员认识到，虽然专注力需要消耗能量，但是通过练习可以提高专注力。实际执行这个技能时，运动员必须将注意力集中到当下。

14. 静心训练、诱发因素、释放、避开让人分心的想法与感受和制订重新关注计划是克服专注力障碍的重要策略。

15. 培养注意力技能的一个有效的方法是在注意力集中的情况下进行练习，以及在分心时将注意力重新集中到任务上。

关键术语

注意力　　认知分离　　释放　　注意容量　　专注力　　选择性注意
注意过载　　定向反应　　技能自动化　　认知联想　　与表现相关的提示词
诱发因素

复习题

1. 解释为何专业运动员能够立刻执行多种技能。

2. 内部和外部干扰之间存在哪些差异？解释为何这两种干扰会相互作用，影响专注力。

3. 解释耐力运动员如何使用认知联想和认知分离来处理疲劳问题。

4. 解释定向反应的定义，同时举例说明，教练应该怎样做才能帮助运动员避免出现与定向反应例子相反的结果。

5. 选择性注意与专注力之间存在哪些不同之处？

实践活动

1. 描述一种针对运动员的常见运动情形，接着阐述运动中的注意力需求并指出满足以下各个要求的方式：评估、分析和计划、预演、集中注意力以及执行技能。

2. 假设你正在执教一个队员均具备身体天赋的团队，但是这个团队经常在关键时刻无法做到集中注意力。是什么导致运动员出现注意力问题？你将采用哪些策略来提高运动员的注意力技能？

3. 你正在执教一群技能水平参差不齐的运动员。对于刚刚学习技能的运动员，你会如何设计学习环境来避免运动员注意过载呢？对于技术熟练的运动员，你又如何设计练习环境，确保他们不会只是做做动作呢？

4. 指出在表10.1中，每种活动所需要的注意类型（外部或内部，以及宽广或狭窄）。答案请参考附录。

表10.1　运动技能对应注意类型

运动技能
A. 高尔夫球挥杆动作的心理预演
B. 制订一个针对重要比赛的比赛计划
C. 篮球运动中的擦板入篮（球打在篮板上）
D. 执行体操日常训练
E. 在攀岩中将注意力集中到接下来的落脚点
F. 设计一个皮划艇比赛路线
G. 从教练的角度分析自己的技能和不足之处
H. 观察一场足球比赛的进行方式

第11章

压力管理

阅读完本章内容后，你应该能够：

- 理解关于压力及其当前定义的常见误解；
- 描述拉扎勒斯的压力模式，包括竞争要求、个人控制、应对策略以及这些因素影响压力感觉的方式；
- 通过改变竞争要求或个人控制以及使用竞争设计、个人设计、问题解决技能和心理计划，理解运动员使用问题管理方法来管理压力的方式；
- 解释情绪管理、唤醒和思考引发的压力问题；
- 描述一揽子整体情绪管理如何帮助运动员培养综合应对反应，以及沉淀式策略和渐进式暴露训练策略；
- 理解如何帮助运动员使用3个阶段的计划培养压力管理技能，这个计划涉及3个阶段（教育阶段、习得阶段和实施阶段）。

大多数运动员（即使是专业运动员）都会在某些时候无法有效处理压力。棒球联赛的投球手会在联赛最有价值球员第 9 局比赛的最后时刻感到惊慌失措，专业的高尔夫球手会在准备重要的推杆动作时感到高度紧张，而美式橄榄球四分卫运动员会在加时赛时紧张到发挥失误。如果压力对于这些运动员都是问题，那么可以肯定的是，我们也会面对压力问题。无论是什么运动、比赛位置或竞争水平，如果运动员们想发挥自己的能力水平以及实现个人的比赛目标，那么必须学会处理压力问题。

压力会对运动员的体育经历造成重大的影响。压力会影响运动员的能力表现，让其无法圆满地展现自己的技能。这些技能是运动员经过无数个小时的训练之后才掌握的。压力还会破坏运动员的自信心，让其觉得自己无法胜任比赛，同时还影响其进入流畅状态。压力会加剧人与人之间的冲突，破坏团队精神，增加身体受伤的可能性。在持续压力状态下，运动员会感到筋疲力尽，从而导致其提早退役。评估显示，1/3 的运动员都长期遭受压力困扰。在高压之下，运动员会失去运动的乐趣、影响自身技能发挥及抑制自身整个运动生涯的能力表现。几乎所有的运动员都经历过偶尔的压力问题，而且这些问题往往会在不恰当的时候出现（Martens，Vealy & Burton，1990）。无论是哪种情形，我们都必须理解压力，同时清楚地知道如何有效地管理压力，这样才能帮助运动员。

理解压力

在第 9 章中，虽然我们已经学习了唤醒和焦虑影响能力表现的方式，但是我们还没有探讨运动员焦虑的原因或者有效管理唤醒和焦虑的方法。为了理解这些问题，我们必须掌握压力的产生过程。本章将帮助教练和运动员理解和管理压力。本章一开始将指出对于压力的误解，接着描述一个解释压力发展方式的模型。

关于压力的常见误解

基于两个常见的误解，运动员的很多问题都被认为是压力导致的。第一，很常见但是错误的想法是，因为过度的竞争要求会造成额外的压力，使其表现良好，所以在某些情形中运动员必然存在压力。很多运动员认为在以下情形中压力是必然的。这些情形包括争夺全国冠军头衔、能力水平较弱的运动员面对同城对手、在比赛的关键时刻罚球或者在第 9 局比赛的最后击球等。但是，如果运动员具备有效处理压力的技能，那么竞争是不会导致压力的。事实上，我们可以回想一些运动员没有经历压力的比赛情形。因此，压力显然并不是源于紧张。

第二个误解是压力由生理和心理反应组成，特别是在面对竞争情形时。运动员可能会出现心跳加速、呼吸急促、手心流汗、胃部痉挛以及频繁上洗手间等状况。心理上，他们可能会觉得很难集中精神。他们会有很多的想法（消极的念头），脑海里闪现不好的景象，同时感到失去控制。但是，并不是所有运动员在面对竞争时都会出现这些不利的反应。这些激发的反应并不一定会令运动员产生消极的情绪或影响其能力表现。事实上，相同的症状也会产生积极的效果，促进运动员发挥出出色的能力。总之，压力是由运动员解释（评估）竞争要求的方式以及自身满足这些要求的能力所决定的。压力能够提高也能够降低运动员的能力发挥水平。

什么是压力

虽然大多数教练和运动员都对压力有基本的概念，但是他们可能并没有完全理解压力的复杂性。在成功很重要的情形下，**压力**会让我们所认为的自我要求（竞争要求）和我们所理解的满足这些要求（个人控制）的能力之间产生巨大的差异（McGrath，1970）。因此，理解力（而不是竞争要求本身）决定了我们所感受到的压力总量和本质。正如第7章中所描述的，自我对话的前提是信念决定竞争情形的影响，而不是情形本身影响竞争。在练习和比赛的过程中，我们的思想决定了行动，而不是情形决定行动。在积极的表现评价情况下，我们可以将难对付的对手看作挑战，从而提高自身能力表现水平。但是，在消极的表现评价情况下，我们会将困难的情形看作威胁，从而影响自身的能力发挥。有些运动员会将在挤满观众的体育馆中比赛看作"向这些观众展示自己能力的机会"，而有些运动员会担心"在这么多人面前搞砸了会多么尴尬"。同样是在挤满人的体育馆中比赛，但是不同的反应会导致运动员进入状态或者感到窒息。

拉扎勒斯的压力模型

根据古鲁·理查德·拉扎勒斯（Guru Richard Lazarus，1999）的压力模型，运动员在评估潜在的压力情形时必须权衡3种信息类型：竞争要求、个人控制和应对策略（见图11.1）。如果教练想帮助运动员在压力下出色发挥，那么很重要的是教练必须理解导致压力的因素以及管理压力的策略。

竞争要求

竞争要求包括运动员评估竞争情形将对自己实现重要目标的能力产生怎样的影响：目标越重要，实现目标的**不确定性**因素就越突出，竞争要求就越苛刻。在面对同城对手的情况下，争夺全国冠军头衔会是一个极具挑战性的竞争情形。在运动中，运动员只有在重大竞争要求的情况下才会感受到压力。换言之，运动员在不确定能否实现重要目标时，会感受到压力。

个人控制

个人控制指的是运动员对自身管理竞争要求以及实现重要目标程度的看法。它取决于两个因素：运动员是否认为压力是可以克服的，以及运动员是否认为自己具备足够的表现能力克服压力。**表现能力**包括知识、技能、战术、实现重要目标的必要准备状态，以及在需要的情况下能够控制技能的能力。当运动员发现无法消除或减少压力时，处于较低的个人控制能力水平，或者没有足够的表现能力。运动员认为压力是可以克服的，而且相信自身表现能力能够实现竞争目标时，处于较高的个人控制能力水平。因此，运动员所经历的压力总量和类型以及在压力下所达到的能力表现水平，取决于运动员如何对个人控制和竞争要求之间的平衡做出评估。

认为能够实现自己的目标（例如，打败强大对手）以及自信自己有能力实现目标的运动员会积极地看待情形，将情形看作挑战，

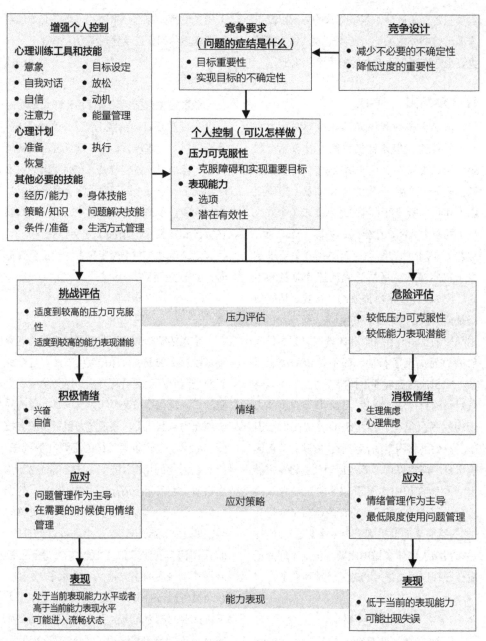

图11.1　拉扎勒斯的压力模型

经许可改编自 R. Lazurus, 1999, *Stress and emotion: A new synthesis* (New York, NY: Springer)。

同时选择设定的应对策略来提高自己的成功率。**挑战评估**即积极地理解竞争，激励运动员关注克服障碍的机会，最后取得成功。这是一种处理压力的建设性方式。运动员将情形评估为挑战时，会产生乐观的情绪，选择建设性应对策略，从而提升能力表现水平。运动员认为无法改变竞争要求（例如，完全没有希望战胜对手）或者缺少满足要求的表现能力（例如，因为准备不够充分）时，会更多地想到失败而不是成功，同时他们会将情形评估为威胁。**危险评估**强调消极的因素，并且会导致运动员害怕失败，感到悲观，采用无效的问题管理策略，从而影响能力水平发挥。

应对策略

应对策略是一种技巧。在激烈的竞争情形中，运动员可以使用这种技巧来处理问题，以产生更好的情绪，实现出色的能力表现。3 种主要的应对策略类型包括问题管理、情绪管理和不适应处理。**问题管理**会减少或消除压力来源，同时包含很多解决竞争问题的技巧（例如，制订计划、提升努力水平以及使用程序化行为）。即使在不改变问题源的情况下（例如，通过社会支持、放松、积极思考和积极重新解释策略），**情绪管理**也能减少消极情绪，增强积极情绪。不适应处理即使用伤害而不是帮助运动员的策略（例如，过度发泄情绪、酗酒以及心理或行为退缩）。教练必须鼓励运动员使用问题管理和情绪管理技巧，而不是不适应处理技巧。

正常情况下，运动员会根据情形的本质使用问题管理和情绪管理组合。运动员将情形评估为挑战时，他们会倾向于使用问题管理，同时在需要的情况下通过情绪管理来保持镇定。但是，运动员将情形看作威胁时，会倾向于更多地使用情绪管理来增强情绪。在这种情况下，运动员会较少关注问题管理。因为他们认为问题是不可以解决的，或者他们缺乏让事情变得更好的能力。

对表现的影响

使用有效的问题管理策略有利于运动员更好地表现，而情绪管理策略可以帮助运动员形成更好的心态，但是不一定能够提高其表现水平。有效应对可以帮助运动员正常发挥当前的能力或者实现能力超常发挥。同时，在事情完全正常发展的情况下，运动员还可能偶尔会进入流畅状态。无效应对会影响高水平的能力发挥，导致运动员出现失常的能力表现。甚至在消极情绪达到临界点时，运动员会感到窒息。正如第9章中所描述的，运动员在进入流畅状态的情况下，会处于高度唤醒状态，积极地将唤醒的症状理解为挑战和准备就绪，同时将思维集中在积极状态、当下和出色比赛的过程上。而运动员失误时，会因为缺乏准备而消极地理解高度唤醒状态，同时会产生消极的思维模式，产生失败导向思维，并将注意力集中在结果等无法控制的因素上。

个性和情形因素

教练必须能够辨别哪些运动员更容易受到压力的影响，以及哪些情形类型一般能够提升运动员的压力反应。运动员的压力水平以及他们选择的应对策略都会受到焦虑特质和自信特质的影响（例如，运动员存在高水平或低水平的焦虑和自信倾向）。倾向于较高水平焦虑和较低水平自信的运动员更有可能将情形评估为威胁，并且质疑自己实现成功的能力。倾向于较低水平焦虑和较高水平自信的运动员更有可能将竞争看作挑战，并做出建设性反应。

　　关键的情形因素（运动类型、竞争的重要性、结果的不确定性）同样会影响运动员看待压力的方式。个人运动一般比团队运动更具威胁性，因为运动员必须在失败的时候独自承担责任。所以，如果执教个人运动，教练必须密切关注与运动员相关的压力问题。在所有运动中，比赛越重大或者情形越重要，潜在的压力就越大。最后，运动员不确定自身的能力表现如何以及自己是否能够实现诸如获胜等重要目标时，压力会增大。

压力管理

　　教练是一种充满压力的职业。即使只是坐在凳子上，教练也往往会在比赛过程中出现接近最快心率的状况（Porter & Allsen, 1978）。很多重要的情形都要求运动员和教练成功地管理压力以便实现最佳能力表现。让人高兴的是，压力管理是一个可以掌握而且可以传授给运动员的技能。本节介绍的基本内容可以帮助教练和运动员提升自身的心理坚韧性。

　　压力管理是一个减少或消除压力消极影响的过程，特别是生理焦虑和心理焦虑，从而让运动员感到状态更好，出现积极情绪以及更好地发挥个人能力。压力管理策略面向压力模型的每个组成部分：竞争要求、个人控制和应对策略。我们必须帮助运动员在可能的情况下使用问题管理策略，因为它们可以减少或消除压力。即使无法改变压力或者运动员不具备满足竞争要求的能力，问题管理策略仍然可以改变运动员看待情形的方式，从而实现情绪管理。在这些情形中使用情绪管理策略是很有用的。它可以减少不必要的肌肉紧张，抑制过度唤醒以及减少相关的消极想法。

　　运动员可以在训练和比赛之前和过程中使用压力管理策略。问题管理是一种主动的方式。教练和运动员可以在训练和比赛之前使用问题管理策略。这样有利于他们将压力看作可以克服的挑战。情绪管理是一种反应性方式。教练和运动员一般在训练和比赛的过程中使用情绪管理策略来处理出现的压力。因为在训练和比赛激烈的时刻，运动员和教练都没有足够的时间管理压力，所以，教练和运动员一般会先使用情绪管理策略。一旦运动员稳定了情绪，在时间允许的情况下，运动员就可以使用心理计划和问题管理策略来克服阻碍目标实现的障碍。

问题管理

　　问题管理是一种主动的方法。它可以通过竞争设计、个人设计、培养问题解决技能和使用心理计划来减少压力。

竞争设计

　　运动员会在不确定是否能够在重要比赛中取得成功的情况下感受到压力。这意味着，我们可以通过改变情形来减少压力。我们可以通过**竞争设计**来减少不必要的不确定性以及减少情形重要性的夸大描述。为了减少压力，我们必须确定让运动员感受到压力增加的因素，同时确定解决这些问题的方法。

　　减少不必要的不确定性——表 11.1 第一列列出了可能增加不确定性以及运动员一般很难控制的事情，第二列提出了帮助运动员减少不必要的不确定性的推荐方法。列表内容仅做了解释性说明，目的在于激励运动员思考运动中可能出现的不确定性。如果教练认为运动员存在导致不必要的不确定性的环境因素，同时思考了减少这种因素的方法，那么教练就可以更有效地设计更具建设性的竞争环境。可能教练已经在设计比赛计划时使用了一些策略来减少不必要的不确定性，例如，侦查报告、通过视频了解对手等。当然，有些不确定性是运动本身所固有的，而且结果的不确定性是运动具备挑战性和趣味性的组成部分。我们不可能而且也不应该尝试去除这种不确定性，因此运动员必须培养足够的心理技能来处理这种不确定性。我们必须去除的是不必要的不确定性。这些不确定性会影响教练或者运动员。

表11.1　减少运动员在竞争情形下不必要的不确定性

不必要的不确定性的来源	减少不必要的不确定性的方法
一直等到赛前才宣布首发阵容	让运动员提前清楚知道比赛时间、是否参赛以及参赛的时长，这样他们可以做好心理准备
不让运动员知道他们在球队中的站位，特别是他们在球队中的角色	清晰的角色定义可以让团队更好地合作，让运动员清楚自己能够做出的贡献、自身所具备的优势以及他们必须改进的不足之处。确保运动员理解他们的角色的重要性
向运动员传递不明确的非语言信息，而这些信息通常被运动员解读为消极的，让你不赞成的理由变得不明确	传递清晰、一致且具体的信息，同时提供如何正确发挥能力的正确反馈。运动员的能力表现没有达到预期水平时，可以使用出色的质问技能
告诉运动员一件事情，实际上却做另一件事情；或者今天告诉他们做这件事情，明天告诉他们做另外一件事情	言行必须一致。教练不可能在每一名运动员面前都采取相同的行为，但是可以在相似的情形中坚持相同的哲学理念以及教导方式
因为糟糕的比赛条件或设备，运动员的身体健康状况产生不确定性	优化比赛条件和设备条件。与运动员一起探讨运动中存在的客观受伤风险，同时采取措施将这些风险降到最低。例如，增加力量训练、增加安全措施、增加设备、技能提高、遵守规则以及训练内容匹配运动员的能力
贬低在比赛中掉队的耐力运动员，虽然他们往往不确定自己在忍受跑动痛苦方面的能力极限	避免使用贬低的方式，同时帮助运动员培养管理唤醒和重构自我对话的技能，这样可以减少他们掉队的可能性
教练、运动员或者观众会采用消极的评价或评论威胁运动员的自我价值	在能力范围内，采取措施避免运动员的自我价值受到威胁

避免赋予目标过度的重要性——另外一个导致环境要求提高的原因是，有时候比赛赋予竞争结果过度的重要性（例如，获胜）。虽然我们很难设计内部奖励，但是适用于获胜的外部奖励会比较容易控制。外部奖励包括金钱、奖杯、表扬、玩耍时间以及晋级到更高的比赛级别等。表11.2提供了一个不完整的列表。表格列出了什么才是重要的以及如何在运动员出现竞争焦虑的情况下减少过度的重要性。

表 11.2　减少运动员在竞争情形下过度的重要性

过度的重要性的来源	减少过度的重要性的方法
运动员的父母或教练为运动员取得比赛胜利或实现一定能力表现水平提供金钱或其他奖励	要求运动员的父母不要这样做，向他们解释这样做会增加运动员的压力。如果团队规定可以为能力表现水平出色的运动员提供奖励，那么立刻终止这个规定
运动员的父母、朋友、同事、专业教练或者比赛观察员等其他重要的人的出现都会让比赛结果变得更加重要	要求会造成运动员心理压力的观众直到运动员的技能水平或自信心提高之后再观看比赛。直到比赛结束才告诉运动员，教练或比赛观察员观看了比赛
制订一个计划以便辨别可能让有些运动员感受到压力过大的重要比赛，因为这些运动员希望获得他人的认可	减少认可制度或者与运动员探讨如何正确地看待保持认可度
某些运动员会寻求教练的认可，因为教练可以帮助他们更出色地发挥能力以及确定比赛时间	向运动员解释教练看重他们是因为他们作为人的价值，而不是仅仅因为他们的出色能力表现和行动
协会想识别最具天赋的运动员以便选拔出联盟最佳阵容的团队，从而提高整体比赛水平	鼓励协会不要念出联盟最佳阵容团队的名单或者尽可能扩大团队阵容以便挑出更多的运动员
运动员的父母或支持者都想制订各种不同的奖励类型（最佳进攻球员、最佳防守球员等）。这样做会提高能力发挥的重要性	阻止运动员的父母和支持者提供这种类型的奖励，同时从自己的角度解释其基本原因

运动员往往觉得教练和其父母对他们的能力表现施加太大的压力。竞争设计的一个重要方面是帮助教练和运动员的父母为运动员们提供更多的支持。例如，我们可以设计一个面向运动员的父母的计划。通过这个计划，运动员的父母可以了解他们的孩子应该以怎样的参与程度和重视程度看待获胜。同样重要的是，运动员之间必须互相支持，因为相互支持是团队社会支持系统的核心。

个人设计

运动员也可使用个人设计提高个人控制水平，从而更好地处理训练和比赛过程中的问题。

提升个人控制水平——在第 4 章中关于心理训练的重要概念是将过程和能力表现作为主要目标，而不是将结果作为主要目标。因为这样可以显著地提高运动员在重要时刻的自我控制能力。获胜的结果会带来引人注目的奖励。在这种情况下，教练和运动员往往会根据赢得比赛所需要的水平而不是现实水平设定目标。太高的难度和太少的个人控制组合与结果目标结合到一起时，运动员往往会做出危险评估和产生高度的焦虑。管理压力的最佳策略是设定现实的过程和能力表现目标。帮助运动员将注意力集中在可控制的过程和能力表现目标上：保持较好的身体条件；最大限度培养力量、灵活性、耐力、速度等身体属性；尽自己最大的努力；致力于改正不足之处；心理上做好训练和比赛的准备；以及做好进入流畅状态的准备。越是重要的比赛，结果就越不确定，而设定过程目标和能力表现目标就越重要。这些目标可以减少威胁，提升挑战性，有利于运动员发挥能力，增加获胜的机会。因此，在重要的时刻，优秀的运动员能够发挥出色的个人控制能力，将注意力集中在技巧和策略执行而不是赢得比赛上。帮助运动员将竞争情形看作挑战而不是威胁是非常重要的。任何压力管理策略都不具备这样的重要性。同时，只有在这样的情形下，运动员才能最好地发挥个人能力并对出现的问题做到应对自如。

提高表现能力——如果我们希望运动员将竞争情形积极地评估为挑战，那么他们必须认为，他们不仅能够克服这些问题，而且具备实现自身目标的能力。例如，大多数人站在90米高的滑雪跳台上都会非常害怕，因此他们觉得滑雪运动员一定很"疯狂"。但是，跳台滑雪运动员并不觉得他们的运动有任何过分的危险性，因为他们已经掌握了应对挑战的技能。滑雪运动员的自信来自他们很小就参加这个运动。一开始，他们会在5～10米的跳台上练习滑雪。在这种情况下，他们可以很好地掌握成功的必要技能。通过这种方式，跳台滑雪运动员逐步掌握了较高跳台的滑雪技能。因此，经验和技能发展对于发挥能力是很重要的。

我们可以通过确保运动员做好生理和心理准备的方式来帮助运动员对自身能力充满自信：运动员越多地发展身体技能（例如，速度、力量、耐力、敏捷度、灵活性和适应性），技能就会越高超。运动员越能够自动地使用关键技能和策略，就对管理竞争要求感到越自信。运动员掌握的知识越多，具备的问题解决技能越有效。在具体的比赛中，运动员若能充分地准备技能，就具备更好的整体表现能力。生活方式管理同样能影响表现能力。如果运动员有很好的睡眠、合理的饮食结构，摄取足够的水分，以及有效地进行时间管理，那么他们可以更好地管理压力。

培养问题解决技能

增强个人控制还要求运动员在竞争情形中能够系统地克服障碍。出色的教练会教导运动员解决问题。这样，情形发生改变、比赛计划失效、对手改变战略或者出现其他问题时，运动员就可以调整自身的策略和技巧。例如，篮球运动员可以根据防守者是退守还是竞争来调整自己掩护的方式。同时，我们还必须培养运动员解决技巧问题的能力，这样他们才可以在需要的时候改进自己的技巧。在四分卫运动员在前面的6次传球中都出现用力过度的情况时，他就必须认清这个模式，同时清楚调整技术的必要性，以便改正自己的投球技巧。

此外，我们还必须帮助运动员培养战术问题解决技能。很多教练都有一份苛刻的竞争情形清单（例如，1分钟进一个球）。同时，教练们会在一周几次的训练过程中花费10～15分钟模拟1个或2个竞争情形。使用问题解决指导方针，运动员可以有效地练习如何应对每个苛刻的竞争情形，接着对这些情形做出评论，在练习的过程中发现自己的优点和不足，然后在下一次情形中尝试采用其他的战术。运动员越多地练习这种战术问题解决技能，就越能够在苛刻的竞争情形中实现更好的能力发挥。

使用心理计划

因为竞争很少会按照计划发生，所以运

动员几乎不可能按照计划发挥能力。同时，问题的出现是不可避免的，因此运动员必须能够有效地处理问题。通过完善的心理计划来应对所选择的挑战性情形，运动员可以显著地提高个人控制能力。事实上，运动员成功的关键在于事先精心组织了计划，制订了处理特定情形的方式，同时做了足够的在各种不利条件下执行计划的练习。运动员制订了备用心理执行计划和心理恢复计划时，会感到自己具备了强大的个人控制能力，从而能够较好地释放压力（查看第13章了解更多内容）。

情绪管理

在训练或比赛之前进行问题管理是最有效的（或者，在时间允许的情况下，在运动间隙进行）。而在训练或比赛过程中主要进行情绪管理。这样即使在无法减少或消除压力的情况下，运动员仍然可以控制情绪反应，发挥个人能力水平。

情绪管理策略必须同时处理由想法和唤醒引发的压力，才能达到效果。事实上，压力可以根据来源分为消极想法和过度唤醒（McKay, Davis & Fanning，1981）。很多运动员会条件反射地对特定的竞争环境做出生理反应：一旦团队踏进主要竞争对手的体育馆，运动员的心跳就会加快，肠道开始痉挛，同时手心出汗。这些不断增加的唤醒症状会导致消极的想法，从而导致运动员担心重蹈之前比赛的覆辙（因为紧张，运动员在加时赛中被击败）。可见，运动员的压力来自不断提高的唤醒水平。这种唤醒会让运动员回想起以前所经历的消极场景，从而再次引发消极的想法。

消极想法导致唤醒水平提高，这种相反的方式也会引发压力。运动员一开始可能会对自己赢得大型比赛的能力存在消极的想法，接着他们又担心输掉比赛的消极结果。他们在热身的过程中看到对手时，特别是在其他团队看起来比视频中更强大的情况下，运动员的消极想法可能会直线增加（例如，如果在这么多人面前出现糟糕的表现，他们会感到非常难为情）。突然间，他们的心脏会怦怦直跳，开始出现痉挛，掌心出汗，颈部和背部肌肉紧绷，同时喉咙哽咽。在这种压力评估类型中，消极的想法会导致唤醒水平提高。

主动与被动情绪管理

很多压力管理策略都可以采用主动和被动的方式（见第7章）。主动策略有利于运动员培养更好的情绪控制能力，降低正常的压力水平，以及自主使用技能处理紧张的竞争情形。我们推荐在日常训练的基础上花时间进行完全放松，阅读或制作自我对话演示，以便提高运动员的整体情绪控制技能。自我对话演示可以让运动员回想起自身的天赋和技能、以前所取得的成功、有效的准备以及适应性能力。同时，自我对话演示还可以让运动员将注意力集中到眼前他们可以控制的事情（任务和努力要素）上，并将问题当作挑战看待。另一方面，被动情绪管理主要与在苛刻的竞争情形下保持镇定和控制情绪相关。被动策略可能包括以下几种方法：在完成比赛关键时刻的任意球或罚球之前减少高度生理和心理焦虑的方法，在被球击中或者对手采用非法手段时控制愤怒情绪的方法，以及在出现糟糕表现或者犯了致命错误时管理沮丧情绪的方法。

一揽子整体情绪管理方式

　　没有任何一个策略能够有效地处理唤醒和消极想法所导致的焦虑产生的压力（Schwarz，Davidson and Goleman，1978）。因此，教练会发现使用同时缓解两种焦虑类型的**一揽子整体情绪管理**（total emotion management packages，TEMPs）是教导运动员情绪管理最简单的方法。采用TEMPs不需要诊断引发焦虑的原因，而且我们只需要教导运动员一种策略，而不是几种不同的策略。TEMPs包括一个放松组成部分。这个部分可以应对导致生理焦虑的肌肉过度紧张和过度唤醒。此外，TEMPs还包含一个自我对话组成部分。这个部分可以应对导致心理焦虑的消极想法和不合理信念。TEMPs通过这种组合方法可以有效地处理各种不同的压力类型。

　　虽然评估TEMPs有效性的研究非常有限，但是结果已经证明TEMPs可以有效地管理压力（Crocker，Kowalski & Graham，2002）。运动员必须定期训练TEMPs技术才能在参加运动和不参加运动时都对结果充满自信。如果我们教导运动员使用TEMPs技术保持镇静以便达到最佳能力发挥水平，那么运动员可以在其他情形中应用相同的技术。同时，在运动员学会如何处理新的奥运举重（例如，抓举）方式或者如何处理课堂测试焦虑的情况下，运动员可以使用TEMPs来帮助自己减少受伤的担心。因为运动员会自信地认为TEMPs可以帮助他们管理任何压力类型，而且能够定期激励自己训练这个技能。虽然TEMPs采用系统的方法管理压力，但是运动员的成功主要依靠于产生综合应对反应的自主技能。

　　管理压力的系统方法——利用TEMPs，教练可以教导运动员系统处理压力的方式。首先，我们可以将压力情形分成多个阶段，这样我们就可以使用具体的方法来应对压力过程的各个阶段。例如，运动员可能会分别做好面对压力情形的策略准备。同时，在对压力无所适从的情况下，运动员事实上可以采用这些策略处理问题和管理过高的压力水平。接下来，运动员可以建立系统、现实的过程目标和能力表现目标，这样可以让成功变得更加现实并且充分具备可控性。此外，运动员还必须保持进入流畅状态的心态。在这种状态下，运动员能够保持积极、自信和镇静；将注意力集中到任务上面不是自己本身；达到最佳唤醒水平并激励自己达到极限能力水平。最后，运动员必须练习TEMPs技术以便确保自己可以在压力最大的竞争情形中有效地管理情绪。图11.2描述了TEMPs的基本步骤。

　　自主组合技能——在压力下运动员会倾向于做出自动反应。因此，必须教导运动员如何自主进行身体放松和自我对话。这里可以使用第5章和第7章的指导原则。通过这种方式，运动员可以在无意识的情况下自然而然地执行TEMPs；否则，运动员很难在苛刻的竞争情形中有效地使用TEMPs。

　　培养综合应对反应——综合应对反应（integrated coping response，ICR）是一个可以快速减少焦虑的综合性策略。消极的想法或者过度唤醒都可以造成焦虑（Smith，1980）。在复述一个反驳观点时（例如，"我可能不会喜欢这样子，但是我可以忍受这样子，而且这样做能够让我成为更好的人"），运动员可以通过深吸气来训练ICR。在完成吸气之后，运动员可以在短暂休息的时候重复过渡词（"因此"）。接着，他们可以在慢慢呼气时重复身体放松提示词（例如，"放松"）。运动员必须不断练习有效的ICR，直到他们能够高度自主地使用这个方法。特别是在反驳时，运动员必须能够直接处理消极、效果不佳或者非理性的想法。

一揽子整体情绪管理

```
┌─────────────────────────────────────┐
│       将充满压力的情形分成多个阶段        │
└─────────────────────────────────────┘
                  ↓
┌─────────────────────────────────────┐
│    设置每个阶段的过程目标和能力表现目标     │
└─────────────────────────────────────┘
                  ↓
┌─────────────────────────────────────┐
│        培养和保持进入状态的心态            │
│          • 自主组合技能                  │
│          • 创造ICR                     │
└─────────────────────────────────────┘
                  ↓
┌─────────────────────────────────────┐
│     在练习和比赛的过程中练习管理情绪        │
│          • 沉浸式策略                   │
│          • 渐进式暴露策略                │
└─────────────────────────────────────┘
```

图11.2 一揽子整体情绪管理可以帮助运动员处理唤醒和消极想法引起的焦虑

练习策略——一揽子整体情绪管理可以使用两种练习策略类型：沉浸式策略和渐进式暴露策略。运动员可以使用沉浸式策略练习管理最大压力水平，同时运动员还可以使用渐进式暴露策略逐步预演压力处理方式。沉浸式策略会让运动员处于压力非常大的竞争情形。通过这种方式，运动员能够适应激烈比赛中巨大的压力（Smith, 1980）。我们必须设计练习来帮助运动员使用ICR处理更多的压力情形。此外，我们还可以在练习的过程中通过各种不同的策略提高压力水平，包括奖励和惩罚。一旦运动员处于高压之下，他们就可以使用ICR减少或管理压力。沉浸式策略假定运动员可以管理较高的压力水平，而且他们也可以使用相同的技能来管理较低的压力水平。可以查看高压环境训练（见第217页）中简单的例子，了解使用沉浸式策略提高球队罚球命中率的方法。

渐进式暴露策略要求运动员面对一系列按照级别排列的情形。每个级别的压力都会比前一个级别的压力稍微高一些（Meichen Baum, 1993）。我们必须先在运动员练习过程中为运动员提供管理较低压力水平的情形；接着，再让运动员过渡到中等压力水平的情形；直到运动员充分掌握ICR技能，能应对竞争中高度紧张的情形。为了在高压环境中使用渐进式暴露策略，随着运动员ICR技能的提高，我们必须系统地增加预设的条件和提高影响成功的障碍的难度。我们可以组合使用意象、模拟、角色扮演和布置家庭作业等方式进行系统训练。这样可以培养运动员使用情绪管理技能的自信心。

练习策略选择——沉浸式策略和渐进式暴露策略都是很有效的练习策略（Meichen Baum, 1993; Smith, 1980）。可以根据不同的运动、运动员喜欢的练习组织方式来选择所使用的练习策略。如果没有获得预期的结果，可以尝试使用另一种方法。我们有很多成功使用这两种策略的经验，第一次选择的往往不是一定可行的方法。一般情况下，大多数教练都喜欢让运动员逐步接触压力，让运动员按照舒服的频率培养自身的ICR技能。但是，我们必须确保运动员在获得处理较高压力水平情形的机会之前，不会对这个过程感到厌烦并且失去练习的兴趣。为了保持运动员的动机，我们可以在某些时候使用沉浸式策略，让运动员接触他们可能无法管理的压力水平。这种难以成功的情形会激励运动员自主放松，进行自我对话，以及形成更加自主的ICR技能。

模拟练习压力：高压环境训练

在我（戴蒙·伯顿）还是一名高中篮球教练时，我执教的第一支球队在罚球线上的投篮命中率只有51%，因此球队无缘参加第5场或第6场球赛。在下个赛季，我制订了一个教导运动员如何在压力之下罚球命中的策略。在每个星期的两天或三天里，我们进行了一个在高压环境中模拟竞争压力的训练。每一名运动员都有一次一加一罚球的机会，球队必须尽一切可能达到70%的罚球命中率才能结束训练。我们通过3种方式提升压力：在每一回训练之前，运动员有3～5分钟的时间做准备。在两次罚球中，运动员第一次罚球失误会被记得分为0。运动员必须不断地重复训练，直至球队达到70%的罚球命中率的目标。

运动员必须学会制订具体的罚球例行训练；培养放松、意象和自我对话技能；将注意力集中在过程细节上；以及管理自身压力。这个情绪管理计划的结果是动态的。在这个赛季过程中，随着运动员在罚球例行训练中自主地管理高压环境中的压力，运动员的能力逐渐变得更加稳定。球队在比赛中的罚球命中率出现了大幅度提升（达到67%），同时球队至少在3场比赛的最后2分钟里发挥了罚球能力。

培养运动员的压力管理技能

为了培养压力管理技能，运动员必须使用问题管理和情绪管理策略组合。我们的计划是，通过3个阶段，让运动员自主掌握这些技能。这3个阶段是教育阶段、习得阶段和实施阶段。

教育阶段

培养心理技能的教育阶段的内容包含为运动员提供一般的技能教育、技能运作的方式以及个人教育。通过个人教育，运动员可以培养与自己当下压力相关的自我意识模式。

一般教育

本章第一部分阐述的内容可以帮助我们为运动员提供关于压力管理方面的一般教育。我们必须教育运动员学习关于压力的常见误解，同时帮助他们理解基本的拉扎勒斯压力模型，强调竞争要求、个人控制和应对压力的重要性。接下来，介绍具体的问题管理策略，例如，个人设计、竞争设计、培养问题解决技能和使用心理计划。同时，介绍如何使用这些策略减少不必要的压力。最后，介绍情绪管理策略，特别是可以同时管理两种焦虑类型的 TEMPs。

个人教育

个人教育包括帮助运动员理解他们当下的压力和压力管理模式。很多教练和运动员都低估了他们所承受的压力，同时高估了自己管理压力的方式。我们可以通过指定几种任务类型的方式来提升运动员的压力意识。先要求运动员列出如表 11.3 所示的常见压力症状。

表11.3　常见的压力症状

生理	心理	行为
心率增加	担心	快速讲话
血压升高	感觉不知所措	咬指甲
过度出汗	无法清晰思考	跺脚或敲手指
脑电波活动增加	决策制订受影响	肌肉痉挛
瞳孔放大	感到困惑	来回踱步
呼吸加快	更容易受到干扰	愁容满面
流向皮肤的血液减少	无法集中注意力	打哈欠
肌肉越发紧张	感觉不受控制	发抖
吸氧量增加	感到奇怪或"不同"	经常眨眼睛
血糖升高	注意范围变窄	眼神无法交流
嘴巴发干	很难转移方向	口吃
经常上厕所	消极想法增加	快速且刻薄地讲话
喉咙哽住	自我怀疑和冷漠	
肾上腺素浓度增加	犹豫不决	

我们也可以通过使用运动员压力管理评估表格（Athlete stress Management Assessment Form，ASMAF）来加强运动员的压力意识。这个表格特别有用，因为它有利于确定压力会对运动员的训练和竞争能力表现产生怎样的影响（见图11.3）。要求运动员至少完成 6

运动员压力管理评估表格

描述 3 种经常让你感受到压力的情形	你注意到不必要的肌肉紧张是怎样的程度	你注意到不必要的激励症状（例如，心跳加快、胃部痉挛、手掌出汗和经常上厕所）是怎样的程度	你注意到消极和干扰性想法以及自我贬低是怎样的程度	你注意到突变的消极画面或不明确的感情是怎样的程度
	低　　　　　　　　　高	低　　　　　　　　　高	低　　　　　　　　　高	低　　　　　　　　　高
1.	1 2 3 4 5 6 7 8 9 常见症状	1 2 3 4 5 6 7 8 9 常见症状	1 2 3 4 5 6 7 8 9 常见症状	1 2 3 4 5 6 7 8 9 常见症状
2.	1 2 3 4 5 6 7 8 9 常见症状	1 2 3 4 5 6 7 8 9 常见症状	1 2 3 4 5 6 7 8 9 常见症状	1 2 3 4 5 6 7 8 9 常见症状
3.	1 2 3 4 5 6 7 8 9 常见症状	1 2 3 4 5 6 7 8 9 常见症状	1 2 3 4 5 6 7 8 9 常见症状	1 2 3 4 5 6 7 8 9 常见症状

评估自己的整体训练或竞争能力表现

1　　2　　3　　4　　5　　6　　7　　8　　9

极差　　　　　平均　　　　　优秀

引用自 D. Burton and T. Raedeke, 2008, *Sport Psychology for Coaches* (Champaign, IL: Human Kinetics)。

图11.3　运动员可以使用这个表格评估自己的压力水平以及压力会如何影响自身的能力表现

次训练和2次比赛的ASMAF，这样我们就可以评估运动员在训练和比赛之前以及整个过程中的压力水平以及能力表现水平。在开始训练或比赛之前的90分钟里（尽可能接近开始训练和比赛），要求运动员填写第2行的内容。这里可以使用"训练前"或"比赛前"作为情形，同时圈出对自己当下感受做出最佳描述的反应。在训练或比赛进行了1小时之后，要求运动员评估他们在这两场最重要的运动中保持自身最佳状态的程度。运动员可以在第3行和第4行的第1栏中简单地进行描述，同时评估这个过程中自己所面对的压力水平。最后，要求运动员使用表格对自己的整体表现进行分类。

帮助运动员检查训练和比赛中的基本信息，以便明确与能力表现相关的焦虑模式。首先，要求运动员将注意力集中到他们超水平发挥或者低水平发挥的次数上，同时明确造成能力表现波动的最主要焦虑类型，特别是对能力表现造成最不利影响的焦虑类型。例如，萨曼莎（Samantha）注意到，她比较少出现消极想法时，肌肉的紧张和不必要的唤醒对她的能力表现的影响会明显减少。这时，她能够达到最佳的竞争水平。相反，史蒂夫发现，在过度唤醒时，双肩和上背部会出现不必要的肌肉紧张，从而导致他出现糟糕的能力表现；而当他处于最佳唤醒水平和达到最低紧张程度时，可以很好地发挥能力水平。

个案研究：克里（Kerry），一名紧张的篮球运动员

大多数经验丰富的教练都面对过因为压力问题而能力倒退的运动员。这些运动员从来都无法有效地控制自身卓越的技能。这一点令教练们感到手足无措。在我（戴蒙·伯顿）短暂的高中篮球执教生涯中，就遇到这样一名运动员。他叫作克里，是一名个子很高、身材不错的中锋运动员。克里的速度很快而且身材非常健壮，双手很大，跑动非常出色，跳投动作规范，可以做到轻易地击败对手，而且还掌握了大量低位单打的方法。在训练的过程中，他可以随心所欲地投篮得分。他几乎可以在训练的任何一个阶段都做到得心应手。在第一次训练时，克里的打法就像一名超级巨星一样，而且看起来完全能够赢得全美比赛。不管是哪支球队与克里搭档，几乎都能在每一场训练比赛中取得胜利。令人感到遗憾的是，我很快就发现，克里也只是一名普通的运动员。

克里在比赛时会因为压力成为一名完全不同的运动员。在开始第一场比赛时，克里在更衣室里就显得非常紧张。而且一旦我们说到谁会获胜时，他立刻便进入典型的紧张状态。他会担心一切事情，在每次传球和抢断篮板球时都会丢球，而且完全无法流畅地投篮。比赛进行时间越长，克里就打得越糟糕，而且他沮丧的表现还很快导致犯规。随着赛季比赛的不断进行，这种模式变得越来越糟糕。我不得不让克里越来越少地参加比赛。我尝试了各种不同的压力管理策略，但是一切都无济于事。在赛季的最后，这位在团队中最具有天赋的运动员在每一场比赛中只上场不到10分钟，而且几乎对团队所取得的胜利毫无贡献。

作为教练，克里是我最大的失败之一。幸运的是，我现在学习了大量管理压力的方式。这些方式可以帮助我指教诸如克里这样的运动员。我相信，本章所描述的问题管理和情绪管理策略能够帮助"克里"自己管理压力，更好地发挥能力，同时随着时间推移，发挥自己的比赛潜能。

首先，要求克里设定一系列过程目标和能力表现目标。这些目标主要针对可控制和现实的努力行为。例如，出色防守、跑动、积极抢断篮板球，同时在对手双人包夹的情况下寻找空当处的队友。此外，还可以与克里的父母和队友一起努力，为取得胜利提供正确的支持，同时将注意力集中到过程目标上。接下来，使用竞争设计来帮助克里减少不必要的不确定性，以及降低克里对竞争重要性的过度感知。可以使用关于对手的视频和球探报告。提高克里的身体素质、身体技能和策略应用水平、心理技能和问题解决策略应用水平，同时要求克里即使在充满压力的情形下也能够自主地使用这些技能。另外，可以教导克里制订一个心理计划，让自己在训练和比赛之前进入状态，在训练和比赛的过程中保持这种状态，以及在无法集中精力的情况下重新恢复这种状态。此外，还可以使用针对几种情形的能力表现计划。这里指的是以前让克里感受到压力的情形，例如，双人包夹或体能活动（查看第13章，了解更多关于心理计划的内容）。

克里无法改变竞争的不确定性和重要性时，必须学会如何管理自己的情绪以及如何改变他所理解的情形。首先，他必须自主地使用目标设定、自我对话、放松等技能。可以要求克里将注意力集中在过程目标上，因为过程目标是实现且可控制的。克里也可以使用自我对话来构建自信心，专注可控制的因素，改变消极的想法，减少扭曲的想法，以及重新架构不合理信念。可以教导克里使用快速放松来减少不必要的紧张，以及使用膈肌呼吸方式来减少过度自主唤醒。可以鼓励克里设计自我对话演示，从而帮助自己保持良好的心态，以及消除导致问题的消极想法。

在掌握自主技能之后，可以帮助克里制订TEMPs来应对充满压力的竞争情形。与克里一起努力制订4个或5个肯定句和反驳论证，以便做好准备应对导致问题的竞争情形。将各个技能结合到一起，然后构建综合应对反应。例如，在进攻过程中，如果克里担心出现身体防御、双人包夹的情形，那么他可以吸一口气，然后反驳道，"太好了！如果他们双人包夹我，那么一定有人是处于空当位置。进攻无人防守的运动员，保持镇定，打败他们。"接着，他可以稍停一会儿，在慢慢且淡定地重复放松提示词之前，重复过渡词"因此"。

一旦克里掌握了ICR，那么他就必须学会自主使用TEMPs。他可以使用意象重新制造充满压力的竞争情形，接着以渐进式暴露策略使用ICR控制自己的情绪，直到成功地发挥了自身能力水平。在训练过程中，我们可以模拟即将有对手参加的关键情形。这样，克里和他的队友就可以利用这个机会自主使用ICR来处理压力。最后，克里必须利用ICR管理真实竞争情形中的压力。通过这种方式，克里才能在训练时按照竞争的方式发挥自身能力水平。

关于训练和竞争过程模式的信息同样有利于培养运动员的情绪管理技能。运动员必须使用针对目标压力来源的具体策略。这些压力来源会对他们的能力表现造成最大限度的损害。例如，如果运动员在比赛过程中出现自信心下降，那么他们可以使用情绪管理技能来减少威胁以及提升个人控制能力。连续几个星期都做记录可以帮助运动员很好地掌握所遇到的压力问题的类型、频率以及强度。

习得阶段

习得阶段侧重于3个目标：帮助运动员培养基本的情绪管理策略，要求他们组合这些策略以便构建ICR，以及帮助他们掌握问题解决技能（见"个案研究：克里，一名紧张的篮球运动员"）。

设计基本的压力管理工具和培养技能

为了掌握ICR，运动员必须培养和自主使用关于放松和自我对话的主要心理训练工具（见第6章和第7章）。运动员必须充分练习和熟练使用这些工具，以便能够自主地使用ICR。

构建ICR

一般可以通过3个步骤实现ICR合并情绪管理策略：在吸气时，通过想到令人信服的反驳观点解决心理焦虑问题，稍停片刻说出过渡词"因此"，以及重复放松提示词（例如，"放松"）以减少身体紧张感和过度自主唤醒水平。运动员可以根据需要通过多次重复这个过程来管理充满压力的竞争情形。

培养解决问题技能

如果运动员想有效地管理压力，那么他

们还必须掌握问题解决技能和心理计划。教练必须系统地评估团队的优点和不足，通过制订心理计划处理重复发生的问题（查看第13章的内容），同时帮助运动员提高问题解决技能以便应对各种不常见的竞争挑战。

实施阶段

运动员必须充分练习TEMPs以便自主应用这种技能。正常情况下，练习压力管理技能包括完成意象预演，在练习过程中进行模拟，以及自主处理较低级别的比赛。意象是一个很有用的初步练习方法。运动员可以使用这个方法练习压力管理，同时使用个性化ICR管理这个方法。在使用渐进式暴露策略时，运动员必须设计10个或以上级别的压力情形，并按照从最低压力水平到最高压力水平的方式安排这些情形。接着，运动员必须依次轮流演练每种情形，并且只有在掌握当下的情形处理技能之后，运动员才能继续练习更高的压力情形。在使用沉浸式策略时，运动员可以使用意象立刻创造出与他们最大的竞争恐惧相关的压力情形，接着可以使用ICR终止想象画面并管理自身所面对的压力。

一旦运动员在意象过程中掌握了ICR，那么他们就可以在充满压力的模拟练习中尝试使用这些技能，从而了解自己是否可以在真实情形中有效地使用这些技能。只要运动员有机会充分利用自己的ICR，就可以设置创造性的练习模拟（例如，高压环境）。最后，鼓励运动员在真实的比赛中尝试使用ICR。一开始，可以让运动员在赛季前期或非体育协会举办的比赛赛季参加压力不是很大的比赛。接着，可以让运动员参加赛季后期压力比较大的比赛。图11.4总结了教练可以用来帮助运动员培养压力管理技能的方法。

面向教练的压力管理指导方针

1. 帮助运动员设定现实的过程目标和能力表现目标。这些目标必须具备挑战性、现实性以及个人可控性

2. 帮助运动员将不必要的重要性和不确定性降到最低限度

3. 培养运动员基本的问题解决技能

4. 使用心理计划处理常见的问题情形，同时制订结构化方法解决意料之外的问题

5. 帮助运动员制订和自主掌握一揽子整体情绪管理方法，以便有效地管理两种焦虑类型

6. 在运动员吸气时，可以教导他们使用自己所想的反驳观点组成综合应对反应；在运动员呼气管理情绪时，可以教导他们使用过渡词"因此"以及重复放松提示词

7. 在可以克服障碍、时间允许以及表现能力满足竞争要求的情况下，运动员可以选择问题管理策略

8. 在时间有限、障碍无法克服以及个人控制无法达到竞争要求的情况下，运动员可以选择情绪管理策略

9. 运动员可以使用意象练习、练习运动模拟以及可以利用的竞争机会来自主练习TEMPs

图11.4　可以将这些步骤添加到心理训练计划中，以帮助运动员管理压力

小　结

1. 两个关于压力的主要误解分别是：将压力等同于较高的竞争要求，以及将压力看作在苛刻的竞争情形下所产生的生理和心理反应。

2. 事实上，在成功很重要的情形下，压力会让我们所认为的自我要求（竞争要求）和我们所理解的满足这些要求（个人控制）的能力之间产生巨大的差异。

3. 在拉扎勒斯的压力模型中，压力是由3种要素所决定的：竞争要求、个人控制以及应对策略。

4. 竞争要求指的是对运动员所提的要求，以及这些要求对运动员的生理和心理健康以及运动成功的影响，特别是在竞争目标很重要且不确定的情况下。

5. 个人控制指的是运动员可以使用的资源，特别是控制可以克服的压力来源的能力以及实现重要目标所要求的表现能力。

6. 压力评估（运动员认为的压力）决定不确定的竞争情形会被积极地看作挑战，还是会被消极地看作威胁。

7. 应对策略是解决问题的技巧。这个技巧可以让运动员感觉情绪变得好一些，能够帮助

运动员实现重要的目标。问题管理（例如，计划、提升努力以及使用能力表现日常训练）旨在减少或消除压力来源。情绪管理包括使用自我对话和放松技巧来减少消极的情绪。不适宜的应对方式会影响压力管理的努力程度。

8. 压力管理是一个减少或消除消极压力的影响（特别是心理和生理焦虑）的过程。这个过程可以帮助运动员感觉好一些，体验到积极的情绪，以及发挥自身的能力水平。压力管理包括问题管理和情绪管理。

9. 问题管理可以通过竞争设计、个人设计、培养问题解决技能和使用心理计划控制压力。

10. 情绪管理有利于让运动员感觉更好一些，即使在压力来源不变的情形下。

11. 一揽子整体情绪管理可以管理两种焦虑类型。同时，它还包含常见的基本原理、可以管理压力以及自主技能的系统方法，以及综合应对反应。

12. 通过与重新架构和重新设计的自我对话技能组合到一起，TEMPs可以使用深呼吸和快速放松的身体放松技能构建综合应对反应。

13. 可以使用沉浸式策略或者渐进式暴露策略来制订TEMPs。沉浸式策略会让运动员面对一个可能充满最大压力的情形。而渐进式暴露策略一开始会让运动员面对较低压力水平的情形。接着，运动员能够处理压力情形时，再系统地面对不断增加的压力情形。

14. 可以按照培养其他心理训练工具和技能所使用的3个阶段培养运动员的压力管理技能，这3个阶段是：教育阶段、习得阶段和实施阶段。

15. 在教育阶段，教练可以教导运动员关于压力和压力管理的一般技能知识，同时培养运动员关于当前压力以及压力管理模式的自我意识。

16. 在习得阶段，运动员必须学习基本的压力管理工具和技能，接着将这些工具和技能组合成一个有效的综合应对反应。

17. 在实施阶段，教练可以使用意象预演、练习模拟以及较低水平的比赛来帮助运动员自主掌握和调整自身的压力管理技能。

关键术语

挑战评估	综合应对反应	压力管理	竞争要求	表现能力
危险评估	竞争设计	个人控制	一揽子整体情绪管理	
应对策略	问题管理	不确定性	情绪管理	压力

复习题

1. 关于压力的常见误解是什么？压力的现代定义是什么？

2. 拉扎勒斯的压力模式的3个主要组成部分是什么？这3个部分是如何影响压力的？

3. 什么是压力管理？什么是问题管理？如何管理竞争压力？

4. 什么是情绪管理？压力会引发怎样的唤醒和想法？

5. 什么是TEMPs？它是怎样发展成一个综合应对反应的？使用沉浸式策略和渐进式暴露策略之间存在哪些差异？

6. 如何制订一个帮助运动员培养自身压力管理技能的计划？

实践活动

1. 设计一系列让你感受到压力的情形，接着将这些情形按照压力最大到最小排名。在压力最小的情形中，确定导致产生压力的消极想法，同时针对这个想法想出1个或两个反驳观点。将这些反驳与放松提示词组合到一起，构建一个ICR，接着练习ICR，直至感觉舒服再停止。想象自己身处压力最小的竞争情形，然后使用ICR减少或消除压力。

2. 从列表中选出压力最大的情形，然后确定让你感受到压力的消极想法。想出1个或两个针对消极想法的反驳观点。将这些反驳与放松提示词组合到一起，制订一个ICR。练习ICR，直到感觉自己能够自主控制这个技能。想象自己身处压力最大的情形中，同时能够感受到相对较高的压力水平。接着，使用ICR终止压力想象，以便成功发挥自身的能力水平。

第**12**章

自 信

阅读完本章内容后，你应该能够：

- 理解什么是自信以及自信是如何影响表现的；
- 解释3种不同水平的自信之间的差异——最佳自信、低于标准的自信水平（缺乏自信），以及过度自信；
- 意识到为何基于能力表现的自信比基于结果的自信能够更好地提高能力表现水平和稳定性；
- 描述如何通过表现的结果、各种不同的经历、口头说服及唤醒控制来提高自信水平；
- 解释在比赛过程中培养和保持自信的关键要素；
- 阐述自我实现预言是如何提升和挫败自信的；
- 理解如何使用3个阶段的设计帮助运动员提升自信。

所有教练或运动员都认为，自信对于个人和团队的胜利至关重要。获胜的运动员一直认为，成功的关键是相信自己。即使在充满压力的情形中，他们也会散发出自信并努力拼搏。迈克尔·乔丹认为，在关键时刻克服困难的能力源自相信自己可以做到的自信："这种自信来自哪里？自信来自过去克服了困难。当然，一开始你必须这样做。但是在这之后，你就有了一个经常可以回顾的模式。这个模式可以让你在做以前做过的事情时感到很舒服"（Jordan & Telander，2001）。

虽然教练和运动员都可能认识到自信对于成功的重要性，但是他们可能都很困惑如何培养稳定的自信，特别是在重要的比赛或者在比赛的关键时刻。提升没有安全感且对自己不自信的运动员的自信是富有挑战性的任务。他们可能认识到其他人自信的特点而且认可自信的重要性，但是仍然很难培养自己的自信。大多数运动员和教练都认识到自信和胜利之间相应的关系：成功需要自信，同时成功也是培养自信的基本条件。教练感到困惑的一件事就是如何帮助运动员摆脱自信螺旋式下降，以及实现自信螺旋式上升。运动员处于自信螺旋式下降时，失败会导致自信下降，而自信不足反过来会导致运动员不断地失败。运动员处于自信螺旋式上升时，成功会不断地提升自信，而自信不断地提升反过来会促使运动员不断地实现成功。

本章将阐述了如何帮助运动员培养和保持高水平的自信。一开始，本章将阐述自信的定义以及描述3种自信水平。接着，本章将描述自信和能力表现之间的倒U形关系。

接下来，本章还将着重探讨自信如何直接和间接地影响能力表现，以及介绍可以用来帮助运动员在比赛前和比赛的过程中提升自信的策略。同时，本章还将描述自我实现预言是如何提升和挫败运动员的自信的。最后，本章还阐述了如何通过教育、习得和实施3个阶段构建运动员的自信。

理解自信

帮助运动员变得更加自信的第一步是理解什么是自信。同时，重要的一点是理解自信如何提高能力表现水平。

自信的定义

大多数教练和运动员都认为自信意味着相信他们能够获胜或者战胜对手。事实上，传统的观点指出，如果运动员不认为他们能够打败对手，那么他们就会觉得自己是失败者，从而真正成为失败者。

这种错误的信念要么是因为缺乏自信，要么是因为过度自信。真正的自信是运动员实现成功的现实信心或预期。自信是个人通过不同任务和情形所积累起来的独特成就。这种成就可以让运动员形成未来实现成功的特定预期（如前文所引用的关于迈克尔·乔丹的内容）。而且自信是与对即将发生的事情所做的准备联系在一起的。自信的能力表现有利于阐释运动员如何看待自己和自身能力，从而构建自身最佳的能力水平。自信是运动员人格的重要组成部分，而且其他人能够快速地从运动员的身上看到这种特性。更重要的是，运动员进入流畅状态最重要的可能就是达到最佳自信水平。

有很多关于自信的谬见。运动员必须能够区分事实与想象。教练应帮助运动员理解自信并不是他们所希望做的事情，而是他们真正应当做的事情。自信并不一定是运动员说出来的事情，而是他们关于自身真实能力的内心想法。自信并不只是运动员对所做的事情所产生的自豪感，而是他们在竞争压力之下对自己能够做的事情经过深思熟虑的判断。

自信能够提升表现吗

大多数教练花费很大的精力培养运动员的自信，但是这样做能够真正提升运动员的表现吗？简短的回答是当然。科学证据表明，具备较高实际自信水平的运动员与自信水平较低的运动员相比可以更出色地发挥能力水平（Burton，1988；Moritz，Feltz，Mack & Fahrbach，2000）。这是一种直接效果：越自信的运动员，他们的表现会越出色。此外，自信也可以间接地提升运动员的能力表现，因为自信与其他3个心理因素之间是互相联系的：心理焦虑、内部动机和专注力（见图12.1）。

- 非常自信时，心理焦虑水平就会很低，反之亦然。处于最佳自信水平的运动员相对于其他的运动员比较少出现自我怀疑和担心，因此更可能将唤醒积极地理解为做好准备或兴奋。
- 处于最佳自信水平的运动员会具备较强的内部动机参加比赛，并不断地争取成功。缺乏自信的运动员觉得自己能力不够以致

动机无法达到最大化，而过度自信的运动员会觉得自己具备很高的天赋，因此他们不需要致力于提高自身技能。
- 具备最佳自信水平的运动员很可能达到最佳的专注状态。他们的自信能够让他们阻止最多的干扰，同时帮助他们将注意力集中到必要的线索上以便发挥自身最佳水平。在这种情况下，运动员可以更加自动化地使用技能，达到流畅状态。

自信的概念

教练必须与不同自信水平的运动员一起工作。教练们可能会很希望能够有机会与具备理想自信水平（**最佳自信水平**）的运动员一起工作。但是，大多数团队也必须依赖自信心不足（低于标准的自信水平或**缺乏自信**）或者自信心爆棚（**过度自信**）的运动员的能力表现（不管是什么导致运动员无法发挥自身最佳能力水平）。我们可以将自信看作连续统一体。缺乏自信位于连续统一体的一端，过度自信位于另一端，最佳自信水平处于两者之间。这个连续统一体证明了运动员的自信与能力表现之间的倒U形关系（见图12.2）。这个倒U形关系与运动员的唤醒水平与能力表现之间的关系一样。随着自信增加到最佳水平，能力表现不断地提高；但是，自信超过最佳水平时，能力表现会出现降低。不管是缺乏自信还是过度自信的运动员，他们都可以通过调整达到最佳自信水平，从而发挥自身最佳的能力水平。接下来，将进一步介绍这个模型。

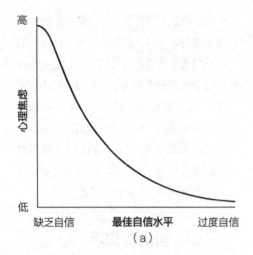

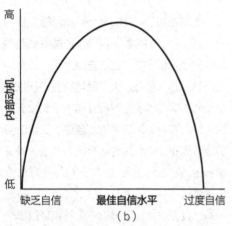

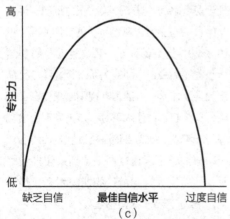

图12.1 自信水平和其他3个心理因素之间的关系

最佳自信水平

具备最佳自信水平的运动员是有能力并且会事先做好准备的人。他们具备实现自身现实目标的所有必需的身体和生理技能。他们通过良好的方式培养能力，掌握运动基本原理。同时，他们会使用和执行有效的策略将自身的优势发挥到最大限度，将自身的不足降到最低限度。此外，他们还擅长使用必要的技能制造和保持流畅状态。具备最佳自信水平的运动员是与自己进行比赛；他们的能力表现超过自身目前的能力水平时，会感到很有成就感，而且不会担心自己没有实现对自身而言并不现实的目标。

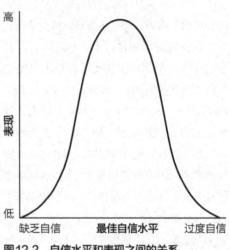

图12.2 自信水平和表现之间的关系

具备最佳自信水平的运动员同时也做好了比赛的充分准备。运动员用来提高自身灵活性、敏捷性、速度、体能、力量、耐力和心肺耐力的训练必须能够提升他们的运动能力并且为他们在比赛中成功执行技能和策略做好准备。此外，运动员在培养和自动化技能实现能力表现目标的训练中越努力，那么在面对重要的比赛时就越能够感到自己做好了充分准备。运动员无法欺骗自己。如果运动员没有做好准备，那么在无法承受的时候，自信会出现波动，而且往往会出现自信明显下降的情形。关键时刻的自信要求运动员在非赛季时期、健身房以及训练场地或练习场上做好充分、努力的准备。只有这样，运动员才能达到最佳的自信水平。

努力与技能和策略培养是自信来源特别重要的两种准备类型。很多运动员在知道没有对手能够战胜他们的情况下，自信会大大增强。在2000年的悉尼奥运会上，鲁伦·加德纳（Rulon Gardner）预言，因为优越的条件，他能够战胜从未战败过的古典摔跤传奇人物亚历山大·卡列林（Aleksandr Karelin）并取得出其不意的胜利。游泳运动员达拉·托雷斯（Dara Torres）在33岁仍然能获得4块铜牌（在退役4年后参加第4次奥运会）归功于她正处于人生中最好的状态。大多数出色的运动员都会在整个生涯中不断地培养自身的技能、技术和策略。迈克尔·乔丹在每个比赛非赛季都经常会努力地参加训练（特别是进行基本技能训练）。这种技能培养可以提升运动员的自信。在比赛的重要时刻，他才能投篮命中、成功抢球或者打败对手。运动员感到自己具备能力并且做好了准备时，会期待自己发挥出色的能力水平，从而让自己达到最佳的自信水平，进而让自己发挥出最佳的能力水平。［见图12.3（a）中成功的螺旋式发展］。

虽然具备最佳的自信水平一般是运动员发挥出色的能力表现的必要条件，但是具备最佳的自信水平并不能保证一定达到最佳的能力表现水平。有时候，即使是能力水平很高、做了充分准备并且感到非常自信的运动员，也会出现不在状态并且表现糟糕的情况。具备最佳自信水平的运动员认识到，自信并无法保证他们不会出现错误。但是，自信可

以为运动员提供纠正错误的强大工具。运动员对自己完全充满自信时，可以自由地采用建设性方式改正错误，同时将错误看作通往未来成功的奠基石。他们不会害怕尝试，因为他们知道，要想变得更好，犯错是必须付出的代价。确保不要责罚犯错的运动员，因为这样做会否定他们强大的心理，从而影响运动员的自信。

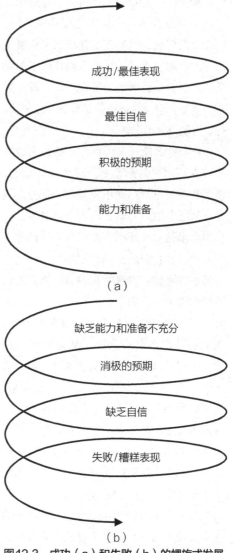

成功/最佳表现

最佳自信

积极的预期

能力和准备

（a）

缺乏能力和准备不充分

消极的预期

缺乏自信

失败/糟糕表现

（b）

图12.3　成功（a）和失败（b）的螺旋式发展

缺乏自信

大多数教练都努力地尝试帮助缺乏自信（低于标准的自信）的运动员，特别是具备成为优秀运动员潜能的运动员。虽然有些缺乏自信的运动员很清楚地认识到，他们并不具备出色的能力水平，但是大多数缺乏自信的运动员只是低估了自身的技能和身体条件。这些运动员的自信可能过分依赖于匹配比赛的身体条件。这意味着当他们面对身体条件比自己强的对手时，就会出现问题。他们无法意识到可以通过出色的心理技能和有效的策略战胜诸如此类的对手。不管他们为特定的比赛做了怎样的准备，这样的运动员都无法真正相信，他们有能力赢得比赛。

一个错误或一次失败并不会影响具备最佳自信水平的运动员。因为他们知道，错误和失败只是运动中正常的一部分。但是，缺乏自信的运动员非常害怕失败，他们很容易被失败吓倒。他们会将自己看作失败者，并且开始出现相应的行为。这是一种恶性循环或自我实现预言。很多的运动员觉得很难打破这样的循环或预言：因为他们缺少或低估了自身的准备和能力，他们会觉得自己会失败，从而导致不自信。这种不自信的感觉反过来导致运动员出现实际的失败［见图12.3（b）］。接下来，糟糕的表现证明了他们消极的自我评估，从而增加了他们未来失败的可能性。亚历山大·杜马（Alexandre Dumas）（Walker，1980）描述了缺乏自信的个性（当然，这种个性会同时影响男性和女性运动员。杜马指出）："一个对自己产生怀疑的人就像一个站在敌人的队伍中并且携带着武器准备与自己作战的人。他的失败显然来自自己，因为他一开始就认为自己会失败"。

即使在不需要自己承担责任或者只需要简单地将过错看作"不可避免的事情"的情况下，缺乏自信的运动员都会感到对自己没有把握并且会自己责备自己。这种自我怀疑会导致他们出现更强的焦虑感，无法集中注意力解决问题；甚至会放弃尝试的机会。缺乏自信的运动员是在自我发展和个人能力表现方面缺乏自信的落后者。可以参考第234页的关于提升自信的内容，了解帮助缺乏自信的运动员成为具备最佳自信水平的运动员的具体方法。

过度自信

过度自信这个词并不恰当。如果运动员的自信源于充分的根据，那么运动员就不会过度自信。我们说他们过度自信时，真正的意思是他们具备不现实的自信，即运动员的自信程度远远超过自身的能力和必需的准备。但是，过度自信的运动员可能是教练最难执教的群体，因为这样的运动员会对教练存在两种明显的错误理解。

第一种错误的理解是**信心膨胀**。不管是因为父母和教练的娇纵，参加比较没有竞争性的比赛，还是因为过度的媒体炒作，有些运动员确实会认为他们比真实的自己更好。这样的运动员注定会遭受失败。他们往往在运动中看起来很不错，有时候还展现出卓越的技能，但是因为他们认为自己具备出色的身体或心理技能，所以往往会表现得洋洋得意。在没有充分准备的情况下，他们曾经的出色技能将无法发挥作用。结果只会让他们想不明白到底发生了什么事情以及为何他们会如此无精打采、不在状态以及输掉比赛。此外，因为他们高估了自身的能力，所以往往会对比赛困境做出反应，更努力地做出尝试，而不是尽自己所能发挥能力水平。

第二个错误的理解是**错误的自信**。运动员认为，从外在表现出自信的行为就可以克服内心所缺乏的自信以及所害怕的失败。具备错误自信的运动员往往会出现自以为是、过分自信以及自命不凡的表现，但是在他们傲慢的外表下面是一张自我怀疑的面具。这样的运动员往往会慢慢地走下坡路，因为他们知道自信对于运动成功的重要性。他们会避开威胁到自身自信的情形，并且尝试避免失败以便保护脆弱的自我。他们出现糟糕的能力表现时，会假装受伤或者找借口。而且，对这样的运动员往往很难执教，因为他们不会承担犯错的后果或者接受提高自身能力的建设性反馈。过度自信的运动员会歪曲现实，将事实与他们所希望的混淆到一起。他们可能会受到谬见的影响。但是，这些过分简单的"积极想法"并不会帮助运动员实现他们的目标。运动员必须努力地培养技能和策略，同时在比赛过程中做好有效使用技能和策略的准备。只有这样，运动员才能建立自信。

自信的稳定性

在意能力表现而不是以结果为基础的情形下，运动员和团队都可以培养更高且更稳定的自信水平。第4章曾介绍过，过程目标和表现目标都具备灵活性和更强的可控性。通过这两种目标类型，运动员可以取得成功。你能够清楚地表达这个方法是如何提高自信的吗？具备能力表现自信的运动员认为，他们能够执行主要的技能和策略，出色地发挥能力水平，实现自己的过程目标和能力表现目标。相反，具备结果自信的运动员认为，高水平的表现才能让他们在公开场合出色地发挥能力并取得胜利。

运动员设定过程目标和表现目标时，也应设定最佳的挑战水平，从而体验到更稳定的成功。因为这些目标是比较可控的，运动员可以内化这个成功并让自己感到更能胜任。在这种情况下，运动员在一场接一场的比赛中能够一直不变地产生强大且稳定的自信。大多数运动员认为，他们对表现的自信比对结果的自信要更强一些（Bandura，1977，1986）。

将自身的自信以结果为标准（目标是获胜）的运动员在面对较弱的对手时，可能会过度自信。在面对优胜的对手时，他又可能会缺乏自信。但是，在面对接近于自身能力的匹配对手时，他又能够达到最佳的自信水平。因此，以结果为标准的运动员，其自信会根据不同的对手出现波动。有时候，这种波动的范围还可能令运动员无法控制。这个模式倾向于阻碍长期技能的发展以及能力水平的提高。相反，能力表现自信在一场接一场的比赛中会呈现比较稳定的状态。在这种状态下，运动员可以慢慢地、稳定地、系统地发挥能力水平，从而达到更好的综合性长期发展。为了让运动员达到较高且稳定的自信水平，必须帮助他们将自身的自信建立在以过程和能力表现为基础而不是以结果为基础，实现个人的目标和提高自信水平。

提升自信

　　自信是一个重要的心理技能。如果没有健康且现实的自信基础，那么运动员将不可能达到自己真正的潜能水平。但是，如何帮助运动员，特别是对自身充满怀疑且无安全感的运动员培养和保持自信呢？我们可以采用4种行之有效的策略（见图12.4）：表现成就，间接性经验，口头说服和唤醒控制（Bandura，1977，1986；Feltz & Lirgg，2001）。

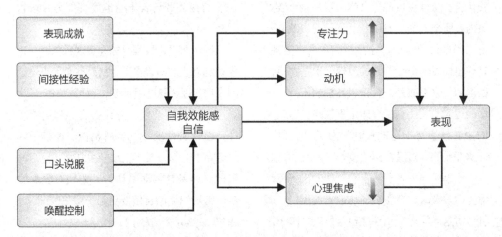

图12.4　自信是如何提高能力表现水平的：左边的策略可以提升自信，增强专注力和动机，减少心理焦虑，所有这些要素一起作用有利于提高能力表现水平

表现成就

　　提升自信的最佳方式就是构建**表现成就**的历史。如果运动员将成功看作自身努力和能力的反映，那么每次成功都能够让他们感到更自信。一般情况下，如果运动员和团队在过去取得成功，那么他们就会期待在未来也取得成功。反之，如果运动员和团队在过去出现失败，那么这种失败会加剧运动员和团队的消极预期。迈克尔·乔丹是这样描述个人自信的："在我的整个NBA生涯中，我总是会回想起1982年（他在该年NCAA锦标赛上成功投篮）。我并不是说，如果你以前从未赢得重大的比赛，就无法在关键时刻充满自信。显然，在那次成功投篮前，我一直都很自信。但是，那一瞬间就是能够产生如此大的效应。在以后的每次投篮中，我都觉得自己可以命中。在这些情形中，我都可以做出很好的反应。因为我具备非常积极的想法。我在最后一秒投篮命中。这成了我的一个特点"（Jordan & Telander，2001）。

　　能力表现结果会从3个方面影响自信培养。

- 稳定性。成功的模式能够提升自信，即使是在能力提高并不明显以及对手相对比较弱的情况下。另一方面，经常性的失败一般会降低自信水平，即使在这个过程中会夹杂着出现少数重大的胜利或者能力表现改善。
- 近因。相对于以前的成功和失败，运动员更看重最近的成功和失败经历。
- 成功的质量。相对于在面对容易的任务和普通对手的情况下，在面对困难任务和强大对手的情况下取得的成功更能够提升运动员的自信。类似地，在面对较弱的对抗或者简单任务的情况下出现失败会极大地打击运动员的自信，而在面对强大的对手或者困难任务的情况下出现失败则不会对运动员的自信造成太大的伤害。

为了突出稳定性、近因以及成功的质量，我们可以使用以下两个训练策略：目标设定、个人成就墙和个人成就精选片段。

目标设定

一个系统的目标设定计划有利于运动员获得良好的能力表现结果。在设计完善的计划中，运动员会设定每天和每周的目标。他们会经常评估这些目标。每次实现目标后运动员的自信会得到提升。可以鼓励运动员经常回顾目标日志，从而提醒他们关注自身能力表现结果的质量和数量。要求运动员专注于他们的成就的大小和一致性，其中包括重要的比赛以及日常的练习赛。回顾第4章所阐述的目标设定计划，这个计划主要针对将自信提升到最高水平的具体策略。对于技能发展较慢的运动员，要求运动员绘制自我进步的曲线图可以帮助他们更容易地掌握所取得的收获。每隔几个月，可以鼓励运动员系统地评估自身的长期发展。一般情况下，他们会吃惊地发现自己在短短的几个月中取得了重大的进步。这是一种构建自信的不错方式。

个人成就墙和个人成就精选片段

个人成就墙并不需要花费数百万美元修建，而只需要一张日志纸就可以。运动员在这张纸上列出自己在运动和生活方面的成就。在多年的执教生涯中，我（戴蒙·伯顿）就采用这个策略帮助运动员回顾他们在生活中所取得的大量成就（见图12.5）。只要运动员觉得这些成就很重要就可以，而其他人如何看待这些个人成就则并不是很重要。要求运动员列出他们觉得很重要并且能够让他们拥有成就感的事情，接着再在日志上添加他们所取得的新的成功事件。教练和运动员也可以制作个人成就精选片段，以便展示他们出色的挥杆、投球、跳跃、打法或者其他能够让他们回想起自我进步和成功的时刻。可以在运动员的个人成就精选片段中按照时间顺序添加剪辑内容，这样就可以很容易地看到他们所经历的过程以及所收获的成功。运动员必须经常回顾他们的个人成就墙和个人成就精选片段，以便提升自身的自信水平。

间接性经验

间接性经验是培养自信的第二个最佳策略。这意味着帮助运动员间接地体验成功。这种体验可以通过示范（观看他人演示如何执行技能或策略），或者通过意象（一种自我示范。运动员可以通过意象形成如何执行技能的心理想法或者在心理上预演所掌握的技能）。想象成功是一种构建强大自信的方式。

示范

教练可能都熟悉使用示范帮助运动员学习或提高身体技能的方法。这种示范也可以很好地提高运动员的自信水平。学习复杂的技能或者面对难以对付的对手往往会是一件令人心生畏惧的事情。而观看队友（或对手）如何面对挑战则可以显著地提升运动员的自信，特别是在与模型中的经历和能力相似的情况下。几年前，我（戴蒙·伯顿）执教过两名跳水运动员。吉尔（Jill）是两人中技术水平比较高的一位。但是，她不是很情愿尝试新的跳水动作以及预备活动（例如，蹦床运动），而且她也没有采取措施提升自己的自信水平。相反，莉莎（Lisa）是一名技术比较不熟练但是比较大胆的运动员。她期望接受新的跳水动作挑战。吉尔觉得自己比莉莎跳水跳得更好，因此她在看到莉莎掌握了新的跳水动作时，感到更自信："如果莉莎都可以做到，我也可以。"结果，吉尔使用间接性经验提升所需要的自信，从而战胜了自己对新的跳水动作害怕的感觉。

个人成就墙摘录

网球

- 1993年：我第一次拿起球拍时，一个传奇的时代开始了。我梦想成为世界第一，下一个斯蒂芬·艾德伯格（Stefan Edberg）。
- 1996年：我9岁时第一次参加锦标赛并且取得了第三名。
- 2001—2005年：我不断地帮助高中团队在州锦标赛中提高排名。
- 2001年：我在拉法埃托打败了马克。他是在美国全国都排得上名的运动员！
- 2002年：表现出色的一年。我感觉自己几乎在每一场锦标赛上都非常"在状态"。最后，我还完美完成了扣杀。
- 2004年：参加州高中双打半决赛，取得第3名。
- 2005年：参加州高中双打决赛，取得第2名。

学习

- 2000—2003年：成为模范生。
- 2003—2005年：成为平均学分绩点（grade point average，GPA）为3.83的模范生。

组织

- 2003—2005年：成为高中地理俱乐部成员。
- 2005年：受邀参加基瓦尼斯俱乐部会议并发言。获得低额奖学金。

家庭

1987年至今：我的家人就是个人成就墙的核心。没有他们，这些都会是空白的纸张。他们开车送我去参加所有的训练，抚养我长大并且支持我。家人是我取得所有成功的关键。他们是我心中的"明星"。

其他人生成就

- 2000—2003年：交了一名女朋友（这是很有成就感的事情）。
- 1987年至今：没有吸烟。

图12.5　个人成就墙摘录

教练也可以在策略中使用示范培养运动员的自信。在1969年的超级碗橄榄球赛中，纽约喷射队四分卫乔·纳玛思（Joe Namath）观看了数十小时的视频。他发现，使用与喷射队相似技能的球队成功地利用了巴尔的摩小马队的弱点。事实上，喷射队可以使用示范策略来让备受观众青睐的对手感到不安。当被记者问到他的球队能否取得成功时，乔自信地表示喷射队会获胜。接着，他使用这些借用的策略带领喷射队创造了历史，以16：7的比分取得了胜利，为美国橄榄球联盟[现在是美国国家橄榄球联盟（National Football League, NFL）]取得了第一次超级碗的胜利并提高了其可信度。

这是一种有利于构建类似于运动员经历或技能的示范。虽然观看优秀运动员的比赛能够为运动员展示如何执行技能，但是观察能力水平比较高的运动员的比赛可以让他们找到必要的能力表现线索，从而进一步掌握技能。

意象

意象是另一种重要的间接性经验类型。这种方式可以显著地提升运动员的自信。这是培养比尔·拉塞尔的关键策略，比尔·拉塞尔是凯尔特人队的核心。想象一下，我们可以如何执行篮球技能或者应用提高拉塞尔自信水平的打法。拉塞尔站在场地上时，他会让人觉得已经成功地完成了跑动或打法。拉塞尔掌握了策略后，随着自信的提升，能力会不断增长。于是，他开始认为他所想象的一切都可以做到（Russell & Branch, 1979）。可以按照以下指导方针，将意象整合到训练中。

- 在每一天的意象训练中，要求运动员经常尽可能具体地想象自己的成功经历、比赛成就、出色的准备例子、训练收获以及积极的个人特性。
- 在观看视频时，可以帮助运动员专注于成功的经历，将这些成功的经历反复播放几遍，同时充分地回顾错误或糟糕的能力表现，以便他们了解所犯的错误。
- 要求运动员仔细地想象训练或比赛计划，同时了解他们是否成功处理了问题。运动员必须定期使用意象工具培养自信。

口头说服

赞扬、积极的回馈，甚至积极的自我对话都可以构建强大的自信。接下来了解两种口头说服的形式：来自教练、教师、队友、父母和媒体的正强化；积极的自我对话。

反馈

运动员经常听到别人对自己的称赞会带来很大的好处。这些称赞来自诸如教练或教师等专业人士时，正强化或反馈可以帮助运动员构建自信。教练帮助运动员理解他们正在正确地执行技能，或者至少正在提高自身的执行能力时，运动员的自信会得到提升。因此，教练可以采取积极的技术培养方法，使用广泛的鼓励、正强化以及以尊重的方式传达正确的反馈。同时，教练还必须以保持真诚的态度利用所掌握的知识执教运动员。教练越受尊重、可信、值得信赖、权威和真诚，他们的反馈越能够帮助运动员构建自信。此外，教练还必须做到持续地强化运动员和向运动员做出反馈。这种持续性的反馈比反复无常的反馈更能够提升运动员的自信。（见第 2 章中使用反馈提升自信的具体方法。）

自我对话

自我对话是一种个人口头说服的形式。这是一个提高自信水平的强大工具（参见第 7 章）。通过消极的自我对话，运动员将无法进入比赛状态。但是，运动员也可以利用自我对话保持积极的心态和提升自信。帮助运动员确定最容易让他们自信水平下降的消极或非理性的想法，培养和预演有效的反驳方式。然后，在出现消极想法时，运动员可以使用这些方法提高自信水平。在第 7 章中介绍过，运动员可以系统地设计自我对话演示。这些演示可以侧重于关于自信方面的语句或者简单地包含几个可以保持自信的快速提醒。侧重于自信的自我对话演示必须提醒运动员自身具备的强项和资源；回顾过往的成功，特别是在相似情形或者面对障碍、失败或者困境的情况下；强调自身准备的数量和质量；积极地总结成功和失败的原因；同时将情形评估为挑战而非威胁（见图 12.6）。

自信演示示例

我不想模仿任何人，我只想成为最好的自己

我的优势和资源

- 我是一个具备技能和能力的有天赋的人，这让我在生活中是成功的
- 我有能力让自己成为更好的运动员，同时在很多方面帮助自己的团队
- 某天，我将具备能力对抗任何人；这是我对成功的承诺

最后的想法：我做到了

目标以及实现目标的方式

- 我的目标是成为能够做到的最好的自己
- 努力工作才能实现梦想
- 为比赛付出最大的努力才能收获最好的结果

最后的想法：保持专注，同时活在当下

我以前的表现以及心得

- 我以前也克服过类似的障碍。因此，我可以再次做到
- 失败让我看到自己有待提高的不足之处
- 我知道，这只是时间问题。努力付出一定能得到回报
- 记住以前所有的成功，同时成为自己有能力成为的运动员

最后的想法：接受好的方面和糟糕的方面，然后让两者都变得更好

图 12.6　自信演示示例

准备的数量和质量

- 我会跟其他人一样努力或者比其他人更努力；在紧要的关头，这些努力将让我能力倍增并昂首向前
- 我会为自己的努力和训练感到自豪，它们将给予我克服困境的自信
- 我已经做好了充分准备，将自己的优势发挥到最大限度，并将把自身弱点减小到最小限度

最后的想法：我做好了充分准备

困境是挑战，而不是威胁

- 每个人都会面对失败和困境，冠军从困境中产生。同时，冠军会将问题看作成为优秀者的机会
- 我会将每个问题当作挑战来处理。这是一个成为更好的个人以及运动员的机会
- 错误总会发生。在错误发生的时候，我将充分地利用它们并从中吸取教训

最后的想法：挑战是冠军与想成为冠军的分水岭

没有消极的想法，只有积极的想法

- "贴标签是无能的表现。"不要给自己或他人贴标签
- 我无法控制自己的对手或他人的改变，我所能做的就是控制自己的努力
- 不要觉得对不起自己。生活可以更糟糕。不要抱怨

最后的想法：恢复力就是我的个性

成功源自努力

- 我知道，努力和持续练习终有回报并且能够让我取得成功
- 我不会被失败打败，我会战胜失败
- 冠军是创造出来的，而不是天生的

最后的想法：我会全力以赴成为优秀的个人

我之所以成为一名运动员是因为我热爱比赛

图12.6 （续）

我（戴蒙·伯顿）最近与一名天才长跑运动员马戈（Margo）一起共事。这名运动员在比较小型的比赛中可以跑出不错的成绩，但是在大型的比赛中却会出现糟糕的能力表现。马戈的跑动时间证明，她具备与西部最好的跑步运动员竞争的天赋，但是她总是会怯场、焦虑、无法集中注意力和缺乏自信。我帮助马戈设计了一个关于增强自信的演示。她在演示中加入了最喜欢的音乐。这个演示强调了她作为跑步运动员的天资、精心的准备、以前的成功、处理错误的能力以及出色的心理技能。在参加比赛前，马戈每

天都会播放这个演示4次或5次。这个方法可以帮助她在面对任何比赛时都能够建立良好的比赛自信。通过这种方式，她取得了邀请赛第二名的成绩，并获得了参加美国全国冠军赛的资格。

唤醒控制

唤醒是一种简单的生理准备状态。唤醒的症状包括心跳加快、手掌出汗以及胃部痉挛等。这些症状可以被运动员消极理解为焦虑或者积极理解为兴奋。如果出现非常明显的心理唤醒症状，运动员会将这些症状消极理解为焦虑，从而出现注意力或专注力问题，或者产生没有做好准备的感觉。这些情况都会导致运动员的自信水平下降。因此，运动员具备较强的**唤醒控制**能力时，才能变得更自信。教练可以帮助运动员使用第6章和9章所介绍的技巧控制唤醒水平。通过这种方式，运动员可以积极理解自身的唤醒症状，从而提升自身的自信水平（Jones，Hanton & Swain1994；Jones & Swain，1995）。

总之，教练可以通过以下方式帮助运动员培养自信，其中包括帮助他们回忆自己所取得的成就，观看他人所取得的成功或想象自身所取得的成功，接受反馈和使用积极的自我对话，以及学习如何控制唤醒水平。以下介绍培养和保持团队信心的内容。

培养团队信心

在团队运动中，**团队信心**可能比运动员个人的自信更重要。个人和团队的自信显然存在差异。运动员可能对自己的能力发挥充满自信，但是对团队获胜的能力缺乏信心。

其他人虽然可能对自己的能力持怀疑态度，但是对团队的出色表现充满信心。事实上，团队有能力将运动员团结到一起并发挥协同作用。而且，团队能够发挥出比运动员个人的能力更好的表现。一支拥有悠久成功历史和出色领导的团队经常能够达到这样的表现状态（Feltz & Lirgg，2001）。团队信心在协同作用下能够发挥很大的作用，就像它在所有的团队能力表现领域中一样。团队自信包含几个重要的因素（除了提升个人自信的因素）：理解个人角色同时在团队效率中发挥个人最大的作用；培养技能，同时成功地发挥角色作用；构建积极的环境以便支持团队合作和提高团队凝聚力以及保持较高的效能；培养集体解决问题的策略。

每一名运动员在理解自身的角色同时做好充分准备时，整个团队会变得更加有信心。如果运动员无法充分发挥自身角色的作用，那么团队的能力表现以及团队的信心都会受到影响。大多数运动员都喜欢担任重要的角色，以便获得知名度和媒体关注。但是，运动员无私地接受较为低调的角色时，可以更大程度地提高团队的效率。教练必须明确每名运动员必须担任的角色，同时帮助他们理解角色的重要性。运动员清楚地理解了自身的角色后，会感到更自信。帮助运动员根据这些预期设定目标，这样运动员的自信就不只是以结果目标为基础。很多运动员实现了基于角色的能力表现目标时，就可以培养团队的协同作用，引导团队体验成功的螺旋式发展。

积极的团队环境有利于提升团队信心，提高凝聚力和效率。一支团队想要取得胜利，运动员必须相信自己的队友能够做好自己的工作，反之亦然。越是积极和充满支持的团队环境，队友之间就越能够做到彼此信任，越努力地争取更好的成绩，从而具备更高的自信水平。

此外，解决问题的方式会影响团队的自信。越系统且有效的团队问题解决过程，越高质量的决策制订以及在如何实施解决问题方面达成越高的一致性，团队的集体信心水平就越高。例如，在篮球运动中，进攻对手的压迫防守要求有效的团队策略、个人认识以及实施策略的技能。团队策略必须侧重于创造传球出口、减少压力和调整动作模式，以便进攻防守者的薄弱点。运动员必须意识到可以利用哪些防守方式，同时调整个人技术以便紧密配合团队的策略。在这种情况下，运动员可以通过调整角色、使用不同的运球模式、改变甄别技术以及使用反跑空切的方式进行篮下进攻。

在比赛中培养和保持自信

在比赛中培养自信与在训练中培养自信是一样重要的。运动员可能最感兴趣的是如何在比赛中保持较高的自信水平，特别是在重要比赛关头发生改变的情况下。在此起彼伏的比赛过程中，运动员评估情形以及处理压力的方式会对自信产生重大的影响。

在第11章介绍过，压力是一种明显的不平衡现象。这种现象出现于人们所认为的情形要求条件与自身能力不匹配的情况下。运动员将这种不协调看作威胁时，自信水平会下降。但是，他们将它评估为一种挑战时，运动员会保持自信，甚至提升自信水平。可以根据运动员对两个关键问题的回答来了解运动员是倾向于将压力情形看作挑战

还是威胁：通过有效的处理方式，是否可以减少或消除压力来源呢？我（或者我的团队）是否具备了必要的技能以及做好了有效处理压力的准备呢？如果这两个问题的答案都是肯定的，那么这种情况一般可以看作一种挑战，并且运动员能够保持或提升自信水平。相反，当任何一个问题出现否定回答时，那么这种情况会被看作降低自信水平的威胁评估。

以下是在比赛过程中可以用来减少自信水平波动的方法。

- 在面对对手时，可以帮助运动员做好生理和心理准备，同时培养身体和心理技能。通过这种方式，运动员能够积极地评估情形，并且即使在落后的情况下也仍然能够保持自信。
- 确保团队做好了处理预期问题、障碍和困境的准备。在比赛激烈的时刻，调整策略、战术和技能以便应对能力要求的变化会直接关系到运动员的自信水平。制订克服预期障碍的计划，同时进行预演，直到运动员能够自动执行技能。
- 当然，运动员仍然会面对无法预测的事件和情形。教练可以通过制订准确的球探报告、等待恰当的行动时机、以领导角色熟练地解决问题，以及以系统的方式解决问题来帮助运动员保持自信水平。这些方法可以帮助运动员保持冷静、沉着以及专注。
- 即使在比赛激烈的时刻，也要让运动员专注于过程目标和能力表现目标（而不是结果目标），以便保持积极的态度。总之，要做一个自信的角色榜样。

在了解了如何在比赛中培养和保持自信后，接下来我们将通过具体的自我实现预言

例子来探讨角色在自信培养中的预期作用。

自我实现预言：
自信水平提升或降低

教练可以通过各种不同的方法影响运动员的自信。但是，教练的预期对运动员的能力表现的影响，这个因素往往被人们忽视。运动员会想起对自己非常信任的教练吗？在这样的教练的鼓舞下，运动员能够成为自己所认为的更好的运动员。运动员是否会遇上希望运动员发挥糟糕并且达不到预期要求的教练呢？虽然预期只是间接影响自信，但了解**自我实现预言**的本质对理解这个过程是非常重要的。

教练的预期促使运动员按照预期要求表现或执行技能时，就会出现自我实现预言。在一个经典案例中，罗森塔尔（Rosenthal）和雅各布森（Jacobson）（1968）从学术能力方面对两组学生进行了比较，接着调查了教师对每一组学生学术研究过程的预期影响。教师们被告知，测试证明了他们班里所选择的学生都是在学术方面的大器晚成者。这些学生在次年能够获得更大的学术收获。令人吃惊的是，在学年结束时，这些被认为大器晚成的学生比起被教师们寄予了正常预期的对照组的学生取得了更大的成就。

自我实现预言过程是如何发挥作用的呢？这是一个相当不明显的过程。在运动中，"预期-表现过程"可以描述为4个主要步骤（Horn，Lox & Labrador，2006）。

1. 教练形成运动员必须如何表现的预期。

2. 教练的预期影响他们对个别运动员的看法（例如，相互作用的频率、持续时间和质量）。

3. 教练的行为影响运动员的学习速度和能力表现水平。

4. 运动员的行为或能力表现符合教练的预期时，循环才完成。自我实现预言循环如图12.7所示。

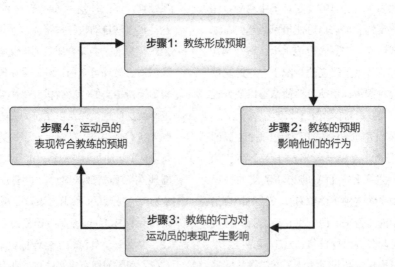

图12.7　自我实现预言循环

除了教练的预期会影响运动员的表现，其他人的预期也会影响运动员的自信。运动员非常关注教练对他们的看法。随着时间推移，教练执教的方式也会对运动员的发展和能力表现产生微妙的影响。因此，通过因材施教，相对于被寄予较低预期的运动员，受到较高预期的运动员可以更快发展身体技能，达到更高的能力水平，变得更加自信和有较强动机，较少出现焦虑，更出色且稳定地发挥能力，以及更接近于达到自身能力表现潜能。运动员的能力表现符合教练的预期时，这个过程就是一个完整的循环。符合预期的能力表现能够进一步加强教练原来判断的正确性，从而让自我实现预言本身更可能持续发展。这对自我实现预言作用持怀疑态度的运动员特别重要，因为这些运动员都比较年轻，缺少经验，自我认可程度较低，更具可执教性，或者更看重成功的重要性。

考虑以下几个问题，了解自己是否接受这个自我实现预言类型。

- 你觉得你执教的运动员具备巨大的潜能，而其他运动员只具备一般潜能吗？

- 相对于其他运动员，你是否与一些运动员相处的时间更多？你是否对一些运动员比对其他的运动员更熟悉且更关心呢？

- 你是否期望有些运动员学习更多的技能，同时即使这些运动员在学习的过程中遇到问题，你还是会坚持教导他们难度较高的技能呢？

- 相对于其他运动员，你是否会对一些运动员提供更多更具体的关于如何改正或提升自身表现的反馈呢？

- 你是否会将一些运动员的成功归结为努力，而将一些运动员的成功归结为运气或

碰上容易对付的对手呢？

- 你是否会将一些运动员的失败归因为他们可以提高的方面，而将有些运动员的失败归因为他们较低的能力水平呢？

如果与大多数教练一样对这些问题都回答的是肯定的答案，那么教练就可以在团队里很好地应用自我实现预言。教练可以做出怎样的改变呢？首先，保持预期的灵活性。教练最喜欢的鲍勃（Bob）是一名进攻前锋运动员。他不断地争取奖学金并且很享受漫长的职业生涯。他高6英尺2英寸（近1.9米），重260磅（近118千克）。虽然鲍勃在学校里被认为个头太小无法打进攻路线，但是他的运动员气质很快就吸引了教练的眼睛。最后，他因为在训练和比赛中所表现出来的能力，在大学一年级时便成为一名进攻前锋运动员。虽然鲍勃的身材并没有达到教练所认为的进攻前锋的身材要求，但是教练的预期是灵活的。鲍勃证明他是一名具备运动员气质的出色运动员时，教练改变了自己的评估方式。记住，自我实现预言还可以显著地提升自信水平。但是，自我实现预言是一把双刃剑；教练必须与所有的运动员积极地沟通预期才能充分地利用它。

培养运动员的自信

与本书所描述的其他心理训练工具和技能一样，实施系统的计划可以非常容易地培养自信。这个系统的计划涉及的阶段包括教育阶段、习得阶段和实施阶段。

教育阶段

培养运动员自信的这个阶段包含两个目

的：介绍关于自信的基础知识及鼓励运动员评估自身的自信模式。首先，通过团队会议，告诉他们关于自信的概念及自信在训练和比赛中对运动员能力表现的影响。描述3种主要的自信类型及能力和准备在实现最佳自信水平方面的作用。强调基于能力表现的自信的重要性，同时列出4种提高自信水平的主要策略。探讨何时运动员能够受益于更高的自信水平，强化提升自信水平的重要性（教练也可以使用知道如何将自信水平提升到最高限度的团队或者运动员的例子）。我们推荐，最后帮助运动员确定一种主要的策略，让运动员自己尝试提升自信水平。

在个人教育方面，运动员必须很好地理解自身的自信水平以及能力和准备在实现最佳自信水平和能力表现方面的作用。他们必须关注提升自信和导致自信水平下降的因素。我们推荐运动员通过系统的日志，记录自身自信水平和后续表现的关键信息，从而提高自我意识（参见第14章的内容）。运动员理解哪些方面可以帮助自己达到自身最佳自信水平时，就能够形成自信的心态，发挥自己最佳的能力水平。

习得阶段

建立自信并不是一蹴而就的。建立运动员的自信对于教练而言，是一项极具挑战性的任务。教练必须考虑很多方面的事情。但是，因为自信对于运动员达到最佳能力表现非常重要，所以教练会非常愿意花时间培养运动员的自信。如果一开始的努力取得了成功，那么运动员会对以后的心理训练充满热情，特别是建立自信。按照以下5个步骤，运动员可以获得巨大的收获。

1. 根据策略对于每一名运动员的作用，安排4个自信培养策略的优先顺序（例如，表现成就、间接性经验、口头说服以及唤醒控制）。

2. 制订计划，使用优先级最高的策略提升自信水平。

3. 在训练和比赛中尝试使用策略一个星期。

4. 评估这个建立自信的策略的作用，然后调整策略以便最大化策略的效果。

5. 系统地使用这个策略，直到每一名运动员达到最佳自信水平。

自信培养是一个持续的过程。在这个过程中会出现各种不同的问题和障碍来考验运动员的自信水平。因此，随着情形变化，需要采用新的策略来提升运动员的自信水平。

实施阶段

在这个阶段，教练可以帮助运动员自主培养自信和学习技能。如果运动员没有进行足够多的练习，同时自主地把握自身自信水平，那么即使运动员掌握了自信技能也发挥不了任何作用。如果运动员无法高度自主地把握自身自信水平，那么其就会出现与克里一样的问题。克里是一名篮球运动员。他很容易在比赛时动摇。这些在充满压力的重要比赛中出现自信崩溃的运动员是最需要进行自信训练的运动员。自主把握自信水平是一个单调乏味且耗时的过程。但是，这个过程对于培养运动员在关键时刻保持最佳自信水平是非常必要的。在充满压力的情形中，运动员必须保持最佳自信水平。这样，运动员才能在极少进行思考的情况下通过自主响应做出本能反应。

如果训练模拟了运动员将在比赛中面对的情形，那么运动员就比较可能保持最佳的自信状态。运动员在一个充满干扰和压力的环境下练习培养和保持自信时，很可能能够自动地达到最佳自信水平并在比赛中发挥最佳自信水平。我们推荐使用3种模拟类型。首先，要求运动员使用意象模拟比赛和训练，从而形成和保持自信，发挥最佳能力水平。游泳运动员可以在邀请赛中多次预练500米自由泳。这样，当他站上跳台时，会非常自信自己能够游出最佳水平。其次，设置训练情形并尽可能真实地模拟比赛情形，这样运动员就可以在任何条件和压力情形下形成和保持最佳自信。最后，将赛季前的比赛或者比较不重要的比赛当作模拟比较重要的比赛的机会。运动员会在赛季后期面临一些比较重要的比赛，同时这个时候运动员的自信会显得更重要。

最后的思考：培养最后的自信

运动员具备的最重要的自信并不是他们永远能够获胜或者永远不会犯错的信念，而是他们认为能够改正错误并且不断提高能力，成为最好的运动员。运动员必须认为他们有能力培养自身的身体和心理技能，同时尽可能做好充分准备。

运动员对自己的能力和所做的准备感到自信时，就不会害怕对手的成功或者受到自身暂时失败的干扰。从运动员长期的目标看，获胜或失败会产生一定的影响。运动员更可能将特定的比赛和结果看作一种测试。运动员追求自身目标时，通过这种测试可以对运动员的整个过程做出评估。赢得比赛已经不再是最重要的目标，运动员的目标是成为更好的运动员。

小 结

1. 真正的自信是运动员关于实现成功的现实信心或预期。

2. 自信并不是运动员希望做什么，而是运动员切合实际地想做什么。自信并不是说出来的，而是内心关于自身真实能力的想法。自信并不只是对自己所做的事情感到自豪，而是不管在什么情形下，都会深思熟虑自己能够做什么。

3. 自信可以看作一个连续统一体的概念。这个连续统一体的两端分别是缺乏自信（信心不足）和过度自信，而最佳或理想自信水平位于中间位置。自信与能力表现之间的关系呈倒U形。

4. 最佳自信水平是以能力和准备为基础的。运动员必须掌握知识、技能和策略才能达到较高的自信水平。同时，他们还必须做好全面的准备，才能在即将到来的比赛中使用它们。

5. 缺乏自信也就是自信不足。缺乏自信的主要原因是没有掌握实现成功的知识、技巧和策略。缺乏自信的运动员会产生自我怀疑并且尝试成功，但是不会努力争取成功。

6. 过度自信表现为两种形式。运动员确实认为自己很不错时，会产生信心膨胀。缺乏自信的运动员尝试通过过度自信的行为来掩饰自己的不安全感时，会出现虚张声势的自信。

7. 自信是会变化的。正常情况下，自信要么是积极、螺旋式上升，要么是消极、螺旋式下降。运动员必须努力形成成功的螺旋式趋势，同时避免失败的螺旋式趋势。

8. 自信不仅能够直接提升运动员的表现，同时还可以间接通过 3 个其他的心理因素提高效率。这 3 个心理因素包括内部动机、专注力和心理焦虑。

9. 提升自信的 4 个主要方法包括表现成就（目标设定、个人成就墙和个人精选片段）、间接性经验（示范和意象）、口头说服（反馈和自我对话）以及唤醒控制。

10. 团队成员对自身角色的理解以及能力发挥水平、营造积极的团队氛围以及培养有效的集体问题解决技能都会影响团队的自信水平。

11. 比赛过程中运动员的自信水平取决于其具备的评估和处理技能。运动员越觉得有控制感，而且认为自己具备有效的处理技能，那么他们就越可能将不确定因素看作挑战而不是威胁，从而可以保持自身的自信水平。

12. 教练的预期促使运动员按照符合这些预期的方式行动时，就会出现自我实现预言。教练可以使用自我实现预言的积极方面来引导运动员发挥出最佳的能力水平，同时避免不良结果影响运动员的发展。

关键术语

唤醒控制　　示范　　自信　　团队信心　　最佳自信　　自我实现预言　　缺乏自信

过度自信　　口头说服　　错误的自信　　表现成就　　间接性经验　　信心膨胀

复习题

1. 什么是自信？

2. 自信是如何影响表现的？最佳自信、缺乏自信（自信不足）和过度自信之间存在哪些差异？

3. 最佳自信的主要组成部分是哪些？

4. 能力表现自信与结果自信之间存在哪些差异？从整体上看，哪种自信类型可以达到更高和更稳定的水平？

5. 如何提升运动员的自信？

6. 在比赛过程中，培养和保持自信的关键因素是什么？

7. 什么是自我实现预言？自我实现预言是如何提高或者降低运动员的自信水平的？

实践活动

1. 设计一个提高自信水平的自我对话演示。

2. 使用 4 种主要的自信培养策略，制订一个提高运动员自信的系统计划。

第4部分

融合心理训练工具和技能

最后一部分包含两章，分别介绍如何将心理训练工具和技能合并到心理计划中，以及如何将它们加入MST计划中。第13章强调如何将多种心理训练工具和技能合并到3种类型的心理计划中，它们分别用于开发、保持或重回流畅状态。第14章则提出一个主计划和一些系统训练策略，用于帮助个人成功构建和实施MST计划。

第**13**章

心理计划

阅读完本章内容后，你应该能够：

- 阐述心理坚韧性及其如何帮助运动员在任何环境下均能发挥最佳水平；
- 介绍心理计划及其在心理训练中的作用；
- 阐述心理计划如何帮助运动员开发、保持或重回流畅状态，以提升执行水平和运动愉悦感；
- 列举心理计划的好处；
- 介绍3种主要的心理计划类型——心理准备、心理执行和心理恢复；
- 帮助运动员利用启动行为、释放行为、提示词启动心理计划；
- 阐述每种心理计划的开发方式；
- 阐述如何帮助运动员通过系统的三个阶段（教育阶段、习得阶段和实施阶段）来学习心理坚韧性技能。

在职业生涯的早期，我（戴蒙·伯顿）就从布伦达（Brenda）身上学到了一个关于实施心理训练的重要经验。布伦达是我所执教的女子篮球队的一名杰出运动员，在我教授的应用运动心理学课程上，她的独到见解和完美执行证明了她理解和体会到了心理训练的价值。然而，我观看布伦达的比赛时，很惊讶她实际上很缺乏心理坚韧性。局面变得困难时，布伦达开始变得很焦虑，专注力和自信心水平也开始下降，然后她在比赛中输了。我在几天后见到她，她说自己当时在心理上遭遇了一段艰难的时期。我问她为什么不利用课上学的知识克服这种状态，她的回答很典型，但是很认真："我知道我的心理并不坚韧，特别是当局面变得困难时。我理解心理训练，也使用过一些基本的放松方法、自我对话和目标设定技能，但是我无法确定该如何在篮球运动中运用这些方法。"

这个故事说出了心理训练的一个常见问题。了解心理训练工具和技能是一回事，但是将心理训练方法应用到运动中，并且训练出心理素质过硬的运动员，则是另一回事。在运动中发展**心理坚韧性**不能寄希望于运气，最关键的是要寻找一些方法实施心理技能训练计划（心理计划），帮助运动员处理比赛中遇到的问题和困境。心理坚韧性并不是一种单项技能，而是前文所介绍的多种技能的集合。这些技能必须融合在一起，才能在遇到困难的竞技状态时达到最佳效果。心理坚韧性涉及创造和维持一种理想的心理状态，即**流畅状态**。那么，如何帮助运动员将所有这些技能融合在一起并使之心理坚韧呢？心理计划就是答案。

认识心理计划

在局面好的时候，运动员可能将计划执行得很好，但是遇到问题后是否仍然能实现较高的水平呢？这取决于他们的心理准备程度。许多教练和运动员认为心理坚韧程度由运气决定，因此运动员比赛时的执行效果会出现波动，从而影响运动员发挥自己的最大潜力。我们合作过的冠军运动员从不把任何东西交给运气来决定。他们心理非常坚韧，因为他们在心理和身体上都完成了充足的准备，在练习和比赛中都能创造和保持流畅状态。高水平运动员的心理准备系统方法及其心理计划的执行过程，能够帮助他们超越未经过系统训练的竞争对手。此外，他们还能在遭遇困境时保持心理坚韧，从而能够更充分地享受运动。我们认为，运动员可以通过系统的计划以最高效的方式增强自己的心理坚韧性。

什么是心理计划

心理计划由应用运动心理学先驱特里·奥立克（Terry Orlick，1986）率先提出，它包括一系列专门用于构建竞技运动中心理技能的系统且独立的策略。心理计划能够帮助运动员开发、保持或重回流畅状态，使他们能够在困难和竞争中保持坚韧的心理，同时发挥出最佳水平。心理计划是一种实施心理训练工具和技能的手段，从而使运动员的心理及身体训练与竞技方法更加系统化。

心理计划专门用于帮助运动员做好训练与竞技的准备（心理准备计划），它由一些帮助运动员达到能发挥最佳水平的心理状态的步骤组成。运动员能够从容地按一定的步骤完成心理计划，可能涉及使用目标设定、自我对话、意象、激励或其他心理训练工具或技能，帮助自己开发流畅状态。在训练和比赛中可以使用的心理计划包括专门用于保持流畅状态和达到重要目标的步骤。此外，运动员还需要通过开发一些心理计划来帮助他们在训练或比赛中遇到问题时回到正轨。

心理计划应该成为运动员遵循的日常程序，其会融合心理和身体技能，从而提升运动员的执行能力。其不同于许多人盲目跟从的一些僵化和不切实际的仪式。这些仪式会操控运动员，让他们重复执行一些无法提升水平的机械行为（如把穿左脚袜子放在穿右脚袜子之前，或者把穿运动衫放在穿短裤前；进出场地时不要停顿；一定要与同一个队友一起热身等），但是运动员可自己控制心理计划，并且能够利用其切实提升自己的水平。心理计划基于一些专门用于帮助运动员开发、保持或重回流畅状态的健全研究和理论。心理计划能够提升运动员的自主性和心理坚韧性，因此能够帮助运动员在面临压力的竞争状态下保持最佳执行力。心理计划是帮助他们发挥优异执行能力的蓝图。

心理计划的好处

心理计划可以给运动员带来许多好处。其中最重要的4个好处是：开发、保持或重回流畅状态、提升表现质量、提高一致性和更高效地应对逆境。以下详细介绍这些好处。

开发、保持或重回流畅状态

我们认为，心理训练的终极目标是帮助运动员最大限度开发流畅状态。流畅状态能够激发运动员实现最佳执行力，能够开发、保持或重回流畅状态的运动员的心理是坚韧的。心理计划的好处还不仅限于此。虽然在每一次训练和比赛中都保持平稳心态是不现实的，但是我们希望运动员要尽力保持流畅状态，在训练或比赛中处于自信、乐观和受控状态。

心理计划能够帮助运动员关注于自己必须提升的方面，以保证平衡心态。不同运动员有不同的心理技能目标，即使他们在一个队伍里。控球后卫可能要有坚如磐石的自信心，在控制情绪方面完全没有任何问题，但是当他表现不佳时，专注力和动机会受到负面影响。同时，大前锋可能在专注力和动机上面没有太大问题，但是在控制情绪、提升自信和管理压力方面需要一定的帮助。每一名运动员都会创建自己的心理计划，以弥补自己的弱项，进而开发、保持或重回流畅状态，最终提升自我。

提升表现质量

心理素质过硬的运动员似乎能够在整场比赛中保持最佳的心态，而心理素质较差的运动员则会在关键时刻变得精力不集中或丧失信心，从而导致执行力变得很糟糕。篮球教练约翰·伍登总是希望他的团队保持情绪稳定，避免出现影响出色执行的状态起伏。心理计划给运动员提供了实现沉着训练和比赛的必要工具。运动员处于流畅状态时，就会有更大的机会实现他们的目标，能够将注意力集中到比赛中，身体和心理都足够放松但精力充沛，感觉良好且没有任何畏惧，因此他们能够自然而然地专注于比赛。这些都是达到最佳执行水平的要素。

提高一致性

身体训练上保持一致性能够带来良好的身体条件，而遵循系统心理计划的运动员也会比训练杂乱的队友取得更多的心理进步。无论遇到什么样的对手、环境或条件，冠军运动员都会采用一种一致的心理准备过程——在训练、一般比赛或者冠军争夺战中都一样。一般运动员则通常没有计划，或者大幅度改变他们的比赛方法，有时候甚至会在最重要的比赛时将有效的心理准备策略换成低效策略。例如，我（戴蒙·伯顿）遇到过一位 5 000 米长跑运动员，她在一次冠军赛之前遭遇了 45 分钟的巨大压力期，以致完全改变了自己的心理准备过程，然后执行了一次完全放松的活动。她感觉不会那么紧张了，但是由于太过于放松，她跑出了整个赛季中最差的一次比赛成绩。冠军运动员的执行总是始终如一的，这是因为他们的准备和执行过程始终如一，他们总是使用系统的心理计划来形成有利于实现完美执行的心态。

更高效地应对逆境

即使是最有天赋的运动员也会遭遇失败和困境，但是心理坚韧的运动员能够一如既往地出色执行和应付自如，如安妮卡·索伦斯塔姆（Anika Sorenstam）、佩顿·曼宁（Peyton Manning）、罗杰·费德勒（Roger Federer）和泰格·伍兹，因为他们能计划和处理可预见的问题。应对逆境对于任何人而言都是很困难的，但是冠军运动员与其他人的区别在于他们愿意承认比赛是不会一成不变的，同时制订好了计划去处理问题。心理坚韧的运动员总能赢得比赛。如果罗杰·克莱门斯（Roger Clemens）无法投出快球，那么他会专注于跑赢拦截他的人。泰格·伍兹挥杆不顺，他就会打好三杆进洞。我们肯定你一定已经在使用一些心理策略来帮助你所执教的运动员提高执行力，但是或许和很多教练一样，你还没有完全达到系统要求。心理计划可以帮助你和你所执教的运动员系统地对待心理训练。步枪射击运动员劳恩·梅里使用系统心理计划克服了她在汉城奥运会比赛时遇到的问题，并且在巴塞罗那奥运会赢得了金牌（参见"劳恩·梅里自动执行心理计划并获得冠军"）。

劳恩·梅里自动执行心理计划并获得冠军

劳恩·梅里（Launi Meili）以美国小口径步枪射击冠军和世界纪录保持者的身份参加了 1988 年的汉城奥运会，这在一定程度上归功于她开发和**自动执行**两个心理计划：比赛前心理准备计划和基于一种有效射击前步骤的心理执行计划。在奥运会比赛预赛阶段，劳恩设定的目标是创造奥运会纪录，她在预赛中打出了排名第一的成绩。可惜，国际比赛刚刚采用了一种新的决赛模式，要求排名前 8 位的选手再多打 10 枪，以通过增加时间和比分来获得更高的电视收视率。劳恩只参加过两次这样的国际比赛，每一次都要调整她既定的射击前步骤，才能以更快的速度完成射击。在奥运会的决赛阶段，她感觉很仓促，射击成绩很糟糕，结果从第 1 名落到第 6 名，丢掉了金牌。

劳恩的失利迫使她再进行了4年的艰苦训练，最终尝试在巴塞罗那奥运会再一次夺取金牌。这一次她优化了自己的射击前准备步骤，更好地适应奥运会决赛的要求。这些准备步骤帮助她缩短了等待下一次射击指令的时间间隔，从而可以更好地适应决赛阶段的时间限制。令人高兴的是，劳恩在开发和自动执行新的准备步骤上投入的几千小时练习时间和大量实际比赛演练都是值得的。她和以前一样，再一次以全国冠军和世界团体赛冠军的身份参加奥运会比赛，然后一样在预赛中将创造奥运会纪录设定为目标。但是，这一次她为决赛准备的自动执行射击前准备步骤，使她在压力下仍然发挥优异，最终获得了冠军。

心理计划类型

心理计划的作用是帮助运动员开发、保持或重回流畅状态，如图13.1所示。心理准备计划能够帮助运动员在训练和比赛之前形成流畅状态。心理执行计划则帮助运动员在训练和比赛过程中保持流畅状态。而心理恢复计划则可以帮助运动员重获沉着情绪，在比赛情绪波动时重新回到流畅状态。

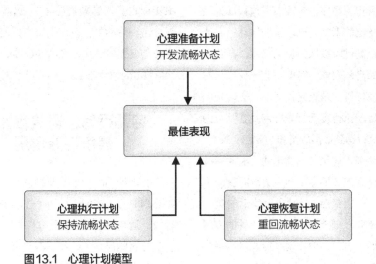

图13.1　心理计划模型

心理准备计划

心理准备计划帮助运动员通过一些安排好的步骤达到流畅状态而完成心理热身，这种流畅状态能够帮助他们在训练和比赛中发挥最佳水平。大多数运动员发现，将心理热身和身体热身结合是很有帮助的，因为这样能够同时准备好身心状态。心理准备计划包括一个针对理想条件的基本计划和一个针对时间或环境条件有限时的备用计划。运动员的心理准备计划应该设计得像飞行员的飞行前检查单——按步骤进行。训练与比赛的心理准备计划应该非常相似，只需要对一些受不同条件影响的步骤进行细微修改即可。这样才能持续地帮助运动员将训练技能自然地应用到比赛中。

心理执行计划

心理执行计划可以在训练和比赛过程中用于帮助运动员保持和利用流畅状态，从而发挥最佳执行水平。它们通常包括一个针对好形势的标准心理执行计划和一个备用心理执行计划，后者涵盖了出现问题或标准计划不适用时的常见意外情况。

标准心理执行计划关注运动员的训练或比赛目标及赢得比赛的操作计划。这些计划通常适用于以下3种主要的运动类型：比赛和行为程序、自我设定任务、互动式运动。对于比赛和行为程序，标准心理执行计划关注于开发特定的策略，以便帮助运动员在活动的第一个关键阶段保持流畅状态。自我设定任务（如高尔夫球、射箭、篮球投球和网球及排球发球等）是重复性活动，运动员应该设计和自动执行赛前行为程序及赛间行为程序以使执行达到最高质量和一致性。最后，互动式运动属于变化莫测的运动，因此标准心理执行计划应该关注比赛中关键时刻的策略（例如，比赛最后3分钟或暂停后的第一次动作的策略），或者特定的执行事件的应对方法（例如，出现一次失误之后或对手丢分之后的应对方法）。回合间（或得分间）计划可以在互动式运动比赛暂停间歇传达给运动员，如网球或美式橄榄球。

备用心理执行计划强调克服一些经常发生的特殊问题，或者在遇到困难时调整目标以获得最佳训练或比赛效果。训练中的问题可能包括缺乏睡眠引起的精神不振、专注度不够或教练心情不佳。比赛中的问题可能包括慢热、观众混乱或出现重大失误。备用心理执行计划可以帮助运动员在状态不佳的时候也能实现优异的执行力。

心理恢复计划

备用心理执行计划能够解决一些重复出现或可预见的问题，心理恢复计划则可以帮助运动员从意外或不常见的挫折中恢复过来，如情绪慌乱和比赛出局。心理恢复计划并不一定会让运动员完全恢复至之前的状态，但是其确实能够帮助运动员在困难条件下尽可能发挥出最佳水平。心理恢复计划是一个简单的日常活动，它专门用于解决训练和比赛中可能遇到的各种意外问题（例如，因场外因素分心、裁判争议判罚、对手言语攻击或自身的愚蠢失误等），这些问题有时候会击垮运动员，使他们情绪失控。心理恢复计划会提供一个标准活动副本，无论是什么问题引起情绪失控，都可以使用该计划。

启动行为、释放行为和提示词的作用

心理计划的一个重要组成部分是用于开始计划的行为或词语。为了让心理计划真正有效，运动员必须练习这些内容，直到能自动执行这些计划，而且还需要用一些速记方法提高专注力，从而不需要进行太多分析就可以开始行动。这需要使用启动行为、释放行为和提示词。此外，启动行为和释放行为可以给教练提供一种有形方法，用于观察运动员是否在执行既定的步骤。

启动行为

运动员会使用各种启动行为来启动心理

计划：赛跑运动员会系紧他的鞋带，从而启动心理准备计划；高尔夫球运动员则会从球包抽出球杆，开始挥杆前准备活动；篮球运动员则会在地板上击打双掌，从而启动心理恢复计划；排球运动员会快速围成一圈，互相注视队友，触发他们的得分间计划；网球运动员则会在得分间检查自己的拍线，从而获得更强的专注力。你可以帮助你所执教的运动员发现一些用于启动心理计划的启动行为。

释放行为

释放是一种专门用于消除不良状态的特殊行为，执行不佳、失误、错失得分、错误决定、误判等都会造成消极想法、失败感和焦虑情绪的问题。在遇到误判时，篮球运动员可以走到一旁默念10个数。在犯错之后，内野手可以抓起一把泥土，用心扔出去。我们最喜欢的释放方式来自同事肯·拉维扎（Ken Ravizza），他拿了一块塑料马桶盖到球员休息室，让运动员"冲掉"他们的糟糕的执行、错误和负面情况，然后让这些问题远离他们。教练必须帮助运动员开发有效的释放行为，才能让心理计划发挥作用。

提示词

提示词会提醒运动员在过程中关注提升表现的问题，同时帮助消除分散精神和影响自信心的负面思想。然而，个人经验表明，有时候使用提示词会使运动员钻牛角尖，从而干扰他们进入流畅状态。因此，我们建议使用一些强调感受和信任的提示词，以促进技能执行的自动化。例如，在训练过程中，高尔夫球手可能会在使用长铁杆击球时，用

提示词提醒自己保持合理的击球前流程（如"一次一个动作"）或者挥杆（如"顺滑"）。提示词可以通过大量训练而自动发挥作用，因此在比赛中，运动员可以基于信任和感觉而自然地说出提示词。潜水员格雷格·洛加尼斯（Greg Louganis）会使用"看着水，看着水，看着水，挤出去"等提示词来开始潜水，NBA球员拉里·博德（Larry Bird）则会在罚球时使用"眼里只有球网"这样的提示词。表13.1列出了在百米冲刺时可以使用的提示词。

表13.1　百米冲刺提示词

赛跑阶段	提示词
起跑前	准备，注意了，加油
起跑	爆发，发动，反应，跑
前10步	压低，用力，加速，爆发
中途	打气，蹬腿，保持，平稳
结束	冲刺，用力，加油

开发心理计划

如何帮助运动员开发心理计划呢？其实并不像想象中那么难。虽然我们强烈建议运动员开发心理准备计划、心理执行计划和心理恢复计划，但是它们不一定要同时完成。虽然先从心理准备计划开始有助于运动员开发流畅状态，但是我们经常会从一个能带来更直接影响的计划开始，如团队运动中的表现计划、**比赛计划**或个体运动中的赛前活动计划。然而，决定权在你手里，因为你必须思考你所执教的运动员当前的能力和需求。无论你先教哪一种计划，在开发心理计划上

的投入都会有巨大回报。你将打造出心理素质过硬的运动员，他们会在比赛中脱颖而出，完全发挥出自身的真实能力。以下介绍开发具体心理计划的步骤。

开发心理准备计划

心理准备计划给出了一个运动员进行心理热身的蓝图，心理热身的效果是让运动员形成流畅状态并且在训练和比赛中发挥最佳水平的关键。运动员需要开发一组心理热身步骤，并在每天的训练中执行这些步骤，然后经过细微调整就能够在比赛中使用这些步骤。心理准备计划必须完全针对每一位运动员的特殊需求，但是大多数计划都会包含两个基本步骤：使用心理训练工具开发心理准备计划以及结合心理和身体热身活动。

使用心理训练工具开发心理准备计划

心理准备计划的目标是帮助运动员形成流畅状态，以巩固他们的自信心；消除焦虑和负面思想；专注于过程目标；控制情绪使他们放松、精力充沛且保持清醒；提高动机水平，突破极限；以及帮助他们在面对失败和挫折时保持积极、沉着和乐观。运动员可以根据需要使用各种心理训练工具，开发出可用于形成流畅状态的心理技能。

目标设定——目标设定是所有心理计划的一个重要组成部分。在图 13.2 所示的计划示例中，400 米短跑运动员金（Kim）有一个包含 11 个步骤的心理准备计划，以此专注于自己的目标和跑步计划。在慢跑和静态拉伸环节中，她关注自己的目标，重温跑步计划。之后，在模拟赛跑中，她专注于总体目标和使之变成现实的子目标。最终，在比赛前的最后 20 分钟，金专注于目标时间、跑步计划，进一步提升自己的专注度和稳定性，帮助自己实现以过程为导向的目标。心理准备计划应该使用目标设定来帮助运动员保持对任务的专注，而不是专注于自己，然后激励运动员努力追求优异的执行力。

---

400 米短跑运动员的心理准备计划

第 1 步：开始比赛检录（比赛前 80 分钟，用时 5 分钟）

拿到号码牌，检查鞋钉长度，获知分配的赛道

寻找热门号码，找到比赛竞争对手

用深呼吸和提示词控制紧张情绪

找一个阴凉位置放置物品和进行拉伸活动

第 2 步：慢跑（比赛前 75 分钟，用时 8 分钟）

轻松地让血液流动起来

回顾整个赛跑计划，从分配的赛道、想象赛道中的对手开始

想象一下完美的姿态，要特别关注自身感觉

图 13.2　鼓励运动员设计个人心理准备计划，帮助他们进入流畅状态

回顾备用计划，以及使用它们的方法

倾听自我对话演示，只关注积极的想法

第3步：静态拉伸（比赛前67分钟，持续15分钟）

每次拉伸时呼吸，注意让肌肉真正放松

控制焦虑情绪，专注于跑步计划

保持自信，使用积极自我对话，同时快速用意象想象比赛的关键部分

第4步：动态拉伸（比赛前52分钟，持续7分钟）

感受肌肉的力量和能量

保持直立，迈开双腿，用正确的姿态模拟动作

第5步：操练（比赛前45分钟，持续10分钟）

用力蹬腿，感受速度与力量

用正确的技法做出完美姿势

脚趾向上，提起脚跟，膝盖用力，提起臀部，然后保持直立

肩膀下沉，放松地摆动手臂，放松下颌

第6步：大跨步（比赛前35分钟，持续10分钟）

加速，快速从地板蹬出第一步

保持低姿态，加速、加速、加速

保持放松状态，转为直立奔跑

感受速度、自信和完全积极心态

保持PMA，提升情绪，同时积累强烈动机——亢奋起来

第7步：模拟赛跑（比赛前25分钟，持续5分钟）

在赛道第一段转弯之前的120米模拟赛跑

想象一下身边的竞争对手，感受来自观众和竞争对手的能量

专注于个人目标，以及用于实现这个目标的子目标

第8步：休息室休整（比赛前20分钟，持续3分钟）

小心，不要出大错

快速放松，应对比赛紧张情绪

第9步：比赛检录（比赛前17分钟，持续2分钟）

将号码牌戴在臂部

保持积极和自信

不要被其他竞争对手干扰——只关注自己的比赛计划

第10步：独处（比赛前15分钟，持续10分钟）

在远离其他人的阴凉位置躺下

图13.2（续）

我现在身体上已经准备好比赛，并且处于流畅状态

在必要时快速放松，并保持放松

感受电流流过全身的感觉，这表示已经准备就绪

回顾整个赛跑计划，再次回忆关键步骤

仔细检查和回顾各个阶段的目标时间

思考一些正面提示词："加快步伐""快速转身""受伤了也要保持姿态"

到达自己赛道的区域——我已经完全准备好开始比赛了

现在开始比赛

第11步：起跑准备（比赛前5分钟，持续5分钟）

布置好起跑器，练习3次起跑

感受爆发力并从起跑器出发

完成热身

保持放松，但是要用力蹬地

"保持饥渴"和"感受速度"

专心等待枪声和快速反应

图13.2 （续）

意象——使用意象帮助运动员增强自信、完成计划目标和形成能实现最佳执行水平的感觉。金在开始热身的慢跑和静态拉伸环节中使用意象，开始感受最佳跑步状态，通过专注于跑步中的关键动作来增强准备状态。此外，她还在模拟赛跑中使用意象，想象身边的竞争对手，然后再一次单独审视整体跑步计划，专注于比赛的关键部分。意象是一个多用途工具，运动员可以在心理准备计划的各个阶段使用，从而描绘出可能的比赛场景，重建积极的执行感受，练习策略识别，想象自己按照特定的动作计划实现目标、增强自信以及尝试可能的策略。

放松与激励——在构建和实施心理准备计划时，大多数运动员会通过各种方式运用放松和激励。金在11个步骤的7个步骤中使用了放松技巧。她在开始比赛检录时通过

放松来控制焦虑情绪。在静态拉伸时，她再次通过放松来提升灵活性，继续控制焦虑情绪，然后在操练时继续保持放松，特别是下颌和手臂的放松。接下来，在休息室休整和比赛检录时，金又通过放松来处理赛前的情绪波动，然后她让自己独处，继续通过放松来平复自己的情绪。最后，她在起跑准备中通过布置起步器来保持放松。运动员应该利用心理准备计划中尽可能多的放松手段，以保持放松心态和控制焦虑情绪。

通常，运动员在比赛之前更需要的是放松，而不是激励，因为比赛自然会唤醒力量。金在她的心理准备活动的5个步骤中关注激励。首先，在动态拉伸阶段，她的目标是感受到强大力量；然后，在大跨步时，她会通过提高唤醒水平来增强动机。在模拟赛跑时，她会尝试感受观众的热情，而在独处阶段她

会感觉到电流流过全身发送准备信号。最后，金开始做起跑准备时，她希望从起跑器上起跑时能够感受到爆发力。因此，她会在计划里需要感受力量的步骤中使用激励技能。

自我对话——自我对话是心理准备计划的关键步骤；它能够帮助运动员变得积极、专注、自信、动机强和沉着并保持这样的状态。金在心理准备计划中的5个步骤中使用了自我对话，首先在慢跑和静态拉伸中，她会倾听自己的心声，重复对自己的正面肯定。在大跨步时，她会再次专注于保持积极的心态，然后在比赛检录和独处阶段，她会注意保持积极情绪并使用一些提示词，如"加快步伐""快速转身""受伤了也要保持姿态"等。此外，自我对话也能够帮助运动员应对压力和刺激自己突破极限。

将所有整合在一起——运动员可以使用图13.3所列问题，设计自己的心理准备计划。这些问题可以帮助运动员发现最适合自己的心理训练工具，并决定如何在心理准备计划中使用这些工具。同时，他们可以确定如何将心理热身和身体热身活动结合在一起。

开发心理准备计划的策略

1. 你如何在训练或比赛中保持专注？

　　a. 你这次训练或比赛的目标有哪些？你希望实现什么或关注什么？

　　b. 你是否有一个关于启动这次活动的重要提示词？

　　c. 哪一种意象能够帮助你更好地聚焦重点？

2. 你将如何为训练或比赛保持积极的心理态度？

　　a. 你将如何保证目标有挑战性但又切实可行？

　　b. 你的自我对话演示是否确实有助于保持PMA？

　　c. 你是否有一个PMA提示词？

　　d. 什么类型的意象有助于保持PMA？

3. 你将如何为训练或比赛保持最高水平的自信心？

　　a. 你将如何用目标设定来保持最高水平的自信心？

　　b. 你是否使用自我对话演示来增强自信心？

　　c. 你是否使用了自信心的提示词？

　　d. 哪一种意象能够帮助你保持最高水平的自信心？

4. 你将如何为训练或比赛保持最佳唤醒水平？

　　a. 你将如何使用放松和激励技能达到最佳唤醒水平？

　　b. 你将如何利用目标设定来提高自己的唤醒水平？

　　c. 你的自我对话演示对于达到最佳唤醒水平有何帮助？

　　d. 你是否有最佳能量提示词？

　　e. 哪一种意象能够帮助你实现最佳唤醒水平？

图13.3　运动员在设计自己的心理准备计划时应该问自己的6个问题

5. 你将如何为训练或比赛保持突破自我极限的动机？

    a. 你将如何利用目标设定来提高动机水平？

    b. 你的自我对话演示如何帮助你提高动机水平？

    c. 你是否有一个动机提示词？

    d. 哪一种意象能够帮助你实现动机最大化？

6. 你将如何将心理热身与身体热身进行结合？

图13.3 （续）

结合心理热身和身体热身

在开发心理准备计划时，步骤的时长和顺序至关重要。这个计划必须在可用的热身时间范围之内，并且其顺序必须合理且符合运动员的热身过程。对于大多数运动员而言，身体热身要比心理热身更加系统。为了将两者结合，首先，运动员要以正确的顺序写出自己的热身流程，注意每一个部分所需要的时间（见图13.4），以及一般要在训练或比赛之前多久开始身体热身活动。接下来，他们应该写出心理热身活动，先列出用于形成平稳心态的心理训练工具，接着将它们按一种稳定且容易实施的顺序进行排序。此外，运动员还必须估算每一个步骤所需要的时间，才能决定应该在什么时候开始训练或比赛准备活动。例如，在比赛前做完意象训练的运动员会变得情绪高涨，他们可能还要经过几小时才开始真正的比赛，因此要在他们的准备计划的后期再做一次短暂的意象训练，这样他们才不仅能够受益于意象，而且还能保持沉着心态。

最后，运动员应该寻找一些能同时执行心理热身活动和身体热身活动的方法，从而将他们的心理和身体热身运动融合到一个活动流程中。例如，一名短跑运动员可能会将短跑和激励及打气活动融合在一起，或者在拉伸时放松肌肉并做最后一次意象训练。即使是这样，融合的准备计划也可能比身体热身活动用时更长，因此运动员必须将他们的活动流程限制在一定的时间范围内（根据不同运动的时间限制，融合的准备活动流程所需时间可能在20分钟至几小时）。而且，你必须保证团队成员准时到达比赛场地，从而留有足够的热身时间。此外，最好开发一个合理的备用准备计划，以便在遇到交通问题或其他影响计划正常实施的问题时使用。注意，400米短跑运动员的融合准备计划要在比赛前80分钟开始，然后在他站上起跑器后结束，这样他才能排除杂念，专心听号令枪响。心理准备计划也非常适合用于团体运动（参见"汉克·艾伦的心理准备与执行计划"）。

开发心理执行计划

这些计划在整个训练和比赛过程中为运动员提供了一个保持流畅状态的蓝图。标准心理执行计划用于提升表现水平，而备用心理执行计划则用来处理一些可能影响表现水平的常见突发情况。标准心理执行计划构成了运动员训练或比赛的心理方法基础。其专注于运动员按预期方式进行的训练或比赛目标，并且提供了保持流畅状态的特定操作计划。此外，其还包括周期性检查运动员心理状态的计划（在比赛或团体运动间歇的特定时间里），从而帮助运动员根据需要调整心理技能，保持流畅状态。如果不断有问题出现，则要检查运动员所使用的心理技能，确定是否需要进行调整。运动员应该知道哪些心理技能是对自己最重要的，并且一定要使用这些技能。

身体与心理准备计划开发表

确定身体热身与心理热身的顺序，寻找结合身体热身与心理热身的方法。写下每一个步骤，注明同时包含身体热身和心理热身活动的步骤。保证你的活动流程能够让你完成心理及身体的热身。保证心理热身有利于形成高水平的专注度、自信心、积极心态和动机，并且让唤醒水平达到最佳能量区域。

身体热身过程的重要步骤	所需时间	问题	心理热身过程的重要步骤	所需时间	问题	结合身体热身与心理热身
1.						
2.						
3.						
4.						
5.						
6.						
7.						
8.						

引用自 D. Burton and T. Raedeke, 2008, *Sport Psychology for Coaches* (Champaign, IL: Human Kinetics)。

图13.4　运动员可以使用"身体与心理准备计划开发表"来保证他们在执行热身活动前能够解决所有准备活动的问题，并且有利于形成流畅状态

汉克·艾伦的心理准备与执行计划

棒球运动员汉克·艾伦（Hank Aaron）认为，他作为击球手的成功秘诀是使用严格的心理流程，它赋予了他战胜联赛中其他重要击球手的"利刃"（Hanson，1992）。艾伦使用了一个融合的心理准备和执行计划。他每天都会早早到达球场，因此他可以花上几小时为比赛准备良好的心理状态，主要是想象自己当天面对投手时可能遇到的各种情况。艾伦的内部意象帮助他感受到球飞向他最可能的方式，从而提高击球的判断能力和挥出球棒的自动执行能力。在比赛中，他会继续这种想象，并且研究投手，甚至当很难看清球时，他会通过帽子的小孔观察投手的发球点。轮到他击球时，通过预判下一次可能的击球路线，他会直接观察来球，然后轻松击球。艾伦认为他的心理流程帮助他在职业生涯中实现755支本垒打，成为棒球运动员中的领先者。

备用心理执行计划与标准心理执行计划一样有用，它们通常是成功的关键，因为它们可以让运动员准备好处理各种经常出现的问题。由于时间的限制，大多数运动员和团队都只能创建2～3个备用心理执行计划。但是，因为它们用于处理可预期的特定问题，并且需要频繁演练，所以它们能够大大提高运动员成功的概率。例如，朱莉（Julie）是我所执教的篮球队中最值得信赖的得分手，而且对手也知道，如果他们能够防守住她就可能赢得比赛。一个常被对手使用的战术就是用剧烈的身体对抗防守她，这样可能激怒她，让她在比赛中失控。我们帮助朱莉开发了一个备用心理执行计划，用于应对这个问题。我们改变了她的心态，使她将这些战术视为一种认可，并且强调如果想要球队赢球，她就必须抛开这些战术努力得分。我们注重利用她的速度摆脱对手，大范围牵扯对手，从而给她制造良好的投球机会。这些都是她意象、自我对话和目标设定的重点。这个策略很有效，朱莉在整个赛季的场均得分增加了3分。

接下来将主要介绍开发以下3种心理执行计划的基本方法：比赛与行为程序、自我设定任务和互动式运动。

比赛与行为程序

比赛意味着运动员要完成克服困难局面的竞技任务——这个任务在不同的比赛中不能变化太大。像天气条件、场地条件等不可控因素可能会影响表现水平，但是运动员可以开发一个系统的比赛计划，然后每次比赛时只需要进行细微调整。第1步是合理地将比赛分成3～7个部分（例如，将1 500米赛跑分为开始、前400米、中间700米和最后400米）等阶段，然后为每一阶段设定目标和行动计划。在前400米中，运动员的主要目标可能是"放松和保持用时在64秒左右"。运动员应该选择一些提示词来获得正确的感受，使自己专注于每一个阶段。开始阶段可以使用的提示词是"爆发和加速"，以跑出速度，或者用"控制步伐"提示自己保持速度。在结束阶段，可以使用的提示词有"放松和保持姿态"，以避免过于紧张，或者用"战胜他们"来追赶前面的选手。体操和花样滑冰运动员的心理执行计划也可以采用类似的风格。

备用心理执行计划用来应对变化莫测的天气条件、战术问题（如起跑太快或太慢）和比赛表现问题（如感觉不兴奋、畏惧竞争对手或担心自己表现不佳）。对于每一种问题，都要让运动员来确定哪些提示词可用于实现其备用心理执行计划，标准心理执行计划无效时该如何重新划分比赛阶段，以及如何在剩余比赛中重建应有的感觉。图13.5可用于帮助运动员开发比赛计划。

比赛计划开发表

比赛阶段	比赛阶段目标		提示词
	身体	心理	
示例：开始阶段	快速反应、身体降低并用力蹬地；紧跟着领先者起跑	只听枪声；保持兴奋；自信起跑	"爆发""压低、用力""我一定要完美起跑"
1.			
2.			
3.			
4.			
5.			
6.			
7.			

引用自 D. Burton and T. Raedeke, 2008, *Sport Psychology for Coaches* (Champaign, IL: Human Kinetics)。

图13.5 确定身体与心理目标及比赛中各个阶段的提示词，并制订备用心理执行计划以克服潜在困难，可以帮助运动员自动执行技能并进入流畅状态

自我设定任务

自我设定任务是指运动员按自己的节奏完成的运动或运动中的子任务。它们通常要求重复执行相同或相似的动作模式。自我设定任务常常出现在高精度要求的运动（如保龄球、台球、高尔夫球、射箭和射击）中，

以及互动式运动的高精度要求任务（如篮球罚球、足球点球或网球与排球的发球）中。其他例子还有跳水、跳台滑雪和田赛中的大多数投掷和跳跃项目。针对自我设定任务的心理执行计划都必须包含两个重要的部分：赛前行为程序和系统的赛间行为程序。

赛前行为程序有利于运动员进入和维持流畅状态，它可以帮助运动员信任自己的身体和提高自动执行能力。（参见汤姆·安贝里的"罚球的投球前行为程序"，这个投球前行为程序帮助他完成了连续投中 2 750 次罚球的记录。）

汤姆·安贝里的"罚球的投球前行为程序"

汤姆·安贝里（Tom Amberry）是一名退役的队医，他后来才进入体育馆训练。一次偶然的机会，他对罚球产生了浓厚的兴趣，然后每天开始练习罚球 500 次。在几个月时间里，他变得非常熟练，因此准备尝试打破连续罚球世界纪录。他在 73 岁的时候做到了，他连续投中了 2 750 次罚球。事实上，他从未失手过。他从早上 9 点开始投球，然后一直投到晚上 10 点，但是他不得不停止了，因为球馆老板想要关门休息。安贝里指出，他成功的秘诀是有一个七步投球前流程，而且这个模型非常适合运动员用于开发自己的赛前行为程序（Amberry & Reed，1996）。

第 1 步：与罚球线成直角站立。

站上罚球线之前，深度屈曲几次膝关节，停顿 3 ～ 5 秒，然后摆动身体以放松手掌和手臂。

第 2 步：将球的充气口朝上，拍球 3 下。

充气口是关注点或集中提示点，因此在慢慢拍球时盯住它。

第 3 步：把手指按在球痕上，中指指向充气口。

深呼吸一次，放松，排除干扰。

此时心理意象应该是关于如何做出漂亮和舒服的投篮。

第 4 步：弯肘对准篮筐。

第 5 步：屈曲膝关节。

第 6 步：双眼注视目标。

重复提示词"眼里只有球网"。

第 7 步：投篮并完成整个动作，最后"手形像在抓饼干"。

使用赛前行为程序表（见图 13.6），指导你所执教的运动员开发出自己的程序（不应该比当前程序长太多）。让他们花一些时间自行试用这个程序，保证他们喜欢新的步骤，而且要保证这个流程有利于运动员进入他们所期望的流畅状态。记住，一定要花时间确定赛前行为程序。

和心理准备计划一样，执行自我设定任务的运动员也应制订备用心理执行计划。如果比赛发生延迟、受天气影响或运动员专注度不足，他/她该怎么办？运动员应该确定有哪些提示可以帮助他们启动备用心理执行计划，他们该如何根据实际情况开发新目标和行动计划，以及他们将如何在剩余比赛中重新保持流畅状态或积极态度。

赛前行为程序表

首先，确定现有赛前行为程序的步骤，以及这些步骤所涉及的问题。接下来，确定赛前行为程序必需的步骤。给现有程序增加所需要的额外步骤。最后，写下最终的赛前行为程序，包括所有个人的和必需的步骤。在"最终程序"栏中尽可能详细地写下每个步骤。保证新的赛前行为程序适合自己，并且足够短，符合所参加运动的时间要求。

现有赛前行为 程序的步骤	问题	赛前行为程序必需的步骤	现有程序所需要 的额外步骤	最终程序
1.		**第1步：** 放松并消除相应肌肉不必要的紧张		
2.		**第2步：** 使用目标和自我对话提高专注度和集中精神		
3.		**第3步：** 调整唤醒水平以保证自己处于最佳能量区域		
4.		**第4步：** 使用意象和积极的自我对话将自信水平提到最高以发挥最佳水平		
5.		**第5步：** 保持积极心态，无压力但充满斗志		
6.		**第6步：** 将自动执行效果和由态度激发的表现发挥到极致		
7.		**第7步：** 优化程序，使之快速有效和具有一致性		
8.				

引用自 D. Burton and T. Raedeke, 2008, *Sport Psychology for Coaches* (Champaign, IL: Human Kinetics)。

图13.6 运动员可以使用赛前行为程序表分析和优化他们的现有程序

运动员在执行自我设定任务时通常还需要开发一个赛间行为程序。在击球或投掷动作之间，高尔夫球手或铅球运动员应该做什么？定位球主罚球员或投手如何利用好踢球或投球之间的时间呢？我们推荐将这段时间结构化为统一的赛间行为程序，从而使运动员保持流畅状态，保证其处于放松、专注和自信的状态。在长达3小时的棒球比赛或4小时的高尔夫球赛的整个过程中保持注意力高度集中，其实是不可能的。运动员需要学习集中或放松注意力（例如，投手脚趾顶球鞋时就马上集中注意力，然后在暗示放松时放松紧绷的神经）。赛间行为程序主要有3个组成部分。

1. 反应。使用放松和自我对话技能，设计一个关于前一次执行的沉着**反应**——无论好坏，以保持身体平稳。

2. 反思。快速反思并从前一次执行中吸取经验，但是不要停留在前面的糟糕表现上。使用提示词终止反思，然后**做好准备**（例如，将高尔夫球杆放回球包，或者面向网球或排球的球网）。

3. 重新专注和恢复稳定。终止反思的提示词会触发运动员重新进行执行前流程，帮助他们重新专注于眼前的任务，然后自然地准备下一次执行。

互动式运动

互动式运动的难度各不相同，即使在一场比赛中也是一样，因为运动员的表现会根据对手的表现而变化，也会受到运动员或队伍所采取的攻防策略的类型和效果的影响。大多数团体运动都是互动式的，网球、摔跤、拳击、格斗等个体运动也一样。因为互动式运动节奏很快，而且不确定性大，所以对应的心理执行计划注重于系统地响应（训练或比赛中）可预见的关键状况或事件，然后对特定的执行事件做出响应。

第1步是让运动员确定4～8个训练或比赛中会发生的重要情况。他们可以先使用互动式运动心理执行计划开发表（见图13.7），选择2～4个训练（如混战、一对一对抗或两分钟防守）和比赛的关键时间点（如每节、半场或整场比赛的开头或结尾；或暂停后的第一次行动）。他们还要选择2～4个好或坏的执行事件，包括训练（如表现不佳、一对一对抗失利或犯了一个重大错误）和比赛（如对手势不可挡，遇到压力或失误）。接下来，为每一种情况确定目标和行动计划。在比赛半场的前两分钟，球队可能会先注重防守，以利用队员高度兴奋的情绪。在一对一对抗中，运动员可能会注重使用良好的技术和发现对手的弱点。教会运动员根据实际情况分析和调整自己的流畅状态。如果他们平常会在第一分钟就面对较大压力，那么他们应该学会放松和保持心情愉悦。可以使用提示词触发自动反应（见图13.8的示例）。

互动式运动中有无数情况需要用到备用心理执行计划，如误判、观众喧闹、失误或其他错误、教练发怒、对手大比分领先。应让运动员开发备用心理执行计划，用于应对2～4个之前最棘手的重大问题。在比赛中有暂停的互动式运动（如排球、网球和美式橄榄球）的运动员还应该使用赛间行为程序。互动式运动的基本"反应"原则是类似的，但是"反思"则受时间的限制。在网球和排球中，"重新专注和恢复稳定"会触发执行前流程，在橄榄球中则会重新启动行为程序。

互动式运动心理执行计划开发表

预先确定的关键情况	情况目标		提示词
	身体	心理	
示例：比赛前3分钟	注重防守，利用开场时队员的兴奋情绪	注意放松但保持进攻性；尝试在身体上震慑对手；先使用简单运动逐渐适应比赛节奏	"快，但别急""保持进攻性，但控制情绪""拥抱比赛""不要太'独'，要团队作战"
1.			
2.			
3.			
4.			

执行响应	情况目标		提示词
	身体	心理	
示例：对手连续得了10分	稳定表现，减少失误；增加耐心，投出好球；提高防守强度；给对方防守队员增加压力	注重增加能量和激情；恢复自信和PMA；注重用身体防守和增加进攻耐心	"在压力下沉着应战""多传球，制造投篮机会""压迫对手使之犯错""增加防守压力，切断防守路线"
1.			
2.			
3.			
4.			

引用自 D. Burton and T. Raedeke, 2008, *Sport Psychology for Coaches* (Champaign, IL: Human Kinetics)。

图13.7　运动员可以使用互动式运动心理执行计划开发表，为一些关键情况设定具体目标和提示词

互动式运动心理执行计划示例：篮球

预先确定的关键情况	情况目标		提示词
	身体	**心理**	
关键情况 1：半场或全场比赛的前 3 分钟	注重防守，利用开场时队员的兴奋情绪	注意放松但保持进攻性；尝试在身体上震慑对手；先使用简单运动逐渐适应比赛节奏	"快，但别急""保持进攻性，但控制情绪""拥抱比赛""不要太独，要团队作战"
关键情况 2：半场或全场比赛的最后 3 分钟	强调半场结束前冲刺一次；启动压迫式防守；寻找快速突破机会；强调提高半场命中率；开始施压	自信和具有进攻性地完成这一节；保持 PMA；专注于提速但不能粗心；提高唤醒水平和动机水平，突破极限	"启动压迫模式""寻找机会跑动""唯一的目标是提高命中率""半场前要领先他们""做动作要自信和主动"
关键情况 3：我方暂停结束后	强调下一次防下或攻下一分；提高比赛强度；调整进攻或防守策略，压过对手；增加进攻性	重拾自信心；提高 PMA 级别；注重单次控球率；发挥自身强项或规避弱项；提高唤醒水平和动机水平，冲击对手	"防守或攻击的关键时刻""提起精神""主动出击、压制对手""发挥我们的强项""超过对手"

执行响应	情况目标		提示词
	身体	**心理**	
执行响应 1：对手连续得 10 分	稳定表现，减少失误；增加耐心，投出好球；提高防守强度；给对方防守队员增加压力	注重增加能量和动机；恢复自信和 PMA；注重用身体防守和增加进攻耐心	"在压力下沉着应战""多传球，制造投篮机会""压迫对手使之犯错""增加防守压力，切断防守路线"
执行响应 2：压力下失误连连	寻找防守漏洞；稳住情绪，寻找传球路线；突破防线后，寻找机会得分	注意放松和自我对话，重获自信和战胜负面情绪；控制情绪；突破压力后增加进攻性	"在压力下沉着冷静""快，但别急""注意——传""突破防守后，寻找机会得分"
执行响应 3：裁判判罚越来越不利于我方	认识到进攻性较强的运动员/队伍通常会受到裁判关注；要更具进攻性；注重移动脚步而不是伸手；注意渗透和传球，不要贪图得分	注意蓄力和提高动机水平；重获自信和 PMA；对抗负面情绪；打好自己的比赛，不要太关注裁判	"冠军总能沉着应对各种情况""不要考虑我们无法控制的事情""有进攻性的团队会得到应有判罚""尽力发挥到最好就行"

引用自 D. Burton and T. Raedeke, 2008, *Sport Psychology for Coaches* (Champaign, IL: Human Kinetics)。

图13.8　互动式运动心理执行计划示例：篮球

准备、反应、重新专注：内布拉斯加州美式橄榄球队的赛间行为程序

在19世纪初期，内布拉斯加州美式橄榄球教练汤姆·奥斯本（Tom Osborne）和运动心理顾问肯·拉维扎开发了一个赛间行为程序，帮助运动员在保持放松、专注和自信的前提下一场一场地打好比赛，从而最大化执行效果（Ravizza & Osborne，1991）。内布拉斯加州美式橄榄球队的心理训练计划基于两个基本概念：保持个人责任心和保持自我控制。因为某一个球员的错误就可能导致比赛失利，所以这个计划专门用于提高心理和身体准备计划的一致性。

内布拉斯加州美式橄榄球队的赛间行为程序集中在"3个R"上——准备、反应和重新专注，可以让球员的注意力一次集中在一场比赛上。第1步，"准备"（Ready）是由发令人（四分卫或后卫）给出的口头提示，当给出这个提示时，运动员要完全把注意力转移到指示及下一次攻防上。运动员必须忘掉上一次的攻防，专注于下一次攻防。在恢复比赛之后，进攻队员有两个责任：回顾分配的任务和自行重复步骤。队员们围成一圈时，他们必须通过阅读提示词并将调整方式传达给队友，从而认清对手的战术。只要队员们完成了检查或发出声音信息，就能够转变到自动执行状态，然后关注于"反应"。

第2步（反应，即Respond）是运动员在运球时的自动执行。他们必须自动反应，因为他们已经经过了成千上万小时的训练。在训练中，运动员没有给教练反馈，教练教他们如何做出本能反应。自动执行会在会议、球场和观看录像时得到强化。

第3步（重新专注，即Refocus）是运动员审视整场的攻防过程，然后忘掉它们，尽快将注意力集中到下一次攻防中。在本次攻防结束到下一次团队聚拢的这一段时间里，运动员要自动执行、匹配已学到的技术和决定剩余比赛中该如何调整。此外，在这段时间里，运动员还要忘掉之前的比赛，特别是之前的失误，这样他们才能关注下一次的攻防。运动员应该接受自己的感觉（例如，庆祝好球或发泄一下对坏球的情绪），然后继续后面的比赛。

开发心理恢复计划

教练和运动员无法预见所有的问题，而心理恢复计划则提供了一种可重复使用的策略，它可以帮助运动员从意外问题中恢复过来，特别是在无法实现目标或情绪失控的时候。心理恢复计划是一种有唯一目标或多种用途的解决方案，它包含一组在出现重大问题时让事情重回正常轨道的流程，同时有利于运动员尽可能从训练或比赛中获得更多的好处（见"案例分析：篮球运动员的心理恢复"）。虽然心理恢复计划有时候能够让运动员完全恢复之前的状态，但是通常只能作为一种控制损失的手段，以及帮助运动员从一个负面事件中获得一些积极的东西。如何制订运动员的心理恢复计划，取决于他或她需要使用心理恢复计划的迫切程度，以及随后执行这个计划的效率。我们推荐采用以下5个步骤。

1. 开发一个用于启动心理恢复计划的触发器。

2. 放松，调整唤醒水平。

3. 调整目标，使它们适合当前状况。

4. 通过肯定和反驳来减少压力，增加正面的心理态度及提升自信心。

5. 想象重新获得积极心态和实现调整后的目标。

只有当运动员知道如何执行时，心理恢复计划才能生效。肯·拉维扎让运动员想象一个信号灯，绿灯表示运动员进入了流畅状态，黄灯表示可能有问题，而红灯表示需要执行心理恢复计划。你和你所执教的运动员也可以采用这种方法或自己找一种方法。

案例分析：篮球运动员的心理恢复

对手只完成了12分的直接得分，他们有8个人在防守。罗伯（Rob）看起来有一些慌乱，他说自己无法防住这个人。他失去了自信，而且总是在想自己糟糕的防守。罗伯利用他强大的体形优势在比赛前段得了10分，但是他现在太慌乱了，以致无法利用好这种优势。罗伯和他的队友已经失去平稳心态，完全脱离了比赛。你要叫一次暂停，提醒他们使用心理恢复计划。罗伯自动地执行了一个包含以下5个步骤的好计划。

1. 罗伯用双掌快速拍打地板，提示开始执行心理恢复计划。

2. 他运用快速放松（组合深呼吸和提示词"冷静"），将其高度紧绷的情绪恢复到一个更好的水平。

3. 罗伯随后调整了他的目标，使之适合当前的情况。他的进攻目标是在篮下利用自己的体形优势。在防守方面，他希望控制对手最擅长的得分点，然后通过施压迫使他离开最擅长的得分位置，同时通过破坏球增加身体对抗。

4. 罗伯提醒自己"我是一名好球员，只是没有在正确的时刻发挥应有的水平"，从而消除自己的负面思想。他强调，如果自己再投入一些、再聪明一些，像比赛第一节中表现的那样，他就能够打败这个对手，然后重新开始得分。他提醒自己，无论比赛结果如何，他都要好好打，尽全力重新掌握比赛。

5. 罗伯运用快速意象，想象自己应该如何打球，想象重回流畅状态，使自己能够达到调整后的目标。他快速想象自己封盖对手，阻挡他进攻，然后帮助队友投篮得分。他想象自己做出一个流畅、舒服的跳投，连续得3分、4分。

罗伯和队友确实恢复过来了。在暂停之后，他们在比赛中打出了更好的水平，在接下来的比赛中得分超过了对手。他们并没有找回之前落后的14分，但是他们在比赛最后7分钟里发挥得很好，最后仅落后8分。尽管他们对自己失去沉着心态感到失望，但是罗伯和队友们很高兴他们的恢复计划确实有效，并且准备继续改进这些计划。

培养运动员的心理坚韧性技能

具备心理坚韧性的运动员在任何环境下都能发挥出自己的最佳水平，培养心理坚韧性对于运动员竞技成功至关重要。关键是要帮助运动员开发、自动执行和实施结构合理的心理计划，以便运动员开发、保持或重回平稳心态。和其他任何一种心理训练工具或技能一样，运用心理计划培养心理坚韧性技能也涉及3个阶段：教育阶段、习得阶段和实施阶段。

教育阶段

这个阶段有两个目标：一是提供关于心理坚韧性和心理计划的教学，二是鼓励个性教育，使运动员通过心理计划认识自己的强项和弱项。教练通常可以通过一两次球队会议做到这一点。首先，向他们讲解心理计划及其对训练和比赛表现的好处。介绍3种主要的心理计划类型（心理准备计划、心理执行计划和心理恢复计划），以及各种计划的使用策略。通过说明运动员从中受益的次数，突出心理计划的重要性，然后举例说明哪些运动员已经能够很好地运用心理计划。我们建议，在第一次会议结束时帮助运动员开发他们的第一个心理计划。我们认为，对于团体运动而言，开发赛间行为程序是一个很好的开头，因为它有利于运动员提升表现，而且有利于提升团队凝聚力。对于个人项目运动员而言，我们建议先从比赛计划或赛前行为程序开始。

运动员应该很好地理解哪些计划能够帮助他们进入流畅状态，以及他们本身已经在使用一些流程来提升表现。我们建议，运动员应该先通过系统记录一些关于自身平稳心态及后续表现的关键信息（参见第14章），以此加强自我认识。有这种自我认识的运动员将能够更好地制订出有效且个性化的心理计划。

习得阶段

心理计划的开发和实施可能需要很长时间，而且对于心理训练时间有限的教练而言，他们可能会觉得无法完成。如果你感觉自己没有足够的时间开发这3种计划，那么可以先开始开发其中一种计划。如果运动员发现心理计划确实有效，那么将来要增加其他的计划就更容易一些。因此，最好分阶段实施心理计划，下面有4种策略。

1. 确定对运动员最重要的心理计划，作为第一个开发的计划。

2. 使用本章介绍的指导原则开发这个计划。

3. 评估这个计划的效果，修订计划，使之发挥最佳效果。

4. 系统练习直至运动员能够自动执行计划。

实施心理计划是一个试错过程。让运动员尝试应用心理计划，然后评估它们的有效性，根据需要进行修改，直到该计划成为一个好的计划。首先，他们应该运用意象来测试计划，体会每一种计划的节奏与状态、时长和他们感觉应有的水平。如果心理计划中有任何一个方面让人感觉不舒服，就要修改它。其次，让运动员在训练中尝试应用心理计划，然后在心理训练日志中持续记录数据。他们应该记下这些计划是否能够帮助他们在心理上做好准备，以及表现是否符合计划的目标，然后再修改计划中的问题。运动员对于他们的计划感到越满意，这些计划的效果就越好，越有利于形成能提高表现水平的真实感受和积极心态。

实施阶段

在这个阶段，你将帮助运动员自动执行心理技能，让他们从模拟中得到最佳的初始结果。在将心理技能练到能高度自动执行之前，大多数运动员都会遇到劳恩·梅里在汉城奥运会那样的结果：他们的心理技能在一些重要且高压的竞技时刻失效。自动执行心理计划是学习过程中最单调的部分，因为它要求对已学到的技能和策略进行上百次甚至上千次重复训练。实现自动执行心理计划的过程是很费力的，但是这是开发心理技能的必要步骤，它的最终效果是运动员在需要时不假思索就能够执行这些计划。在高压情况下，运动员会遇到非常大的压力，以致无法认真思考执行方式，此时他们必须依靠不需要太多思考的"自动响应"，自然而然地做出反应。

和其他心理训练工具和技能一样，在通过训练模拟运动员在比赛中可能遇到的状况时，自动执行心理计划是最有效的。只有练习在纷杂、高压环境中使用心理训练技能，运动员才能更好地自动执行这些技能，并且将技能应用到比赛中。我们建议使用3种模拟方法。首先，让运动员在意象中练习使用心理计划（例如，在队内开会前用意象想象使用比赛计划）。其次，利用混战等训练条件尽可能接近真实地模拟比赛，这样运动员就可以在真实比赛中使用心理计划。最后，将季前赛或一些不重要的比赛作为锻炼机会，模拟进行最需要心理计划的重要比赛。

小 结

1. 心理坚韧性是让运动员在任何情况下都能发挥最佳水平的能力，特别是在运动员面对问题、逆境或失败的时候。它并不是一种单一的心理技能，而是一组有助于运动员开发、保持或重回流畅状态的心理训练工具与技能。心理计划是运动员吸收和自动使用这些工具和技能，以提升心理坚韧性的最佳策略。

2. 心理计划是系统的个性化策略，专门用来帮助运动员开发、保持或重回流畅状态，从而使他们能够保持坚强的心理和发挥最佳水平。

3. 心理计划有4个重要好处：开发、保持或重回流畅状态，提升表现质量，提高一致性以及更高效地应对逆境。

4. 运动员应该开发3种类型的心理计划：心理准备计划、心理执行计划和心理恢复计划。

5. 心理准备计划给运动员提供了心理热身的蓝图，可以帮助他们形成流畅状态。运动员可以开发标准和备用心理准备计划。

6. 心理执行计划提供了帮助运动员在整个训练和比赛过程中保持流畅状态，从而实现关键目标的路线图。标准和备用心理执行计划可用于比赛和行为程序、互动式运动和自我设定任务。自我设定任务的心理准备计划还包括赛前和赛间行为程序。

7. 心理恢复计划提供了应对意外问题的可重复使用的策略，可以避免这些问题使运动员情绪失控。这些单用途和多用途计划可以帮助运动员从一些严重问题中恢复过来，重获稳定情绪，从而在不利情形下实现尽可能好的表现。

8. 通过心理计划开发运动员的心理坚韧性技能可以帮助他们开发、自动执行和实施一系列结构合理的步骤，以提高其在训练和比赛中的表现水平。与其他心理工具和技能一样，可以分3个阶段开发运动员的心理坚韧性技能，这3个阶段是：教育阶段、习得阶段和实施阶段。

9. 在教育阶段，教练会向运动员介绍关于设计和实施心理计划的一般知识，运动员可以清楚认识自身在流程、心态方面的强项和弱项。

10. 在习得阶段，教练和教练所执教的运动员应一起确定应该先开发哪种心理计划，然后开发出这个计划，评估其有效性并根据需要进行修改，最后系统练习这个计划，直至运动员能够自动执行计划。

11. 在实施阶段，运动员会通过反复学习和模拟来做到自动执行心理计划。

关键术语

自动执行　　心理执行计划　　比赛计划　　备用心理执行计划　　心理计划
反应　　赛间行为程序　　心理准备计划　　做好准备　　流畅状态　　心理恢复计划
自我设定任务　　互动式运动　　心理坚韧性　　标准心理执行计划　　赛前行为程序

复习题

1. 什么是心理坚韧性？它对运动员有何帮助？

2. 什么是心理计划？它们在心理训练中的作用是什么？

3. 心理计划的好处有哪些？

4. 心理计划的3种主要类型是什么，每一种类型的用途是什么？

5. 启动行为、释放行为和提示词是如何帮助运动员启动心理计划的？

6. 如何开发心理计划？

实践活动

1. 确定哪类标准心理执行计划最适合你的主要运动（如比赛和行为程序、自我设定任务或互动式运动），并且确定你开发心理准备、执行和恢复计划的顺序。

2. 开发一个你认为具有最高优先级的计划。

第14章

心理技能训练计划

阅读完本章内容后，你应该能够：

- 理解为团队实施MST计划所需要的条件；
- 理解如何开发和实施一个符合执教理念和比赛约束条件的基础MST计划；
- 描述有效MST计划的组成要素（系统化的实施过程、需求评估、个性化策略和进度评估）；
- 解释教学阶段的重要性，以及如何将常规MST教学与个人教学结合起来，以评估运动员的强项和弱项；
- 理解如何在习得阶段帮助运动员开发心理训练工具、技能和计划；
- 描述实施阶段，介绍运动员如何在这个阶段自动执行心理训练方法、将它们应用到比赛中，以及如何在面对压力的状况下提升表现。

如 果一直坚持阅读到现在，你应该已经基本理解如何应用运动心理学知识了。现在是时候应用这些知识为团队实施MST计划了。你可能还会有很多理由认为自己还没有准备好——至少现在还没有。例如，你很忙；MST计划太难，以至于无法在团队中推广；你还不清楚该如何开始；你目前还无法从忙碌的身体训练中抽身；你担心做不好；可能你仍然不确定MST计划的价值。但是，你真的要继续迟疑下去吗？我们可以理解，你可能现在还没有对已经展示的资料完全满意。一下子出现这么多新信息，自然是有一些让人难以接受。然而，如果你坚信MST计划能够给运动员带来好处，就必须坚定不移地实施这个计划，走出实施MST计划的第一步。那么，该如何开始呢？

开始

我们认为，必须从执教哲学开始。本书介绍了许多重要的概念，它们是执教和MST计划的基础。这些概念如下。

- 运动是对运动员的身体和心理能力的一种测试，而掌握身体和心理技能是最大限度提高运动员成功概率的最佳方法。
- 成功的运动和生活所必需的心理技能可以通过系统训练获得。
- 自我认知是学习和掌握心理方法的第一步。
- 教练需要帮助运动员学会自己承担起行动的责任。
- 运动员并不能一直控制他们身上和身边发生的事情，但是他们可以控制如何应对困难或紧急的事件。
- MST是一个开发重要心理训练工具、技

能和计划的系统过程。

为了让MST真正有效，你必须能接受这个执教哲学。如果还没有达到这种要求，则需要重新阅读第1章和第3章。如果你还是无法接受，那么这个计划可能并不适合你。但是我们认为，支持MST计划的证据是很充分的，而且它的潜在好处非常大，以至于无法详细说明。与身体技能类似，学习心理技能并不能一蹴而就，因此要保持耐心，要给MST计划一整个赛季的时间，才能真实地评估它的有效性。

有效MST计划的组成要素

在我们开始真正讨论MST计划的设计和实施之前，一定要先了解有效MST计划的4个组成要素。

1. 系统化的实施过程。

2. 需求评估，用于确定运动员的强项和弱项，然后根据它们指导开发MST计划的过程。

3. 个性化策略，用于满足个人需求和实际情况要求。

4. 进度评估，用于评估进度和确定要修改的方面。

系统化的实施过程

正如本书所介绍的，实施MST计划包括3个阶段：教育阶段、习得阶段和实施阶段。教育阶段让运动员掌握关于心理训练工具、技能和计划的基本知识，包括它们的重要优点及开发方法（这个过程可以参考第4章～第13章的内容）。这个阶段还包括大量的个性化教育，使运动员能够通过系统的需

求评估，了解自身的心理模式，从而发现自身的强项和弱项。习得阶段可以帮助运动员掌握使MST计划生效所必需的心理训练工具、技能和计划。而实施阶段则教会运动员自动执行这些步骤，将它们系统地应用到比赛中，以及在压力下仍然能执行这些步骤。MST计划的具体内容取决于几个因素：教练执教的运动；教练对于MST概念的理解及传授这些概念的能力；运动员的知识、天分和经验；工作的时间与资源约束。

需求评估

要使MST计划生效，必须帮助运动员理解他们的心理强项和弱项，以及有利和不利于他们心理健康的状况。运动员可以增强自我认知能力，参与自身的**需求评估**，包括使用表现分析和心理技能评估。这两种方法都可以给运动员提供宝贵的信息，但是如果

表现分析表

身体或心理技能（或特性）	当前技能水平占潜能的百分比（%）	技能或特性的重要性（分）
1.	10 20 30 40 50 60 70 80 90 100	1 2 3 4 5 6 7 8 9 10
2.	10 20 30 40 50 60 70 80 90 100	1 2 3 4 5 6 7 8 9 10
3.	10 20 30 40 50 60 70 80 90 100	1 2 3 4 5 6 7 8 9 10
4.	10 20 30 40 50 60 70 80 90 100	1 2 3 4 5 6 7 8 9 10
5.	10 20 30 40 50 60 70 80 90 100	1 2 3 4 5 6 7 8 9 10
6.	10 20 30 40 50 60 70 80 90 100	1 2 3 4 5 6 7 8 9 10
7.	10 20 30 40 50 60 70 80 90 100	1 2 3 4 5 6 7 8 9 10
8.	10 20 30 40 50 60 70 80 90 100	1 2 3 4 5 6 7 8 9 10
9.	10 20 30 40 50 60 70 80 90 100	1 2 3 4 5 6 7 8 9 10
10.	10 20 30 40 50 60 70 80 90 100	1 2 3 4 5 6 7 8 9 10
11.	10 20 30 40 50 60 70 80 90 100	1 2 3 4 5 6 7 8 9 10
12.	10 20 30 40 50 60 70 80 90 100	1 2 3 4 5 6 7 8 9 10
13.	10 20 30 40 50 60 70 80 90 100	1 2 3 4 5 6 7 8 9 10
14.	10 20 30 40 50 60 70 80 90 100	1 2 3 4 5 6 7 8 9 10
15.	10 20 30 40 50 60 70 80 90 100	1 2 3 4 5 6 7 8 9 10
16.	10 20 30 40 50 60 70 80 90 100	1 2 3 4 5 6 7 8 9 10
17.	10 20 30 40 50 60 70 80 90 100	1 2 3 4 5 6 7 8 9 10
18.	10 20 30 40 50 60 70 80 90 100	1 2 3 4 5 6 7 8 9 10
19.	10 20 30 40 50 60 70 80 90 100	1 2 3 4 5 6 7 8 9 10
20.	10 20 30 40 50 60 70 80 90 100	1 2 3 4 5 6 7 8 9 10

引用自 D. Burton and T. Raedeke, 2008, *Sport Psychology for Coaches* (Champaign, IL: Human Kinetics).

图14.1　使用此表帮助运动员或团队确定他们认为对于成功最重要的技能或特性

教练感觉没有时间或所具备的知识不足以完成这两个评估，那么要选择最符合运动员需求的一种方法。帮助运动员发现他们的心理强项和弱项，可以让教练确定应该在心理计划中加入哪些技能——通常包括要弥补的弱项或需要完全开发的关键技能。

表现分析

表现分析是一种相对较为简单的方式，它可以帮助运动员和团队确定身体和心理的强项和弱项。对于运动员个体和团队分析而言，使用表现分析表（见图14.1）的第10～第20项中，教练和运动员都信任的身体或心理技能（或特性）。让运动员使用任何他们喜欢的词汇，但是最终团队清单里要使用尽可能统一的词汇（见表14.1中所列的

来自3项运动的表现分析结果）。每一种身体或心理技能（或特性）都可以在两个维度上评分：运动员当前技能水平占潜能的百分比，以及该技能（或特性）对于运动员最终取得成功的重要性。并非所有必要的身体或心理技能（或特性）都具有同等的重要性。对于一名进攻前锋而言，力量的重要性可能是速度的两倍；而对于一名侧卫而言，速度的重要性则可能是力量的两三倍。在团体运动中，交流可能非常重要，但是在个体运动中则不重要，自我激励才是个体运动中最重要的特性。

一旦每一个人（或团队）确定了所有技能或特性，运动员就应该将这些信息转换为圆形表现分析图（见图14.2）。首先，将图划分为多个扇形，表示相应的技能或特性，

表14.1 作为成功的必要条件的技能或特性

网球运动员	排队运动员	标枪运动员
1. 自信心	1. 进攻性	1. 专注力
2. 心理坚韧性	2. 愿意做任何事	2. 可视化能力
3. 享受运动	3. 愿意付出110%的努力	3. 较强的心理坚韧性
4. 相信自己	4. 竞技能力	4. 对抗伤痛
5. 意象技能	5. 团队型球员	5. 耐得住寂寞
6. 渴望成功	6. 激励他人	6. 独立性
7. 满意自己	7. 不自私	7. 速度
8. 知道自己是最棒的	8. 勇于承担责任	8. 灵活性
9. 学习别人	9. 不受制于不可控因素	9. 力量
10. 上肢力量	10. 身体健硕	10. 爆发力
11. 快速低姿态运动	11. 快速、跳得高	11. 良好的技术
12. 完美射门时机	12. 灵活且调整能力强	12. 腿、背和肩部力量
13. 有氧健身	13. 身体意识反应快	13. 像体操运动员一样小的肱二头肌和肱三头肌
14. 灵活性良好	14. 打球聪明、沉着	
15. 射门力量	15. 热爱运动	

扇形面积越大表示这一项技能或特性越重要（因此评分为8分的技能对应扇形的面积应该是评分为4分的技能的两倍）。接下来，对于每一个技能或特性，用图形的阴影部分反映当前技能水平，从中心开始，每一圈表示10%的增加幅度。完整的圆形表现

分析图（见图14.3）清晰显示了成功所需要的技能或特性，每一项技能或特性的相对重要性，以及每一位运动员的当前技能水平。团队分析可以单独进行，或者由个体分析汇总而成。

表现分析：运动员版本

8个最重要的技能或特性

1.	5.
2.	6.
3.	7.
4.	8.

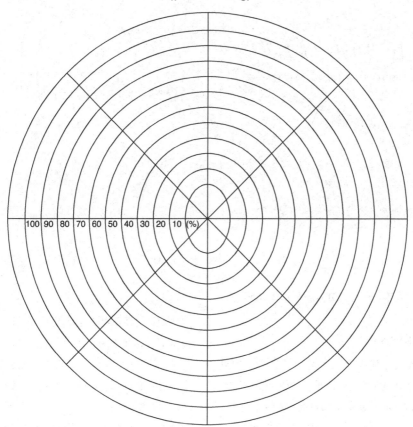

引用自 D. Burton and T. Raedeke, 2008, *Sport Psychology for Coaches* (Champaign, IL: Human Kinetics)。

图14.2　圆形表现分析图

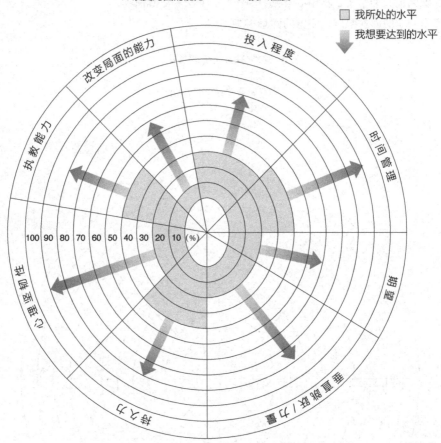

图14.3　一个完整的圆形表现分析图示例

心理技能评估

　　我们还建议教练让运动员完成一项评估运动员心理技能的清单，如**表现策略测试**（Test of Performance Strategies，TOPS; Thomas, Murphy & Hardy，1999）或**运动员应对技能量表-28**（Athletic Coping Skills Inventory-28, ACSI-28; Smith, Schutz, Smoll & Ptacek，1995）。

　　这些设计完备的指南很容易管理，而且它们提供了一种系统的方法，可以用于评估运动员运用各种心理训练工具和技能的熟练程度。附录C中TOPS所列的64项涉及了关于比赛的8个子维度（设定目标、自我对话、意象、情绪控制、放松、自动执行、积极的想法和动机）。包含28个项目的ACSI-28则有7个由4种项目组成的子维度，它们可以测定运动员处理复杂问题的效率，以及运动员的可承受压力峰值、目标设定与心理准备情况、抗干扰能力、自信与成就动机水平、专注力和可塑性。教练要弄清楚运动员给自己的评分，与他们一起分析分数，然后帮助他们确定个人的强项和弱项。

个性化策略

在满足运动员个性需求和比赛约束方面，MST计划是最有效的。**个性化策略**提供了增强计划需求和运动员需求之间相容性的信息，包括心理训练日志及观察和访谈。

心理训练日志

心理训练日志可以帮助运动员认识自我和开发出个性化的MST计划。教练应让运动员使用训练流畅状态评估表（Practice Flow Mind-Set Assessment Form，PFMAF）花上几周时间收集基线数据，以跟踪运动员在训练前和训练中5项心理技能的水平和总体表现（见图14.4）。运动员应该在训练开始前20分钟内给自己评分；然后，在训练后1小时内，对自己在训练中最重要环节的心理技能水平及整体训练表现质量进行评分。

训练流畅状态评估表

积极心理态度（positive mental attitude，PMA）	周一	周二	周三	周四	周五	比赛	平均表现	如果PMA得分<7分
训练前的PMA（1～10分）								1. 自我对话演示或录音
训练中的PMA（1～10分）								2. 确定负责思想&运用反驳 3. 意象
自信心（self-confidence，SC）	周一	周二	周三	周四	周五	比赛	平均表现	如果SC得分<7分
训练前的自信心（1～10分）								1. 目标设定
训练中的自信心（1～10分）								2. 自我对话 3. 意象
专注力/注意力（focus/concentration，FOC）	周一	周二	周三	周四	周五	比赛	平均表现	如果FOC得分<7分
训练前的专注力（1～10分）								1. 回顾计划 2. 专注目标
训练中的专注力（1～10分）								3. 调整OAL
突破极限的决心（commitment to push limits，COM）	周一	周二	周三	周四	周五	比赛	平均表现	如果COM得分<7分
训练前的决心（1～10分）								1. 回顾目标 2. 自我对话
训练中的决心（1～10分）								3. 意象
最佳唤醒水平（optimal arousal level，OAL）	周一	周二	周三	周四	周五	比赛	平均表现	
训练前的OAL（1～9分5分最佳）								如果OAL得分>5分或<5分
训练中的OAL（1～9分5分最佳）								1. 如果<5分，则快速激励
总体表现（overall performance，PERF）（1～10分）								2. 如果>5分，则快速放松

引用自 D. Burton and T. Raedeke, 2008, *Sport Psychology for Coaches* (Champaign, IL: Human Kinetics)。

图14.4 运动员可以用此表跟踪记录训练前和训练中的心理技能水平及总体表现

在几周之后，与每一个运动员一起回顾他们的数据，以确定心理技能与表现之间的关系模式（图形化往往能更好地表达关系模式）。大多数运动员能够从其中一些数据中发现一致的关系，但是并非所有心理训练技能和表现都有这样的关系，因此要提出一些方法个性化他们的MST计划。确定那些与运动员表现极限关系最大的心理技能（他或她表现特别优异或特别差的训练）。例如，你可能会注意到，一位主攻手训练质量很好时，她的自信心和专注力也会比平常高，反之她则会显得自信不足和专注力不够。

虽然教练希望运动员的训练和比赛的准备和表现尽可能相似，但是一定要计划好应对它们的一些差别。比赛日志与训练日志类似。首先收集一些基线数据，初步了解各种心理因素是如何影响运动员的竞技水平的，特别是那些对训练和比赛的影响完全不同的因素。让运动员完成几场比赛的比赛流畅状态评估表（Competitive Flow Mind-set Assessment Form，CFMAF），评估他们形成和保持最佳心态的能力。让他们在比赛前和比赛中监控5个一样的心理技能，以及总体表现（见图14.5）。CFMAF应该在比赛中尽早完成（90分钟内），然后在比赛后一小时内再做一次，从而可以看出运动员在比赛的最重要阶段保持流畅状态的效果。专注于一些表现极限，因为这些时候的模式是最清晰的。帮助运动员发现一些对比赛表现影响最大的模式，然后利用这些信息个性化他们的计划。

鼓励运动员将普通日志的副本放到网站上，然后允许运动员修改，从而创建个性化日志。运动员需要记录足够的信息，才能

评估有利于或不利于心理训练的模式，以及准确地评估进度。此外，日志还需要能够快速和方便地进行**自我监控**，因为如果这个过程太耗费时间，那么大多数运动员都不会积极地记录日志。一些运动员更偏好使用级别评分，一些则更喜欢用日记或日志的方式描述他们的经历，还有一些运动员则喜欢组合使用两种方法。数据一定要准确，特别是想法和感受方面的数据，否则评估是毫无价值的。日记本大小的日志似乎被使用得更为频繁，而且内容比厚本日志更充实，因为其方便运动员随身携带和书写。

此外，教练可能还希望加入一些关于心理训练工具的清单。例如，可以将自我对话清单放在大多数运动员的日志之后，然后在运动员PMA得分较低时完成。此外，许多运动员还喜欢一些篇幅详细描述他们的心理训练经历，因此教练每天要记录日常风格和客观风格两种风格的日志单。在整理日志单时，应复制足够多的页数，以获得运动员整个赛季的数据，用不同的颜色区分不同的日志单，再加上塑料封面（带有学校或大学标志），以延长保存时间，然后将它们装订好。教练应用最高效的方法整理自己和运动员的日志。

观察和访谈

客观数据可以帮助教练了解运动员和团队，但是更流行的做法是通过观察和访谈来进行主观评估。作为一名教练，你可以通过观察运动员的表现来收集很多的信息，方式可以是现场观察或观看录像。如果观察得足够专注和仔细，那么你可以了解到很多关于运动员在训练和比赛中心理强项和弱项的

信息。运动员在休息室或训练中很容易表现出自信、激情和专注的状态。但是，他们在有压力的比赛中是否能保持这样的状态呢？运动员可能在面对球迷和对手时表面很镇静和放松，但是他们比赛时的自信心和心态是怎样的呢？细心观察可以帮助你解答这些问题，对运动员进行访谈也可以。能否从访谈中获得有用信息，取决于你与运动员建立良好关系的能力，因为关系良好他们才能开诚布公地向你透露他们的心理强项和弱项。这个任务一定程度上要说服运动员，让他们知道你收集信息只是为了帮助他们提升自己。

比赛流畅状态评估表

PMA	周一	周二	周三	周四	周五	比赛	平均表现	如果PMA得分<7分
比赛前的PMA（1～10分）								1. 自我对话演示或录音
比赛中的PMA（1～10分）								2. 确定负面思想及运用反驳 3. 意象
SC	周一	周二	周三	周四	周五	比赛	平均表现	如果SC得分<7分
比赛前的自信心（1～10分）								1. 目标设定
比赛中的自信心（1～10分）								2. 自我对话 3. 意象
FOC	周一	周二	周三	周四	周五	比赛	平均表现	如果FOC得分<7分
比赛前的专注力（1～10分）								1. 回顾计划
比赛中专注力（1～10分）								2. 专注目标 3. 调整OAL
COM	周一	周二	周三	周四	周五	比赛	平均表现	如果COM得分<7分
比赛前的决心（1～10分）								1. 回顾目标
比赛中的决心（1～10分）								2. 自我对话 3. 意象
OAL	周一	周二	周三	周四	周五	比赛	平均表现	如果OAL得分>5分或<5分
比赛前的OAL（1～9分，5分最佳）								1. 如果<5分，则快速激励
比赛中的OAL（1～9分，5分最佳）								2. 如果>5分，则快速放松
总体表现（PERF）（1～10分）								

引用自 D. Burton and T. Raedeke, 2008, *Sport Psychology for Coaches* (Champaign, IL: Human Kinetics)。

图14.5　让运动员用这个表跟踪他们在比赛前和比赛中的心理技能水平及总体表现

如果你想要最大化自我认知和个性化MST计划，那么一定要指导运动员解读所收集的数据。要强调的是，自我监控策略将用于自我评估，而不是与其他队友比较。问题和日志并不是设计来评估运动员、决定谁对于团队更重要和决定上场时间的，它们只是评估个人心理强项和弱项，反映开发心理训练工具、技能和计划的进度，以及个性化实施策略的一种方法。教练应使用它们来帮助运动员发现他们要改进的地方，以及可以提高的方面。

进度评估

教练希望客观地评估运动员或团队的进度，确定这些计划是否符合目标，或者是否需要修改或扩展。要使用记录监控心理训练工具、技能和计划的开发过程，同时评估短期进度。要通过评估结果来确定是否需要更长时间的开发过程。如果无法监控进度，则运动员很难开发和自动执行心理训练工具、技能和计划。

这种评估过程不能用来评判运动员，而只是用于帮助他们进步。大多数提问方式过于直接的评估方法会使运动员做出虚假反馈，或者说谎，以便向教练表现出更好的自己。如果运动员认为这种评估是在比较自己和队友或对手，目的是决定出场人选或出场时间，那么他们更可能说谎。如果运动员清楚知道评估只是为了提高个人发展水平，那么这种评估才更加有效。掩饰的响应只能降低计划的质量，从而影响 MST 计划的有效性。如果你使用评估的动机不纯，那么不要做评估。要告诉运动员评估只是用于制订适合他们的个人发展策略，说服他们你只是使用这些信息促进他们的长期发展。

随着运动员了解到更多关于心理训练工具和技能的信息，他们的主观评估标准也会发生变化。一开始，排球运动员可能只是将目标设定水平评定为良好（总分 5 分的话，是 4 分），因为她已经为职业生涯设定了目标，并且已经看到了一些正面的结果。在经过几个月系统地设定目标之后，她可能会将自己的目标设定水平评定为一般（总分 5 分的话，是 3 分）。这个运动员并不是做出了无效的目标设定，也不是因为她失去了自信。相反，真正的原因是她的目标设定计划已经提升了她对于自己真实目标设定技能的认知，她比以前更清楚自己的改进空间，这使她有可能采用必要的步骤提升自己。要帮助运动员认识到标准会随着自己的认知和技能水平提高而提高，特别是实施 MST 计划的前 3 个月～ 6 个月。在评估任何一个心理训练工具、技能和计划的开发进度时，都要记住这一点。

实施一个基础 MST 计划

基础 MST 计划是用于帮助教练启动心理训练的，同时它可以保证计划要求是可管理的。它们提供了一种向运动员介绍心理训练的好方法，因为它们并不需要太多的时间，而且只要教练遵循心理训练原则和实施指南，就可以一边教一边学会它们的用法。在一些基础 MST 计划中，教练可以举行团队会议，布置家庭作业，帮助运动员学习如何在一个赛季中系统地开发选定的工具和技能。此外，你还可以将心理训练融合到训练会议中。这些计划是用来帮助运动员学习运动心理学相关的知识，以及开发一些重要的心理训练工具、技能和计划的。实施过程则完全由运动员来完成。

为了开发和实施一个基础 MST 计划，一定要遵循本书所介绍的基本做法。首先，在教育阶段要教会运动员关于 MST 计划的基础知识。一旦他们理解了应该做什么，并且知道了自己的一般心理模式，就可以进入习得阶段，然后在这个阶段确定他们希望系统掌握的心理训练工具、技能和计划。一旦运动员掌握了这些基本方法，就进入实施阶段。教练可帮助他们通过大量练习学会自动执行心理训练工具、技能和计划及将其应用到比赛中；并且教会他们如何保持一致并有效地使用这些方法，即使在面对压力的比赛中也一样。

教育阶段

任何一个基础MST计划的基础都是有效的教学，而教育阶段有两个简单目标。第一，作为教练，你应该让运动员清楚理解你在计划中所选择的心理训练工具、技能和计划，具体参见本书第4～第13章的内容。第二，你应该帮助运动员认识到他们在运动心理方面的强项和弱项，这样才能给习得阶段和实施阶段提供准确的信息。

一般教育：MST方向

无论是开发一个关注某一个问题（如目标设定）的小计划，还是一个更大、更全面的MST计划，你都应该首先让运动员认同你想要实现的目标。运动员必须理解心理训练工具、技能和计划，你必须向他们展示如何开发、自动执行并将其融合到比赛中。无论是采用讲课还是讨论、作业、视频、任务或其他形式，运动员都必须先学会MST基础知识，并且理解如何将它们应用到自己的比赛中和高效执行。此外，你还需要寻找一些互动方法，让运动员参与到学习过程中，帮助他们通过实践理解MST计划对于他们的长期发展和关键时刻的表现的好处。

你最好在赛季结束或赛季前期的分析会议上启动MST计划。这个会议应该有足够的时间介绍MST的基础概念，具体参见第3章的内容。有一些团队会先休息一两天再正式开始赛季的训练，接着启动一个MST计划，然后在训练过程中举行3次～4次MST会议。你的展示应该切题且实用。要使用一些本地优秀运动员作为例子，介绍他们如何通过MST来提升运动成绩，然后再介绍一些因为缺乏心理技能而影响成绩的反面例子。这个会议的主要目标是说服运动员相信心理特性也会影响比赛的成功，而且心理技能是可以通过系统训练学会和掌握的。这个会议应该是一个非正式会议，尽可能多地鼓励运动员参与，鼓励他们提问，并用自身经历提出一些例子。在会议总结阶段，要列出一些将会出现在初始心理技能评估表上的问题，然后介绍该如何完成各个问题的评分。

心理训练的持续教育

MST计划应该包括每周或每半周举行一次的会议，其中要展示和讨论一个话题（如目标设定），说明它对个人或团队表现的好处。虽然你一定要保证运动员在忙碌的训练日程中有时间完成这些步骤，但是你也应该经常在会议举行后布置一些作业，加深他们的理解和推广一些简单的技能开发方法。基础MST计划通常并不需要个人会议，但是如果确实有必要举行，也要保证开会时间尽可能短（例如，每两周10～20分钟）。

个人教育：初始需求评估

首先要给运动员提供TOPS、ACSI–28

或其他用于评估心理训练需求的表单。向运动员展示该如何开发表现分析计划，然后布置作业让他们列举出10～20个心理或身体技能（或特性）。在第二次全体会议时，让运动员完成个人和团队的表现分析。此外，要让他们记录5个重要心理技能（自信心、积极心态、专注力/注意力、突破极限的决心和最佳唤醒水平）的日志，以及几周的表现，从而用于确定哪些技能对他们的表现影响最大。最后，要仔细观察运动员，花时间与他们交谈，了解他们的心理训练问题，从而全面地了解他们的强项和弱项。

习得阶段

MST计划的习得阶段可以帮助运动员开发心理训练工具、技能和计划。基础MST计划的目标是增加运动员的运动心理学知识，改变他们对比赛、自身表现和自身技能的认知水平，从而激励他们学习使用必要的心理训练工具、技能和计划。

心理训练工具、技能和计划的初步习得

4种基本心理训练工具（第4～第7章）的开发能够大幅加快运动员心理技能（第8～第12章）的习得和心理计划（第13章）的形成。教练必须保证运动员投入了足够的时间开发心理训练工具（例如，目标设定、自我对话、意象、放松和激励），而且自己也应该投入时间开发这些心理训练工具。此外，运动员必须发展一些关键心理技能，通常要将精力集中在那些与自身表现关系最密切的技能上。例如，如果足球中场球员玛丽（Mary）发现她的表现更多受到唤醒水平和压力，而不是自信、动机或注意力的影响，

她就会开始关注习得策略中关于开发情绪控制和压力管理的技能。此外，心理计划是一种将心理训练工具和技能融合到系统训练活动中的好方法，它能够直接提升运动员的表现水平。然而，因为心理计划的开发很耗费时间，而且很难精通，所以我们建议，对于一个可能给团队带来极大表现好处的计划，一开始要限制在这个计划上投入的时间。

在基础MST计划中，特别重要的是保证技能获取和开发过程尽可能系统化。事实上，不需要在一个赛季中开发所有的心理训练工具和技能。我们建议采用分阶段进行的方法，让运动员在每个技能上都花上两周时间，然后再引入新的心理训练工具、技能或计划。因此，总共需要14周才能介绍完4个心理训练工具、2个心理技能和1个心理计划。在时间较短的赛季里，要减少目标元素。虽然你可以缩短介绍时间，或者一次介绍多个心理训练工具或技能，但是更有效的开发过程是让运动员有机会关注心理训练工具或技能，通过完成足够专注的训练来掌握这个心理训练工具或技能，并开始自动执行，通过实践经验体会它对于提升表现的好处——这时再开始下一个方法的学习。

目标设定是一个很好的开始，因为它可以帮助运动员确定想要实现的目标，可以促使他们开发出系统的行动计划，以满足长期目标的要求。我们建议，教练应将计划中的心理训练工具根据运动员所认为的重要性进行排序。因此，可能是先介绍自我对话，然后是意象，接着才是放松与激励，这样才能反映它们对于团队的重要性。

一旦运动员开发了4种心理训练工具，则要开始关注目标心理技能。大多数运动员已

经开发了某些并不属于高优先级的心理技能。但是，也有部分运动员还没有开发出一两个一直影响他们训练或比赛表现的心理技能。理想情况下，日志数据会反映出一两个特别影响个人或团队发挥的心理技能。如果没有，那么自信和注意力（专注力）是最好的选择。

虽然基础MST计划的时间很有限，但是我们也希望帮助运动员开发一个基本的心理计划，使他们能够更好地理解这些一体化的策略将如何提升自身表现，特别是赛前或赛间行为程序。这两种程序的开发和自动执行要相对快一些、简单一些，但是它们能够给表现产生稳定且积极的影响。一定要保证你所选择的初始计划很容易教，也很容易学。

团队总结会议

大多数MST计划都注重专门用于开发心理训练工具、技能和计划的团队会议。团队会议一般每周举行一次或两次，会议议程主要关注教育阶段和习得阶段，而不是实施阶段。我们建议根据第一次团队总结会议的讨论结果设定个人和团队的赛季目标，以及实现这些目标的系统性行动计划。按照需求评估结果，制订一个议程，介绍4个心理训练工具，或者遵循常用的推荐做法。在部分和全部初始团队会议上介绍教学阶段的工具，教会运动员这些工具的概念及其用法，然后让他们评估他们在这些方面的技能。剩下的大部分时间应该关注习得阶段和如何帮助运动员学会自动执行这些工具，以及如何高效地使用它们来提升表现。

教练需要提出3～4个简单的练习或训练，用于帮助运动员掌握每一种心理训练工具。第4～第7章介绍了如何获取和练习各种工具，其中提供了一些练习方法。记住，教练需要制订运动员掌握每一种心理训练工具的有效进度表，这样练习或训练的级别才能从简单慢慢过渡到复杂。在介绍选定的心理技能和基本心理计划时重复这个过程。在介绍完心理训练工具、技能和计划之后，就可以在之后的会议上介绍如何自动执行这些内容。要让团队会议保持生动有趣，并且尝试让每一名运动员都以合理的方式参与其中。

个人总结会议

通常，基础MST计划中只有很少的个人会议，这主要是受时间的限制。然而，在有可能的情况下，偶尔也要与运动员开一些个人会议，讨论他们的需求、个性化MST计划的方法及解决一些问题。利用这些时间更好地了解运动员，发现他们的心理强项和弱项，设定目标，帮助他们提升习得阶段的技能，并且解决一些可能影响MST计划有效性的问题。

实施阶段

这个阶段是任何基础MST计划成功的关键，因为运动员必须学会自动执行心理训练工具、技能和计划并将其应用到比赛中，而且要在高压比赛条件下仍然能成功执行。

自动执行心理训练工具、技能和计划

这里的关键是大量学习。许多运动员认为，他们只需要通过大量练习就能够掌握心理训练工具、技能或计划。但是，这并不能保证运动员就能自动执行它们，特别是比赛进入紧要时刻时。在压力下，运动员可能无法仔细思考自己的行事方法，而只能基于高

度自动化的反应。如果运动员不能自动执行关键心理训练工具、技能和计划，那么他们的执行过程就会在压力下失败。相反，具有高度自动化的心理和身体技能的运动员在比赛的紧要关头仍然能够成功执行。因此，教练需要帮助运动员通过大量练习来自动执行心理和身体技能。

基础MST计划要求运动员认真练习心理训练工具、技能和计划，但是好的计划允许他们采用多种策略：团队MST练习、个人MST练习和模拟训练。要尝试让团队自动执行训练与身体训练保持一致，这样运动员就能够在同一时间用模拟比赛条件的方法练习一些重要的心理和身体技能。要勇于将这些会议带到场地上，使它们更加贴近真实比赛。例如，篮球的抢篮板球训练可能注重用身体阻挡对手，并且力争在最高点时拼抢。同时，教练可能希望教会球员放松双手，保证在触球时能拿住球。因此，这种阻挡训练可以帮助运动员自动执行高级放松技能。

帮助运动员开发一个个人MST练习日程，让他们用至少一半的时间专注于自动执行心理训练工具、技能和计划；其他时间则应该用于将技能应用到比赛中，使他们在压力条件下仍然能够有效发挥这些内容。要发现一些允许运动员自动执行技能，同时又不影响球队进攻和防守的比赛和训练。例如，运动员应该自动执行自我对话技能，直到让它变成第二种自然反应。这样当他们出现失误时，就不会影响自信心，而是能够有效地克服失误，甚至完全不受失误的影响。

在训练和比赛中建立基础MST计划

在有了很好的心理训练工具、技能和计

划后，如果运动员无法将它们应用到比赛之中，那么它们也是毫无价值的。高尔夫球运动员将如何运用放松技能来减少自身的问题呢？心理计划将如何帮助一名年轻曲棍球运动员实现其长期目标呢？使用一个基础MST计划帮助运动员的一个重要工作是告诉他们该如何将心理训练工具、技能和计划应用到比赛中，从而使他们能够实现长期发展，在高压比赛中发挥最佳水平，并且享受竞技。模拟训练可以帮助运动员学习如何针对特定的条件形成自动响应，从而完成训练和执行阶段的最后一个环节。例如，如果模拟最后两分钟比分落后的情形，那么它可以帮助运动员自动执行必要的心理训练工具、技能和计划，帮助他们保持放松、积极和专注状态，并且做出有效的调整，争取机会赢得比赛。

鼓励运动员设置训练和比赛的日常目标，并且评估目标的实现情况。要计划好训练，鼓励运动员进行流畅训练并留出时间进行流畅训练。要在训练中定期模拟比赛压力，帮助运动员学习如何运用心理训练工具、技能和计划处理更高的要求。基础MST计划可以帮助运动员管理压力，保持心理坚韧性，以及在压力下自动执行。教练有两个任务：帮助运动员理解特定状况下的要求，并且开发出心理训练工具、技能和计划，以帮助运动员学习如何应对压力；另外，教练还必须在训练中模拟有压力的情形，使运动员有机会自动执行压力管理和心理坚韧性技能。在设计压力模拟训练时要有创意，并且要耐心地帮助运动员学习如何运用心理方法处理这些状况。

通常情况下，比赛的模拟有3种方式。第一，让运动员自行训练心理训练工具、技能和计划，同时用意象想象比赛压力。第二，让他们在训练中尽可能真实地模拟比赛状况。第三，允许运动员在一些较为轻松或不重要的比赛中尝试使用心理技能，以模拟将来他们在赛季中大型比赛会遇到的状况。每一种模拟策略都可以帮助运动员学习如何将心理训练工具、技能和计划应用到比赛中，同时学习如何在需要时发挥最佳水平。

评估进度

我们建议在赛季末审查MST计划，以评估运动员或团队的进度。教练可以使用心理训练日志、后续跟进评估、观察、访谈等方式。让运动员使用来自日志的数据分析自己的表现及所掌握的关键心理技能，以评估他们在一个赛季中是否有进步。此外，我们还建议用一些与需求评估阶段相同的心理指令，执行后续评估。例如，让每个运动员再一次完成他或她的表现分析，以确定有进步或没有进步的方面。此外，教练可能还希望让运动员再次完成TOPS、ACSI-28或其他针对特定心理技能的测量，以评估他们的进度。最后，要在训练和比赛中观察每一位运动员，以及进行一次离场访谈，以便更好地了解他们对于MST计划的反应。有了这些信息，教练就可以计划如何调整MST计划，以帮助运动员进一步开发和自动执行身体和心理技能。

小　结

1. 如果教练认为MST可以帮助运动员，那么是时候为团队开发和实施一种MST计划了。

2. MST计划必须符合教练的执教哲学和比赛条件。

3. 好的MST计划会使用一种系统化的实施过程去了解个人的强项和弱项，使用个性化策略以符合个人需求，评估进度以及进行必要的调整。

4. 一个基础MST计划可以在实施心理训练的同时保持计划需求的可管理性。它遵循3个阶段：教育阶段、习得阶段和实施阶段。

5. 自我认知的强化是通过表现分析和心理技能评估实现的。

6. 可以根据通过心理训练日志、观察、访谈等获得的信息将MST计划个性化。

7. 要通过日志来监控进度，这有利于记录开发过程和调整计划。

8. MST计划的教育阶段可以帮助运动员学习心理训练工具、技能和计划，以及认识自身的强项和弱项。

9. 习得阶段有利于运动员掌握基本的心理训练工具、技能和计划。

10. 在实施阶段，运动员要自动执行心理训练工具、技能和计划；将它们应用到比赛中；并且学习如何在压力下执行它们。

11. 一定要持续评估进度，并且在赛季末审查MST计划。要使用表现分析、心理技能评估和心理训练日志、观察、访谈等方法评估进度和制订计划的优化措施。

关键术语

运动员应对技能量表 -28　　需求评估　　自我监控　　基础 MST 计划
表现分析　　表现策略测试　　心理训练日志　　个性化

复习题

1. 为什么一定要开发和实施 MST 计划？

2. 一个有效的 MST 计划包含哪些组成要素？

3. 教育阶段在 MST 计划实施过程中发挥什么样的作用？

4. 在习得阶段如何帮助运动员掌握心理训练工具、技能和计划？

5. 实施阶段在保证 MST 计划成功方面发挥什么样的作用？

实践活动

1. 指出 MST 可能给运动员个人及整个团队带来的好处（至少列出 5 个方式）。

2. 根据本章介绍的实施策略，概括一个能够满足运动员最大心理训练要求的 12 周 MST 计划。你的计划应该包括一个需求评估，一个至少有两项心理技能的系统性计划、评估流程，以及对计划做出必要调整的机制。

附录 A

复习题答案

第 1 章：执教哲学

1. 执教哲学是指导教练如何执教以及如何培养与运动员之间的关系的一系列理念。教练的执教哲学反映了他的人生价值观。

2. 完善的执教哲学有利于明确教练所认可的理念以及所采用的教学方式。这些理念可以帮助教练理解具体情况，同时为教练提供思考、行动和理解他人的方向性指导。执教哲学不仅为教练进行训练和比赛教学提供了行动方案，而且还为教练处理困难的情形提供了一系列行为准则。通过明确自身的价值观，教练更有可能按照符合这些价值观的方法处理困难情形。

3. 教练必须不断地完善执教哲学。教练必须不断地自我评估，这样才能形成清晰的自我意识，从而根据相应价值观明确执教目标。培养健全的执教哲学，首先要求教练弄清自己是谁以及认可什么。在这个过程中，他人的反馈是非常有用的。接下来，确定执教目标的优先级以及制订实现目标的清晰策略。

4. 竞争可以作为强大的动机、提高运动员技能的重要策略、培养运动员形成积极性格特质的方法，以及培养合作和竞争技能的途径。教练可以通过竞争来培养运动员。在挑战难度适度（最接近运动员能力）的情况下，竞争是最有效的激励方式。在运动员努力争取达到优秀水平、完成最终目标，以及教练花费时间和精力帮助运动员完善技能的情况下，竞争可以让质量控制达到最好水平。如果竞争的目的是培养运动员形成积极的性格特质，那么执教目标必须强调性格培养。最后，合作是竞争不可或缺的一部分。运动员必须学会合作和竞争。

5. 这是一个陷阱问题。竞争本身并没有好坏之分。竞争只是一个简单的中性过程。竞争的结果是积极的还是消极的，取决于如何组织和进行竞争。一般情况下，成年人决定了如何进行竞争。因此，最重要的是教练、管理人员以及运动员的父母应学会制订和执行能够让好处最大化及消极结果最小化的竞争计划。

第2章：沟通

　　1. 教练必须在运动员接近成功、做出努力、能力提高、使用社会和情绪技能以及表现良好时进行强化。

　　2. 教练必须使用描述性反馈对运动员的出色表现做出反应。描述性反馈是对运动员做得好的方面的反馈。

　　3. 教练必须使用鼓励和指导性反馈对运动员的错误表现做出反应。鼓励和指导性反馈必须具体，并且强调运动员必须改进的方面，而不仅仅是指出运动员错误的方面。

　　4. 大部分沟通过程包含倾听和接收信息。倾听对于教练理解运动员以及与运动员建立良好的关系是很重要的。教练必须积极倾听，鼓励运动员分享观点，总结运动员表达的核心信息和感受，要求运动员详细地或者简明地阐述所说内容，确保自己正确地理解运动员的意思，以及通过非语言行为传递自己正在倾听的信息。

　　5. 提供反馈的三明治方法是指在积极的评论之间插入指导性反馈。一开始，让运动员清楚他们做得好的方面，然后提供指导性反馈，接着以鼓励结束。

　　6. 约翰逊所描述的5种冲突管理类型包括海龟（退缩型）、鲨鱼（攻击型）、泰迪熊（息事宁人型）、狐狸（妥协型）以及猫头鹰（合作型）。

　　7. 有效的冲突解决方法的步骤包括：行动之前先思考、理解其他人的看法、描述自己的观点和感受以及采取行动。

第3章：心理技能训练简介

　　1. 虽然运动员无法控制自己是否能够进入流畅状态，但是他们可以通过MST让自己尽可能容易地进入流畅状态。

　　2. MST可以提高运动员参与运动的乐趣和满意度。同时，运动员还可以使用MST作为培养生活技能和促进自身发展的工具。

　　3. 完善的心理技能是心理坚韧性的基础。心理技能类似于身体技能。运动员可以学习和完善自身的心理技能。显然，由于运动员的个性差异，有些运动员比其他的运动员具备更强的心理坚韧性。有些运动员必须通过经历才能具备心理坚韧性。但是，所有的运动员都可以通过MST来提高自身的心理坚韧性。心理坚韧性是一种可以通过系统训练培养的素质。

　　4. 心理技能是运动员为具备心理坚韧性而必须培养的一种特质或属性。心理训练工具是教练用来培养运动员这些属性的手段。

　　5. 没有。心理技能需要运动员花费时间训练才能掌握。事实上，在重要的比赛之前进行心理技能训练可能会干扰日常训练或者导致运动员想得太多，从而影响运动员的能力表现。甚至运动员可能会认为突然进行心理技能训练是教练对他们比赛的准备感到怀疑的暗示。

6. 如果运动员正艰难地应付影响每天日常生活的问题，那么他们必须向专业顾问或心理学家进行咨询。教练可以帮助运动员学习使用心理训练工具和技能。这些工具和技能有利于提高他们的运动表现水平。

第4章：目标设定

1. 目标指的是运动员的目的和方向以及衡量过程的标准。

2. 设定目标可以提升运动员的专注度以及自信水平。设定现实的目标是运动员在面对失败和困难的情况下管理压力、形成积极心态以及保持乐观的重要策略。设定目标同时还有利于形成积极且充满凝聚力的团队气氛。更重要的是，设定目标是提高运动员的技能、技巧和策略水平的重要手段。对于经验丰富且技能熟练的目标设定者来说，过程最终比结果更重要。目标是目的，而乐趣是过程。

3. 过程目标和能力表现目标比结果目标更灵活和可控。借助目标的灵活性可以调整运动员所设目标的难度，从而增强其动机。目标的可控性可以让运动员进一步体会到目标对自身成功的影响。

4. 除了设定过程目标、能力表现目标和结果目标，出色的目标设定者可以设定具体、可测量、积极、专注且难度适中的目标。同时，运动员还可以使用个人和团队目标、长期和短期目标以及训练和比赛目标来最大化目标的有效性。

5. 按照以下5个步骤，可以有效地实现目标。步骤1，教练可以通过想象、制订任务、实施需求评估、优先考虑重要的目标等方式系统地设定目标。步骤2，教练通过让运动员参与设定目标以及介绍目标的作用等方式培养运动员的目标认同感。步骤3，教练可以制订一个实现目标和克服潜在障碍的系统行动计划。步骤4，教练可以专注于提供反馈，从而让运动员正确地评估目标。步骤5，教练可以强化目标的实现，从而帮助运动员培养内部动机。这种内部动机可以促使运动员为以后的目标做出努力。

6. 为了制订有效的目标计划，教练必须强调教育阶段、习得阶段和实施阶段的心理训练工具或技能。教育阶段有利于运动员理解基本的目标设定知识以及形成自我目标设定技能和模式的意识。习得阶段有利于运动员培养基本的技能，例如，选择目标和实现所选择的目标。最后，实施阶段侧重于帮助运动员自主地使用目标设定技能，让使用该技能成为运动员比赛的一部分以及使用目标促使运动员发挥最佳能力水平。

第5章：意象

1. 意象与可视化是不同的。可视化包含视觉，指的是运动员在想象中所看到的自身能力表现。意象不仅包含视觉，事实上，它包括所有的感觉。

2. 内部意象可以让运动员通过自己的眼睛看到自身的能力表现。外部意象就像在屏幕上看自己的能力表现一样。因此，内部意象使用第一人称叙述角度，而外部意象使用第三人称叙述角度。两者的作用差不多。两者的差别在于运动员本身以及运动员形成内部和外部意向的生动程度。同时，两者的差别还在于适用目标不同。内部角度更适合用于形成动觉，而外部角度更适合用于分析形式以及纵观全局。

3. 意象可以作为身体训练的有效补充。在天气糟糕、运动员生病或受伤或者过度疲劳导致运动员无法高质量进行身体训练等情况下，运动员可以使用意象进行训练。

4. 相对于新手运动员，有经验的运动员可以根据自身对于运动的熟悉程度，创造更生动、逼真和可控的意象。同时，相对于新手运动员，有经验的运动员可以根据不同的情况使用意象。新手运动员可以使用意象帮助自己学习和提高身体技能，而有经验的运动员还可以使用意象培养心理技能。

5. 当发生意料之外的事情以及比赛没有按照计划发展时，运动员往往会产生压力，同时无法保持冷静。通过意象，运动员可以找到压力源，想象有效处理压力的方式，同时通过制订计划应对困难并保持自信。

第6章：放松和激励

1. 放松是降低不必要的肌肉紧张、抑制交感神经系统的过度激活以及保持头脑冷静且有效集中注意力的能力。完全放松意味着运动员按照需要尽可能深入、彻底地放松，快速放松意味着运动员根据需要尽可能快地进行放松以便处于最佳的竞技状态。

2. 完全放松可以缓解运动员的慢性压力，从而有利于运动员更全面地享受生活，提升训练质量和受伤后恢复的能力，提升睡眠质量以及培养快速放松技能。快速放松的好处有：减少肌肉紧张，控制唤醒水平，打破压力螺旋，有利于形成一种下意识的信任态度，储存能量，提升愉悦感，从而提高运动员的能力表现水平。

3. 一般情况下，选择完全放松策略的依据是主观标准：舒适度、个人有效性、操作简易性以及个人愉悦性。可以用所选择的策略，按照所需要的时间让运动员实现彻底放松。全面放松状态和放松提示词可以让运动员适应调节过程。快速放松过程中，在呼气时，运动员必须重复放松提示词。这样，运动员才能尽可能地放松，从而达到最佳能力水平。

4. 激励与放松刚好相反。激励意味着激活身体，让身体做好实现最佳能力表现的准备。它要求运动员学习如何提高心率和加速呼吸，促进更多的血液流向肌肉以及提升大脑活跃度。完全激励意味着运动员按照需要尽可能达到较高的能量水平，而快速激励有利于运动员按照需要尽可能快速地达到最佳能力水平。

5. 激励的好处包括帮助运动员控制唤醒水平、增强注意力以及提升自信心。

6. 为了制订有效的放松和激励训练计划，教练可以采用培养心理技能所使用的模式（教育阶段、习得阶段和实施阶段）。教育阶段有利于运动员掌握放松和激励的基本知识，提高应用放松和激励技能的意识。习得阶段有利于运动员培养基本的放松和激励技能，同时教导运动员如何使用这些技能实现最佳能力表现水平。实施阶段侧重于帮助运动员自动使用放松和激励技能，将使用这些技能作为比赛的一部分，以及使用这些技能提高运动员的能力水平。

第7章：自我对话

1. 自我对话是脑海中不断出现的一种稳定的意识流和内在对话。它包括决定情绪和情感以及影响能力表现的一连串想法。

2. 在自我对话的ABC模式中，A表示诱发事件（例如，必须做出重要的策略调整），B表示运动员对于情形的看法，而C表示结果（情绪和行为）。自我对话理论指出，压力主要来自我们对情形的认知或看法（B）而不是情形（A）本身。因此，为了改变消极的情绪和行为，教练和运动员必须将消极或非理性的想法改变为更加积极和富有成效的思维模式。

3. 成为一名乐观主义者，而不是悲观主义者；选择积极的方式看待所有事情。保持现实和客观的看法，根据现实进行自我对话，而不是不切实际的幻想。侧重于当下并发挥最佳能力水平，而不是沉湎于无法改变或控制的过去或未来。将问题当作挑战而不是威胁，这样可以在比赛中保持乐观的态度。认为成功是可以复制的，认为失败是可以克服的，从而形成自信和积极的预期。专注于过程而不是结果，因为优秀的个人是比赛成功的基础。专重于自己可以控制的方面，因为压力往往源自尝试改变自己最无法控制的事情。区分能力表现和自我价值。自我价值是天生的，不需要以赢得比赛来证明。

4. 批评家指的是攻击和评判自我的内心声音。它是我们的消极面，不断提醒我们的失败和缺点。批评家不可能感到满意，而且总是做好进行批评的准备。它总是尝试击垮我们的自尊。批评家充满扭曲的想法。这些扭曲的想法都是由于错误的思维方式、不正确的推论以及无法区分幻想与现实所产生的自我对话问题。小题大做指设想最糟糕的情形以及夸大消极的结果。过度概括指在没有足够的信息的情况下形成错误的结论。指责他人即要求他人承担消极事件的责任。必须思维认为必须按照一系列严格的规则生活，并且生活中所有的事情都必须是自己想要的状态。偏激思维让人囿于非黑即白、非好即坏的思维模式。

5. 不合理信念指的是具体的消极思维类型，一般会导致消极情绪和影响能力表现。下面是运动中常见的5种不合理信念。这些信念一般都基于部分事实、不充足的证据和有问题的逻辑。完美主义指的是认为自己必须能够始终完全胜任所有的事情或者不会犯错。害怕失败意味着，当比赛没有按照自己期望的方式发展时会产生糟糕的感觉，这种害怕本身会导致失败。事实上，每个人都会出现糟糕表现，但是这些并不会影响我们的生活。追求社会认同是指过度担心自己的能力表现给他人留下的印象。他人的认可是一个不可控制的因素，而且最主要的是应该将注意力集中在可控制的目标上，例如，取悦自己和享受乐趣。追求绝对公平是认为生活必须是公平的以及自己的努力必须获得回报。让人遗憾的是，生活并不总是公平的，特别是从短期来看。相对于注重发挥自己最好的能力水平等可控因素，社会比较思维过于注重诸如赢得比赛、打败他人等不可控制的结果。获胜是受到能力限制的，因此，即使我们发挥了自己最好的能力水平也仍然可能无法战胜天才的对手。同时，对手无法直接控制我们的能力表现。我们必须尽自己最大的努力进行比赛。

6. 为了优化自我对话，我们首先必须增强对自我对话模式的意识，步骤如下。用意象回忆出色和糟糕的表现、在训练中统计消极思维发生的次数、保持在训练后和比赛中做好记录。接下来，制订可以不断阅读或播放的自我对话演示以便让运动员形成积极且富有成效的思维。演示必须实现几个设定的目标，而且每个目标包含 2 ～ 4 个想法。可以将演示刻录成 CD 以方便使用。重复（每天 4 次或 5 次）阅读演示能够产生积极效果。最后，重新架构遗留的消极思维。

7. "3 个 D" 步骤过程有利于重新架构消极思维。首先，减少导致问题的消极思维。其次，尽可能快地通过终止想法或改变想法消除产生干扰的消极思维。最后，反驳消极的思维，这样可以减少或降低消极影响。

第 8 章：动机

1. 以下是形成内部动机的 4 种需求。

- 对乐趣和刺激的需求。教练可以采用不同的训练方式以及设计针对特定技能的活动和比赛。
- 对被接受和归属感的需求。教练可以在训练中组织团队建设活动，同时确保每一名运动员在团队中发挥重要作用。
- 对控制权和自主性的需求。教练可以通过让运动员参与制订决策和分配运动员责任的方式培养运动员的主人翁意识。
- 对胜任感和成功的需求。教练可以根据运动员能够获胜的水平制订训练活动的挑战级别。营造掌握导向型团队气氛也是满足这种需求的有效方式。

2. 如果外部动机会因能力表现水平而产生差异，同时让运动员产生胜任感，那么这些外部动机可以提升运动员的内部动机。如果这些外部动机让运动员感到无法胜任或者降低运动员的自主性，那么它们会减弱运动员的内部动机。

3. 在开明教练的指导下，运动员可以拥有一部分选择权，从而可以提升运动员的自主性和内部动机。在事必躬亲或者严苛教练的指导下，因为教练会决定所有事情，所以会降低运动员的自主性和内部动机。

4. 探索成功型运动员在觉得自己能够比其他人做得更好时会产生较高的动机。

5. 掌握导向型运动员认为成功的关键是努力工作和技能培养。探索成功型运动员认为成功的关键是天赋和天资。

6. 她们都觉得自己很成功。悉妮觉得自己成功是因为她跑出了个人最佳成绩，取得了进步。安迪觉得自己成功是因为即使她的个人表现不是很出色，但是相对于其他运动员，她的表现还是很出色的。

第9章：能量管理

1. 唤醒是运动员能力表现的能量来源。它是常见的生理和心理激活方式（体现为从深度睡眠到极度兴奋的连续统一体）。这种方式可以为身体采取行动做好准备。唤醒是由自主神经系统的交感神经所控制的。自主神经系统可以让生理和心理准备状态出现大量的变化。在面对真实或想象的危险的情况下，这种变化可以让身体做好战斗或逃跑的准备。

2. 倒 U 形关系表示，当唤醒处于适度水平时，运动员的能力表现可以达到最佳水平。当唤醒处于较低水平时，运动员缺乏足够的身体和心理能量，不能发挥最佳水平。当唤醒处于较高水平时，运动员可能会出现各种与紧张、注意、动作控制等相关的问题。这些问题会导致运动员无法发挥最佳水平。

3. 唤醒不足会影响能力表现，因为与身体激活相关的生理改变无法发生或者无法达到有利于实现最佳能力表现的必要水平。过度唤醒会从3个方面影响运动员的表现。第一，它会导致肌肉过度紧张和协调性问题，因为相互拮抗的肌肉会变得过度紧张，从而影响动作的范围以及干扰执行熟练技能的必要节奏、时机和感觉。第二，会出现注意力问题。随着唤醒水平的提升，注意范围会变窄，从而有利于运动员将注意力集中到比赛的重要方面。但是，过度唤醒会过度缩小注意范围，阻碍运动员注意到有利于达到最佳能力表现的重要线索。同时，它还会限制运动员注意力转移的能力，从而导致他们受困于特定的注意类型，而无法根据情形需要转移注意力。第三，过度唤醒会导致运动员无法在可控和自动处理模式间顺利地切换。流畅状态要求运动员主要使用自动处理模式，但是过度唤醒往往导致他们过度控制能力表现。在这种情况下，运动员无法让自己按照他们在长时间的训练过程中所采用的方式发挥能力。

4. 个体因素会影响运动员的唤醒水平–能力表现水平关系以及最佳能量区域。每一名运动员的倒 U 形曲线都会因为个性、态度、价值、学习经历、动机等存在差异。唤醒水平–能力表现水平关系同时还受到3个任务分类的影响：精细和粗大动作任务、短期与长期任务以及简单与复杂任务。相对于粗略动作任务，完成精细动作任务时，要求准确性且要求运动员的最佳能量区域较窄和高度较低。相对于长期任务，短期任务要求更精准、更专注的唤醒水平，这样运动员才有足够的时间调整唤醒水平，同时做到出色的能力发挥。而相对于简单任务（例如，身体防守），复杂任务（例如，篮球投篮）要求运动员的最佳能量区域较窄且高度较低。

5. 唤醒不仅是生理上的，而且还包括运动员对于生理反应的解读。唤醒的生理组成部分是中性的，它只是简单地反映身体的激活状态。理解生理激活的方式决定了是促进还是削弱唤醒水平。唤醒的心理解读包括思想、想象、专注类型、控制感等。促进性唤醒被看作兴奋或挑战，而衰弱性唤醒一般表现为焦虑。

6. 当心理焦虑处于较低水平，自信处于较高水平，以及运动员将注意力主要集中在过程和表现上时，就会出现促进性唤醒。当心理焦虑处于较高水平，自信处于较低水平，以及运动员将注意力主要集中在结果上时，就会出现衰弱性唤醒。中立性唤醒位于两者之间。当运动员处于中立性唤醒水平时，焦虑和自信水平是适度的，而且还可以建立一些能力表现和结果导向组合。在中立性唤醒下，唤醒水平和能力表现水平之间呈典型的倒 U 形关系。在促进性唤醒下，当唤醒处于较高水平时，运动员必须遵循逆转模式并发挥最佳能力水平。而衰弱性唤醒会导致运动员的能力表现出现突变性下降（如突变模型中预示的一样）。

第 10 章：注意力

1. 专业运动员能够一次性完成多种技能。他们掌握了技能，因此可以不假思索地自动执行这些技能。当运动员不假思索地执行一个技能时，他们可以不需要分散注意力。在这种情况下，运动员可以同时关注多个事情。

2. 外部干扰因素就是干扰运动员的环境因素（例如，人群噪声、粉丝行为或者为了吸引运动员注意力所采用的异乎寻常的刺激方式）。内部干扰因素包括想法和感觉。这些想法和感觉会阻止运动员集中注意力到眼前的任务上。外部干扰因素会引发消极想法和感觉，从而导致运动员无法集中注意力到之前所专注的事情上。

3. 运动员很难阻挡疲劳感，特别是在强化训练中。通过认知联想，运动员可以关注诸如心率、呼吸模式、步长等来确保他们按照计划进行比赛或训练。这个策略有利于运动员避免因为兴奋而感受到压力过大。同时，如果运动员一直将注意力集中在与任务相关的线索上，那么他们会发现疲劳感减少。但是，当疲劳变得越来越明显时，认知转移可能会比较有效。在转移的过程中，运动员可以将注意力从身体内部的感觉转移开，调节疲劳感，将疲劳转移到外部关注（例如，景观）或者内部关注（例如，幻想或者解决数学问题）。

4. 当运动员受到异乎寻常的刺激干扰时（一些非常嘈杂的声音、不寻常或出乎意料或者包含动作的事物），运动员就会出现定向反应。通过反复暴露，运动员可以适应这些刺激，而且不再受到干扰。为了避免出现不必要的定向反应，运动员可在受到干扰的情况下进行训练。

5. 选择性注意意味着学习集中注意力在正确的事情和与任务相关的线索上。专注力意味着能够保持这种集中注意力的状态。

附表1提供了实践活动问题4的答案。

附表1

运动技能	答案
A. 高尔夫球挥杆动作的心理预演	内部狭窄型
B. 制订一个针对重要比赛的比赛计划	内部宽广型
C. 篮球运动中的擦板入篮（球打在篮板上）	外部狭窄型
D. 执行体操日常训练	外部狭窄型
E. 在攀岩中将注意力集中到接下来的落脚点	外部狭窄型
F. 设计一个皮划艇比赛路线	外部宽广型
G. 从教练的角度分析自己的技能和不足之处	内部宽广型
H. 观察一场足球比赛的进行方式	外部宽广型

第11章：压力管理

1. 关于压力的两个常见误解是，压力源于较高的竞争要求，以及压力是一种在充满压力的比赛情形中有时候会出现的虚弱反应。第一个误解意味着，虽然有一些情形本身是充满压力的，但是如果运动员具备处理压力的技能，那么即使在充满压力的比赛情形下，运动员也不会感受到压力很大。即使运动员处于较高的唤醒水平，也不会影响他们有效地处理充满压力的情形。事实上，在积极评估的情况下，压力可以提升运动员的能力表现。现代关于压力的定义是，在成功很重要的情形下，压力会让我们所认为的自我要求（例如，竞争要求）和我们所理解的满足这些要求（例如，个人控制）的能力之间产生巨大的差异。

2. 根据拉扎勒斯的观点，在确定运动员所经历的压力数量和质量时，运动员必须权衡3种信息类型：比赛要求、个人控制和应对策略。比赛要求涉及运动员评估充满压力的情形对于自身实现重要目标的影响。而且，这些重要目标是运动员不确定能否凭借自身能力实现的。个人控制指的是运动员对于自身是否能够满足竞争要求、同时实现重要目标的感觉。这种感觉主要基于两个因素：他们是否能够改变压力来源，以及在竞争要求无法克服的情况下，运动员的能力表现是否能够满足这些要求，同时实现这些目标。最后，应对策略是认知和行为技能。运动员使用这些技能处理问题，同时体会更好的情绪。当个人控制和应对策略超出竞争要求时，运动员会将压力看作挑战，形成积极的态度和使用有效的处理方式。但是，当竞争压力超过控制和处理能力时，运动员会将压力看作威胁，同时产生消极的情绪和效率低下的处理方式。

3. 压力管理是减少或消除压力消极影响的过程，特别是生理和心理焦虑。这样运动员才能产生更好的感觉，体会积极的情绪和有效地发挥能力水平。问题管理策略可以减少或消除压力来源。问题管理是一个积极的压力管理方法。这个方法可以通过竞争设计、个人设计、培养问题解决技能和使用心理计划来消除担心情况的理由，从而减少压力。

4. 即使无法改变压力来源，可以通过降低不必要的肌肉紧张、抑制过度唤醒以及减少消极想法来管理情绪困扰，从而促进情形的重新评估。这样，运动员就能够在情形许可的情况下尽可能地发挥最佳水平。可以根据发生的先后顺序将压力分成两类：消极想法、过度唤醒。当运动员对环境刺激产生身体反应时，他们会经历消极的想法，从而产生由唤醒触发的压力。相反，消极的刺激会提升唤醒水平，从而出现想法触发的压力。

5. TEMPs是一个综合的压力管理方法。这个方法可以同时处理过度唤醒和消极想法所触发的压力。TEMPs可以减少运动员诊断焦虑的需要，因为这个方法可以应用到任何焦虑情形中。这个方法易于使用、非常有效，而且适用于大部分运动员和情形，因为这个方法可以处理过度唤醒和消极想法。TEMPs以系统的形式组合放松和自我对话技能，培养运动员的综合应对反应。当运动员深呼吸时，他们会重复适应性反驳方式。在深呼吸的最后，当他们稍事休息时，运动员会说出过渡词"因此"，接着会在慢慢呼气时重复放松提示词。若训练达到自动化，综合处理反应有利于运动员处理所有压力反应类型。可以在训练中通过沉浸式策略或渐进式暴露策略来使用TEMPs。沉浸式策略会尽可能让运动员置身于压力最大的情形中，因此他们可以学会在典型的压力情形下处理较高的压力水平。渐进式暴露策略会慢慢地增加运动员必须处理的压力水平，直到他们的技能达到所要求的水平。这两种方式都是很有效的，可以根据运动员的个人爱好和所掌握的技能进行选择。

6. 为了制订有效的压力管理计划，教练必须按照培养心理训练工具或技能所推荐的3个阶段来执行，这3个阶段是：教育阶段、习得阶段和实施阶段。教育阶段可以帮助运动员理解基本的压力管理并提高压力管理意识。习得阶段有利于运动员培养构建TEMPs所需的基本技能，其中包括持续的综合应对反应和自动技能的训练策略。实施阶段可以让运动员自动执行压力管理技能，特别是ICR。这样，这些技能将成为运动能力表现的一部分，而运动员可以很轻松地使用TEMPs管理压力，同时实现个人最佳能力表现。

第12章：自信

1. 自信是运动员关于实现成功的现实信念或预期。

2. 自信与表现之间呈倒U形关系。当运动员处于最佳自信水平时，表现可以达到最高水平；当运动员感到自信不足（缺乏自信）或者过度自信时，表现水平会出现下降。处于最佳自信水平的运动员不仅具备能力，而且做好了充分准备，而自信不足的运动员则缺乏能力或者低估自身能力水平。过度自信的运动员会出现两种状况。当运动员确实认为自己的能力超过他人（出现这种情况往往是因为父母和教练的娇纵、参加竞争比较不激烈的比赛或者相信媒体的过度炒作）时，运动员会出现信心膨胀。假装自信的运动员外表上表现得很自信，但是事实上却自信不足而且担心失败。

3. 最佳的自信水平是以能力以及做好充分的准备为基础的。运动员本身必须具备较强的能力，其中包括实现实际目标所必需的所有身体和心理技能。具备能力的运动员同时还必须做好充分准备。运动员在训练时越努力地培养技能和使用技能实现能力表现目标，那么他们在重要的比赛即将来临之时就会越感到自己做好了充分的准备。努力程度以及技能和策略培养是自信来源的两种重要的准备类型。

4. 能力表现自信是以持续成功实现过程和能力表现目标为基础的，而结果自信则取决于持续赢得比赛和出色的社会比较。因为能力表现自信依赖于实现更灵活和可控的目标，所以相对于结果自信，运动员必须具备更高和更持续的能力表现自信水平。

5. 培养自信的4种策略包括表现成就、间接性经验、口头说服和唤醒控制。提升自信的最佳方式是构建成功的能力表现成就历史。持续的最新成就成果会对这些策略影响自信的方式产生作用。目标设定、个人成就墙和个人成就精选片段是明确成就和强化重要性的不错方式。运动员也可以从间接成功经验中受益，包括观察他人完成任务（示范）或者想象自己成功地完成任务（意象）。口头说服也可以提升运动员的自信水平，特别是来自他人的反馈或强化，以及积极的自我对话。这两种策略都可以让运动员重新回想起自身所具备的技能、知识和积极的个人品质，从而产生健康的自信心理。唤醒控制意味着在最佳的范围内保持唤醒水平，同时积极地将唤醒理解为挑战或令人激动的事情。

6. 在比赛过程中培养和保持自信的关键在于积极地将竞争的不确定性当作挑战，而不是消极地当作威胁。挑战评估可以帮助运动员提升自信水平，将不确定性看作可克服的因素，同时让运动员掌握面对挑战所必须具备的知识和技能。教练和运动员还必须具备解决比赛中出现的问题的技能。可以使用备用心理执行计划（处理常见且可预测的问题）以及通用的恢复计划（处理不可预测的问题）来提升运动员的自信水平。

7. 当教练的预期促使运动员按照符合预期的方式采取行动或执行动作时，运动员就会出现自我实现预言。可以按照4个阶段培养自我实现预言。首先，教练形成运动员如何执行动作的预期。其次，这些预期会影响他们对运动员的看法。再次，教练的行为会影响运动员学习的速度以及能力表现的水平。最后，运动员的行为会符合教练的预期。当教练对运动员寄予最佳的预期时，自我实现预言可以提升运动员的自信水平。但是，当教练对于运动员产生消极的预期时，自我实现预言会降低运动员的自信水平和影响运动员的表现水平。

第13章：心理计划

1. 心理坚韧性是让运动员在任何情况下都能发挥个人最佳水平的能力，特别是在运动员面对问题、困难或失败的时候。心理坚韧性技能是在面对困难的情况下，有助于运动员发挥自身最佳水平的一系列心理技能。

2. 心理计划是一系列系统化和个性化的策略。这些策略包含了运动员比赛的心理技能。同时，心理计划是实施心理训练工具和技能的方式，因此运动员可以在训练和比赛中更加系统地练习身体和心理技能。这些计划有利于运动员开发、保持或重回流畅状态，这样他们可以在挑战中保持心理坚韧并发挥最佳能力水平。

3. 心理计划有4个主要的好处：开发、保持或重回流畅状态，提高表现质量，提高一致性以及更高效地应对逆境。

4. 心理计划可以分成3个类型：心理准备计划、心理执行计划和心理恢复计划。心理准备计划可以帮助运动员在训练和比赛前达到流畅状态。心理执行计划有利于运动员在比赛和行为程序、自我设定任务或者互动式运动中保持流畅状态。心理恢复计划有利于运动员在比赛之后恢复镇定的情绪。

5. 为了让心理计划有效，运动员必须在不过度分析的情况下培养快速集中注意力和自动执行的能力。启动行为是指启动日常训练的行为。释放行为是用于在犯错或表现糟糕的情况下，摆脱消极想法、情绪或感觉的行为。提示词是指帮助运动员将注意力集中到目标上，同时形成自动化反应的简化提示。

6. 与心理训练工具或技能一样，开发心理计划分为3个阶段，包括教育阶段、习得阶段和实施阶段。在教育阶段，教练可以举行一次以上的团队会议来阐释心理计划的概念、心理计划的开发方式以及帮助运动员形成对心理坚韧性模式的意识。习得阶段可以使用3个基本的策略来实施心理计划：明确最有价值的心理计划，按照本章的指导原则制订计划，以及评估计划的有效性并不断修改计划直到计划可以良好运作。最后，在实施阶段，运动员必须不断地练习计划直到能自动应用计划，接着在意象、练习和比赛情形中有效地实施计划，以便达到最佳表现水平。

第14章：心理技能训练计划

1. 如果你具备良好的执教哲学，就会理解比赛中心理作用的重要性，同时会很想尽自己最大的能力帮助运动员培养心理和身体技能。此外，我们认为本书关于心理训练的解释方式非常引人入胜，而且其潜在的好处非常吸引人。运动员可以在练习中实施基础MST计划。

2. 构成有效MST计划的4个要素如下：系统化的实施过程，通过需求评估确定自身的强项和弱项以便指导开发MST计划的过程，满足个人需求和实际情况要求的个性化实施策略，以及评估计划进度和确定修改方面。

3. 有效的教育是基础MST计划的基础。教育阶段有两个目的。第一，它必须为运动员提供对可以整合到计划中的心理训练工具、技能、计划等的基础教育。第二，它必须能够帮助运动员培养关于运动心理方面的意识、对个人优点和不足的意识，从而提高运动员的个人教育水平。这样，在习得和实施阶段就可以以准确的信息作为基础。

4. 事实上，MST 计划的习得阶段有利于运动员培养心理训练工具、技能和计划。运动员首先必须学习如何使用所需的工具、技能和计划，以及确定哪些是有利于自身进步的有效策略。习得阶段的主要目的是设计和实施计划，从而让运动员掌握如何合理且出色地使用工具、技能或计划。

5. 实施阶段是运动员在竞争激烈的比赛情形中成功自动使用心理训练工具、技能和计划的过程。

附录 B

放松和激励演示

渐进式肌肉放松演示示例

渐进式肌肉放松过程中，运动员首先逐步绷紧4块肌群，接着在肌群极度疲劳之后，就可以进行完全放松。在绷紧每一块肌群时，必须逐步形成紧张感。就像汽车慢慢加速一样，一开始是10英里/时（约16千米/时），接着提升到20英里/时（约32千米/时），然后逐渐达到30英里/时、40英里/时、50英里/时、60英里/时、70英里/时、80英里/时、90英里/时（分别约为48千米/时、64千米/时、80千米/时、96千米/时、112千米/时、128千米/时、144千米/时），最后达到最高速度100英里/时（约160千米/时）。接下来，运动员必须保持这种紧张的状态5～7秒，然后一下子完全放松。在这个过程中，运动员应该尽可能全面且深入地进行20～30秒的肌肉放松。（标准流程是，在继续训练之前，每块肌肉必须完成两次放松。可以根据个人的需求调整放松的时间和次数。）一开始，运动员必须采用坐下或躺下的舒适姿势。

为了绷紧包括**肩膀、手臂和双手**部分肌肉在内的**肌群**1的肌肉，可以紧握拳头，双臂将手肘朝身侧往下推。做好准备，接着开始。10%、20%、30%、40%、50%、60%、70%、80%、90%、100%。保持绷紧的状态，体会拉伸的感觉，越来越紧绷，越来越紧绷，接着放松，现在开始完全放松。释放肩膀、手臂和双手肌肉的紧张感，放松所有的肌纤维，平缓身体，慢慢伸展，直到完全放松。从双臂开始放松，一直到手指末端。通过呼吸进行放松，让肌肉进一步放松。在每次呼吸时，可以感觉到身体进一步放松和伸展。专注于分辨放松的感觉，这样运动员可以比较和对比之前所体会到的紧张感。采用膈肌深呼吸方式可以让这些肌肉尽可能深入且全面放松。体会肌肉变得越来越松弛、柔软、结实和放松的感觉（在需要的情况下，可以循环进行肌群1的放松训练）。

尽可能让肩膀、手臂和双手肌肉保持放松的状态，接着是**脸部和颈部**肌肉，即**肌群**2的训练。在颈部进行收缩训练时，可以通过高抬眉、皱鼻子、用力咬牙、嘴角上扬等方式绷紧这些肌肉（例如，使用颈部前面的肌肉让下巴触碰胸部，就像使用颈部后面的肌肉尝试避免下巴触碰到胸部一样）。做好准备，接着开始！ 10%、20%、30%、40%、50%、60%、70%、80%、90%、100%。保持绷紧的状态，体会拉伸的感觉，越来越紧绷，越来越紧绷，接着放松。完全放松，同时慢慢体会脸部和颈部放松的感觉。放松这些肌肉，平缓身体，慢慢伸展，直到完全放松。采用呼吸的方式帮助身体深入放松和舒展。有意识地将注意力集中到放松的感觉上。体会放松的感觉，比较这种感觉偶尔出现的紧张感之间的差异。通过呼吸的方式，让脸部和颈部进一步放松。每次呼吸都可以舒展和放松更多的肌肉。让这些肌肉变得非常松弛、柔软。专注于脸部和颈部以及肩膀、手臂和双手最后的放松。深入且全面地放松这些肌肉（在需要的情况下，可以循环进行肌群 2 的放松训练）。

在保持肩膀、手臂和双手以及脸部和颈部放松时，可以接着开始**肌群 3**，即**胸部、背部和腹部**肌肉的放松。通过深呼吸和肩膀向后拉以及收腹绷紧这些肌肉。做好准备，现在开始！ 10%、20%、30%、40%、50%、60%、70%、80%、90%、100%。保持绷紧，体会拉伸感，越来越绷紧，越来越绷紧，接着放松。完全放松胸部、背部和腹部。放松这些肌肉，平缓身体，慢慢伸展，直到完全放松。采用深呼吸和完全放松的方式帮助自己进一步放松，同时在每次呼吸时进行伸展。注意体会放松的感觉，比较这种感觉与之前体会到的紧张感的差异。注意不同之处以及相似的地方，这样有利于我们判断胸部、背部或者腹部出现细微紧张的感觉。结合呼吸进一步放松。记住，放松的时间越长，肌肉会变得越松弛、柔软（在需要的情况下，可以循环进行肌群 3 的放松训练）。

在保持上半身肌肉放松时，可以接着开始**肌群 4**，即**臀部、大腿部、小腿部和脚部**肌肉放松。采用膈肌收缩的方式拉伸大腿（股四头肌和腘绳肌），将脚趾向后拉伸或者向外拉伸（这样可以最大限度地拉伸小腿），以及将双脚稍微向内转动并稍稍弯曲脚趾，可以绷紧这个肌群。做好准备，现在开始！ 10%、20%、30%、40%、50%、60%、70%、80%、90%、100%。保持绷紧，体会拉伸感，越来越绷紧，越来越绷紧，接着放松。现在开始全面放松。同时体会从腿部到脚趾之间慢慢放松的感觉。慢慢地感觉这些肌肉松弛、平缓、伸展的感觉。接着，可以通过缓慢、深入、规律的膈肌呼吸帮助肌肉进一步深入地进入放松状态，从而增强全面放松的感觉。慢慢地体会这些肌肉放松、伸展的感觉。体会放松的感觉，比较其与之前体会到的紧张感的差异。学习判断细微的肌肉紧张感并学会放松。结合呼吸进一步放松。体会深入放松和伸展的感觉。同时体会这些肌肉变得松弛、柔软的感觉。慢慢地学会放松，同时享受深入放松的感觉（在需要的情况下，可以循环进行肌群 4 的放松训练）。

为了确保全面放松，可以在感觉紧张的情况下依次重新查看每个肌群的状况。如果肌群已经处于完全放松的状态，那么可以继续保持放松的状态。如果仍然感到紧张，可以完成另一个紧张—放松循环来帮助自己重新尽可能进入深入且全面放松的状态。

查看身体 4 个肌群仍然存在的紧张感并消除这些紧张感，让整个身体处于完全放松的状态。将注意力从特定的肌群转到整个身体全方位的放松，以及与深入、规律的膈肌呼吸相关的方面。保持深入、规律的呼吸，同时全面关注身体每个部分放松的感觉。

　　按照这种方式完成放松过程。每次呼气时，对自己说出放松提示词，同时将注意力集中在呼吸以及体会深度放松的感觉上。每次在呼气时，将深度放松的感觉和提示词结合在一起，从而增强两者之间的联系。通过这种方式，运动员可以使用提示词在日常生活中进行快速放松。如果运动员出现杂念、担心或忧虑，那么可以让他们继续将注意力集中在呼吸和全身心深度放松的感觉上，从而摒除这些想法。将注意力集中在放松的感觉上，同时将这种感觉与之前紧张的感觉进行对比，这样运动员就可以根据需要判断和释放紧张程度。继续采用缓慢、深入、规律的呼吸方式。每次在呼气时，可以对自己说出放松提示词。

　　在这种方式下完成放松的过程中，运动员可以计算15 ～ 20次呼吸，接着再从4往回数到1，结束这个阶段。在数到4时，可以开始移动双腿和双脚，这样可以再次开始呼吸循环。在数到3时，可以移动双臂和双手。在数到2时，可以转动头部和颈部。在数到1时，可以在感到舒适的时候睁开双眼。身体必须感到非常放松，就像刚刚从可以让人精力充沛的午睡中醒过来一样。头脑必须保持平静和放松，同时关注和注意今天必须实现的目标。

经许可改编自 D.A.Bernstein，T.D.Borkovec and H.Hazlett-Stevens，2000，*New directions in progressive relaxation training:A guidebook for helping professionals*（New York, NY: Praeger）。

自我导向放松演示示例

　　通过自我导向放松，运动员可以使用思想的力量和积极的建议依次指导4个肌群实现深度放松。可以将注意力集中在身体的4个主要的方面：肩膀、双臂和双手；头部和颈部；胸部、背部和腹部；以及臀部、大腿、小腿和双脚。

　　在开始时，可以选择一个舒服的姿势，接着闭上双眼。一开始可以完成6 ～ 8次深度的膈肌呼吸，从鼻腔深深地吸气，体会膈肌用力的感觉，接着让胸部完全充满空气，稍微屏住呼吸，然后慢慢地从嘴巴呼气。在呼吸的过程中，要保持缓慢、深入、规律的频率。同时，吸气和呼气的时长必须接近相同。在每次呼吸时，运动员可以释放紧张和焦虑，同时吸入令人舒缓且新鲜的空气。现在将注意力集中在这个简单的过程上。让自己完全释放紧张感，并让自己整个身体都靠在椅子或床上，感受深度和彻底的放松。

　　将注意力集中在**头部和颈部的肌肉处**。放松这些肌肉，同时体会肌肉的反应。在每块肌肉纤维完全放松、舒展、伸展和放松的情况下，体会紧张感消失的过程。当脸部和颈部肌肉松开并伸展时，每次呼吸都可以让自己进一步放松。将注意力集中到通过呼吸进一步放松的过程中，这样运动员就可以释放紧张感和焦虑感，同时吸入令人舒缓、精力充沛的空气。专注于呼吸，同时通过呼吸帮助自己放松和进一步深入地放松脸部和颈部的肌肉。注意体会放松的感觉，将这种感觉与之前肌肉出现的紧张感进行对比。使用意象进一步提升这个技巧的有效性。可以想象肌肉中这种紧张感渐渐消失的感觉，就像干枯的树叶离开树木一样。也可以想象为小矮人使用扫帚将紧张感扫除，或者将肌肉中的紧张感想象为被慢慢排出的黄色或红色液体。体会脸部和颈部肌肉逐渐放松，变得非常松弛、柔软、结实，然后处于放松的状态。

　　在实现了头部和颈部肌肉的放松之后，开始放松肩膀、手臂和双手部分肌肉。体会这些肌肉的紧张感慢慢消失的感觉，同时体会从肩膀到手臂缓慢放松的感觉。想象这些肌肉放松的状态，同时体会肌肉的反应。在紧张感逐步消除的过程中，体会进一步放松、舒缓、伸展和放松更多肌肉纤维的感觉。将注意力集中在呼吸上，在每次吸气时，吸入令人放松和舒缓的空气。而在每次缓慢呼气时，将紧张感和焦虑感从身体中带走。将注意力集中在放松肩膀、手臂和双手剩下的紧张感上。体会放松的感觉，将这种感觉与之前体会到的紧张感进行对比。慢慢地、一步一步地放松更多的肌肉纤维，让自己进入深度放松的状态，同时让肩膀、手臂和双手的所有肌肉都变得松散、舒缓、结实，然后处于放松的状态。

　　继续深入、规律地呼吸，同时在呼吸的过程中进一步放松自己。通过呼吸帮助自己放松胸部、背部和腹部肌肉。释放这些肌群的紧张感，同时想象肌肉放松和做出反应的感觉。体会通过呼吸帮助每块肌肉纤维变得松散、舒缓、伸展和放松的感觉。体会肌肉紧张感慢慢消失的感觉以及胸部、背部和腹部慢慢放松的状态。将注意力集中在呼吸上，同时吸入令人舒缓、精力充沛的空气，并排出紧张感和焦虑感。将注意力集中在释放胸部、背部和腹部剩下的紧张感上。分辨放松的感觉，同时将这种感觉与之前体会到的紧张感进行对比。慢慢地、一步一步地放松更多的肌肉纤维，让自己进入深度放松的状态，同时让胸部、背部和腹部肌肉变得松散、舒缓、结实，然后处于放松的状态。现在整个上半身都处于深度放松的状态。

　　保持缓慢、深度、规律的呼吸。通过呼吸帮助臀部、大腿、小腿和双脚肌肉放松。释放这些肌群中的紧张感，同时想象肌肉放松和做出反应的感觉。通过呼吸帮助每块肌肉纤维变得松散、舒缓、伸展，然后处于放松的状态。体会肌肉紧张感慢慢消失的感觉以及臀部、大腿、小腿和双脚慢慢放松的状态。将注意力集中在呼吸上，同时吸入令人舒缓、精力充沛的空气，并通过呼气排出紧张感和焦虑感。将注意力集中在下半身剩下的紧张感上。体会放松的感觉，同时将这种感觉与之前体会到的紧张感进行对比。慢慢地、一步一步地放松更多的肌肉纤维，让自己进入深度放松的状态，同时让下半身肌肉变得松散、舒缓、结实，然后处于放松的状态。

　　现在运动员已经完成了主要肌群的放松，整个身体完全处于舒适的放松状态。接下来，可以快速依次扫描每个肌群剩下的紧张感并释放这些紧张感。这样可以进一步深入彻底地放松所有的肌肉。可以从头部和颈部的肌肉开始。当发现残留的紧张感时，可以先释放紧张感，接着放松这些肌肉。使用呼吸的方式进一步放松，帮助自己深度舒缓。现在放松肩膀、双臂和双手的肌肉，继续释放剩余的紧张感。每一次呼吸都可以排出紧张感和焦虑感，同时吸入令人精神振奋的空气促进身体放松，让肌肉处于深入彻底放松的状态。接下来释放胸部、背部和腹部的紧张感。随着每一次呼吸让自己进入越来越深度的放松状态，这样整个上肢现在就处于非常舒服的放松状态。最后，扫描你的臀部、胸部、小腿和双脚，消除剩余的紧张情绪。要将注意力集中到放松的感觉上，通过受控的呼吸和意识加强它们，达到深度完全放松。再一次关注遍布整个身体的深度放松感觉，感觉到身体非常松软、无力、沉重，身体上非常放松，而且心理上非常平静、祥和、宁静和安逸。放松地躺在椅子或床上，然后享受这种完全放松的感觉。

要遵循习惯的聚能过程。每一次呼气时都要对自己说出放松提示词，同时关注自己的呼吸，以及它带来的深度放松的感觉。每一次呼气的时候，都将这些深度放松的感觉与提示词关联起来，从而强化它们之间的关系，这样你就可以在日常生活中用这些提示词触发快速放松反应。如果突然遇到任何偏离的想法、疑虑或问题，就直接让它们消失，让他们离开你的思想，而你继续关注自己的呼吸和全身深度放松的感觉。要关注这些放松的感觉，然后将它们与你之前的紧张情绪相比较，这样就能够根据需要诊断和释放任何紧张情绪。继续缓慢、深入和有节奏地呼吸，而且每一次呼气时都要对自己说出提示词。

一旦在习惯的放松过程中完成15次～20次呼吸之后，要在结束时从4倒数回1，结束这个过程。数到4的时候，开始移动双腿和双脚，再次做一个循环。数到3的时候，移动手臂和手掌。数到2的时候，转动头部和颈部。数到1的时候，在感觉舒服的时候睁开双眼。你的身体应该感觉非常放松，就像自己刚刚睡醒一样。你的思想应该很平静和放松，但是又很注意和关注今天必须实现的目标。

经许可改编自 D.A. Bernstein, T.D. Borkovec and H. Hazlett-Stevens, 2000, *New directions in progressive relaxation training: A guidebook for helping professionals* (New York, NY:Praeger)。

能量机示例

闭上眼睛，深呼吸几次：从鼻子吸气，感受肺部膨胀，然后是胸部；短暂地屏住呼吸，然后从嘴巴呼气。每一次呼吸都可以帮你放松，一次比一次深入，一次比一次彻底。

想象自己在一个大房子中一段长长的楼梯的末端。你可以选择喜欢的房子和楼梯。慢慢开始爬楼梯，平稳地、轻松地爬着。每一步都会让你变得更具能量、精力更充沛、更有活力和更年轻。在攀爬的过程中，持续增强自己的爆发力、力量、耐力和能量。

在楼梯的顶部，你会看到一个房间，中间放着一个外观奇特的机器。当你慢慢靠近这个机器时，会步入一个抬高的平台，一个大大的玻璃圆筒在你脚下。圆筒里的能量散发出来，从上到下向你灌输力量和能量。能量核围绕着你的头部和颈部，能量在你的脸部和颈部肌肉上跳动，以一种激烈尖锐的能量和自信的态度感染着思绪。这种正能量区域会向下扩散，使上肢充满能量、恢复活力，爆发力和力量会在胸部、肩部、后背和手臂上"跳动"。这些能量会渗透身心，使疲劳和受伤的肌肉恢复活力，使所有组织和结构恢复活力。感受不断增长的爆发力和力量散布到肩膀、手臂及躯干的每一块肌肉组织，使它们快速、灵敏、有力、灵活和充满活力。每一次呼吸都会帮你蓄满能量和力量，感觉自己变得越来越强大。

能量核会沿着身体向下散布到臀部、大腿、小腿和脚的肌肉上。来自能量核的能量冲击波给身体下部注入能量和力量，使疲劳和受伤的肌肉恢复活动，增强它们的体力和耐力。肌肉会感受到力量和能量的冲击。心脏强有力地跳动着，给每一块肌肉传输着氧气。

为最大化身体中流动的力量和能量，要引导自己的能量域注入身体的各个部位，然后通过活力波将身体的能量从脚部传递到头部。在每一次呼吸和每一次搏动中感受力量和能量变得越来越强大。身体中的每一块肌肉组织现在都充满了峰值表现力，等待着下一次要面对的挑战或要实现的目标。你已经完全处于一种积极、有活力和准备就绪状态，能够应付所有挑战和实现所有目标。

要遵循习惯的聚能过程。完成 15～20 次呼吸，每次完成一组 3 次呼吸过程后重复聚能提示词。将注意力集中到整个身体的聚能过程和产生能量的呼吸过程上。

从 4 倒数到 1，在每一次数数时密切地关注身体发生的变化，保持自信、专注和活力。

白光疗法示例

要将注意力集中到前额中央。随着将注意力越来越多地集中到这个区域，你会感受到一种发麻的感觉。通过引导意识，你可以完全利用思想和身体的能量强化专注力、能量，从而增进健康。现在，将这个意识点映射到头部之上 1 英尺（约 0.3 米）的位置上，然后让它慢慢变大，变成一个充满白光和能量的发光球体。感觉热量像能量球在辐射身体，从头部一直到躯干，再到脚下和地板或地面。当炽热发光能量流过身体时，它会消除所有杂念或问题。向下倾倒的能量会销毁身体中所有阻挡它流动的东西，包括疾病、伤痛、疲劳、负面思绪、心烦和自我怀疑。

这个球体会向顺时针旋转，围绕身体的每一个重要部分，从头部开始，然后移动到躯干和手臂，最后是腿部和脚部。发光能量球就像一个真空吸尘器，吸走身体各个部位的所有废料、杂质，从而帮你清除所有影响专注力、能量或健康的身心问题和阻碍。

然后，发光能量球以相反方向旋转，围绕着双脚，接着慢慢向上攀升，给每一个区域注入力量、能量和活力。随着球体缓慢移动到头部，活力能量波会在身体流淌。每一块肌肉组织都会感觉变得更强壮、更有力，充满了柔软性和灵活性，同时充满了活力和能量。

随着身体开发出超出以往的体力和耐力水平，疲劳感消失了。思想充满能量和活力。你获得了敏锐、清晰、专注和自信的感觉，感觉自己能够实现任何目标，能够解决所有问题。能量的流动使身体的每一个部分充满活力。你现在是一个强大、有力、兴奋、充满能量和动力十足的人，现在就等着释放身体中无限的力量和能量吧。

发光能量球在到达头部时停止运动，然后缩小回前额区域的一个意识小点上。你现在充满能量，但是这个意识点仍然保持随时行动的状态，帮助你在需要爆发能量的时候激活兴奋情绪和恢复活力。

　　要遵循习惯的聚能过程。完成15～20次呼吸，每次完成一组激励呼吸过程后重复聚能提示词。将注意力集中到整个身体的聚能过程和产生能量的呼吸过程上。

　　从4倒数到1，在每一次数数时密切地关注身体发生的变化，保持自信、专注和活力。

附录 **C**

表现策略测试

　　运动员可以在各种不同的运动情形中使用这个调查问卷评估表现策略。因为不同的运动员在运动中会采用不同的方法，所以问卷答案会存在很大差异。需要强调的是，调查问卷并不存在正确或者错误的答案。运动员所需要做的就是诚实回答问题。

　　以下的每一项都描述了一种运动员在训练比赛中可能会遇到的具体情形。请在1～5分的范围中，圈出反映这些情形出现的频率的分数。

		从不 出现	很少 出现	有时 出现	经常 出现	总是 出现
1	我为自己设定现实且具有挑战性的目标。	1	2	3	4	5
2	我会进行自我对话以便帮助自己训练。	1	2	3	4	5
3	在训练过程中，我会想象过往的成功经历。	1	2	3	4	5
4	在训练时，我的注意力无法集中。	1	2	3	4	5
5	我会在训练时练习放松技巧。	1	2	3	4	5
6	我会练习放松的方式。	1	2	3	4	5
7	在比赛过程中，我为自己制订了具体的目标。	1	2	3	4	5
8	比赛中感到有压力时，我清楚如何放松。	1	2	3	4	5
9	在比赛过程中，我采用消极的自我对话方式。	1	2	3	4	5
10	在训练过程中，我没有过多思考表现的方式—— 我只是尽自己能力发挥。	1	2	3	4	5
11	在比赛时，我会不假思索地发挥自己的能力。	1	2	3	4	5
12	我会在训练之前在脑海里预演自己的能力表现。	1	2	3	4	5
13	在需要的情况下，我可以提升自己的比赛能量水平。	1	2	3	4	5
14	在比赛过程中，我会产生失败的想法。	1	2	3	4	5
15	我会在训练时间练习自己的放松技巧。	1	2	3	4	5
16	我会在训练过程中有效地管理自我对话方式。	1	2	3	4	5
17	如果在比赛中感到过度紧张，我能够让自己放松下来。	1	2	3	4	5
18	我可以切实地按照自己想象的方式进行比赛。	1	2	3	4	5

		从不 出现	很少 出现	有时 出现	经常 出现	总是 出现
19	在训练过程中，我能够排除干扰。	1	2	3	4	5
20	训练不顺利时，我会感到沮丧和情绪低落。	1	2	3	4	5
21	我有特定的提示词。在比赛过程中，我会使用这些词 语来帮助自己发挥能力。	1	2	3	4	5
22	我会评估自己是否实现了比赛目标。	1	2	3	4	5
23	在训练过程中，我的动作和技能看起来非常自然和连贯。	1	2	3	4	5
24	我在比赛中犯错时，很难重新做到专注。	1	2	3	4	5
25	在需要的情况下，我可以在比赛中进行自我放松并做 好发挥能力的准备。	1	2	3	4	5
26	我设定了非常具体的比赛目标。	1	2	3	4	5
27	我会在训练中进行自我放松并做好准备。	1	2	3	4	5
28	我会在比赛中进行自我暗示并做好准备。	1	2	3	4	5
29	在训练时，我可以在不关注技能或动作的每个部分的 情况下，自然地使用整个技能或动作。	1	2	3	4	5
30	在比赛过程中，我会采用"习惯性动作"。	1	2	3	4	5
31	在比赛过程中出现令我感到不安的事情时，能力表现 会受到影响。	1	2	3	4	5
32	在比赛过程中，我会保持积极的想法。	1	2	3	4	5
33	我会进行自我对话以便帮助自己在比赛中发挥能力水平。	1	2	3	4	5
34	在比赛中，我会采用想象的方式预演表现的感觉。	1	2	3	4	5
35	我会练习一种自我激励的方式。	1	2	3	4	5
36	我可以在比赛过程中有效地管理自我对话。	1	2	3	4	5
37	我会设定目标以便帮助自己高效地使用训练时间。	1	2	3	4	5
38	在训练过程中感到行动迟缓时，我无法很好地激励自己。	1	2	3	4	5
39	训练过程中出现糟糕的事情时，我可以很好地掌控自 己的情绪。	1	2	3	4	5
40	我为训练做了一切必要的准备。	1	2	3	4	5
41	在比赛过程中，我没有过多地考虑自己的能力表现， 而只是顺其自然地发挥自己的能力。	1	2	3	4	5
42	在训练时，我可以设想自己的能力表现，同时想象自 己发挥能力时的感觉。	1	2	3	4	5
43	在比赛中感到过度紧张时，我很难放松。	1	2	3	4	5
44	我很难提升自己的能力水平。	1	2	3	4	5

	从不 出现	很少 出现	有时 出现	经常 出现	总是 出现
45　在训练时，我可以有效地集中注意力。	1	2	3	4	5
46　我会设定比赛的个人表现目标。	1	2	3	4	5
47　我会激励自己练习积极的自我对话。	1	2	3	4	5
48　在训练赛季，我感觉自己进入了流畅状态。	1	2	3	4	5
49　我会在训练赛季练习自我激励。	1	2	3	4	5
50　我无法在长期的训练过程中保持专注。	1	2	3	4	5
51　我会进行积极的自我对话，以便充分利用训练机会。	1	2	3	4	5
52　我可以将自己的能量水平提升到恰当的能力表现水平。	1	2	3	4	5
53　我设定了非常具体的训练目标。	1	2	3	4	5
54　在比赛过程中，我不会有意识地发挥能力水平。	1	2	3	4	5
55　在比赛之前，我会设想一下比赛常规。	1	2	3	4	5
56　我会在比赛过程中想象自己搞砸的情景。	1	2	3	4	5
57　我会采用积极对话的方式充分利用比赛机会。	1	2	3	4	5
58　我不会设定训练目标，只会尽力进行训练。	1	2	3	4	5
59　我会在头脑里预演比赛时的表现。	1	2	3	4	5
60　训练过程中出现糟糕的情况时，我无法控制自己的情绪。	1	2	3	4	5
61　我在训练过程中出现糟糕的表现时，无法做到注意力 　　集中。	1	2	3	4	5
62　我的情绪让我无法在比赛中发挥最佳水平。	1	2	3	4	5
63　在比赛压力下，我无法控制自己的情绪。	1	2	3	4	5
64　在训练时，当我设想自己的能力表现时，会想象正在看 　　自己的视频重播。	1	2	3	4	5

得分

　　表现策略测试是一个包含64种情形的清单。这个清单的计分方式分为16种单独的分量表、8种测试训练方法以及8种测试心理训练工具和技能的比赛方法。所有等级都按照4种情形的总和计算得分，其中4分量表上的1～2情形按照反向方式计分。反向计分意味着分量表的总分与实际圈出来的分数相反。因此，在5分制量表中，1表示得5分，2表示得4分，3表示得3分，4表示得2分，而5表示得1分。(R)表示这种情形为反向计分。

训练分量表

设定目标 = 选项 1 + 选项 37 + 选项 53 + 选项 58 (R)

情绪控制 = 选项 20 + 选项 39 + 选项 60 + 选项 61

自动执行 = 选项 10 + 选项 23 + 选项 29 + 选项 48

放松 = 选项 5 + 选项 6 + 选项 15 + 选项 27

自我对话 = 选项 2 + 选项 16 + 选项 47 + 选项 51

意象 = 选项 3 + 选项 12 + 选项 42 + 选项 64

注意力控制 = 选项 4 (R) + 选项 19 + 选项 45 + 选项 50 (R)

动机 = 选项 35 + 选项 38 + 选项 44 + 选项 49

比赛分量表

设定目标 = 选项 7 + 选项 22 + 选项 26 (R) + 选项 46

情绪控制 = 选项 24 + 选项 31 + 选项 62 + 选项 63

自动执行 = 选项 11 + 选项 30 + 选项 41 + 选项 54

放松 = 选项 8 + 选项 17 + 选项 25 + 选项 43

自我对话 = 选项 21 + 选项 33 + 选项 36 + 选项 57

意象 = 选项 18 + 选项 34 + 选项 55 + 选项 59

积极的想法 = 选项 9 (R) + 选项 14 (R) + 选项 32 + 选项 56 (R)

动机 = 选项 13 + 选项 28 + 选项 40 + 选项 52

经许可改编自 P.R. Thomas, S.M. Murphy and L. Hardy, 1999, "Test of performance strategies: Development and preliminary validation of a comprehensive measure of athletes' psychological skills," *Journal of Sport Sciences* 17(9): 697-711。

参考文献

Abernathy, B. (2001). Attention. In R.N. Singer, H.A. Hausenblas, & C.M. Janelle (Eds.), *Handbook of sport psychology* (2nd ed., pp. 53–85). New York: Wiley.

Abernathy, B., Wann, J., & Parks, S. (1998). Training perceptual–motor skills for sport. In B. Elliot (Ed.), *Training in sport: Applying sport science.* West Sussex, England: Wiley.

Abernathy, B., Wood, J.M., & Parks, S. (1999). Can the anticipatory skills of experts be learned by novices? *Research Quarterly for Exercise and Sport*, 70, 313–318.

Allen, J.B., & Howe, B. (1998). Player ability, coach feedback, and female adolescent athletes' perceived competence and satisfaction. *Journal of Sport and Exercise Psychology*, 20, 280–299.

Amberry, T., & Reed, P. (1996). *Free throw: 7 steps to success at the free throw line.* New York: Harper Collins.

Ames, C., & Archer, J. (1988). Achievement goals in the classroom: Students' learning strategies and motivation processes. *Journal of Educational Psychology*, 80, 260–267.

Apter, M.J. (1982). *The experience of motivation: The theory of psychological reversals.* London: Academic Press.

Armstrong, L. (2000). *It's not about the bike.* New York: Putnam.

Bandura, A. (1977). Self–efficacy: Toward a unifying theory of behavioral change. *Psychological Review*, 84, 191–215.

Bandura, A. (1986). *Social foundations of thought and action.* Englewood Cliffs, NJ: Prentice Hall.

Beck, A.T. (1976). *Cognitive therapy and emotional disorders.* Madison, CT: International Universities Press.

Beilock, S.L., Afremow, J.A., Rabe, A.L., & Carr, T.H. (2001). "Don't miss!" The debilitating effects of suppressive imagery on golf putting performance. *Journal of Sport and Exercise Psychology*, 23, 200–221.

Beller, J.M., & Stoll, S.K. (1995). Moral development of high school athletes. *Journal of Pediatric Science*, 7(4), 352–363.

Benson, H. (1975). *The relaxation response.* New York: Avon.

Bernstein, D.A., Borkovec, T.D., & Hazlett–Stevens, H. (2000). *New directions in progressive relaxation training: A guidebook for helping professionals.* New York: Praeger.

Brown, B.E. (2001). *1001 motivational messages and quotes.* Monterey, CA:

Coaches Choice.

Burton, D. (1988). Do anxious swimmers swim slower? Re-examining the elusive anxiety-performance relationship. *Journal of Sport Psychology*, 10, 45-61.

Burton, D. (1989). Winning isn't everything: Examining the impact of performance goals on collegiate swimmers' cognitions and performance. *The Sport Psychologist*, 3, 105-132.

Burton, D. & Naylor, S. (1997). Is anxiety really facilitative? Reaction to the myth that cognitive anxiety always impairs sport performance. *Journal of Applied Sport Psychology*, 9, 295-302.

Burton, D., & Naylor, S. (2002). The Jekyll/ Hyde nature of goals: Revisiting and updating goal setting in sport. In T.S. Horn (Ed.), *Advances in sport psychology* (2nd ed., pp. 459-499). Champaign, IL: Human Kinetics.

Burton, D., Naylor, S., & Holliday, B. (2001). Goal setting in sport: Investigating the goal effectiveness paradox. In R.N. Singer, H.A. Hausenblas, & C.M. Janelle (Eds.), *Handbook of sport psychology* (2nd ed., pp. 497-528). New York: Wiley.

Burton, D., Pickering, M.A., Weinberg, R.S., Yukelson, D., & Weigand, D. (2007). The competitive goal effectiveness paradox revisited: Examining the goal practices of Olympic athletes. Submitted to *The Sport Psychologist*.

Burton, D., Weinberg, R.S., Yukelson, D., & Weigand, D. (1998). The goal effectiveness paradox in sport: Examining the goal practices of collegiate athletes. *The Sport Psychologist*, 12, 404-418.

Burton, D., & Weiss, C. (2008). The Jekyll/ Hyde nature of goals: Fine-tuning a performance-based goal-setting model for promoting sport success. In T.S. Horn (Ed.) *Advances in sport psychology* (3rd ed.) Champaign, IL: Human Kinetics.

Chambers, H.E. (2001). *Effective communication skills for scientific and technical professionals*. Cambridge, MA: Perseus.

Coakley, J. (1980). Play, games and sport: Developmental implications for young people. *Journal of Sport Behavior*, 3, 99-118.

Coakley, J. (2001). *Sport in society: Issues and controversies* (7th ed.). New York: McGraw-Hill.

Crocker, P.R.E., Kowalski, K.C., & Graham, T.C. (2002). Emotional control and intervention. In J.M. Silva & D.E. Stevens (Eds.), *Psychological foundations of sport* (pp. 155 -176). Needham Heights, MA: Allyn & Bacon.

Csikszentmihalyi, M. (1990). *Flow: The psychology of optimal experience*. New York: Harper & Row.

Csikszentmihalyi, M. (1997). *Finding flow*. New York: Harper Collins.

Cumming, J., & Hall, C. (2002). Deliberate imagery practice: The development of imagery skills in competitive athletes.

Journal of Sport Sciences, 20, 137–145.

Dagrou, E., Gauvin, L., & Halliwell, W. (1992). Effects of positive, negative and neutral language on motor performance. *Canadian Journal of Sport Sciences, 17,* 145–147.

Deci, E.L., & Flaste, R. (1996). *Why we do what we do: Understanding self–motivation.* New York: Penguin.

Dweck, C.S. (1999). *Self–theories: Their role in motivation, personality, and development.* Philadelphia: Taylor and Francis.

Dweck, C.S. (2006). *Mindset: The new psychology of success.* New York: Random House.

Egan, G. (1990). *The skilled helper: A problem management approach to helping* (5th ed.). Pacific Grove, CA: Brooks/Cole.

Ellis, A. (1996). *Better, deeper, and more enduring brief therapy: The rational emotive behavior therapy approach.* New York: Brunner/Mazel.

Epstein, J. (1988). Effective schools or effective students? Dealing with diversity. In R. Haskins & B. MacRae (Eds.), *Policies for America's public schools* (pp. 89–126). Norwood, NJ: Ablex.

Epstein, J. (1989). Family structures and student motivation: A developmental perspective. In C. Ames & R. Ames (Eds.), *Research on motivation in education* (Vol. 3, pp. 259–295). New York: Academic Press.

Ericsson, K.A., & Charness, N. (1994). Expert performance: Its structure and acquisition. *American Psychologist, 49,* 725–747.

Ewing, M.E., & Seefeldt, V. (1990). *Participation and attrition patterns in American agency–sponsored and interscholastic sports: An executive summary* (pp. 20–84). East Lansing, MI: Youth Sports Institute, Michigan State University.

Feltz, D. (1988). Self–confidence and sport performance. In K.B. Pandolf (Ed.), *Exercise and sport science reviews* (pp. 423–457). New York: Macmillan.

Feltz, D.L., & Landers, D.M. (1983). The effects of mental practice on motor skill learning and performance: A meta–analysis. *Journal of Sport Psychology, 5,* 25–57.

Feltz, D.L., & Lirgg, C.D. (2001). Self–efficacy: Beliefs of athletes, teams and coaches. In R.N. Singer, H.A. Hausenblas, & C.M. Janelle (Eds.), *Handbook of sport psychology* (2nd ed., pp. 340–361). New York: Wiley.

Gallimore, R. & Tharp, R. (2004). What a coach can teach a teacher, 1975–2004; Reflections and reanalysis of John Wooden's teaching practices. *The Sport Psychologist, 18,* 119–137.

Gallwey, W.T. (1997). *The inner game of tennis* (Rev. ed.). New York: Random House.

Goleman, D. (narrator). (1976). *Flow and mindfulness: An instructional cassette.* New York: Psychology Today.

Goleman, D. (1998). *Working with emotional intelligence.* New York: Bantam Books.

Gould, D., Eklund, R.C., & Jackson, S.A. (1993). Coping strategies used by U.S. Olympic wrestlers. *Research Quarterly for Exercise and Sport*, 64, 83–93.

Gould, D., Finch, L.M., & Jackson, S.A. (1993). Coping strategies used by national champion figure skaters. *Research Quarterly for Exercise and Sport*, 64, 453–468.

Gould, D., Greenleaf, C., Lauer, L., & Chung, Y. (1999). Lessons from Nagano. *Olympic Coach*, 9, 2–5.

Gould, D., Tammen, V., Murphy, S.M., & May, J. (1989). An examination of U.S. Olympic sport psychology consultants and the services they provide. *The Sport Psychologist*, 3, 300–312.

Greenfield, E. (1997). *For the love of the game: Michael Jordan and me*. New York: Harper Collins.

Greenspan, M., & Feltz, D. (1989). Psychological intervention with athletes in competitive situations. *The Sport Psychologist*, 3, 219–236.

Hale, B.D. (1994). Imagery perspectives and learning in sports performance. In A.A. Sheikh & E.R. Korn (Eds.), *Imagery in sports and physical performance* (pp. 75–96). Amityville, NY: Baywood.

Hall, C.R. (1997). Lew Hardy's third myth: A matter of perspective. *Journal of Applied Sport Psychology*, 9, 310–313.

Hall, C.R. (2001). Imagery in sport and exercise. In R.N. Singer, H.A. Hausenblas, & C.M. Janelle (Eds.), *Handbook of sport psychology* (pp. 529–549). New York: Wiley.

Hall, C.R., & Rodgers, W.M. (1989). Enhancing coaching effectiveness in figure skating through a mental skills training program. *The Sport Psychologist*, 2, 142–154.

Hall, C.R., Schmidt, D., Durand, M., & Buckolz, E. (1994). Imagery and motor skills acquisition. In A.A. Sheikh & E.R. Korn (Eds.), *Imagery in sports and physical performance* (pp. 121–134). Amityville, NY: Baywood.

Hanin, Y.L. (2000). Individual zones of optimal functioning (IZOF) model: Emotion–performance relationships in sport. In Y.L. Hanin (Ed.), *Emotions in sport* (pp. 65–89). Champaign, IL: Human Kinetics.

Hanson, T. (1992). The mental aspects of hitting a baseball: A case study of Hank Aaron. *Contemporary Thought on Performance Enhancement*, 1, 49–70.

Hardy, C.J., & Latane, B. (1988). Social loafing in cheerleaders: Effects of team membership and competition. *Journal of Sport and Exercise Psychology*, 10, 109–114.

Hardy, L. (1990). A catastrophe model of anxiety and performance. In J.G. Jones & L. Hardy (Eds.), *Stress and performance in sport* (pp. 81–106). Chichester, UK: Wiley.

Hardy, L. (1997). Three myths about applied consultancy work. *Journal of Applied Sport Psychology*, 9, 277–294.

Hardy, L., & Callow, N. (1999). Efficacy of external and internal visual imagery perspective for the enhancement of performance on tasks in which form is important. *Journal of Sport and Exercise Psychology*, 21, 95–112.

Hardy, L., Jones, G., & Gould, D. (1996). *Understanding psychological preparation for sport: Theory and practice of elite performers.* Chichester, UK: Wiley.

Hird, J.S., Landers, S.M., Thomas, J.R., & Horan, J.J. (1991). Physical practice is superior to mental practice in enhancing cognitive and motor task performance. *Journal of Sport and Exercise Psychology*, 8, 281–293.

Holmes, P.S., & Collins, D.J. (2001). The PETT LEP approach to motor imagery: A functional equivalence model for sport psychologists. *Journal of Applied Sport Psychology*, 13, 60–83.

Horn, T.S. (1985). Coaches' feedback and changes in children's perceptions of their physical competence. *Journal of Educational Psychology*, 77, 174–186.

Horn, T.S., Lox, C.L., & Labrador, F. (2006). The self–fulfilling prophecy theory: When coaches' expectations become reality. In J.M. Williams (Ed.), *Applied sport psychology: Personal growth to peak performance* (5th ed., pp. 52–108). Mountain View, CA: Mayfield.

Isaac, A.R. (1992). Mental practice—does it work in the field? *The Sport Psychologist*, 6, 192–198.

Jackson, P., & Delehanty, H. (1995). *Sacred hoops: Spiritual lessons of a hardwood warrior.* New York: Hyperion.

Jackson, S. (1995). Factors influencing the occurrence of flow in elite athletes. *Journal of Applied Sport Psychology*, 7, 135–163.

Jackson, S.A. (1992). Athletes in flow: A qualitative investigation of flow states in elite figure skaters. *Journal of Applied Sport Psychology*, 4, 161–180.

Jackson, S.A., & Csikszentmihalyi, M. (1999). *Flow in sports: The keys to optimal experiences and performance.* Champaign, IL: Human Kinetics.

Jacobson, E. (1938). *Progressive relaxation.* Chicago: University of Chicago Press.

Janssen, J. (1999). *Championship team building.* Tucson, AZ: Winning the Mental Game.

Janssen, J., & Dale, G. (2002). *The seven secrets of successful coaches.* Cary, NC: Winning the Mental Game.

Johnson, D.W. (1981). *Reaching out: Interpersonal effectiveness and self–actualization* (2nd ed.). Engelwood Cliffs, NJ: Prentice Hall.

Johnson, D.W. (2003). *Reaching out: Interpersonal effectiveness and self–actualization* (8th ed.). Needham Heights, MA: Allyn & Bacon.

Jones, G. (1993). The role of performance profiling in cognitive behavioural interventions in sport. *The Sport Psychologist*, 7, 160–172.

Jones, G., Hanton, S., & Swain, A.B.J. (1994). Intensity and interpretation of anxiety symptoms in elite and nonelite sports performers. *Personal Individual Differences*, 17, 657–663.

Jones, G., & Hardy, L. (1990). *Stress and performance in sport*. Chichester, UK: Wiley.

Jones, G., & Swain, A.B.J. (1995). Predisposition to experience debilitative and facilitative anxiety in elite and nonelite performers. *The Sport Psychologist*, 9, 201–211.

Jones, L., & Stuth, G. (1997). The uses of mental imagery in athletics: An overview. *Applied and Preventive Psychology*, 6, 101–115.

Kerr, J.H. (1989). Anxiety, arousal and sport performance: An application of reversal theory. In D. Hackfort & C.D. Spielberger (Eds.), *Anxiety in sports: An international perspective* (pp. 137–152). New York: Hemisphere.

Kerr, J.H. (1993). An eclectic approach to psychological interventions in sport: Reversal theory. *The Sport Psychologist*, 7, 400–418.

Kingston, K.M., & Hardy, L. (1994). Factors affecting the salience of outcome, performance and process goals in golf. In A. Cochran & M. Farrally (Eds.), *Science and golf* (Vol. 2, pp. 144–149). London: Chapman–Hill.

Kingston, K.M., & Hardy, L. (1997). Effects of different types of goals on processes that support performance. *The Sport Psychologist*, 11, 277–293.

Krane, V., & Williams, J.M. (2006). Psychological characteristics of peak performance. In J.M. Williams (Ed.), *Applied sport psychology: Personal growth to peak performance* (5th ed., pp. 207–227). New York: McGraw–Hill.

Kyllo, L.B., & Landers, D.M. (1995). Goal–setting in sport and exercise: A research synthesis to resolve the controversy. *Journal of Sport and Exercise Psychology*, 17, 117–137.

Landers, D.M., & Arent, S.M. (2001). Arousal–performance relationships. In J.M. Williams (Ed.), *Applied sport psychology: Personal growth to peak performance* (4th ed., pp. 206–228). Mountain View, CA: Mayfield.

Lang, P.J. (1979). A bio–informational theory of emotional imagery. *Psychophysiology*, 16, 495–512.

Lazarus, R. (1991). *Emotion and adaptation*. New York: Oxford University Press.

Lazarus, R. (1999). *Stress and emotion: A new synthesis*. New York: Springer.

Locke, E.A. (1996). Motivation through conscious goal setting. *Applied and Preventative Psychology*, 5, 117–124.

Locke, E.A., & Latham, G.P. (1990). *A theory of goal setting and task performance*. Englewood Cliffs, NJ: Prentice Hall.

Locke, E.A., Shaw, K.N., Saari, L.M., & Latham, G.P. (1981). Goal setting and task performance, 1969–1980. *Psychological Bulletin*, 90, 125–152.

Luschen, G. (1970). Cooperation, association and contest. *Journal of Conflict Resolution*, 14, 21–23.

Marks, D. (1977). Imagery and consciousness: A theoretical review from an individual difference perspective. *Journal of Mental Imagery*, 2, 285–347.

Martens, R. (1975). *Social psychology and physical activity*. New York: Harper & Row.

Martens, R. (1987). *Coaches guide to sport psychology*. Champaign, IL: Human Kinetics.

Martens, R., Vealey, R.S., & Burton, D. (1990). *Competitive anxiety in sport*. Champaign, IL: Human Kinetics.

Martin, K.A., Moritz, S.E., & Hall, C.R. (1999). Imagery use in sport: A literature review and applied model. *The Sport Psychologist*, 13, 245–268.

Masters, K.S., & Ogles, B.M. (1998). Associative and dissociative cognitive strategies in exercise and running: 20 years later, what do we know. *The Sport Psychologist, 12*, 253–270.

McGrath, J.E. (1970). *Social and psychological factors in stress*. Ft. Worth, TX: Holt, Rinehart & Winston.

McKay, M., Davis, M., & Fanning, P. (1981). *Thoughts and feelings: The art of cognitive stress intervention*. Richmond, CA: New Harbinger.

McKay, M., & Fanning, P. (1992). *Self–esteem* (2nd ed.), New York: MJF Books.

Meichenbaum, D. (1993). Stress inoculation training: A 20–year update. In P.M. Lehrer & R.L. Woolfolk (Eds.), *Principles and practices of stress management* (2nd ed., pp. 373–406). New York: Guilford Press.

Meyers, A.W., Whelan, J.P., & Murphy, S.M. (1996). Cognitive behavioral strategies in athletic performance enhancement. In M. Hersen, R.M. Miller, & A.S. Belack (Eds.), *Handbook of behavior modification* (Vol. 30, pp. 137–164). Pacific Grove, CA: Brooks/Cole.

Mills, B. (1990). An open letter to U.S. distance runners. *American Athletics*, Fall/Winter, pp. 34–36.

Ming, S., & Martin, G.L. (1996). Single–subject evaluation of a self–talk package for improving figure skating performance. *The Sport Psychologist,* 10, 227–238.

Moran, A.P. (1996). *The psychology of concentration in human performers: A cognitive analysis*. East Sussex, UK: Psychology Press.

Moritz, S.E., Hall, C.R., Martin, K., & Vadocz, E. (1996). What are confident athletes imaging? An examination of image content. *The Sport Psychologist*, 10, 171–179.

Munroe, K.J., Giacobbi, P.R., Hall, C., & Weinberg, R. (2000). The four w's of imagery use: Where, when, why, and what. *The Sport Psychologist*, 14, 119–137.

Murphy, S. (1996). *The achievement zone: Eight skills for winning all the time from the playing field to the boardroom*. New York: Putnam.

Murphy, S.M., & Jowdy, D.P. (1992). Imagery and mental practice. In T.S. Horn (Ed.), *Advances in sport psychology* (pp. 221–250). Champaign, IL: Human Kinetics.

Murphy, S.M., Jowdy, D., & Durtschi, S. (1990). *Report on the U.S. Olympic Committee survey on imagery use in sport.* Colorado Springs: U.S. Olympic Training Center.

Murphy, S.M., & Martin, K.A. (2002). The use of imagery in sport. In T. Horn (Ed.). *Advances in sport psychology* (2nd ed., pp. 405–439). Champaign, IL: Human Kinetics.

Murphy, S.M., & Woolfolk, R.L. (1987). The effects of cognitive interventions on competitive anxiety and perforReferences and Resources 279 mance on a fine motor skill accuracy task. *International Journal of Sport Psychology*, 18, 152–166.

Nicklaus, J. (1974). *Golf my way.* New York: Simon & Schuster.

Nicklaus, J. (1976). *Playing better golf.* New York: King Features Syndicate.

Nideffer, R.M. (1976). *The inner athlete: Mind plus muscle for winning.* New York: Crowell.

Nideffer, R.M., & Sagal, M.S. (2001). Concentration and attention control training. In J.M. Williams (Ed.), *Applied sport psychology: Personal growth to peak performance* (4th ed., pp. 312–329). Mountain View, CA: Mayfield.

Orlick, T. (1986). *Psyching for sport: Mental training for athletes.* Champaign, IL: Human Kinetics.

Orlick, T., & Partington, J. (1988). Mental links to excellence. *The Sport Psychologist*, 2, 105–130.

Pierce, B.E., & Burton, D. (1998). Scoring the perfect 10: Investigating the impact of goal–setting styles on a goal–setting program for female gymnasts. *The Sport Psychologist*, 12, 156–168.

Porter, D., & Allsen, P. (1978). Heart rates of basketball coaches. *The Physician and Sports Medicine*, 6, 85–90.

Ravizza, K. (2006). Increasing awareness for sport performance. In J.M. Williams (Ed.), *Applied sport psychology: Personal growth to peak performance* (5th ed., pp. 228–239). Mountain View, CA: Mayfield.

Ravizza, K., & Hanson, T. (1995). *Heads up baseball: Playing the game one pitch at a time.* Indianapolis: Masters Press.

Ravizza, K., & Osborne, T. (1991). Nebraska's 3 R's: Oneplay– at–a–time preperformance routine for collegiate football. *The Sport Psychologist*, 5, 256–265.

Riley, P. (1996). *The winner within: A life plan for team players.* New York: Berkley.

Rosenthal, R., & Jacobson, L. (1968). *Pygmalion in the classroom: Teacher expectations and pupils' intellectual development.* New York: Holt, Rinehart & Winston.

Rotella, R., & Cullen, R. (1995). *Golf is not a game of perfect.* New York: Simon & Schuster.

Rotella, R.J. (1997). *The golf of your dreams.* New York: Simon & Schuster.

Russell, B., & Branch, T. (1979). *Second wind: The memoirs of an opinionated man.* New York: Random House.

Schwartz, G.E., Davidson, R.J., & Goleman, D.J. (1978). Patterning of cognitive and somatic processes in the self–regulation of anxiety: Effects of meditation versus exercise. *Psychosomatic Medicine,* 40, 321–329.

Seefeldt, V.D., & Ewing, M.E. (1997). Youth sports in America. *President's Council on Physical Fitness and Sport Research Digest,* 2, 1–11.

Seefeldt, V., Ewing, M., & Walk, S. (1992). *Overview of youth sports programs in the United States.* Washington, DC: Carnegie Council on Adolescent Development.

Sharples, P. (1992). The impact of goal–setting styles on the effectiveness of a goal–setting training program for women's collegiate cross–country runners. Master's thesis, University of Idaho, Moscow.

Sheikh, A.A., & Korn, E.R. (1994). *Imagery in sports and physical performance.* Amityville, NY: Baywood.

Shill, T., Monroe, S., Evans, R., & Ramanaiah, N. (1978). The effects of self–verbalizations on performance: A test of the rational–emotive position. *Psychotherapy Theory, Research and Practice,* 15, 2–7.

Shoop, R.J., & Scott, S.M. (1999). *Leadership lessons from Bill Snyder.* Manhattan, KS: AG Press.

Short, S.E, Bruggeman, J.M., Engel, S.G., Marback, T.L., Wang, L.J., Willadsen, A., & Short, M.W. (2002). The effect of imagery function and imagery direction on self–efficacy and performance on a golf–putting task. *The Sport Psychologist,* 16, 48–67.

Singer, R.N. (2000). Performance and human factors: Considerations about cognition and attention for self–paced and externally–paced events. *Ergonomics,* 43, 1661–1680.

Singer, R.N. (2002). Preperformance state, routines, and automaticity: What does it take to realize expertise in self–paced events? *Journal of Sport and Exercise Psychology,* 24, 359–375.

Smith, R.E. (1980). A cognitive–affective approach to stress management training for athletes. In C. Nadeau, W. Halliwell, K. Newell, & G. Roberts (Eds.), *Psychology of motor behavior and sport—1979* (pp. 54–73). Champaign, IL: Human Kinetics.

Smith, R.E. (2006). Positive reinforcement, performance feedback, and performance enhancement. In J.M. Williams (Ed.), *Applied sport psychology: Personal growth to peak performance* (5th ed., pp. 40–56). Mountain View, CA: Mayfield.

Smith, R.E., Schutz, R.W., Smoll, F.L., & Ptacek, J.T. (1995). Development and validation of a multidimensional measure of sport–specific psychological skills: The Athletic Skills Coping Inventory–28. *Journal of Sport and Exercise Psychology,* 17, 379–398.

Smith, R.E., & Smoll, F.L. (1996). *Way to go, coach! A scientifically–proven approach to coaching effectiveness.* Portola Valley, CA: Warde.

Smoll, F.L., & Smith, R.E. (2006). Development and implementation of coach–training programs: Cognitive behavioral principles and techniques. In J.M. Williams (Ed.), *Applied sport psychology: Personal growth to peak performance*, (5th ed., pp. 458–480). New York: McGraw–Hill.

Starkes, J.L., Helsen, W., & Jack, R. (2001). Expert performance in sport and dance. In R.N. Singer, H.A. Hausenblas, & C.M. Janelle (Eds.), *Handbook of sport psychology* (2nd ed., pp. 53–85). New York: Wiley.

Starkes, J.L., & Lindley, S. (1994). Can we hasten expertise by video simulations? *Quest*, 46, 211–222.

Suinn, R.M. (1980). Psychology and sport performance: Principles and applications. In R.M. Suinn (Ed.), *Psychology in sports: Methods and applications* (pp. 26–36). Edina, MN: Burgess International.

Suinn, R.M. (1997). Mental practice in sport psychology: Where have we been, where do we go? *Clinical Psychology: Science and Practice*, 4, 189–207.

Thomas, P.R., Murphy, S.M., & Hardy, L. (1999). Test of Performance Strategies: Development and preliminary validation of a comprehensive measure of athletes' psychological skills. *Journal of Sport Sciences*, 17, 697–711.

Van Dyken, Amy. (1995). Visualize. *Swimming World and Junior Swimmer*. November, p. 27.

Van Raalte, J.L., Brewer, B.W., Rivera, P.M., & Petitpas, A.J. (1994). The relationship between observable self–talk and competitive junior tennis players' performance. *Journal of Sport and Exercise Psychology*, 16, 400–415.

Vealey, R.S. (1988). Future directions in psychological skills training. *The Sport Psychologist*, 2, 318–336.

Vealey, R.S. (1994). Current status and prominent issues in sport psychology interventions. *Medicine and Science in Sports and Exercise*, 26, 495–502.

Vealey, R.S., Hayashi, S.W., Garner–Holman, G., & Giacobbi, P. (1998). Sources of sport–confidence: Conceptualization and instrument development. *Journal of Sport and Exercise Psychology*, 20, 54–80.

Vealey, R.S., & Walter, S.M. (1994). On target with mental skills: An interview with Darrell Pace. *The Sport Psychologist*, 8, 427–441.

Walker, S.H. (1980). *Winning: The psychology of competition*. New York: Norton.

Weinberg, R.S. (1984). The relationship between extrinsic rewards and intrinsic motivation in sports. In J.M. Silva & R.S. Weinberg (Eds.), *Psychological foundations of sport* (pp. 177–187). Champaign, IL: Human Kinetics.

Weinberg, R.S., Burton, D., Yukelson, D., & Weigand, D. (1993). Goal setting in competitive sport: An exploratory investigation of practices of collegiate athletes. *The Sport Psychologist*, 7, 275–289.

Weinberg, R.S., Burton, D., Yukelson, D., & Weigand, D. (2000). Perceived goal setting practices in Olympic athletes: An exploratory investigation. *The Sport Psychologist*, 14, 279–295.

Weinberg, R.S., & Comar, W. (1994). The effectiveness of psychological interventions in competitive sport. *Sports Medicine*, 18, 406–418.

Weinberg, R.S., Gould, D., & Jackson, A. (1980). Cognition and motor performance: Effect of psyching–up strategies on three motor tasks. *Cognitive Therapy and Research*, 4, 239–245.

Whelan, J.P., Elkins, C.C., & Meyers, A.W. (1990). Arousal intervention for athletic performance: Influence of mental preparation and competitive experience. *Anxiety Research*, 2, 293–307.

Williams, A.M., & Grant, A. (1999). Training perceptual skills in sport. *International Journal of Sport Psychology*, 30, 194–220.

Wilson, V.E., Peper, E., & Schmid, A. (2006). Strategies for training concentration. In J.M. Williams (Ed.), *Applied sport psychology: Personal growth to peak performance* (5th ed., pp. 404–422). New York: McGraw–Hill.

Wooden, J.R. (1988). *Practical modern basketball*. (3rd ed.) New York: Macmillan.

Wooden, J.R. (2004). Personal communcation to Damon Burton, June 6, 2004.

Wooden, J.R. (with Jamison, S.) (1997). *Wooden: A lifetime of observations and reflections on and off the court.* Chicago, IL: Contemporary Books.

Yukelson, D.P. (2001). Communicating effectively. In J.M. Williams (Ed.), *Applied sport psychology: Personal growth to peak performance* (4th ed., pp. 135–144). Mountain View, CA: Mayfield.

Zaichkowsky, L.D., & Baltzell, A. (2001). Arousal and performance. In R.N. Singer, H.A. Hausenblas, & C.M. Janelle (Eds.), *Handbook of sport psychology* (2nd ed., pp. 319–339). New York: Wiley.

Ziegler, S.G., Klinzing, J., & Williamson, K. (1982). The effects of two stress management training programs on cardiorespiratory efficiency. *Journal of Sport Psychology*, 4, 280–289.

关于作者

戴蒙·伯顿是美国爱达荷大学的一名运动心理学教授。他从1983年开始便一直教授研究生和大学生的应用运动心理学课程。在爱达荷大学，伯顿还依托咨询和能力提升背景开设了培养运动心理咨询硕士和博士的课程。他是一名美国应用运动心理学会（Applied Sport Psychology，AASP）的认证咨询师和认证委员会前任主席。作为一名运动员出身且具备30年执教经验的教练，伯顿为很多教练和运动员提供了关于在个人和团队环境中培养心理技能方面的咨询。这些教练和运动员所参加的比赛包括青少年运动级别的比赛，以及达到专业和奥运会水平的比赛。伯顿是《运动焦虑》（Competitive

Anxiety in Sport）一书的合著者。同时，他还撰写或者合著了大量关于评价心理技能训练课程有效性的研究报告，并且指导或辅导多名硕士和博士研究生进行了关于教练和运动员培养心理技能方面的研究。伯顿作为美国健康、体育、休闲与舞蹈协会（American Alliance for Health，Physical Education，Recreation and Dance，AAHPERD）的体育心理学研究院的前任主席和北美运动与身体活动心理学协会（North American Society for the Psychology of Sport and Physical Activity，NASPSPA）的终身会员，他的专业是应用运动心理学和执教教育，他拥有位于美国麦迪逊的威斯康星大学的运动心理学硕士学位及美国伊利诺伊大学的运动心理学博士学位。

托马斯·D. 雷德克是美国东卡罗来纳州立大学的运动和锻炼心理学副教授。他从1993年开始在美国俄勒冈大学、美国科罗拉多大学和美国东卡罗来纳州立大学教授大学生和研究生的应用运动心理学课程。该课程主要涉及执教教育和心理技能训练。2007年，雷德克成为美国北卡罗来纳大学管理委员会的特聘教授。作为一名专注于动机、压力和耗竭研究的专家，雷德克一直与从事不同运动类型和具备不同技术水平的运动员和教练进行合作。他是美国应用运动心理学会的认证咨询师，同时还是健康和锻炼心理学协会的主席。此外，他还是北美运动与身体活动心理学协会及美国健康、体育、休闲与

舞蹈协会的成员，美国运动和体育教育协会（National Association for Sport and Physical Education，NASPE）运动和锻炼心理学学院的前任主席。雷德克作为一名前大学摔跤手，他的专业是运动和锻炼心理学。他拥有爱达荷大学的硕士学位和俄勒冈大学的博士学位。此外，他还是位于美国科罗拉多斯普林斯的奥林匹克训练中心的运动心理学研究助理，以及美国运动教育项目组执教类课程的讲师。